中國古代地理總志叢刊

讀史方輿紀要

九

〔清〕顧祖禹撰
賀次君　施和金點校

中華書局

讀史方輿紀要卷九十二

浙江四

紹興府，東至寧波府二百二十里，東南至台州府三百里，西南至金華府四百五十里，西北至杭州府一百三十八里，北至海口三十里，自府治至布政司見上，至京師三千四百五十里。

禹貢揚州之域，禹會諸侯計功於此，命曰會稽。少康因以封其少子無餘使奉禹祀，號曰於越。春秋時爲越國，周顯王時併於楚。通典：「楚破越，其浙江南之地，越猶保之，而臣服於楚。」秦爲會稽郡地，漢因之，後漢順帝永建四年始改置會稽郡於此。分浙東爲會稽，浙西爲吴郡。晉爲會稽國，咸和中嘗改會爲鄶，以内史王舒父名會，求改他郡，朝議改曰鄶。宋爲會稽郡，孝建初置東揚州，領郡五，理於此。大明三年直曰揚州，後改廢不一，而郡如故。宋志：「大明三年以揚州爲王畿，而東揚州直曰揚州。八年王畿還曰揚州，因復曰東揚州。永光元年仍并入揚州，而會稽郡不改。」梁復置東揚州，陳初省，尋復置。隋平陳改爲吴州，置總管府，治會稽縣。大業初改爲越州，旋曰會稽郡。唐復爲越州，武德四年置總管府，七年改爲都督府。天寶初曰會稽郡，乾元初復故。浙江東節度使治此。建中二年改觀察使，中和三年又升爲義勝軍節度，光啓三年改曰威勝軍，乾寧三年又改鎮東軍。五代時屬於吴越。錢氏號爲東府。宋仍爲越州，亦曰會稽郡、浙東軍節度。紹興初升紹興府。以嘗爲行宫也。元改紹興路，明朝洪武二年復曰紹興府。領縣八。

府襟海帶江，爲東南都會。勾踐生聚教訓於此，遂以滅吴。漢武嘗用以制閩粵。後漢末孫策取王朗於會稽，而江東以定。晉隆安中海賊孫恩據會稽，三吴八郡，一時奔潰。時以會稽、臨海、永嘉、東陽、新安、吴郡、吴興、義興爲三吴八郡。自是以後，皆以會稽爲浙東重地。沈約曰「會稽帶海傍湖，良疇數千萬頃，膏腴上地，畝直一金」，蓋財賦所資也。唐咸通初，裘甫作亂，陷象山及剡縣，分兵掠衢、婺、明、台諸州，朝廷遣王式討之。賊黨劉暀説甫曰：「今急引兵取越州，憑城郭，據府庫，遣兵守西陵，循浙江築壘以拒之。大集舟艦，得間則長驅進取浙西，過大江掠揚州財貨以自實，還循石頭城而守之，即府北之石城，非建康之石頭也。宣、歙以西必有響應者。又遣將循海而南，襲取福建，如此則國家貢賦盡入於我矣。」甫不從，退據寧海。今台州府屬縣。王式聞之，疾馳入越州，遣將攻甫，而分兵屯唐興今台州府天台縣。斷賊南出之道，出上虞趨奉化斷賊入明州之道，置軍海口遏賊入海之道，賊窮蹙遯走，遂擊滅之。既而劉漢宏據越州倡逆於前，董昌據越州踵亂於後，錢鏐并其地而霸業始大。夫越州，明、台之上游也。越州不守，而自越以東益不支矣。宋高宗自紹興南徙，所以幾不免於海上也。明初以重兵戍諸暨，固婺、衢之藩籬，即制杭、越之肘腋，而且控明、台之喉吭，芟除羣孽，有以也夫。

山陰縣，附郭，在府治西。勾踐所都。秦置山陰縣，屬會稽郡。漢文帝時西部都尉治此，後移錢塘。後漢永建中始置會稽郡治焉。晉以後因之，隋廢入會稽縣。唐武德七年復置，八年又廢。垂拱二年復置，大曆二年又廢。七年復置，元和七年省，十年仍置今縣於郭内。今編户二百十一里。

會稽縣，附郭，在府治東偏。本山陰縣地，陳析置會稽縣，後皆因之。今編户百三十一里。

山陰城，即今府城。舊有子城。吴越春秋：「勾踐築小城，周三里七十步，一圓三方，陸門四，水門一。」後漢爲會稽郡城。圖經云：「隋楊素築子城，周十里，西北二面皆因重山爲城，不設濠塹。宋嘉祐中守臣刁約修子城，北因卧龍山，環屬於南，西抵於堙尾，周五里有奇，城門一如故城之制。」後廢。今府治東有鎮東閣，即子城之正東門也。又有大城，亦曰羅城。越絶書：「山陰大城，范蠡所築，城周二十里有奇，南去湖百步，陸門三，水門三。」圖經：「隋開皇中楊素修郡城，廣四十五里，名羅城。唐乾寧中錢鏐重修。宋皇祐中守臣王逵亦加修治，并濬城濠。宣和初劉韐復繕築，稍縮其西南隅。嘉定十三年亦繕葺。十六年守臣汪綱重修羅城，并葺諸城門。元至正十三年復增拓舊城，甃以石，開塹繞之。十八年復增濬濠塹，以爲守禦，明初因之，嘉靖二年颶風壞城，因復修築，并濬鑿内外池隍。」修城記：「城有九門：東面舊曰雷門，勾踐所作，晉時改曰五雲門，今因之；稍北不二里曰都賜門，或曰本名都護門，晉中軍王愔所作，今訛都泗門，又北曰三江門，今曰昌安門；雷門之南不二里曰東郭門，今因之；南面曰殖利門，今曰南堰門；之東曰稽山門，之西三里曰偏門，偏門者門本面西，稍斜向南，故名，今曰水偏門；又西一里面南曰常喜門，錢鏐攻亭山及申光門，相傳即此門。舊志「州城至此與子城會」，今曰常禧門；又西轉而北約五里曰迎恩門，錢鏐討董昌，以兵三萬屯迎恩門，望樓再拜而諭之是也，今曰西郭門，繇此北轉而東，直過蕺山，幾六里而西北者即昌安門也。凡門在東南者，皆有堤以護湖水，使不入江。西門因渠漕抵於江以達杭，北則因衆水入海。城周蓋二十里有奇。」

越王城，府東南十二里會稽山之陰。左傳哀元年：「越子以甲楯五千棲於會稽。」秦故縣亦治此。又府東五十八里有侯城，相傳無餘所都。水經注：「秦望山南有礁峴，峴裏有大城，越王無餘之舊都也。」故勾踐語范蠡曰：「先王無餘國在南山之陽，社稷宗廟在湖之南矣。」○吴王城，亦曰王城，在府東十里。志云：夫差圍勾踐於會稽，伍胥築此城以屯兵。今地名吴王里。

石城，府東北三十里石城山下。或云亦勾踐遺址也。唐乾寧二年董昌僭號於越州，錢鏐討之，昌遣其將湯臼守石城，鏐將顧全武擊敗之，遂克其城，去越州三十里，即此。或謂之石頭城。○苦竹城，在府東十八里。越絶書：「勾踐伐吴還，封范蠡爲苦竹子。」此其城也。唐爲苦竹館。

會稽山，府東南十二里。其東西連阜接岫如宛委，秦望、法華諸山稱名勝者凡數十計，皆會稽之支阜也。詳見前名山。

卧龍山，府治西北。盤繞迴抱，形如卧龍。一名種山，越大夫文種葬於此。今府治踞其東麓，山陰縣治踞其南麓。又寶林山，在府治東南二里。本名龜山，又名飛來山。越絶書：「越王使范蠡築城既成，琅邪東武海中山一夕飛來，百姓怪之，號曰怪山。川巖明秀，亞於卧龍。」又蕺山，在府治東北六里。山多蕺，越王嘗採食之。寶林事實云：「越城之山能與秦望爲主客者，卧龍、寶林、蕺山是也。」又有陽堂山，在卧龍南三里許。府城跨其脊，其南麓出城外竣於河湟。後漢鮑蓋葬此，一名鮑郎山。

亭山，府南十里。唐乾寧中錢鏐攻董昌，克其亭山寨。又明初胡大海攻郡城，駐兵其上。○土城山，在府東六里。越絶書「越王得西施，習於土城，三年而獻吴」，即此。今亦名西施山。又東四里有葛山，相傳越王種葛處。又麻林山，在府西南十五里。越絶書：「勾踐伺吴種麻爲弓弦，使齊人守之。越謂齊人曰多，故亦名多山。」又稷山，在府東五十里。越絶書：「勾踐齋戒臺也。」〔一〕又有錫山，舊産錫；銀山，産銀沙。志云：皆在府東五十里。

雲門山，府南三十里。亦謂之東山。齊永明中何胤去國子祭酒，還東山隱居教授，梁天監四年選學生往雲門從胤受業是也。其相接者曰何山，志云：在府東南四十七里，亦以何胤而名。○赤堇山，在府東三十里。一名鑄浦山，歐冶子爲越王鑄劍處，國策「破堇山而出錫」，越絶書「赤堇山破而出錫，若耶溪涸而出銅」，張景暘七命「耶溪之鋌，赤山之精」是也。旁有井，亦以歐冶名。又曰鑄嶺，在府東南五十里。歐冶子嘗鑄五劍，採金銅之精於此。地産茶最佳。又寶山，在府東南三十里。一名上皐山，以南接下皐山而名。宋攢宮在焉。下有御河，自府東南十五里董家堰抵山下，亦宋時攢陵河也。又府西南二十五里有蘭亭山，即王羲之修禊處。宋祥興元年會稽唐珏等以石函葬宋六陵骨於此。

玉山，府北二十八里。兩巖對峙，下有八閘，洩府境及蕭山縣之水，出三江以入海。今府東北三十三里又有玉山斗門。又白洋山，舊名烏風山，在府西北五十里，濱海，亦名龜山。緣山築城，有白洋海口巡司戍守。○浮山，在府東北三十五里，浮海口，與三江所城相對。又有蒙槌山，在府東北四十里，與浮山並峙，上有烽堠。

若耶山，府東南四十五里。漢元鼎六年遣戈船將軍嚴討閩越，出若耶，蓋由此泛海而南也。齊明帝末，何胤隱居若耶山。梁大寶初張彪起兵若耶討侯景，攻破浙東諸縣。紹泰初彪爲東揚州刺史，不附陳霸先，霸先遣陳蒨等襲會稽，彪敗走若耶，蒨遣章昭達追斬之。山下有若耶溪流入鏡湖。相近者曰舜山，高可十餘里，有田可耕。志云：山在府東南四十里。又諸葛山，在府東南六十里，高數千仞，亘五十里。

豐山，府東北六十餘里。地臨曹娥江，東南接嶀山。唐光啓二年錢鏐破劉漢宏將朱褒於曹娥埭，進屯豐山是也。志云：嶀山在府東七十里，下臨舜江，接上虞縣界。一名蒿尖山。又㑴山，在府東北六十里豐山西北，北環大海。

刻石山，府西南七十里。志云：越王棲會稽山，宫娥避此，因名娥避山，俗訛爲鵝鼻山。自諸暨入會稽此山最高，秦始皇刻石記功乃在其上，蓋亦會稽之别阜也。又越王山，在府西南百二十里。志云：昔越王嘗屯兵於此，今其上有走馬岡、伏兵路、洗馬池、支更樓故址。又府西北四十五里有塗山，相傳即禹會諸侯處。

古博嶺，府西南四十五里。羣峰交峙，中通一徑，俗呼虎博嶺。又駐日嶺，在府西南八十里。其地深險，皆南走諸暨之道。

海，府北三十里。曹娥、錢清、浙江三水所會，謂之三江海口。吴越春秋：「范蠡乘舟止於三江之口。」三江，浙也，浦陽也，剡也。海防攷：「三江港口深闊，直通大洋，甚爲險要。港口稍東有宋家漊，賊若從此突犯，趨陡門一帶海塘，則竟抵郡城。若越港而北趨浙西，則赭山其關鍵也。

錢清江，府西北四十五里，浦陽江下流也。自金華府浦江縣流入諸暨縣界，謂之浣江；又匯流至府西南百里之紀家匯，繞府境謂之錢清江，以東漢延熹中太守劉寵止受父老一錢事而名；又西北至蕭山縣境，復折而東北，經錢清鎮入於海。其後潮沙壅塞，舟不得行，雨潦則大爲民田患。天順初建白馬山閘以遏三江口之潮，閘東盡爲田，自是江水不通於海，而錢清江之故道漸至堙廢。今亦謂之西小江。蕭齊永明四年，富陽民唐寓之作亂，陷富陽，據錢塘，陷東陽，遣其黨孫泓寇山陰，至浦陽江，爲浹口戍主湯休武所敗。說者曰府境錢清江亦名浦陽江也。唐乾寧三年錢鏐將顧全武克越州，獲董昌，斬之於小江南，亦即錢清江矣。詳見大川浦陽江。浹口，見寧波府。

曹娥江，府東九十二里，剡溪之下流也。自嵊縣流入界，東折而北至曹娥廟前，又北至上虞縣龍山下名舜江，又西北折入於海，亦謂之東小江。志云：府東南九十里有小舜江，一名東小江，源出浦陽江，東北流而匯於曹娥江。曹娥江上承浦陽之支流，故亦蒙東小江之稱。唐咸通初裘甫作亂，觀察使鄭祇德徵兵鄰道，屯郭門及東小江，尋復召還府中自衛。宋建炎二年兀朮陷臨安，遣阿里蒲盧渾渡浙江，陷越州，遂渡曹娥江至明州。明初吳禎討方國珍於慶元，夜入曹娥江，夷壩通道，出不意拔車厩，遂入慶元，蓋江爲東走寧波之要道矣。二江皆謂之小者，對浙江而言也。車厩，亦見寧波府。

鑑湖，城南三里。亦曰鏡湖，一名長湖，又爲南湖。舊湖南並山，北屬州城漕渠，東距曹娥江，西距西小江，潮汐往來處也。漢永和五年太守馬臻始環湖築塘，周三百五十八里，盡納環山三十六源之水，瀦以溉田至九千餘頃。其北堤石磋二，陰溝九；南堤陰溝十四。因三江之上，兩山之間疏爲二門，以時視田之水，小溢則縱其一，大溢則盡縱之，使入三江之口，所謂湖高田丈餘，田又高海丈餘。水少則泄湖溉田，水多則泄田中水入海，無荒廢之田、水旱之歲者此也。由漢迄唐，湖未嘗廢。唐開元中賀知章以宅爲千秋觀，求周官湖數頃爲放生池，〔三〕詔賜鏡湖、剡溪一曲，因亦名賀監湖。宋初民始盜湖爲田。治平間田至七百餘頃，湖廢幾盡。其僅存者東爲漕渠，自州至東城六十里，南通若耶溪，自譙風逕至桐塢十里，皆廣不及十餘丈。每歲少雨，田未困而湖已先涸矣。熙寧間命官江衍經度，凡爲湖田者兩存之，立石柱，內爲田，外爲湖。政和間太守王仲嶷遂廢湖爲田。宣和三年詔越之鑑湖，明之廣德湖，自措置爲田，下流堙塞，有妨灌溉，宜令有司究實弛以與民。隆興初守臣吳芾言：「鑑湖自江衍所立碑石外廢爲田者，又一百六十五頃，請以時濬治。」二年又言：「修鑑湖全藉斗門、堰牐，而都泗堰尤爲要害。宣和間因高麗使往來，方改置牐，自是啓閉無時，湖水失泄，今乞廢罷。」從之。芾爲刑部侍郎，復奏：「自開鑑湖溉廢田二百七十頃，復湖之舊，又修斗門、堰牐十三所。夏秋以來，時雨雖多，亦無泛溢之患，民田九千餘頃，悉獲倍收，其爲利較然可見。乞將江衍原立禁碑刊定界至，則堤岸永無盜決之虞矣。」淳熙二年詔賀知章放生池十八頃外，餘悉縱民耕之，於是鑑湖遂至堙廢。曾氏曰：「晉謝靈運求會稽回踵湖爲田，又求岯崲湖爲田，則請湖爲田越之俗舊矣，然利害不可淆也。」今鑑湖所存者長僅十五里，俗呼白塔洋。圖志云：「鑑湖舊廣五里，東西百三十里，沿湖開水門六十九所，溉田萬頃，北瀉長江。馬臻初築塘，界湖爲二，曰東湖，曰南湖。今自會稽五雲門東至娥江七十二里，舊時謂之東湖。自山陰常禧門西至小江凡四十五里，舊謂之西湖。又府東二十里曰賀家池，周四十七里，南通鑑湖，北抵海塘，即知章放生池也。」郡志：舊有鑑湖塘，西起廣陵斗門，東抵曹娥斗門，亘一百六十里，亦謂之南塘，亦謂之官塘，即漢馬臻故址。明朝嘉靖十五年郡守湯紹恩改築水滸，東西橫亘百餘里，遂爲通衢。峌㟪湖，志云：今在上虞縣十二都。

白水湖，府北十里。旁通十里，足資灌溉，兼有菱芡魚蝦之利。志云：獏貐湖，亦在府北十里，周廣十餘里，俗呼黃鰷湖，舟楫往來之道也。又有回涌湖，在府東四里。相傳馬臻築塘以防耶溪之水，溪水暴涌，抵塘而回，故名。一作回踵。又有浮湖，在府東二十里，廣二頃餘。源出西山，一名西湖。此皆鑑湖旁溢之水也。

運河，在城西。自西興渡歷蕭山縣而東，接錢清江，長五十里；又東逕府城，長五十五里；復自城西東南出，又東而入上虞縣接曹娥江，長一百里；自府城而南至蒿壩，長八十里，則爲嵊縣之運河矣。蓋運河縱廣俱二百里。宋紹興初以餘杭縣言運道淺澀，詔自都泗堰至曹娥塔橋發卒修濬，此即宋時漕渠故址也。今道出府西北十里謂之官瀆，其餘大抵仍舊道云。○新河，在城西北二里，唐元和中觀察使孟簡所開。志云：城西有投醪河，又名簞醪河，亦名勞師澤，以勾踐投醪事而名。今皆合於運河。又有江北河，在西小江之北，大海之南，與潮汐通，即故錢清江口矣。

平水，在府東南三十五里。吴氏曰：「會稽縣東南又有一小江，源出大木山，南流合於剡溪。」今有平水塘，在越州東南四十餘里。自此南踰山，出小江，沿剡溪而東，二十里至曹娥埭。唐懿宗初浙東賊裘甫敗官軍於剡西，游騎至平水東小江。光啓二年董昌將錢鏐討劉漢宏，自諸暨趨平水，鑿山開道五百里，出曹娥埭，屢敗浙東兵，進屯豐山，即此處也。

邢浦，在府東北。晉紀云：「邢浦去山陰北三十五里。」隆安四年海賊孫恩破上虞，進及邢浦。會稽太守謝琰遣參軍劉宣之擊破之，恩退走。未幾復寇邢浦，官軍失利，恩乘勝徑進至會稽。琰戰敗，爲下所殺。今府東北四十五里有蟶浦，隔岸對海寧縣石墩山，爲戍守要地。嘉靖三十五年倭賊經府東北六十里之西匯渚入犯，官軍却之於此。或以爲蟶浦即邢浦之訛也。○黄山浦，在府西五十五里。劉宋泰始二年遣吴喜等擊孔覬於會稽，喜至錢塘，遣任農夫引兵向黄山浦，東軍據岸結寨，農夫擊敗之。或曰今蕭山之臨浦，舊名黄山浦，與山陰接界，亦曰黄山里。

紀家匯，府西南百里。浦陽江自諸暨縣合東西諸江經此，爲錢清江之上源。宋乾道中朝議欲濬紀家匯，導蕭山新江達諸暨。蕭山令謝暉言：「小江本以導諸暨之水，蕭山地最下，若復濬紀家匯，上流衝突，蕭山之桃源等七鄉必成巨浸。」議遂格。

防海塘，府東北四十里。自府東北八十里上虞江口抵蕭山縣界幾二百里，以蓄水溉田。唐開元十年，山陰令李俊之增修，大曆十年觀察使皇甫温、太和六年令李方次第修築，宋隆興、嘉定中相繼修治，明朝弘治、正德、嘉靖間及萬曆二年屢經修治，爲民利。又運道塘，在府西北十里，唐元和十年觀察使孟簡所開。又府東五十里有鍊塘。越絕書：「勾踐烹炭於此。」一云鑄劍處。○白米堰，在府東北。嘉靖中倭賊由此沿海塘突寇蕭山縣。又應宿閘，在三江所城西門外。嘉靖十六年郡守湯紹恩建，凡二十八洞，亘堤百餘丈，蓄會稽、山陰、蕭山之水。萬曆十二年增修，改近岸四洞爲長平閘，用洩漲水。

越王山堰，府北三十里。唐貞元二年觀察使皇甫政鑿山以蓄泄水利。又府東北二十里有朱儲斗門，北五里有新河，皆唐元和十年觀察使孟簡所開。西北四十六里有新逕斗門，則大和七年觀察使陸亘所置也。○曹娥堰，在府東九十里。水流湍急，兩岸逼江。其地有曹娥渡及曹娥埭，又西岸爲東關驛，驛南有曹娥場，舊設寨於此，東岸又有曹娥堰營，皆設險處也。胡氏曰：「浦陽江有南津埭，今上虞縣梁胡堰是；有北津埭，今曹娥堰是。」又抱姑堰，在府西五十里，上連鏡湖，下接小江。又有石堰，在府西三里，諸水合流，地險可據。

蒿壩，府東南八十里，以近蒿山而名，爲台、紹二府必經之道。北去上虞縣四十里。○三江閘，府北二十八里，會稽、蕭山、山陰之水賴以停蓄。其外即三江口也。

錢清鎮，府西五十里。舊嘗設關於此。宋建炎三年車駕自越州次錢清鎮，將如浙西迎敵金人，百司有至曹娥江者，有至錢清鎮者，不果而還。志云：錢清鎮西抵杭州八十里。○纂風鎮，在府東北八十里，當會稽、上虞之界。黄家堰巡司置於此，築城戍守。志云：黄家堰本在府東北六十里，有西匯渚，爲防禦要地，因置巡司戍之。洪武中徙瀝海所西，爲海潮所嚙，弘治中徙今治。

三江鎮，在府東北四十里浮山北麓。小江經其前，大海浸其東，與三江所城南北相峙，爲東海之門。舊有小城，嘉靖二年增築，方一里，置兵以禦倭。又三江場鹽課司亦置此。志云：司在府東北三十里。又白洋巡司，在府西北白洋山上。○三界鎮，在府南百二十里，路出嵊。明初設税課局，嘉靖十二年廢。又府南四十里有離渚市，舊設關於此，以臨離渚溪而名。溪亦入於鑑湖。明初置税課局，後廢，嘉靖中復置。又滄塘税課局，在府東南四十里。

明初置，嘉靖十二年革。志云：府城東五雲門外有五雲河泊所。又昌安門外五里亦有河泊所，今革。又紹興場鹽倉批驗所，在府西北六十里白鷺塘，正統中遷錢清鎮，弘治中復遷於此。○堵山村，在府南。劉宋泰始二年孔覬爲上虞令王晏所攻，覬棄郡奔堵山。沈約云：「堵山，村名也。」

蓬萊驛。在府西迎恩門外。唐曰西亭驛，宋曰仁風驛，明朝改今名。江東岸即舊曹娥驛也。又東關驛，在府東九十里曹娥江西岸。舊名東城驛，明初改今名。又錢清驛，在府西北錢清鎮，正德十年革。○柯橋，在府西北三十五里。志云：其地水流汗漫，陂深堰曲，爲境內之險。亦曰柯橋市。

蕭山縣，府西北九十三里。西至杭州府四十里，西南至杭州府富陽縣百五十里，東南至諸暨縣百三十里。漢會稽郡之餘暨縣，三國吴改曰永興，晉以後因之。梁陳慶之以入洛功封永興侯，即此邑也。隋省入會稽。唐儀鳳二年復置，屬越州。天寶初改曰蕭山，後因之。城邑攷：「縣舊有城，周不及二里，久廢。嘉靖三十二年重築，周五里有奇。」編户百四十一里。

西陵城，縣西十二里。本曰固陵。水經注：「浙江東經固陵城北，昔范蠡築城於浙江之濱，言可固守，因名固陵」。勾踐入臣於吴，羣臣祖之，軍陳固陵，即此。後漢建安初孫策將取會稽，引兵渡浙江，會稽守王朗發兵拒策於固陵，〔三〕策攻之不克。六朝時謂之西陵牛埭，以舟過堰用牛挽之也。宋元嘉末會稽太守隨王誕遣兵向建康討元凶劭，誕自頓西陵，爲之後繼，齊永明六年西陵戍主杜元懿言：「吴興無秋，會稽豐登，商旅往來，倍多常歲。西陵牛埭稅官格，日三千五百，如臣所見，日可增倍，并浦陽、南北津、柳浦四埭，乞爲官領攝，一年格外可長四百餘萬。」會稽太守顧憲之極言其不可，乃止。蓋西陵在平時爲行旅輳集之地，有事則爲戰争之衝，故是時戍主與税官並設也。陳末西陵埭亦名奉公埭。隋開皇九年陳亡，東揚州刺史蕭巖據州不下。隋將燕榮以舟師出東海，平吴郡，進至奉公埭，巖降。唐復曰西陵，咸通中裘甫作亂，其黨劉暀勸甫急遣兵守西陵。中和二年浙東觀察使劉漢宏作亂，謀并浙西，屢遣兵營於西陵，皆爲杭州將錢鏐所敗。三年漢宏自將十餘萬衆出西陵將擊董昌，鏐濟江逆戰，復大破之，漢宏僅免。又乾寧二年楊行密遣安仁義以舟師至湖州，欲渡江應董昌，錢鏐遣顧全武守西陵，仁義不得渡。胡氏曰：「自湖州舟行入柳浦可渡西陵也。」天復二年杭州牙將徐綰作亂，淮南宣州帥田頵引兵赴之，急攻杭州，仍具舟將自西陵渡江，錢鏐遣將盛造等拒破之。吴越時以陵非吉語，改曰西興。宋爲西興鎮，置寨於此。今有西興場鹽課司，在運河北岸。舊有戍兵，西興驛亦置於此。下臨西興渡，渡浙江而西至錢塘水驛十八里，公私商旅必經之道也。

蕭山，縣治西一里。唐以此山名縣，一名西山。又城山，在縣西九里。其山中卑四高，宛如城堞，亦謂之越王城。山半有洗馬池，産嘉魚。其前兩峰對峙，謂之馬門。相傳吴王闔閭侵越，勾踐保此以拒吴。又冠山，在縣西十七里，山形如冠。又西三里爲連山，長岡九里。舊經：「秦始皇欲置石橋渡浙江。」今山下有石柱數十，沿列江際。○洛思山，在縣東四十三里。下有朱室塢。水經注「勾踐百里之地，西至朱室」，即此地云。

臨江山，縣東南二十里。舊名牛頭山，與山陰縣分界，錢清江縈其西。又峽山，在縣南二十六里。前後有二山相夾，亦謂之前峽、後峽。又有峽山，在縣南六十里。錢清江經其下，謂之峽浦。志云：縣南二十八里有烏石山，錢清江經此亦曰烏石江。

龕山，縣東北五十里。吴越錢氏嘗屯兵於此，有營寨舊址。下瞰浙江，與海寧縣之赭山對峙。旁有小山曰鱉子山，江出其中，故有鱉子門之名。亦曰海門，爲錢塘之鎖鑰。嘉靖三十二年參將湯克寬大破倭夷於龕山，三十四年督臣胡宗憲又敗倭於此。舊有龕山寨，設兵戍守，今革。寨北曰獅子口，爲登涉要地。

虎爪山，縣西南五十里。下臨大江，與錢塘、富陽分境。山迴環盤礴，踞峙江濱。其南與浦江、諸暨諸山相聯絡，嘯聚之徒，恃爲淵藪。志云：縣西南九十里有大山，盤亘深遠，一名長山。其南最高者曰鏡臺山，一名白石山，巖洞幽勝。濱江而北有州口、龍門、白峰、馬谷諸山。其間相接者爲百藥山。傍有黄嶺，東北去縣四十八里，與富陽分境，相傳黄巢屯兵之所。虎爪山即諸山之支阜，而臨江突峙，當舟楫必經之會，以地勢而言，實杭、嚴、金、紹四郡之險也。○龍門山，在縣西南八十里。兩山對峙，上有龍湫。一名大洪山。其南十里爲州口山。龍門而北數里即白峰、馬谷諸山也。

壕嶺，縣南六十五里，與諸暨接界。又縣西南六十里有黨旗嶺，元末鄉民聚黨揭旗以禦寇，因名。

海，縣東北五十里。胡氏曰：「自龕山而東，至蘭風、石堰、鳴鶴、松浦、蟹浦、定海，皆謂之海浦。」晉隆安四年謝琰爲會稽太守，戍海口以備孫恩是也。今有海塘，自縣東北二十里長山閘抵龕山凡二十里，直至定海凡五百餘里。宋咸淳中塘爲風濤所圮，越帥劉良貴移入田内，築塘植柳，名萬柳塘。明初以來屢圮屢築。萬曆四十年潮嚙西興，守臣蕭良幹興役重築，爲石塘三百餘丈，患稍弭。又邑志：浙江經縣北十里亦謂之北海，有長山渡。沿海而東五十里爲丁村渡云。

定山江，即浙江也，在縣西十里。舊闊可三十里，近潮沙漸積，闊不及二十里。其海口闊處則幾七十里。西興渡而外，沿江西南五里有黄家渡，又南十五里有上沙渡，稍折而東有漁浦渡，皆東西渡口，而西興漁浦最爲通道。又西江塘，在縣西南三十里。塘亘五十里。江水自富陽一帶建瓴而下，藉此塘及西興塘以捍之。

錢清江，縣東南十五里。亦曰浦陽江，亦曰東小江。自山陰縣流經縣南之峽山曰峽浦，又北經臨浦，舊有麻溪由此注入山陰縣界，復引而北出，經烏石山，又東北經縣東十五里之漁臨關橋乃北折而東入山陰縣，經錢清鎮以入海。後以江口壅塞，建閘以遏之，而於縣西南二十餘里開磧堰以通錢清江之上流，而江之故道一變。邑志：臨浦在縣南三十里，舊錢清江經此東入山陰界。元末張士誠將吕珍築城江上，跨江南北，於東西兩頭作栅，爲浮城於江面以通舟楫，謂之錢清城，尋廢。成化中錢清江口壅塞，江水泛溢，麻溪以東之田大受其病，於是築臨浦大小壩爲之内障，而江分爲二。

運河，在縣城西。自西興東至縣，又東北入錢清江，凡五十里。宋國史：「乾道三年以縣境西興鎮通江兩牐爲江沙壅塞，守臣因募人自西興至大江疏沙河二十里，并濬牐裏運河十三里。又以通江大堰綱運至多，乃勒爲定制，以時修濬，公私皆利焉。」

湘湖，縣西二里。周八十里。本爲民田，四面距山，田皆低窪，山水四溢則蕩爲一壑，民被其害。宋政和間縣令楊時因而爲湖，於山麓缺處築堤隄水，民皆以魚販爲業，遂無惡歲。自宋至今，奸豪往往欲侵據爲田，有司以其病民，嚴爲之禁，乃止。王氏曰：「此又越田之變爲湖者。」又落星湖，在縣西二十三里，周二十里。舊嘗有星隕此，因名，宋慶元後漸堙爲田。又白馬湖，在縣西二十三里，周二十五里。志云：縣境諸湖皆有溉田之利，自宋以來，多爲奸民所侵嚙，失利者衆。縣西二十五里夏駕山西有西陵湖，亦曰西城湖，又名夏駕湖。山在湖中，去江止數里，亦曰翠嶂山。

漁浦，縣西南三十五里。志云：漁浦當西陵之上游。其對岸即錢塘之六和塔，舊爲戍守處。○查瀆，在縣西南九里。水經注：「浙江東經查塘謂之查瀆。」孫策攻固陵不克，叔父靜説策曰：「查瀆南去此數十里，宜從彼據其内，所謂攻其無備，出其不意者也。」策遂分軍投查瀆，道襲高遷屯，王朗敗走。夏侯爭先曰：「查瀆亦曰查浦，春秋『吴伐越，次查浦』，即此。」

高遷屯，在縣東北五十里。東南去府城四十里。裴松之曰：「永興有高遷橋。」是也。孫策攻會稽，分兵襲高遷屯，即此。亦曰高遷亭，又名柯亭。南史：「宋會稽太守褚淡之破賊衆孫法亮於柯亭，賊走永興。」志云：柯亭即高遷亭也。或以爲山陰之柯橋市，境亦相屬。

漁浦鎮，在縣治西南漁浦上。宋置漁浦寨，明朝改巡司，并設税課局於此，後局廢而司如故。又錢清鎮，在縣東四十里，與山陰縣接界。有錢清場鹽課司，元至正中所置搬運米倉所也。明初改置今司，成化三年改屬山陰縣。志云：縣東南十五里單家堰有工部分司，嘉靖十二年置。○新林寨，在縣東二十里。宋置，與西興、龕山、漁浦共爲四寨，設兵戍守。今俱廢。

黄嶺鎮。在縣西南四十八里之黄嶺。亦曰黄巖鎮。又有巖下、貞女二鎮，俱在黄嶺西南，去縣百里。唐中和三年劉漢宏謀兼浙西，分兵屯黄嶺、巖下、貞女三鎮，董昌遣錢鏐擊之。鏐自富春渡江，破三鎮兵，擒其將。胡氏謂三鎮在婺、越間，是也。○西興驛，在西興鎮運河南岸。唐曰莊亭，宋曰日邊驛，後改今名。又白鶴舖在縣東三十里，亦曰衙前。又東十里即錢清鎮，有錢清塔，往來者必由之道也。舊志：縣城東北有夢筆驛，漁浦鎮有漁浦驛，皆宋置，後廢。

諸暨縣，府南百二十里。西南至金華府義烏縣百二十里，西至金華府浦江縣百里，西北至杭州府富陽縣百十里。本越王允常所都，秦置諸暨縣，屬會稽郡，漢以後因之。隋屬越州，唐仍舊。光啓中改曰暨陽，五代初吴越復故。宋仍屬越州。元元貞初升爲諸暨州，明初爲諸全州，洪武二年復爲諸暨縣。今編户一百七十五里。

新城，在縣西南六十里。明初守諸暨以抗張士誠、方國珍之兵，既而守將謝再興叛降士誠，李文忠在嚴州聞亂，急遣將吴德濟進屯五指山下，親引兵馳一百六十里，遇賊於義烏，擊破之。文忠議以：「諸暨，浙東藩籬也。諸暨不守，則衢、處不支矣。」乃度地去舊城六十里並五指山築城以守之。賊來攻，不能下，乃去。既而士誠復遣兵水陸齊進，踰浦江，圍新城，守將胡德濟遣兵敗之於斗巖下。文忠馳救抵龍潭，去敵二十里，據險爲營，敵來攻敗去，於是新城之守固，而婺、衢諸州皆無恙。後復取諸暨，乃還舊治。圖經：「諸暨舊城周僅二里有奇，唐開元中創築，天寶中增修。天祐二年淮南兵拔婺州進攻暨陽，兩浙將方習拒却之。五代初吴越王鏐遣其臣王永修改築，左浣江，右長山，周九里三十步。明初胡大海取諸暨而守之，亦嘗營築。嘉靖三十三年以倭患，舊城廢，乃復興修，周四里有奇。」

吴寧城，在縣西南。沈約曰：「漢獻帝興平二年孫氏分諸暨立吴寧縣，屬東陽郡。」水經注：「吴寧溪出吴寧縣，經烏傷縣爲烏傷溪。」是也。自晉、宋及陳皆因之，隋廢。○義安城，在縣東北五十里。宋乾道二年置縣於此，淳熙元年廢。今爲楓橋鎮。

長山，縣治西一里。南北長十餘里，高千餘仞。其頂平博，有石室可坐百人。北有戚家嶺，亦曰七岡，相傳范蠡居此，亦名陶朱山。吴越築諸暨城，右倚長山是也。又苧蘿山，在縣南五里，下臨浣江。相傳西施所居，一名蘿山。

五泄山，縣西五十里。泄亦作「洩」。山中有泉，沿歷迴繞，分爲五潭，即五泄也。水經注：「浦陽江東逕諸暨與泄溪合。」圖經：「山泉沿歷五級，下注溪壑，土人謂瀑布爲泄也。山連亘深遠，有十六峰，二十五巖，洞谷溪澗之屬，不可勝紀。俗名小鴈蕩，西接浦江、富陽二縣界。」○五指山，在縣西南六十五里，豐江繞其東北。明初依此山築諸全州新城，寇不能陷。其北有龍潭，去新城十里許，即李文忠敗敵處。

句乘山，縣南五十里。國語：「勾踐之地，南至於句無。」韋昭曰：「諸暨有句無亭。」括地志以爲句乘山也。山有九層，亦名九層山。又白巖山，在縣南六十五里。山與義烏縣接界，一名巢勾山。志云：縣南六十里有金澗山，下有坑，宋、元間嘗産金如糠粃，命官陶採，鎔鍊無成，乃罷。永樂四年遣行人驗視，無冶鑄蹟，亦罷。又縣北三十里有銀冶山，相傳山有銀礦。永樂、景泰間或言其事，遣官勘驗無實，抵罪。○五岫山，在縣東六十里，峰巒秀出者五，與會稽雲門相連。又杭烏山，在縣北五十里，疊嶂七十有二，其中一峰特高，曰鼓吹峰。

斗子巖，縣南四十里。形高如斗，峻不可上，即胡德濟敗張士誠兵處。又善坑嶺，在縣西南六十里，接義烏縣界。

白水嶺，在縣東南八十里，接東陽縣界。皂莢嶺，在縣東七十里，接嵊縣界。陽塘嶺，在縣西五十里，接浦江縣界。

浣江，

在縣治南，即浦陽江也。一名豐江，一名青弋江。唐咸通五年引青弋江爲永豐陂以利民，即此。土人以流經苧蘿山北，因曰浣浦，亦曰浣渚，繞城東而北出至山陰縣爲錢清江。明初胡大海取諸暨，張士誠將吕珍堰水灌城，大海奪堰水還灌之，珍大困，即堰浣江之水也。志云：浣江上源有二：一曰上東江，東南自東陽縣流入，合諸溪澗水亦曰洪浦江，西北注於浣江；一曰上西江，西南自浦江縣流入，合諸溪澗水，又東北流合於東江，並注於浣江。二江既合，浣江之水益盛。經城東有太平橋跨其上，長三十六丈。又引而北，復分爲二流：一曰下東江，繞縣東以折於北，凡七十餘里，趨三港口；一曰下西江，繞縣北而斜趨於東，亦七十餘里至三港口，而合於東江，附近諸溪澗之水悉流入焉。二江既合，亦名大江，又北流數十里至山陰之紀家匯而爲錢清江。元天曆中嘗濬下西江以洩浣江之漲，浣江之名著，而浦陽之名晦矣。

三湖，

在城中，近郭。長山以西諸溪澗及浣江之水自城南溢入城中，豬爲上、中、下三湖，自城北出爲白水河，流二三里，復東合於浣江。或曰即唐時大農湖也。天寶中縣令郭密之於縣東二里築湖塘，溉田二千餘頃，即此湖矣。又泌浦湖，在縣東北五十里。舊湖周八十里，今大半爲豪民所佃。

長清關。

縣西南五十里；縣西又有陽塘關，在陽塘嶺上；二關皆元置。又縣南五十里爲湖頭浦，路出東陽，元置巡司於此。○楓橋鎮，在縣東北，即故義安縣也。宋爲楓橋驛，明初置巡司，尋廢。今爲楓橋舖，有楓橋公館。志云：自鎮而東北三十里出古博嶺達郡城，爲往來之要道。明初胡大海克諸暨，自楓橋趨紹興。嘉靖三十三年倭擾山陰，由楓橋趨縣境是也。又管界寨，在縣東八十里，縣境又有紫巖寨，皆宋置。郡志：縣城西南有待賓驛，南二十里有亭閣驛，五十里有興樂驛，皆宋置，尋廢。

餘姚縣，府東北百四十七里。東至寧波府慈谿縣九十里，東南至寧波府百里，西南至上虞縣八十里。舜支庶封此，以舜姓姚而名。秦置縣，屬會稽郡。漢以後因之，隋初省入勾章縣。唐武德四年復置縣，兼置姚州。七年州廢，縣屬越州。宋因之。元元貞初升爲餘姚州，明初復爲縣。編户三百里。

餘姚城，志云：縣有新舊二城。舊城築於孫吴將朱然，周不及二里，後廢。元至正十九年方國珍重築，周九里，四面引江爲濠，可通舟檝。明朝洪武二十年增築，嘉靖三十年修葺，以禦倭，周廣如舊城之制。其新城在姚江南岸，明初邑人吕本建議增築，後漸圮。嘉靖三十六年以倭患營葺，與舊城隔江相對。通濟橋亘其中，通兩城爲一。縣治在舊城内，而學宫在新城中。城周八里有奇，俗謂之江南城。

四明山，縣南百十里。亘縣境及上虞、嵊縣之界，所謂西四明也。繇白水山而入，今白水山在縣西南六十里，山壁峭立，有泉四十二道，投空而下，四面不絶，因名。其嶺亦名瀑布嶺，爲四明山之西址。又有東明山，在縣西南五十里，是爲四明水口。餘詳見名山。

龍泉山，縣治西。一名靈緒山，一名嶼山。三峰挺秀，南俯姚江。泉雖微而不竭，謂之龍泉。又治北有秘圖山。山卑小，本名方丈山，唐天寶六載改今名。舊經謂神禹藏秘圖於此。○勝歸山，在縣北三里。相傳晉劉牢之敗孫恩還屯於此。又縣西北五里有豐山，上有東西二峰，旁多古穴。或以爲兵火時居民逃避處。又點兵山，在縣西北十一里，相傳高雅之討孫恩駐兵處也。縣東北十五里曰屯山，即孫恩屯兵處。

陳山，縣東北十里。高千餘仞，少石，饒草木。遠望卓削，至其巔則正平。相傳子陵嘗居此，一名客星山。又石匱山，在縣東北二十二里，峙燭溪湖，中三面皆水。其脉西自梅嶺來，自高山望之，正方如匱。上有烽堠舊址。山之東麓相接者曰航渡山。又東曰許郎山，一名海郎山，北向開廣，登陟僅可及半。其上陡峻，必由東西逶迤乃得上。山嶺亦有烽堠舊址。又東曰真武山，盤礴高峻，北面燭溪湖。志云：縣東北二十八里有孤山，南麓臨燭溪湖，四峰高秀。前有墩曰漲沙墩，浮出湖中，水溢不没，與真武山相望。○繆家山，在縣東北三十里。山甚高，登其巔北望大海。其西南陡峻不可登，北上則平坦。自山而東羣山綿延，數里不絶。又東北十里曰游源山，游涇水出焉。山多大谷，稱險僻。又懸泥山，在縣東北七十里。其北跛於大海，俗呼勝山。嘉靖中屯營於此以備倭。

大蘭山，縣南八十里。其南與四明相接，東有九曲、分水諸嶺。唐咸通初王式討裘甫，擒之於剡縣。餘黨逸入大蘭山，諸將追獲之。其相接者曰太平山。志云：山東連四明，南接天臺，姚江源出於此，東去慈谿縣六十里，爲接境處。一名日門山。又烏瞻山，在縣西南三十里。山峰高秀，航海者視爲指南。郡志：大蘭、烏瞻，皆四明之支隴也。又有黎洲山，在縣南百十里，與嵊縣、奉化接界，亦四明之旁阜。○蛾眉山，在縣西四十里。山高二百餘丈，周七十里，唐天寶六載改名吴女山。又西十里曰姜山，上有五峰相接。

眉山，縣北三十五里，海中望之如修眉然。其北五里有巡司。又滸山，在縣東北三十八里。其下爲三山所。○姥嶺，在縣東北十五里。東去燭溪湖五里。湖西南岸有梅嶺，道出梅溪。又茭湖嶺，在縣南五十里。山徑峭險，亦四明之别嶺也。縣西南六十里又有筀竹嶺，與上虞、會稽接界。

海，縣北三十五里。有海塘，宋慶曆七年縣令謝景初增築，歷慶元以及寶慶屢經修治，間以石堤。元大德中潰溢，至正初州判葉恒力爲營築，自慈谿西抵上虞百四十里，甃石堅完，謂之蓮花塘。明初以來居民狃安習利，排海壖居之，堤日削。成化七年、正德七年海溢，民被其患，相繼興修，自是皆因舊址修築。郡志：永樂初海潮漸却，沙壖墳起，因於舊海塘北增築新塘，以衛斥地。既而沙壖廣十餘里，成化中稍爲風濤盪決，復於海口築塘曰新禦潮塘，以斥地給竈民，爲鹽課。海防攷：「縣境臨山衛北有臨山港，衛東有泗門港，皆汛守要地。而三山所東有勝山港，尤爲深闊，倭船可乘潮以入。嘉靖三十四年官軍敗倭於勝山，又敗之於龜鼈洋。今海中之山六：曰西霍山，曰黄山，曰勝山，曰長横山，曰扁樵山，曰毬山；礁二：曰茭杯，曰柴排，皆臨、觀二衛必備之險也。」

姚江，在縣治南。闊四十丈。源出太平山，西至上虞縣之通明壩乃東折而北，五十里中凡十餘曲，東流過城南之江橋，又東過鹹池匯，復十餘曲乃東入慈谿縣而爲前江。境内曲折流凡二百里，一名舜江，亦曰蕙江，縣境諸水悉流入焉。又菁江，在縣西十五里，接上虞縣之新河，縣境西鄉諸水悉匯入焉，以注於姚江。

燭溪湖，縣東北十八里。三面界山，東爲湖塘。有東西水門。湖中又有明塘溪，一名明塘湖，又名淡水海，周二十餘里，溉境内十三都之田。湖西南一曲又名梅澳湖，亦曰湖窪，俗謂之西湖。成化中以鄉民争水盗決，乃築塘分湖爲二。○牟山湖，一名新湖，在縣西三十五里，三面距山，北面爲塘，周五百頃；又汝仇湖，在縣西北四十里，南距山，西距孟家塘，北距海堤，周九百七十一頃；今皆半爲豪右所侵。縣西五十里又有餘支湖，周五百頃，北距孟家塘，與汝仇湖接界；又有上林湖，在縣西北六十里，周五十八頃有奇；舊皆瀦水溉田，爲民利。

東横河，縣東北二十五里。引燭溪湖之水，合縣境東北諸溪河，北至觀海衛，西過石堰，南注姚江。又西横河，在縣西三十里。引牟山湖之水西入上虞縣，北至臨山衛。志云：縣西北二十五里有長泠河，源出上虞縣之長壩，亦出牟山湖，東至菁江，北至海塘。又制河，在縣東北三十五里，會游源、銀塘諸溪水，北流爲游涇，東北溢於雙河，西北會於東横河。雙河，在今慈谿西北七十里，北流入海。

鹹池匯，在縣東南八里，即姚江所匯也。江流至此，紆迴數曲，每曲約十餘里，數曲間陸行不過十餘里，而舟行則數十里。○下壩，在縣西四十里。一名新壩，石甃，西去中壩十八里。左江右河，河高於江丈有五尺，爲舟楫所必經之道。亦謂之江口壩。又李家閘，在縣東南三十五里，大蘭諸山之水匯爲楊溪，慈谿縣石門山之水亦流合焉，北入姚江，東達慈谿縣爲藍溪上游。宋建隆三年吴越置閘於揚溪西北以節水。元置巡司於此，爲四明之門户。今廢。又石堰，在縣東北二十里，有石堰場鹽課司。

眉山鎮，縣西北四十里，地名湖海頭。志云：元置眉山巡司，在縣北四十里，司南五里即眉山也。明朝洪武二十年改置今所，仍以眉山爲名。又梁壽鎮，在縣西南四十里。志云：鎮居四明上游，最爲要口。又廟山鎮，今臨山衛也。舊置廟山巡司於此，洪武二十年改置衛城，因徙巡司於上虞縣之中堰，東南去縣六十里，仍曰廟山巡司，築城戍守。又三山鎮，在縣東北五十里金山上，以蔡山、金山、破山並峙而名。舊置巡司，洪武二十年移於破山西，南去縣六十里，有小城戍守，仍曰三山巡司。

姚江驛。縣治東一里，江北岸，宋置。寧波驛，在城西，明初改置。又東六十里達上虞縣之曹娥驛。○江橋，在城南，長二十四丈。嘉靖三十四年督臣胡宗憲擊倭於此，復追破之於後梅。今縣東北二十里有梅溪山，後梅蓋在其地。又戰場橋，在縣南四里。宋宣和二年睦寇犯境，里民禦破之於此，因名。

上虞縣，府東百二十里。東北至餘姚縣八十里，南至嵊縣百五十里。秦置縣，亦因舜後所封而名，屬會稽郡。漢以後因之，隋廢入會稽縣。唐貞元初復置，屬越州。宋以後因之。城邑攷：「縣舊置於江西岸，晉中興初移治江北岸。今縣西北四十里地名後郭，即故址也，唐永貞中移縣於此。舊無城，元至正二十四年方國珍創築。明初湯和徙縣城石築臨山衛，城僅存土阜。嘉靖十七年因舊址復甃以石，周十三里有奇。」編户百四十八里。

始寧城，縣西南五十里。後漢永建四年分上虞南鄉置縣，吴、晉以後皆因之，隋廢。又嵩城，在縣西北六十里。其城横亘數里，相傳晉袁山松所築以禦孫恩。舊置戍守於此，明初湯和改置臨山衛，城遂廢。

羅巖山，縣東北七里。丹巖翠壑，泉石甚勝。其旁數山環列，而羅巖爲之冠。又縣南五里有繖山，中有石室，巔平衍，良田數十頃，横塘溉之無水旱。一名太平山。縣南十里又有百樓山，高五里，重崗複嶂，若百樓然。其最高者曰大雷尖山。○東山，在縣西南四十五里。巍然特出，衆峰拱抱，登陟幽阻，至其巔則軒豁呈露，萬峰林立，煙海渺然，爲絶勝處，即晉謝安所居。又縣西南五十里曰壇譙山，有成功嶠，以謝玄破苻堅歸會稽而名。

夏蓋山，縣西北六十里。南臨夏蓋湖，北枕大海，西去三江口密邇，嘉靖三十五年官軍敗倭於夏蓋山及三江海洋是也。又佛跡山在縣西北四十五里夏蓋湖南，宋時置寨於此。縣北五十里又有横山，九峰環列，亦名九峰山，横枕夏蓋湖之東。○蘭風山，在縣西北二十五里，舊與餘姚之石堰俱爲海浦要地。一名蘭芎山。又西北五里曰龍頭山，即龍山也，與蘭芎岡巒相屬，西瞰曹娥江。

縻家山，縣東南四十五里，當三縣之界。地僻而險，元置巡司於此。○筀竹嶺，在縣東二十里，即餘姚縣接境處。

海，縣西北四十五里。舊有海塘，元大德以後不時決潰，害民田。至正七年營石塘修塞，二十二年增修。洪武四年至三十二年皆以潰決補築，至今以時修治。

上虞江，縣西三十里，即曹娥江也。自會稽縣東經縣西南東山下曰琵琶圻，亦曰琵琶洲，曹娥廟當其處，西去府城七十里，乃運河渡口也。又經西四十里蔡山東麓曰蔡山渡，相傳以蔡邕名，亦曰百官渡。又北至龍山亦謂之舜江，又西北折入於海。

通明江，在縣東十里，即姚江之上流。以通明壩當其上，因名。其西即運河也。起縣西三十里之梁湖堰，經縣治前，至通明壩，亘三十里，瀦溪湖衆水以通舟楫，資灌溉，又爲孟宅、清水二閘以殺其流。嘉靖間邑令楊紹芳復堤塘，濬壅塞，往來者便之。○新河，在縣東北十里。志云：舊水道北由百官渡抵餘姚之菁江，南由曹娥渡抵通明渡。永樂九年以通明江七里灘阻塞，因濬新河，道出縣北，亦名後新河，經縣西二里西黄浦橋抵鄭監山堰，至通明壩，又開十八里河，直抵江口壩，官民船皆由之。嘉靖三年楊紹芳復導流經城中，而黄浦橋迤東一帶新河抵於江口壩，則因而不改。又五夫河，在縣東北三十里，納夏蓋、白馬、上妃諸湖水，東達於餘姚之西横河，以注於姚江。

夏蓋湖，縣西北四十里夏蓋山南。唐長慶二年開以溉田。湖周一百五里，中有鏡潭及九墩、十二山，又有三十六溝，爲引水灌田之道。宋熙寧中湖漸廢，元祐四年修復。政和中復廢爲田，紹興二年還爲湖。元元貞中漸堙爲田，至正十二年縣尹林希元定墾田數，餘悉爲湖。舊灌田十三萬畝有奇，至今尚爲民利。其南又有白馬湖，創自東漢，周四十三里，三面皆壁大山，三十六澗之水會焉。中有三山，曰癸巳山，曰羊山，曰月山。亦名魚浦湖。又自夏蓋之南白馬之西有上妃湖，亦創於東漢，周三十五里。中有弓家、印禄、佛跡三山。水經謂之上陂湖，唐志謂之任嶼湖，會稽志謂之謝陂湖，皆上妃之別名也。夏蓋之水，實藉三湖之源，三湖交相灌注。自元以後豪民頗侵爲田，非復故址矣。歐陽氏曰：「任嶼湖在縣西北二十七里，唐寶曆二年縣令金堯恭置，溉田二百頃。其北二十里又有黎湖，亦堯恭置以溉田。」○西溪湖，在城西南。志云：縣境舊有三十六湖，悉鍾於此。唐令戴延興築塘七里，亦名七里湖。宋紹興以後湖漸廢，元至順中盡廢爲田。至正十二年縣尹林希元濬復，尋堙。明朝嘉靖中屢議興修，不果。萬曆十二年民苦旱，縣令朱維藩修復爲民利。

梁湖堰，縣西三十里。王氏云：「浦陽江有南津埭、梁胡堰。」是也。六朝時置税官於此。亦曰梁湖壩，壩之西即曹娥江東岸，爲往來必由之道。風潮衝齧，移置不常。元至元中以潰圮重建。明朝嘉靖間江潮西徙，漲沙約七里，令鄭芸濬爲河，移灘江邊，仍舊名。有曹娥場鹽課司。○通明堰，在縣東三里。宋嘉泰元年置，亦曰通明壩。其東有七里灘，以去城七里而名。輿程攷：「自浙抵鄞凡七壩，通明其第五壩也。」又中壩，在縣東十里。宋置，一名通明北堰。明初改建曰鄭監山堰，以其地有鄭監山也。又東十八里即餘姚之下壩。

梁湖鎮。在縣西梁湖堰。元置百官驛於此，明初置巡司。旁有曹娥驛，志云：驛舊在蘭芎山下曹娥江濱，元大德中圮於怒濤，徙縣西。明朝洪武初復徙今所。萬曆初裁驛，以梁湖壩官兼領。朱維藩曰：「曹娥驛與東關驛止隔一江，似可議革。然自蓬萊以至東關西路止矣，自曹娥以達姚江東路始焉，酌往來之所必繇，爲驛路之所起止，未可廢也。矧東關夫馬例不越江，曹娥廢而往來支應必移之縣，以縣代驛，所費何異？此古人所以病紛更也。」又稅課局，在梁湖司側，河泊所亦置於此。今所革。通志：「百官橋在縣西北三十五里，一名舜橋。」○黄家堰巡司，在縣西北八十里，亦明初置。今詳見會稽縣纂風鎮。又智果店，在縣東北十五里。嘉靖中倭嘗犯此，官軍却之。舊志：縣城東有金罍驛，西南五十里有池湖驛，宋置，後廢。

嵊縣，府東南百八十里。東至寧波府奉化縣百七十里，東北至上虞縣百三十里，西南至金華府東陽縣百二十里，西北至諸暨縣八十里。漢置剡縣，屬會稽郡，晉以後因之。唐武德四年增置嵊州，八年州廢，縣仍屬越州。五代時吴越嘗改爲贍縣，宋初復舊。宣和八年始改爲嵊縣，仍屬越州。城邑攷：「縣城相傳三國吴賀齊所築。」會稽記：「縣治在江東，賀齊爲令，移今治，後廢。」宋宣和三年縣遭睦寇，既平，增修城壁，周十二里。慶元初溪流湍暴城圮，令葉篚纍石爲堤百餘丈，城賴以全。既而屢爲水圮，相繼修築。明初湯和徙故城磚石城臨山衛，城廢堤亦壞。弘治七年令臧鳳築堤二百四十五丈以禦水。十一年水溢堤潰，復修築護堤，堤賴以全。嘉靖三十四年以倭患營築石城，周七里有奇。編户九十九里。

剡城廢縣，縣西南十五里。本剡縣城，唐武德四年置嵊州，兼置剡城縣屬焉。八年與州俱廢。元和志「剡城在縣南十二里」，即此城也。或以爲漢剡縣治，或以爲嵊州城，俱誤。又說文：「四山爲嵊。」縣東有簟山，南有黄山，西有西白山，北有嶀山，故唐初取名嶀山，宋復以名縣。胡氏曰：「今縣城東南臨溪，西北負山，城中鑿井引泉，居民逸於樵汲。浙東縣多無城，剡最爲完固。」

剡山，縣治西北。山巔爲星子峰，稍下爲白塔岡，其支隴環十數里。秦始皇嘗劚此山以泄王氣，今山南剡坑是也。水流山下爲剡溪。縣城蓋跨山臨溪云。○簟山，在縣東三十里，以山勢平如簟席而名。又黄榜山，在縣南十里。一名方山。又南五里曰姥山，林木蓊鬱蒼翠，縣之南望也。山南路出新昌縣。

嶀山，縣東北四十五里，當剡溪之口，嵊浦之東。山南有嶀溪，其源自東北覆卮諸山合群溪流至此，出縣東三十里花山下，横入剡溪。嶀溪以北臨水諸山，皆與嶀山相接也。○嵊山，在縣北四十里。輿地志：「自上虞七十里至溪口，從溪口遡江上數十里，兩岸峭壁，勢極險阻。下爲剡溪口，水深而清，謂之嵊浦。嵊浦之水皆源自會稽，經山峽中，繇此入剡，故有水口之名。江潮亦至此而返。嵊、嶀二山參差相對，爲絶勝處。」又餘糧山，在縣北十五里，以山産禹餘糧石而名。一名了山，下爲了溪。舊經：「禹鑿了溪，人方宅土，言禹功終於此也。」

大白山，縣西七十里。絶高者爲大白，次爲小白，面東者爲西白，面西者爲東白，入東陽縣界者爲北白。剡録云：「山峻極崔嵬，吐雲納景，瀑布懸流，清被巖谷，仙茗生焉。」一名白石山。

丹池山，縣東七十二里。舊名桐柏山，亦名金庭山，道書以爲第二十七洞天。高萬五千丈，周四十里，天臺華頂之東門也。夏侯曾先曰：「越有金庭、桐柏，與四明、天臺相連。」裴通曰：「剡中山水，金庭洞天爲最，天寶六載改名丹池。」相接者曰覆卮山，北接上虞縣界，地名烏坑，相傳謝靈運嘗覆卮於此。絶頂四望，東大海，北會稽，彷彿可見。上有石竅，泉流不竭。志云：山在縣東北七十里。○錦山，在縣東七十五里。邑志：縣東三十里即四明山麓，錦山即四明支山也。又有石鼓山，在縣東五十里，秀異與金庭並稱。

清風嶺，縣北四十里。巖石峻險，下瞰剡溪。舊多楓木，名青楓嶺，後易楓曰風。樓鑰云：「剡溪過峽處，東嵊山，西清風嶺，相向壁立，甚近，而嵊山自西來，若護若遮，舟行距二三里外，望之恍然，不知水從何出。舊志所云絶壁東流是也。」嘉靖三十四年官軍殲倭賊於此。又陳公嶺，在縣東七十里。本名城固嶺，宋時縣令陳著者代去，民攀送至此，因名。嶺陡峻難行，宣德初鑿石修砌，凡二十餘里，漸爲坦道。其相近者又有東林嶺，壁立數百丈，登者戰慄。○大昆山嶺，在縣西八十里，高數百丈。山峽險逼，下臨深坑，斫木爲棧，宛如蜀道。又白峰嶺，在縣西南九十里，與東陽縣接界。

剡溪，在縣治南，即曹娥江之上源也。宋樓鑰曰：「剡溪山水俱秀。邑之四鄉，山圍平野，溪行其中。其源有四：一自天臺山，一自東陽之王山，一自奉化，一自寧海，兼四大流。又境内萬壑争流之水，四面咸凑，曲折迂迴，過嵊浦而北出，是爲曹娥江。」志云：剡溪昔自南而西，又環城東北出，經縣東五里艇湖山北。後溪水暴漲，南徙不由故道。隆慶六年邑令朱一柏自東門外引流迤北達於舊瀆，亦謂之新河。

三溪，縣西六十五里。諸暨縣境諸溪水分引而南，匯流於此，謂之三溪，東流合於剡溪。唐懿宗初官軍討浙東賊裘甫於剡西，賊設伏於三溪之南，而陳於三溪之北，壅溪上流使可涉，既戰佯敗，官軍追之，半涉決壅，水大至，官軍大敗，即此溪矣。○朱溪，在縣西六十里。源出東陽縣境，經大白山下者曰深溪，旁又有西溪、昆溪，三溪合爲朱溪，又東會三溪水引而東，俗謂之南大溪，爲剡溪之上游。

了溪，在縣北餘糧山下。志云：縣東十里有浦口溪，其上源出奉化、寧海間；經縣東三十里者爲黄澤溪，出金庭三峰；經縣東五十里者曰前王溪，出四明山；亦經縣東五十里者曰晉溪；至縣東三十里曰魚溪；並流入縣東二十里之杜潭，又東流十里曰棠溪；俱出浦口，北繞餘糧山而入剡曰了溪。一名雨溪。○寶溪，在縣西南三十里。志云：源自天臺，行百二十里爲寶溪，又北流十里曰上碧溪，至縣南十里合於新昌溪，又西北會於剡溪。新昌溪以來自新昌縣而名。

長樂寨。在白峰嶺。宋宣和三年置，元設巡司。志云：砦在縣西南六十里；又縣西北二十五里有管解寨，宋紹興二十年置，元改巡司；明初皆廢。○三界市，在縣北六十里，即會稽之三界鎮也。弘治中設税課局於此，隆慶間改設公館。志云：宋有訪戴驛，在縣治西，嘉定六年移置城東，元移於三界鎮，明初廢。輿程記：「自縣北三十餘里至仙巖，又北至三界，又七十里至嵩𡾰，至府城凡八十里，水道迂迴凡二百二十里，此往來通道也。」

新昌縣，府東南二百二十里。西北至嵊縣三十里，南至台州府天台縣百二十里。本剡縣地，五代梁開平初吴越始析置今縣，治石牛鎮。宋因之。城邑攷：「縣舊有土城，周十里，五代時築，後廢。明朝嘉靖三十一年始築城以禦倭，南面倚山，三面環池。城周六里有奇。」編户三十里。

南明山，縣治南二里。本名石城山，吴越時改名。嵬巖攢簇，石壁千仞，天台之西門也。又有書案山，一名五山，在縣東南二里，五峰相連。縣北二里又有五馬山，一名五龍山，俗以爲縣之主山也。○南巖山，縣西南十五里。世傳大禹治水，東注積沙成巖。今山巖陡險，俱砂石積成，如築墻然。瀑布懸流，泉壑殊勝。又穿巖山，在縣西南四十里，有十九峰，接嵊縣界。

沃州山，縣東三十五里。高五百餘丈，周十里，北通四明山，下遶大溪，與天馬山對峙，道書以爲第十五福地。唐懿宗初裘甫作亂據此爲寨，王式討之，遣兵拔其沃州寨，又拔其新昌寨。新昌寨，即今縣也。又山背山，志云：在縣東三十里，四面相距四十里，旁皆峻嶺，環以大溪。其相近又有寒雲千疊山，周四十里，高二百餘丈，四面層巖如疊，地氣高寒，夏多挾纊。

天姥山，縣東南五十里。高三千五百丈，周六十里，脉自括蒼來，盤亘數百里，至關嶺入縣界，東接天臺，西連沃州，道書以爲第十六福地。山之最高峰曰撥雲尖，西爲蓮花峰，高二千五百丈，周三十里，西去縣四十五里。○雲溪山，在縣東八十里。高五百餘丈，周二十里，攢峰數重，水緣巖下，飛瀑如雪，有石橋亘其上。志云：山中有溪盤繞，謂之雪溪，亦剡溪之上源也。又南山，在縣南四十里，脉從天姥來，羣峰疊拱如環城，中稍寬，容數百家。縣南九十里又有彩烟山，四面峻險，其上寬平，舊置巡司於此，接東陽縣界。

黄罕嶺，縣北五十里，亦接寧波府奉化縣界。自奉化而西北路經此，頗深險，度嶺則平川四十里，入於剡城。唐王式敗裘甫於寧海之南陳館，甫自黄罕嶺遁入剡縣，王式就圍之是也。嵊縣志：「嶺在嵊縣東七十里。」又蘇木嶺，在縣東北九十里。五季時劉萬户、董彦光破馮輔卿於此。一名松木嶺。○黄栢尖，在縣東百里。高二千五百丈，周八十里。登之可見東海，一名望海岡，接寧海縣界。

東溪，在縣東一里。源出天台石橋瀑布水，西北流入縣境，匯諸溪澗之水，遶縣後西北流爲三溪，注於剡縣之剡溪。○王宅溪，在縣東北二十里。源出奉化縣境之沙溪，繞流入縣界。其一源出寧海縣境，入縣界至三坑西，經康家洲繞流爲三十六渡，會爲王宅溪，入嵊縣界，下流注於剡水。嵊志謂之黄澤溪。

查浦，志云：在縣北。水經注：「浦陽江邊有查浦，周六里，東流二百餘里與勾章接界。」志以爲即此浦，似悮。○三溪渡，在縣西二十里，即東溪匯流處也。志云：唐裘甫敗官兵於此。似悮。

孝行碶，縣南一里。宋邑令林安宅所開。自城東虎隊嶺導流入東洞門，繞南門而西以達於三溪。碶長十餘里，溉田千餘頃，附郭居民咸仰給焉。明朝正德、嘉靖間水決虎隊嶺，碶漸崩圮。萬曆五年修築如故。○東堤，在縣城東，延袤三里。宋邑令林安宅以溪水衝決，築堤捍之，後屢修築。明朝正統、成化中皆以水患議修治，不果。弘治間增築完固，嘉靖中水决復增修，後皆因故址修築。又後溪堤，在縣西十里，萬曆中增築以遏洪水。

關嶺山寨，在縣東南七十里。又四十里即天臺縣。明初朱亮祖討方國珍至新昌，克其關嶺山寨，至天臺進攻臺州。又有會寺嶺寨，在縣南二十里。今爲南入天臺之通道。

彩烟鎮。在縣南彩烟山下。宋置巡司，明初因之，後廢。縣境又有豐樂、善政二巡司，今皆廢。○馬院驛，舊在縣西，今廢。舊志：城西有南明驛，東南五十里有天姥驛，宋置，後廢。又古松橋，在縣東北二十里。志云：台、寧、紹三郡交衝之地也。

附見

紹興衛，在府治東。洪武十二年建，領三江所一。

三江守禦千户所，在府東北三十七里浮山之陽。洪武二十年建，城周三里有奇。有大閘關。下爲三江城河，各縣糧運往來之道也。所東爲三江場，東南即宋家漊，防維最切。嘉靖三十五年倭賊攻突，官兵敗却之。

臨山衛。在縣西北五十里。洪武二十年湯和奏置衛於廟山上，徙上虞縣故嵩城戍守。並海築城，永樂十六年增修，周五里有奇。領所二。東接三山，西抵瀝港，嘉靖間倭寇屢屢突犯。海防攷：「衛北有臨山港，切近衛城，直衛大海。海口曰烏盆隘、化龍隘，爲汛守要地。衛東又有泗門港。越海而北。即浙西之澉溪也。嘉靖三十二年倭賊突陷衛城，尋引却。三十五年倭船由東北烈表突犯，官軍禦却之。此二港又衛境之關要也。」又觀海衛，在縣東北八十里。今見慈谿縣。

瀝海守禦千户所，府東北七十里。洪武二十年建，屬臨山衛。城周一里。近海岸有施湖隘、四匯隘，爲戍守要地。

三山守禦千户所。在縣東北三十五里滸山下，一名滸山所。洪武二十年建，屬臨山衛。嘉靖三十四年倭寇犯此，守將劉朝恩敗却之。又縣城内舊有餘姚千户所，洪武二十年置，正統六年廢。

寧波府，東至海岸百有四里，南至台州府四百二十里，西至紹興府二百二十里，北至海岸六十二里，自府治至布政司三百六十里，至京師三千七百里。

禹貢揚州之域，春秋時越地。秦屬會稽郡，漢以後因之。隋平陳屬吴州，大業初屬越州，尋屬會稽郡。唐武德四年置鄞州，八年州廢。開元二十六年復置明州，治鄮縣，以四明山而名。天寶初曰餘姚郡，乾元初復爲明州。五代時因之。廣記：「梁貞明初吴越升明州爲望海軍，宋建隆初吴越又改軍名曰奉國軍，太平興國初詔吴越改軍爲鎮國軍。」宋仍曰明州，亦曰餘姚郡，紹興三年置沿海制置司於此。慶元二年升州爲慶元府。以寧宗潛邸也。元至元中改爲慶元路。明初曰明州府，洪武十四年改爲寧波府。領縣五。

府控海據山，爲浙東門户。浙東有難，必先中於明州。説者曰：明州三面皆海，而北面尤爲孤懸，吴松、海門，呼吸可接。明州有難，必先中於江、淮。往者晉有孫恩之禍，明有倭夷之禍，其大較也。夫明州北望成山，南指嶺表，樓船十萬，破浪乘風，用以震叠海外，此亦一發之樂也，乃虞自保無策哉。舊圖經：「四明據會稽之東，抱負滄海，枕山蔽江，重阜崇嶺，連亘數千里，又爲海道輻輳之地，南則閩、廣，東則倭夷，商舶往來，物貨豐衍，東出定海有蛟門、虎蹲天設之險，亦東南要會也。」海防説云：「海道之備在昌國衛。衛坐衝大海，倭夷出没必由之處。設備之所不一，而韭山正對日本。山以外俱遼闊大洋，番船往來必望此爲準，此又昌國之咽喉也。進而定海衛，衛南臨港口，極爲要害，防禦爲難。昔人云：定海爲寧、紹之門户，昌國爲定海之外藩。又進而臨山、觀海，臨山衛見餘姚縣。翼援東西，防維南北，皆爲要區。」而樞臣楊溥嘗言：「鏖戰於海上，不如邀擊於海中。」議者韙其說。總戎俞大猷則云：「海本遼闊，舟行全藉天風海潮，人力不能與抗。若風順勢重，潮之順逆自不能與風争。若風輕潮逆，則良難矣。且我就所短而彼用所長，邀擊海中，未爲良策，故不如設備於海上。海上之備多途，而必當厚集其力於明州，以明州地形陡險，控壓懸遠，且迫近港口，因利乘便，於事爲易也。」

鄞縣，附郭。秦置鄮縣，屬會稽郡。漢以後因之。隋平陳，省縣入句章。唐復置鄮縣，爲鄞州治。州尋廢，以縣屬越州，開元中復置明州治焉。五代時吴越改鄮縣爲鄞縣。今編户四百五十一里。

鄮城，府東三十里。志云：自秦以來皆置縣於此。一名官奴城，相傳漢光武曾賞田奴爲鄮令也。唐開元中爲州治。大曆六年袁晁作亂，始移縣於今治，長慶初并移州治焉。吴越改鄮爲鄞，宋因之。城邑攷：「郡城唐咸通中刺史黄晟築，宋元豐初增築，寶慶二年重修，寶祐間改拓，開慶二年又復營繕。元毁。至正二十年築城以禦方國珍，尋爲國珍所據，亦加修治。二十七年城歸於明太祖，洪武六年因舊址營築，十四年增葺，嘉靖三十五年以後屢經修治。門有六，城周十八里。」

句章城，府南六十里。志云：故城在今慈谿縣界。晉隆安四年孫恩作亂，劉牢之等討之，改築勾章城於小溪鎮，即此城也。自劉宋及隋、唐句章縣皆治此，開元中省入鄮縣。

四明山，府西南百五十里，亘奉化、慈谿及縣境。其最近者曰杖錫山，前有七峰。又有石樓、松巖諸山，迴環相屬。縣東三十里有龍山，蜿蜒如龍，與定海縣陳山接，四明垂盡處也。志云：府境繇西南以達於東，參差競秀，凡數十山，皆四明之支隴也。今詳名山。

鄮山，府東三十六里。舊志：昔海商貿易於此，後加邑從貿，因以名縣。又東二里爲横嶴山。又一里爲同谷山，以東西兩嶴同一谷口也。内有三嶺：一名石城，通定海之深嶴；一曰魚山，通定海之大碶頭；一曰長山，通小浹港。○阿育王山，在府東四十五里同谷山之東。志云：此爲鄮山，晉太康中改今名。山北去定海縣三十五里，嘉靖中倭寇嘗犯此。又太白山，在府東六十里，視諸山最爲雄峻。又東六里有天童山，高秀與太白相埒。

塔嶺山，府南四十里。環列二十三峰，引而南，岡嶺相接，最爲深險，與奉化接界。有塔山巡司。○岐山，在府西三十里。亦曰旗山。宋建炎中金人犯境，張俊嘗屯兵於此。又西五里爲楊嶴山，峰巒環拱，竹木森然。府西四十六里又有前嶴山，峰巒起伏，靈秀盤結。

天井山，府西南七十里。下瞰深澗，上有五井，峻險難陟。其相近者又有灌頂山，直上二十里，宋時曾採鐵於此，後罷。志云：府西南五十里有錫山，葱蒨插天，綿亘紆遠，舊産錫。並峙者曰建嶴山，矗立二十五峰，狀如列戟，鬱然深秀。又府西南六十里有木阜山，環列二十四峰，一名木坑；相接者曰清秀山，上有三十六峰；又有銀山，舊産銀：皆森秀。

稠嶺，府西三十五里，與慈谿縣接界。嘉靖中設寨於此以禦倭寇。又府東四十里有羅嶴，以山圍如羅網而名。○菩提嶺，在府東南七十里，路通奉化。又府西百里有躊躕嶺，以山路險峻而名。

海，府東北二境皆濱於海。志云：府東極海岸百有四里，東南極海岸百十二里，北極海岸六十有二里，東北極海岸七十二里。自海岸遡於大海，東極石馬山之洋可六百里，東南極踞門山洋可八百里，北極蘇州洋可千五百里，東北泛於大海可千里。

鄞江，府東北二里。一名甬江。其上流自四明諸山匯溪澗之水，引流東北，勢盛流駛至它山下，堰而爲渠，自它山東折而北二十五里經長塘堰，又東經府東南三十里之臨江堰，復南折而東，至府東南四十里之坊橋而會於奉化江。奉化江自奉化縣北流經坊橋合於鄞江，又北出而西折經府南十里之銅盆浦，又北至府東南五里之林郎壩，歷東門外浮橋至城東北三里之桃花渡，而慈谿江流合焉。慈谿江承上虞、餘姚之水，東南流至府西二十五里西江渡，又經府西北七里王家灣，又東經北門外至桃花渡合於鄞江，又東北爲定海之大浹江。其地亦謂之三江口，亦曰三港口，府境諸水悉匯入焉。○蕙江，在府南六十里。源出奉化縣大晦山，逾江口而抵它山堰。

日湖，府治東南一里。一名細湖，周二百五十丈。治西南又有月湖，周七百三十丈。志曰：二湖之源，俱出四明山：一從它山堰經仲夏堰入南門爲日湖，亦名南湖；一從府西南五十里大雷山經林村十字港，匯望春橋入西門爲月湖，亦名西湖。宋元祐間郡守劉珵嘗濬治之，爲郡城之勝。其下流自城北三里保豐碶洩入於鄞江。

廣德湖，府西十二里。舊溉田四百頃，唐貞元中刺史任侗因故迹增修之。曾鞏曰：「湖之大五十里。源出四明山，北爲漕渠，東北入江。輿自齊、梁之間。東七鄉之田有錢湖溉之，西七鄉之田則此湖溉之。凡舟之達越者皆由此。所産有魚鳧蒲蕁蓮芡之屬，名曰鶯脰湖。」唐大曆八年令儲仙舟更今名，後浸廢。宋至道元年郡守丘崇元修復，天禧二年李夷庚正湖界，起堤十八里限之。康定中縣主簿曾公望亦嘗治湖。熙寧元年張珣以湖久不治，歲旱，嘗度興築，爲堤一千一百三十四丈，碶九，埭二十，大爲民利。迄政和八年郡人樓异知郡事，復奏罷爲田，後遂堙廢。又鴈湖，在府東北四里。其南爲桃花渡，其北爲顏公渠。今亦堙廢。

東錢湖，府東三十五里。一名黄金湖，唐時亦曰西湖，時縣治未徙也。天寶三載令陸南金嘗開濬。四面環山，受七十二溪之水，周八百頃。湖岸疊石爲塘，亘八十里。又於其旁各爲石碶，水溢則分洩之使注於江。宋天禧元年郡守李夷庚復修治，慶曆以後修堤濬湖，相繼不絶。中有四閘、七堰，溉田五十四萬畝。紹興十八年復詔有司修濬，淳熙以至淳祐亦再經濬治。元大德中勢家請湖壖爲田，不許，旋侵占日滋。明朝洪武二十四年及宣德、嘉靖間皆禁侵豳，復舊制。而茭葑沙土，滋蔓淤塞，豪民得藉爲奸利，其弊未革也。湖中有霞嶼、大慈諸山，去郡城皆數十里。鄞縣、定海、奉化三境之田，亦俱被灌溉之利。說者謂郡境農事之修廢，係東錢之開塞云。

小江湖，在府西南五十里它山下，即它山堰也。今曰南塘河。會稽、上虞以東高山深谷，絡繹環遶，層次引流，皆匯於此。唐長慶中舒亶引水記云：「它山者，四明衆山水所萃，一作雨，則澗壑交會爲漫流，即歲旱，溪流亦未嘗絶也。但歲久水堙，用引水法爲之，即可復舊。大和中王元緯爲令，相地勢，謂大江夾諸山直上接平水，而溪所從來者高，至它山始兩岐之，水稍散漫。江北惟此山四無附麗，故謂之它。它山麓皆石，趾插江底，可藉爲堰。乃治堰跨兩山麓，南北闊皆四十二丈，石級三十有六，冶鐵灌之。渠與江截爲二，堰高而甚中，澇則什七入江，什三入溪，旱則什七入溪，什三入江，邑西七鄉之田，俱恃以灌溉。」唐志：「鄞縣南有小江湖，溉田八百頃。」宋志：「小江湖專溉民田，其利甚溥，後漸淤塞，上流淺少。嘉定十四年有司請：『發卒開淘沙觜及濬汊港，又於堰上壘疊沙石，逼溪流盡入上河。其縣西南十五里曰行春碶，一名南石，西南三十五里曰積瀆碶，西南三十八里曰烏金碶，一名上水，皆初作堰時慮暴流難洩，建此三碶，澇則決暴流注江，旱則引淡潮入河，今皆積久損壞。至縣東又有道士堰，至白鶴橋一帶，皆苦堙塞。又有朱賴堰與行春等碶相連，堰下江流通徹大海，今皆塌頓，以致鹹潮透入。望及時修治。」從之。」王應麟曰：「它山距四明山百餘里，而四明之水咸趨其下。先是山水直注於鄞江與海潮接，鹹不可食，田不可溉。其水自南沿流皆山也，惟它山在水北。元緯因於兩山間疊石爲堰，使渠流分入城市，繚鄉村以溉以灌，爲利甚溥。自廣德湖廢，而它山所係甚重。」今攷湖名小江者，郡西南有惠光院，俗號小江塔院，旁有千丈鏡，支港尤多，小江之名蓋本於此。又仲夏堰，南去它山堰十里，唐元和六年刺史于季友所開，亦引四明山水入渠。後因元緯別置它山堰，始廢而不用。今有橋名仲夏橋。郡志：它山堰之源凡有數派，大要出於四明，匯於平水潭。潭在它山西三里，又東一里曰中潭。抵它山堰則折而西北，過回沙閘，閘去它山僅百步。由此折而西北紆回九曲，歷烏金、積瀆等碶至百丈堰，又歷風棚、行春等碶至府西南十里之段塘，散入諸鄉，由城南甬水門入城，潴爲日、月湖，其下流仍入於鄞江。郡境水利，以它山堰爲最要。

桃花渡，府東北三里，即鄞江渡也。渡北有天成高阜九十有九，獨一阜半入於江，謂之江北墩。又北渡，在府南二十里鄞江上，以當奉化北界而名。西岸有風棚碶，宋熙寧中令虞大寧所置，以洩它山暴流，旱則引淡潮以入堰。○長塘堰，在府西南二十五里。一名百丈堰，江河夾流其下。又張家堰，在府東北四十一里，與定海分界。輿程記：「府西四十里有西壩，又西六十里即至餘姚縣。」

螺峰鎮，府東二百六十五里海中。舊置三姑巡司，洪武二十八年改爲螺峰巡司。又有岑江、寶陀二巡司，〔四〕今皆見定海縣。○四明驛，在府治西南。又安遠驛，在府治西北。明朝永樂初置市舶提舉司，四年改爲驛，今因之，以待夷貢。又車廄驛，在府西六十里，亦接慈谿縣境。志云：府東六十五里有寧波鹽倉批驗所。〔五〕

高橋。府西南二十五里。宋建炎三年金人陷越州，濟曹娥江至明州西門之高橋，張俊拒却之。○林村，在府西南十五里。嘉靖中倭自稠嶺突犯林村，即此。

慈谿縣，府西五十里。西至紹興府餘姚縣九十里，西南至紹興府百五十七里。本句章縣地，唐爲鄮縣地，開元二十六年析置慈谿縣，屬明州。宋因之。明朝永樂中改溪曰谿。嘉靖三十五年以倭患始築城，周不及十里。今編户二百八里。

句章城，縣西南三十五里城山渡東。春秋時越勾踐所築。十三州志：「勾踐之地，南至句無。後并吴，因大城之，章霸功以示子孫，故曰句章。」秦置句章縣，漢因之。元鼎中遣横海將軍韓説出句章，浮海從東方擊閩越是也。三國吴永安七年魏將王雅浮海入句章，掠吏民而去。晉隆安四年劉牢之擊孫恩，東屯上虞，使劉裕戍句章。既而裕改築城於小溪鎮，即今府西南故句章城。自晉以前句章縣皆治此。

雙頂山，縣西南七里。兩峰並峙，屹立平野。又西南八里有城門山，巉巖峭壁，下臨江渚。有廣利橋。宋寶祐中郡守吴潛建慶豐驛於橋西，今廢。又縣西南二十五里有廬山，山東南一峰曰烏石尖，攢青湧翠，爲一方之勝。○戍溪山，在縣西南三十五里。晉劉牢之討孫恩嘗戍於此。下有戍溪。又大隱山，在縣南三十里。夏侯曾先云：「大隱南入天臺，北峰爲四明。東麓下有大隱溪，今曰慈溪，以後漢董黯奉母居此而名。」

車廐山，縣西南四十里。昔越王勾踐置廐於此，停車秣馬，遺跡猶存。今設車廐驛，有車廐渡，去府城六十里，西去餘姚縣亦六十里。明初吴楨討方國珍，夜入曹娥江，出不意，拔車廐，遂入慶元，蓋國珍置戍守於此。又西里許爲勾餘山，以其在勾章之東，餘姚之西也。山海經：「句餘之山多金錫，少草木。」或謂即此山云。○三過山，在縣西南五十里。山臨江，江流湍急，舟人憚之，雖一過如三過，因名。相近者又有石門山，上有峭壁如門。又夜飛山，在縣西五十五里，臨江。又西十里即姚江之鹹池匯，江行者皆出於此。

五峰山，縣西北三十里。山有五峰，亭亭相峙，其下兩巖屹立如門。又五磊山，在縣西北四十五里。五峰磊磊，若聚米所成，南有巖如門，以通出入。○大蓬山，在縣東北三十里。上有巖，高五六丈。左右二巖，屹然對峙。一名達蓬山，相傳秦始皇欲從此航海達蓬萊，故名。其支隴曰香山，西南去定海百里，爲兩縣接界處。

嗚鶴山，縣西北六十里。下有鶴嗚場鹽課司。又西十里則觀海衛城也，城内有磨石、浪港二山。稍北爲廟山，其相近者爲瓜暫、桑嶼、筲嵒諸山，皆際海中。又十里有大忌、小忌二山對峙，則海中危石，行舟之所忌也。今已近岸。岸東有向頭山，如龍頭尾相向狀，龍頭以東屬定海，龍尾以西屬餘姚，二山捍潮其中，漲塗漸與山相接，爲海濱要地。志云：向頭山在縣西北八十里。舊有海塘閘，今爲漁鹽之地，禾黍菽麥彌望。西北百里又有泥横山，俗名掘泥，在海中。今亦連大岸。又有東向山、算嵒山、黄牛山，俱在縣北六十里大海中。

鴈門嶺，縣東北四十里，道出龍山所，與定海縣接界。又鳳浦嶺，在縣東北三十五里。嶺東有鳳浦湖，接定海縣界。

志云：縣東北三十里有高嶺，跨危峰巔，蛇行以渡。又長溪嶺，在縣西北二十五里，溪行可五六里，道出觀海衛。

海，縣西北六十里。舊有塘三十里以捍風濤。緣岸海中有黃牛、桑嶼諸山，與嘉興、海鹽爲界，引而東接定海境。海防攷「龍山所去縣六十餘里。所東北有金家嶴，與丘家洋相連，東對烈港海洋，北望洋山、三姑大洋。嘉靖三十五年倭船盤據於此及丘家洋，官兵攻克之。由此突入腹裏，歷鴈門、鳳浦嶺一帶犯慈谿，直抵寧波，最爲險要。其旁曰清溪港，由此可入金家嶴，此間道所當備也。又有金墩浦，亦在所東，西接伏龍山，北連丘家洋，倭自東北來，往往由此繫泊。嘉靖三十五年倭自金墩浦入犯，官兵拒却之。又古窰港，在縣西北六十里，北對乍浦，東控伏龍山，西連磨石山，縣境之咽喉也。嘉靖三十五年倭舟據此，突犯慈谿。既而松浦口之賊由此遯入漁山海洋，總兵俞大猷等追敗之，又敗之於馬迹洋，蓋縣境海防與定海、餘姚一帶相唇齒」云。

前江，縣南十五里。源出餘姚縣太平山，流爲姚江，入縣境至丈亭渡分爲二：一由車廐渡歷縣南十五里之赭山渡，又東十五里即鄞縣之西渡也；一由丈亭北折而東貫縣城中，出東郭抵縣東南十五里之茅洲閘，又東南流七里爲化紙閘，而入定海縣境。宋寶祐五年制使吴潛於縣東南五里夾田橋引流導江，凡十餘里，爲沾溉之利。一名管山江，合流入鄞縣界亦謂之慈谿江。又有新堰，在縣東南十二里，亦宋吴潛所建，堰下之田不患斥鹵，舟楫往來下江者胥利焉。

藍溪，縣南六十里。志云：餘姚縣大蘭山以東三十六嶴之水及楊溪水皆流匯於蘭溪，東北注於前江。又有文溪，在縣東十五里，匯縣境東北諸溪澗水以洩於前江。俗呼門溪。

普濟湖，縣治東北一里。唐開元中縣令房琯鑿以溉田，廣百五十畝。以在闞峰之下，名曰闞湖，尋曰慈湖，俗以其近普濟寺名普濟湖，一名德潤湖。宋時寺僧築堤湖中，直貫南北，以便往來。景定五年令金昌年疏濬，築堤防，置東閘、西碶以限水。明朝洪武二十八年遣官修堤塘碶閘，啓閉以時，民田賴之。又永明湖，在縣西南一里，亦房琯所置以溉田。今廢。又縣治北有小湖，一名縣後湖。○花嶼湖，在縣東南十里。唐貞元十年刺史任侗嘗修築之，周十七頃有奇，溉田六千餘畝。中有小嶼，因築塘以通往來，湖遂分東西兩湖。宋嘉祐中修治，元至元末漸廢。大德八年復爲湖，明朝永樂七年廢十之八爲田。又姜湖在縣東南十里，周一頃。宋邑人姜氏捨田開湖以溉田，鄉人賴之。又東南五里有蒸湖，溉田甚衆。

杜湖，縣西北五十里。湖南爲杜湖嶺。舊有湖淤塞，唐刺史任侗復濬築之，民賴其利。其相近者又有白洋湖。志云：鳴鶴一鄉方四十里，不通江潮，惟資杜湖、白洋以灌溉。宋慶曆初主簿周常相地高下，築塘制碶以時蓄洩，爲利甚溥。今豪民侵蝕過半矣。

淹浦，縣西北六十里。浦東即古窖港也。宋慶歷間置古窖、淹浦二閘以蓄洩鳴鶴一鄉之水，元至元中復修之。今鹽丁載鹵出入，閘制遂廢，内不能障杜湖之水，外無以杜海潮之湧，民甚病焉。○漾浦，在縣西北七十里。其上源出餘姚縣東北四十里之遊源山，爲游涇水，合諸溪澗水經縣界注於海。因置堰閘以蓄洩之，與餘姚共其利，而關於鳴鶴一鄉尤切。

丈亭渡，縣西南四十五里，慈谿江分流處也。舊建丈亭於其上，宋紹興間改爲丈亭館，嘉靖三十五年官軍敗倭賊於此。今有丈亭關。志云：海潮入古窑諸港，流繞丈亭，分入内江，紆回曲折二百餘里，直抵定海城下而止，其支流則分入鄞縣界。

長溪關。在縣西北長溪嶺，溪流其下；又杜湖關，在縣西北四十里杜湖嶺上；俱路達觀海衛。○松浦鎮，在縣西北五十里。有巡司，洪武初置於松浦東，二十六年湯和移於浦西。嘉靖三十四年倭賊由此登犯，爲戍守要地。又向頭鎮，在縣西北向頭山。宋置向頭寨，元改爲鎮，明初改巡司。洪武二十年遷於司東之洋浦，二十三年革。正統十四年復置於舊所。又車廐驛，在縣西南四十里，地名石臺鄉。元置驛，明朝因之，與鄞縣相接。

奉化縣，府南八十里。南至台州府寧海縣百二十里，西至紹興府嵊縣百七十里。漢鄞縣地，唐爲鄮縣地，開元二十六年析置今縣，屬明州。宋因之。元元貞初升爲奉化州，明初復爲縣。嘉靖三十一年以倭患始築城，周六里有奇。編户百四十九里。

鄞城，縣東五十里。志云：夏有堇子國，以赤堇山爲名。堇，草名也，加邑爲鄞，讀若銀。國語「句踐之地，東至於鄞」，此即越之鄞邑矣。秦置鄞縣，屬會稽郡，漢以後因之。沈約曰：「前漢會稽東部蓋治此。」隋省入句章縣。

奉化山，縣東南五里。周三十里，有數山相聯絡。山之東麓有桃花嶺，去縣十五里，嘉靖中官軍擊倭賊於鄞縣，倭由桃花嶺南遁，即此。志云：奉化山四面各異名，亦謂之瑞峰山。○華頂山，在縣西五里。自城以西有數山相接，而華頂爲之冠。今縣治西有鳳山，岡巒秀聳，形如翔鳳；相連者曰印山，小而圓秀；皆華頂之支阜矣。又縣西十五里有日嶺山，路出新昌、嵊縣。

大雷山，縣西四十里，四明支山也。山極高，眺百里外，下瞰鄞江。又西十里爲丹小山，巖洞泉石皆奇勝，道書以此爲四明洞天。又大、小晦山，在縣西六十里，四明南來二峰也。水流爲蕙江，入鄞縣界。○雪竇山，在縣西北六十里。亦四明之别阜，名勝錯列。宋理宗夢遊此，賜名應夢山。相近曰桃花坑山，四山環遶，中有平田數百畝。又縣西百里有黎洲山，爲四明之西峰，接餘姚、嵊縣界。山有坪曰響石坪。志云：四明山在縣西百有五里。大約縣境羣山皆四明之岡阜，而最著者則大雷、雪竇諸山是也。

赤鄞山，縣東五十里。亦曰鄞城山，古鄞縣治其下，相傳歐冶子造劍處，會稽記「破赤堇而取錫」，即此。又新嶺山，在縣東南二十里。嶺狹而長，凡七十二曲，有天然石磴。嘉靖中更嶺道於後隴，芟闢夷坦，行人便之，謂之太平嶺。又九峰山，在縣東九十里，以九峰突兀而名。

鮚埼山，〔六〕縣南五十里。漢志鄞縣有鮚埼亭。顔師古曰：「鮚，蚌屬。曲岸爲埼。」即此矣。有鮚埼嶺，明初置巡司於此。嘉靖四十年倭走横嶺，阻水奔入鮚埼，尋走大嵩，官軍討敗之。横嶺，或曰即縣南四十里之横山。又三山，在鮚埼南，屹立裏港海中，如三臺。旁有雙嶼。○蓬島山，在縣南四十里。其脉亦來自四明，重岡複嶺，繚繞雄傑，登陟其巔，俯視數百里。其西南爲石樓山。山石如屋，兩巖夾澗，飛瀑亂下，寰宇記謂之石柱山，東北去縣六十里。

天門山，在縣南六十里。應劭曰：「鄞有天門山。」梁陶弘景謂天門在鄞縣南、寧海北，是也。一名蜃樓門，濱裏港海。兩峰對峙，勢若插天，宋志所謂引頭門也。縣西南百里又有鎮亭山，漢志「鄞有鎮亭」，即此。南自天臺，西連四明，勢極高，盤亘數十里。中有龍湫。

漢城山，縣北二十二里。頂平曠，容數千人，無荆棘叢木，居然堡壘之形。斸土者或得古兵器於此，蓋昔時鄉民屯聚保會處。相近者曰赤莧山，夏侯曾先云：「上有盤石，可坐千人。」又北十里爲江口山，自四明分支雪竇東衍而來，至此始盡。俯瞰大江。山之陰即鄞縣界。志云：縣北十里有銅山，甚高峻，周三十里，即漢城山來脉也。

毛巔嶺，縣西六十里，四明山南，接大、小晦山。巖谷崎嶇，行者艱阻，宋紹熙初有毛姓者鑿山以便往來。相接者曰住嶺山，谷幽深行，人非停午不見日色也。又赤泥嶺，在縣西四十里，亦往來通道。○六詔嶺，在縣西百里。通典「陸昭嶺與剡縣分界」，即此。又縣西百十里有唐興嶺，西北百二十里有箬坑嶺，俱路出嵊縣。

栅虚嶺，縣南六十里。南去寧海縣亦六十里。宋建炎中立栅，戍守於此，爲海道之衝要。又寨嶺，在縣東四十五里，東南通海口，亦爲要地。縣西南五十里又有杉木嶺，接寧海縣。志云：縣南五十里有山隍嶺，出西店驛達寧海縣。

奉化江，縣北二十里。其上源自嵊縣六詔諸嶺引流入界，亦謂之剡溪，亦曰剡源溪，至縣西四十里公棠山，數十里間，疊爲九曲，諸溪澗水皆附入焉；又東北至縣北二十里之江口，縣境東南諸溪水悉流匯焉；又北至縣北四十里之坊橋而合鄞江。亦曰北渡江。

廣平湖，縣東北五里。諸溪之水自縣南鎮亭、天門諸山發源，匯於縣東南五里之大溪，引流爲萬壽湖，又北注於廣平湖，至縣東北十里爲仁湖。志云：萬壽湖在縣東五里，一名新婦湖，又名放生湖。元至元十三年置，瀦水溉田，周三里。延祐初知州馬稱德、至正二十年知州李樞俱修濬。其廣平湖亦曰寺後湖，與萬壽湖同時修濬，而仁湖三面阻山，中環四五里爲平地，宋紹興間置湖瀦水，北爲塘，復置閘開洩以灌田，皆爲民利。

市河，縣東南五里。亦曰新河，又曰新渠。唐陸明允導大溪水，繇資國堰注市橋河，東折而北出，繞流六十里，至縣北三十六里東耆堰接奉化江，灌田至數十萬，又通舟楫以便商旅。後漸廢。元馬稱德開濬，尋復堙塞。李樞復濬之，今仍廢。又范家河，在縣北十里，通江潮，居民引以溉田。○趙河，在縣北二十五里，唐元和十二年令趙察開置，引溪流溉田八百餘頃；縣東三十里又有白杜河，亦唐元和十四年趙察所開，引東境諸溪流以灌民田，凡四百餘頃；其下流皆自江口合奉化江。今多堙廢。

大溪，縣東南三里。縣南北諸山溪水悉匯於此而爲大溪，或謂之鎮亭水。自南而北紆回環繞凡七十二堰，溉田甚溥，接於奉化江。志云：大溪有資國堰，在縣東南五里。元至治元年知州馬稱德以舊堰卑隘，拓地濬之，仍置碶閘以便蓄洩，溉田三萬八千餘畝，萬壽、廣平諸湖皆導源於此。又雙溪，在縣南二十五里。源出鮚埼諸山，分流而北，亦注於大溪。○金溪，在縣東五十里。出縣東北六十里金鵝山，西流入白杜河。又黄蘗溪，亦出金鵝山，流注縣東六十里，又西繇天門山注裏港海。志云：縣西南境有沙溪，西流入新昌縣界，爲王宅溪之上源。

石盆渡，縣東七十里，濱海諸支港所經，路達象山縣。又縣東八十里有東宿渡，百二十里有湖頭渡，舊名田下渡，東南八十里有淡港渡，凡數處皆達象山。○進林碶，在縣北二十五里。内河之水由此洩入於大江。上有石橋。志云：寧、紹、台、温驛道所經也。又方勝碶，在縣東二里大溪之北。劉宋元嘉中令謝鳳置以備旱潦，後廢。宋紹熙中、元至元中重修。

鮚埼鎮。縣東六十里，以鮚埼山名。宋置寨，元改爲巡司，後廢。明初復置。又塔山巡司，在縣東百里。宋爲田下寨，元曰田下巡司，明初改今名。○連山驛，在縣東五里。唐置剡源驛，在大溪東，元改奉川驛，明朝洪武十二年改今名，嘉靖十二年徙縣學東。一云縣西南七十里有連山館，宋置。又縣南之十里有西店驛。志云：舊置驛於寧波縣境之白嶠，洪武十九年湯和以連山與白嶠相去百三十里，明年增置今驛。嘉靖三十五年燬於倭，改置於栅虚嶺之麓。又忠義鄉河泊所，縣東六十里，明初置，嘉靖十年廢。又有税課局，在縣東五里。宋置税務，元毁。明初曰税課局，正統二年廢。○蔣家舖，或云在縣東十里蔣家湖旁。嘉靖三十八年倭犯奉化，官軍擊之於此，敗績。今舖與湖志皆不載，宜考。

定海縣，府東北六十二里。西南至奉化縣百二十里，西至慈谿縣界七十里。本句章縣地，唐爲鄮縣之望海鎮。五代時錢氏更名静海鎮，尋置望海縣，屬明州。又改定海縣。今編户九十六里。

望海城，即今縣。唐書：「元和十四年浙東觀察使薛戎奏，望海鎮去明州七十餘里，俯臨大海，與新羅、日本諸番接界是也。」乾符四年浙西叛將王郢轉掠閩、浙間，陷望海鎮，進掠明州，既而官軍討平之。五代初錢氏曰静海鎮，尋升爲望海縣。今縣城即錢鏐時築，元廢。明朝洪武元年因舊址列木栅戍守，七年易以石垣。二十年湯和建衛始拓而大之，二十九年增修，嘉靖十二年復營繕。今城周九里有奇。

威遠城，在城東招寶山上。山聳峙海口，最爲衝要。嘉靖三十九年帥臣盧鏜議曰：「招寶俯瞰縣城，相隔不過數十武。賊一登據，置大炮其上，縣城可不攻而破。即夷船絡繹，銜尾入關，我軍亦無以制之。故守郡非據險不可，據險非成城不可。」因請於督臣胡宗憲，築城山巔，周二百丈，置兵以扼截海口，與縣城相唇齒，名威遠城。復於山麓西南展築靖海營堡，周二百四十丈，以時教閱。於大、小浹口分布戰艦，以嚴扃鑰，於是形勢完固。説者以城爲江海之咽喉，郡治之門户云。

翁山城，縣東北海中舟山上，春秋時越之甬東也。左傳哀二十二年：「越滅吴，請使吴王居甬東。」杜預曰：「勾章縣東海洲是也。」國語「寡人其達王于甬句東」，即此。唐開元二十六年始置翁山縣，因山爲名。大曆六年廢。宋熙寧六年改置昌國縣。高宗建炎三年航海幸此，金人來追，縣爲所陷。元至元十五年升爲州，明初復爲縣。洪武二十年以其懸居海島，易生寇盜，徙其民於内地，僅存在城五百户，隸定海縣。元吴萊云：「昌國，古會稽海東洲也。東控三韓、日本，北抵登、萊、海、泗，南抵慶元。四面環海，中多大山。人居篁竹盧葦之間，或散在沙墺，習於舟航，風帆便利。雖田種差少，而附近大山如秀、岱、蘭、劍、金塘五山，每歲墾之，可得數十萬石，蓋亦形勝之地矣。」明初以外連倭夷每爲邊患，信國公乃爲清野之策而墟其地。生聚既久，繁殖如故。嘉靖中屢爲倭酋所據，事平以官兵戍守之。唐順之曰：「江南控扼在崇明，浙東控扼在舟山，天設此險，以障蔽浙、直門户。諸哨船皆自此分而南北，總會於洋山。明初信國廢昌國縣而内徙之，未必非千慮之一失也。」海防説：「舟山爲里四，爲嶴八十有三，五穀魚鹽之饒，可供數萬人，不待取給於外也。」

招寶山，在縣城東北。本名候潮山，以諸番入貢停舶於此，因改今名。南臨港口，屹然聳峙，極爲要害。舊設臺堠於此，今改設城堡。其東南峙一小山，高僅尋丈，名昌國山。潮汐至此分流，舟行可達昌國，因名。與招寶並峙者爲巾子山，山形卓立如巾幘。潮水出入，二山爲之障。宋德祐二年，元兵至臨安，宋籍地降元。張世傑去之定海，元遣卞彪説世傑降，世傑磔之於巾子山是也。○金鷄山，在縣東八里，亦與招寶山對峙海口。志云：縣東南十二里有龍頭山，甬東巡司置其下。旁有葫蘆嶠，嘉靖中邑令金九成築塞嶠口以防海夷。其相近者曰竹嶼山。又東南三里有青嶼山，舊置青嶼隘，爲戍守要地。又石門嶴山，在縣西南二十里，以陳山在東，龍山在西，儼若二門也。圖經：「陳山在縣南七里，巔有白龍潭，將雨則雲濛山頂，將晴則嵐繞山腰，人以爲候。」龍山，在縣西南三十五里，形勢如龍。

伏龍山，縣西北八十里。首尾跨東西兩海門，狀如卧龍，南去龍山所十里，屹臨水漈，爲番船必繇之道，蓋龍、觀兩衛之咽喉也。嘉靖三十五年官軍敗倭於此。一名箬山。又施公山，在縣西北九十里。商舶往來，地極險要，元置巡司於此，明初亦置烽堠於山上。其相近者曰澤山，本名櫟山，宋改今名。又大蓬山，在縣西北百里。今見慈谿縣。

蛟門山，在縣東海中，去岸約十五里。環瑣海口，吐納潮汐。一名嘉門山。出此即大海洋，昔人稱蛟門、虎蹲，天設之險是也。虎蹲山，今在縣東五里海中，狀如虎蹲。○盤嶴山，在縣東南七十五里。水繞太白山陰而出，凡三十六盤。又瑞巖山，在縣東南八十里，有十二峰相峙。其相近即慈嶴山也。志云：磁嶴山在縣東南九十里，西去大嵩所二十五里。又有横山隘，在大嵩所西十里。

金塘山，在縣東南海中約百里，半潮可到。山周環二百里。舊爲昌國縣之金塘鄉，明初徙民入内地，嘉靖中倭夷竊據，參將盧鏜擊敗之。其山北海洋曰清港洋。又烏崎頭山，在縣東南百十里，濱大海。其下爲崎頭海洋。○大謝山，在縣東南百二十里海中。其旁爲小謝山，山西南二里即穿山所也。南臨黄崎港，北繇大猫海洋至金塘、鹿山，最爲險要，有兵戍守。

舟山，縣東北二百里海中。一名觀山，在昌國故城南，狀如覆舟。嘉靖四十二年降海賊汪直於此。其相接爲關山，圓峰聳矗，爲昌國城内案，上有烽堠。稍北爲鎮鰲山。山自北來，蜿蜒南走，舊翁山縣治據其麓，今舟山所城内山也。又東三十里曰翁洲山，亦曰翁山，相傳以葛仙翁隱此而名。又有雙髻山，峰巒雙聳，俗謂昌國之鎮山。志云：昌國城東七里有青雷頭山，高二里，與城西五里曉峰山對峙。青雷頭東南海中又有石衕門山，數峰崛起，潮汐環流，亦名十六門山。今皆謂之舟山。防險説：「舟山羣山環峙，海港四通，爲設險之處。」旁有馬秦山。又有芙蓉洲，四環皆海，懸若洲島，官民多植芙蓉，因名。又有鼓吹山，在山之陰。有戰洋，相傳徐偃王逃至此，其拒戰處也。山巔平坦，容數百人。吴萊云：「昌國東南海中有桃花山，爲絶勝處。」又有東霍山，徐市駐舟處也。轉而北爲蓬萊山，屹立千丈，旁有紫霞洞。又石門山，亦在昌國東海中。並峙有黄公山，山南爲塔嶺山。邑志：昌國東北海中曰蘭山、秀山、劍山、岱山、玉峰等山，東南海中曰雙嶼、雙塘、六横等山，皆倭寇出没所經也。

補陀落迦山，在故昌國縣東百五十里海中，一潮可到，爲海岸孤絶處。梵名補陀落迦，華言小白華也。一名梅岑山，相傳以梅福名。往時日本、高麗、新羅諸國皆由此取道以候風信。嘉靖中倭寇據此，官軍擊破之。其西有石牛港，西北有巡簡嶴，皆當時進兵處。○灘山，在昌國故縣西北海中。又有册子、長塗、三姑、許山等山。其在昌國東北海中者有東庫、壁下、馬磧、陳錢、兩頭洞、漁山、徐公、東西霍、大小衢、洋山等山，與嘉興、松江海防相參錯，倭夷入犯，皆汛守所有事也。

鴈門嶺，縣西北六十里，又西北十里曰鳳浦嶺，又二十里曰桃花嶺，皆接慈谿縣界。志云：縣東南五十里有排陣嶺，南二十里有布陣嶺，皆宋建炎中禦金人處。○柯梅嶺，在海中舟山所東，出浦則爲魚山外洋、烏山門外洋。又烏沙門，亦曰烏沙懸山，亦曰朱家尖山，嘉靖中倭寇往往據此，官軍擊却之。又邵嶴，在所東北，其相近者曰吴家山，亦皆倭賊據守處也，嘉靖三十五年官軍擊平之。

天同嶴，在舟山之岑江司東南。其相近者有紫皮嶴。嘉靖三十七年胡宗憲遣奇兵出此擣岑港賊巢。又弔嶼，在舟山之岱山司西北，切近海口。嘉靖中倭屢犯此，爲汛守要地。○奇嶴，在舟山所西北。本名大沙，嘉靖中禦倭要地也。又沙嶴，在岑港之東，今爲袁家碶。其相近者爲馬嶴，嘉靖中嘗設千户所戍守。三十七年討岑港賊，分兵由馬嶴、張磩而西是也。其相連者有山江等烽堠。嘉靖四十年官軍敗賊於馬嶴、沙坡之上，即袁家碶矣。又有郎家碶，亦在所西北。東距奇嶴，西距沙嶴，有西碶寨相連，中爲小沙，居民殷庶，嘉靖中倭嘗登劫。有碶頭海塘，爲戍守之地。

海，縣東北兩面皆據海，由此而西接慈谿縣界，由東而南接象山縣界。志云：縣東北爲灌門海，在故昌國縣海中。有砥柱屹峙中流，望之如人拱立。水匯於此，旋涌若沸，舟行必投以物，殺其勢而後過。風雨將作，有聲如雷。又自蛟門而外有霍山、馬蹟、馬墓、錢山、龜鼈、小春等洋；又東南則有分水、礁石、牛港、崎頭、孝順、烏沙門、横山、雙塘、六横、雙嶼、亂礁等洋，抵象山縣之錢倉所而止；皆嘉靖中控禦倭夷處也。

大浹江，在縣城南。有大浹渡，亦曰大浹口，舟師屯泊於此，謂之定海關，汛守要衝也。邑志：鄞江會上流諸水入縣境，其支流爲小浹江，皆東注於海。舊圖經：「自蛟門海洋分派爲支江，向西溯流七十里抵郡城三港口，又分流西南六十里至它山堰，又西北二百里抵上虞之通明壩，俱謂之大浹港。」東晉時置浹口戍於此。隆安四年孫恩寇浹口入餘姚，破上虞。五年孫恩復出浹口攻句章，不能拔，尋爲劉裕所敗，自浹口遠竄入海。劉宋泰始二年臨海賊帥田流作亂，掠海鹽，殺鄞令，命周山圖屯浹口討平之。宋建炎中女真陷臨安而東，車駕出浹口遁入海。胡氏曰：「浹口在虎蹲山外。」是也。其小浹江在縣南十二里，自縣東南十二里竹嶼山海口分流爲支江，蜿蜒西南六十里，至鄞縣東三十五里之五鄉碶合於鄞江，并瀉東錢湖之漲。海防説：「小浹港内通東江，出穿山所達寧波城，極險要。」嘉靖中倭賊由此内犯，姦民亦由此出入，漫無關禁。三十四年邑令宋繼祖於縣南十里東山下江流淺處設東岡碶及堰，以蓄洩之。堰下爲江，上爲河。自此小浹江之流中斷，而縣境西南一帶頗被沾溉之利。志云：東岡碶去五鄉碶五十五里。五鄉碶亦曰回江碶，東錢湖吐納要口也。

烈港，縣西北五十里，東出海，近金塘山。嘉靖三十一年賊汪直引倭入定海關，官軍擊却之，遂移泊於此。地形曲折，進勦爲難。督臣王忬分遣二哨，一由列表門進當其前，一由西後門進防其逸，别遣將俞大猷遥營木嶴，與賊僅隔一山，出奇攻之，賊敗走，復泊馬蹟潭，久之始逸去。木嶴蓋在烈港之東。

岑港，在舟山所西北。有巡司戍守，海口衝要處也。嘉靖中屢爲倭賊所登劫，後遂倚險列栅據守其地。三十七年胡宗憲督兵討之，分軍泊其南北，又遣兵分路進勦，中路由小河嶺，右路由碇礵，左路由小嶺，並趨賊巢，敗之。賊恃援力守，復出奇破之，賊遂遁去。

中大河，縣西三十里。源出慈谿之丈亭渡，由夾田橋過茅洲、化紙二閘直達城西，亘五十里。昔時貫串城中，由城東入海，永樂以後，由城西南新閘入浹口江。又有夾江河，在城西二里。自鄞縣桃花渡直抵城西，亦謂之顏公渠，宋淳熙間制帥顏頤仲訪故道所鑿也。〔七〕歲久淤塞，嘉靖十五年邑令王文貢疏濬。今復廢。○廬江河，在縣東南七十里。源出瑞巖山，亦曰瑞巖溪，東北流二十里，至穿山所之穿山碶入於海。亦曰蘆花港。嘉靖三十二年倭犯定海，守將劉恩至敗之於蘆花港是也。又黄崎港，在縣東南百十里穿山所東。自崎頭海洋分流爲支江，西北流約半潮至蛟門出大海。又梅山港，在霩衢所西十里。亦自崎頭海洋西北流經大嵩所，通於海。港口有梅山隘，爲戍守處。

鳳浦湖，縣西北六十里，湖周十八里；又湖北有沈窖湖，周亦十八里；又西爲白沙湖，周二里；靈緖湖，周二十里；四湖俱西接慈谿縣界，引流溉田，由澥浦通大海。又白泉湖，在故昌國城東北。周三十里，潴水溉田，源泉洶涌。舊名富都湖，亦名萬金湖。○澥浦，在縣西北六十里。亦名蟹浦。舊有鎮，宋置戍於此。又謝浦，在舟山所岱山巡司之南。嘉靖中官軍擊倭賊於此，克之。

長山寨，縣南四十里。舊爲海内東寨，明朝洪武初徙長山鹽場之右，曰長山巡司，二十七年徙今所，嘉靖中廢。今縣東南四十里有長山鹽課司。舊志：縣南十五里有長山，東南七十里有長山岡，寨因以名。又穿山巡司，在縣南九十里。宋建炎中置白峰巡司，紹興中漸徙而南，明朝洪武初徙穿山旁，改穿山巡司，二十八年徙縣東南百二十里，亦嘉靖中廢。今有穿山所及穿山鹽課司。又霞嶼巡司，在縣南百里。舊爲海内西寨，宋嘉定間徙於縣南，明朝洪武初改崎頭巡司，正統十三年又改今名，嘉靖中亦廢。

管界寨，縣西北六十里。宋曰水陸管界巡簡寨，在縣城内，嘉祐中遷澥浦上，改今名，洪武二十年徙於縣西四十里。又上岸太平嶴巡司，在縣南六十里，正統十三年置，亦曰太平巡司；又甬東巡司，在縣東南十五里甬東橋旁，志云舊置於府東五里甬東隅，洪武二十年徙竹山海口，與招寶山相對；又大嵩巡司，舊置於縣東南大嵩港，洪武十七年移置縣南梅山；嘉靖中皆廢。通志：「甬東、大嵩二司本屬鄞縣，而地連定海。」又清泉場鹽課司在縣南十里，龍頭場鹽課司在伏龍山西十里，大嵩場鹽課司在大嵩所，與長山、穿山二鹽課司所謂縣境五鹽場也。○定海驛在縣城西一里，縣東南百二十里又有霩衢驛，俱明朝洪武二十年置，嘉靖中廢。

螺峰寨，在舟山所城西南十五里。有巡司。又所西北四十里有岑江巡司，所東北二十里有岱山隘巡司，所東南三十里有寶陀巡司，皆隸寧波府。海防考：「所境四司，與縣之長山、穿山、霞嶼、太平、管界共爲九巡司，舊俱爲海防要地，設兵戍守。又有湖頭關，在天嵩所西，西南接象山縣界，亦要隘處也。」嘉靖四十年倭自大嵩所入犯，官軍敗之於湖頭、裘村。或曰村在湖頭之西。又有王家團，在縣北，嘉靖中倭夷嘗出没於此。

沈家門寨，在舟山所東八十里。原係水操之地，番船去來皆泊於此。内有趙嶴、南嶴、蘆花嶴、大嶴，去寨不過三五里，以大嶺口爲阻截要路。嘉靖中倭賊多由水路或間道而入，官軍擊却之。輿程記：「由沈家門經蓮花洋、石牛港、釟盂山，共七十里至補陀山。」

碇齒隘。在舟山所西五十里，去岑港密邇，與外港相對。倭賊易於登犯，嘉靖中爲戍守要地。三十七年胡宗憲擊岑江賊，分軍出此。時賊黨有據烏沙懸山者，宗憲策其必與岑港寇合，陸路則設伏於碇齒，水路則設伏於嚮礁門，賊果由二路奔沈家門寨合於岑港，官軍討平之。嚮礁門亦在所東海中。

象山縣，府南二百七十里。西北至奉化縣二百十里，西南至台州府寧海縣二百三十里。漢鄞縣地，晉爲寧海縣地，屬臨海郡。唐爲寧海及鄮縣地，神龍元年析置今縣，屬台州，廣德二年改屬明州。宋因之。舊無城，嘉靖三十一年以倭患創築，周五里有奇。編户三十二里。

象山，在縣治北。形如伏象，縣以此名。亦名圓峰山。相接者有象潭、鳳躍諸山，環峙城郭。又煉丹山，在縣治西。峰巒圓秀，其頂平夷。一名蓬萊山。○鼓吹山，在縣東八里。峰巒崒嵂，巖壁空虛，天將雨洞中有聲如鼓吹。又瑞龍山，在縣東南十里。一名烏龍山，周回蟠曲，狀如伏龍。又縣東三十里有甸平山，山頂平夷，廣數十畝。志云：縣東北三十五里有屏風山，過山爲湖頭渡，乃鄞、奉之界也。

蒙頂山，縣西北四十五里，與天台分脉。盤鬱聳拔，爲邑之望。中平衍，可耕稼。又姜嶼山，在縣西北五十里。繇此越海登陸，即奉化縣境。又西北十里曰横山，相接者曰白石山，又十里曰烏嶼山，孤懸海中，皆奉化及鄞縣分境處也。○大雷山，在縣西二十里，盤踞數十里。又冠蓋山，在縣西南三十里。頂列五峰，如冠蓋相望。又西南十五里有靈巖山，巖石奇秀，瀑布懸流凡百餘丈。其相近者又有五師山，亦稱名勝。

韭山，縣東南百里海中。山多韭，形勢巍峨，島嶼深遠。自縣東四十里雙泉山來，歷小睦、大睦、西殊、東殊以至韭山，皆列峙海中。又東南百里有大殣山，卓然孤立，憑據大洋，直望日本，夷船往來，往往視此爲準。〇三尊山，在縣南六十里海中。有三峰，一名三仙山，亦曰三岳山，賊自韭山來道必經此。嘉靖三十四年爲倭船所盤踞，官軍力戰始克之，蓋昌國衛及石浦所之襟要也。又面現山，在縣南八十里海中。與縣治相值，一望無間，因名。

東門山，縣南百二十里。其狀若門，下有横石如闕，一名天門山。高二百丈，周二十五里。明初昌國衛置此，倭寇往往由此南犯温、台，爲必備之險。又南十里有大門、擔子、石壇等山。或曰石壇山即壇頭山，有南北磯壳、萊藍等嶴，可以避風泊船。賊由日本而來每望此山收泊，嘉靖中設軍哨守。山外又有鷄籠嶼，其外一望大洋，别無島嶼，倭從韭山南來，道必經此，亦戍守要地也。

大佛頭山，縣南百五十里海中。其地名南田，海中十洲，此爲第一。日本入貢，每望此山爲嚮道。圖説云：「大佛頭山有斗底、蝦嶴、烏頭、青後城、壺底等嶴，係倭船往來棲泊處。山周百里，中甚平曠，地皆膏腴，宜耕稼。稍西爲台明嶼，兩山對峙，中流爲台、明二州分界處，故名。」〇金齒山，在縣南百六十里。海防説：「山島嶴頗多，有金齒門港，倭船往來每棲泊於此，亦南路要衝也。」又有朱門山，在大佛頭山南。賊從南來，每至此棲泊，嘉靖中設兵戍守。又有林門山，在朱門之東。山爲金齒、朱門之喉舌，島嶴亦多。嘉靖中倭從檀頭海洋突入，結巢於此，官軍擊却之。縣南二百里又有秋蘆門、楊士嶼等山，俱在海中，接東甌界。又花腦山，亦與大佛頭相近，俱倭夷出没處也。

東溪嶺，縣西南四十里，又西南十里曰西溪嶺，三十里曰黄枝嶺。西溪、黄枝俱接寧海縣界。又縣西南九十二里有番頭嶺，近石浦所。○鋸門洞，在縣東南三十里。置戍於此曰鋸門隘，其外曰鋸門洋，亦爲海中要地。

海，縣東二十里。又縣南去海三十五里，東北去海四十里。嘉靖中倭寇屢屢窺犯。縣南百九十里爲秋蘆門海洋，西南百五十里爲漁溪海洋，則寧海縣分境處也。

鄞港，縣東北四十里。港口直接大洋，中流與鄞縣分界，因名。西入奉化縣界。中流有白石山，東南去縣六十里。其分界處也，上流諸水悉匯入焉。○北港，在縣東北十五里，東達大洋，西距奉化之鮚埼山。其地有陳山渡，自陳山渡一潮至方門，再潮至烏崎，三潮至府城下。方門，在奉化縣南四十里海濱，有方門鋪。

八排門港，縣南百四十里，與佛頭山相連。港内多腴田，地下，便於棲泊。倭船據此，勦滅爲難。嘉靖中有兵巡守。又旦門港，在昌國衛東北，係懸海大洋。外有東旦山，與韭山相對，賊由韭山來必望旦門突入以往南路。内近何家礀、仁義、南盤一帶老岸，嘉靖中設何家礀、仁義二寨戍守。其相近者有馬岡，官軍嘗敗倭於此。

三門港，在縣西南百里。港口爲石浦巡司及土灣、番頭一帶居民喉舌，倭從温、台突犯，必取道於此。海防説：「三門去石浦稍遠，而與朱門海洋鄰近，戍守最切。」又牛欄基港，在石浦所北，爲石浦關後户，外洋必由之隘也。有山環抱，可避東北颶風，如分哨南北，此爲適中之地。又下灣門港，在石浦所東南。志云：下灣門外即壇頭大洋，内則舊城東門，港闊潮急，且與大爐頭山對峙，又四門入路總會於此，此守下灣門要地也。又洞下門港，在石浦所西南。志云：洞下門逼近石浦所城，港窄潮急，賊舟進此，必紆回磬折於兩岸夾山之下，而石浦左連一山名打銅坑，與洞下門正相對，此守洞下門要地也。

竿門港，在縣西北錢倉所南。倭夷來犯，每棲泊於此。南距石浦關百餘里。○青門港，在縣西爵溪所東南。有山回抱，可以避風泊船，内接公嶼，外衝四礁，與韭山相對，極爲衝要。又茅灣，在錢倉所東南，亦與韭山相對，嘉靖中倭船棲泊處。所北又有白沙灣，嘉靖中倭賊由此突犯奉化。

中大河，在城南。會縣境三十六澗之水灌上洋田六萬餘畝，至縣西南十五里靈長碶入於海。又縣西南二里有西大河，東南九里有東大河，皆匯諸溪澗水縈繞境内，引流溉田，於沿海置碶以蓄洩之。又瑞龍河，在縣東南二十里，出瑞龍山；相近又有千丈等河；皆宋淳熙五年令許知新引以溉田，下流入海。今多湮廢。又三港口河，在縣南二十五里。源出縣西二十里之大來山，會西大河以入海。○淡港渡，在縣西北四十里，與奉化縣接界。輿程志：「自淡港渡西北八十里即奉化縣城。」恐悮。

陳山寨，縣東十三里。有巡司。通志：「司舊置於縣北陳山，正統十二年徙今所。」又趙嶴巡司，在縣東南七里。舊在寧海縣境，正統八年改置於此。又爵溪巡司，在縣西五十五里。舊置于爵溪，洪武二十年改建千户所，移司於此。又石浦巡司，在縣西南百二十里。本置於石浦，亦洪武二十年改徙。○湖頭渡砦，在縣東北三十里。名勝志：「大嵩所有湖頭關，後移此，并移奉化縣塔山巡司戍守。」輿程記：「自湖頭渡而西百二十里而達奉化縣，渡蓋爲三邑要口。」又南堡寨，在縣南三十里。

遊仙寨。在爵溪所南。嘉靖三十一年倭賊寇游仙寨，爵溪百户秦彪曰：「遊仙與爵溪唇齒，無遊仙是無爵溪也。」

直前赴救，戰死。○玉泉場鹽課司，在縣東南十五里。又象山河泊所，在縣東南二百七十一里。今革。

附見

寧波衛，府治西，即宋慶元府治故址。洪武初建明州衛，十六年改曰寧波衛。

觀海衛，在慈谿縣西北七十里。東南去寧波府百五十里，西南去餘姚縣八十里。洪武二十年湯和置衛於此，築城周三里有奇，永樂十六年增修。今領所一。

龍山守禦千户所，府北七十里。西南至餘姚縣百二十里，東至定海縣七十餘里。洪武二十年建，隸觀海衛。築城周三里，永樂十六年增築。嘉靖三十四、五年倭賊往往登犯。海防考：「所北對金山、蘇州大洋，東對烈港、伏龍山，控臨海際，相去僅十里許，爲賊艅往來必由之道，又臨、觀二衛之門户也。」

定海衛，在定海縣治東北。洪武二十五年建，領所五。

舟山中中千户所，治昌國故縣城中。城周七里，洪武十二年重築。明年城成，設守禦昌國千户所，十七年改置昌國衛。二十年縣廢，移衛於象山縣境，改建今所。永樂十六年增葺所城。所南二里曰舟山關，詳見上翁山城。

舟山中左千户所，亦治昌國縣故城中。建置同上。

穿山後千户所，在定海縣東南九十里。西北去府城百五十里。洪武二十七年建。城周四里，明年修完，永樂十二年、十六年皆營葺。東南接霏衢所，南接大嵩所。所北一里有碶頭烽堠，東臨黄碕港，永樂初有流倭由此入犯。嘉靖中倭由碕頭海洋突入黄碕港，犯穿山所，因設軍戍守，最爲要地。

霩衢守禦千户所，定海縣東南百二十里。西去府城百八十里。洪武二十一年建。城周三里。所濱海孤懸，其東南爲梅山港，東至崎頭大洋，南至雙嶼港俱約五十里，西至大嵩港約百里。北五里爲三塔峰，最險要。嘉靖十九年倭黨李光頭巢於雙嶼港，二十七年搗平之，因築塞港口以空淵藪。

大嵩守禦千户所，定海縣東南百三十里。西北去府城九十里，西去奉化縣百里，南至象山縣七十里。洪武二十一年建。城周四里。所東援霩衢，南連錢倉。其東南爲大嵩港，對峙韮山，直衝大海，嘉靖中倭船往往由此犯所城。所東即慈嶴山，亦是時倭賊衝突處也。

昌國衛。象山縣西南八十里。北去府城三百五十里。洪武十七年置衛於昌國新城内，二十年徙衛於縣南之東門山。二十七年以東門懸海，薪水艱阻，因徙後門山，跨山爲城，周七里，即今衛也。永樂十五年修葺，成化間重修，嘉靖三十二年復營繕以禦倭。城控臨海洋，屹爲保障。領所四。

石浦守禦前千户所，象山縣西南百里。北去府城三百七十里。舊置於縣南十里石浦山，洪武二十年改建於此。阻青山爲城，周不及五里，永樂十五年重修，嘉靖三十四年復完葺。前臨石浦關口，切近壇頭、韮山，乃倭出没咽喉要路，翼蔽昌國，此爲門户。

石浦守禦後千户所，同上。志云：石浦去昌國十餘里。城下一帶水涯，可以棲泊戰船。對面有山，即石浦舊城，今謂之石浦關。關外大洋有山曰壇頭，倭盜出没處也。寧郡之衛，以石浦、昌國爲最。寇自南來必由三門、林門、下灣門、東門四路而入，寇自東來必由牛欄基、洞下門而入，備禦切矣。

錢倉守禦千户所，象山縣西北三十里。北去府城二百六十里。洪武二十年建。四面阻山，城周三里，永樂十四年重修，嘉靖三十二年增葺。城東臨大海，至大嵩港約一百里，南爲塗次烽堠，外接竿門、蒲門等處，西北至湖頭，渡海爲大嵩所界，乃昌之藩籬，與大嵩相爲犄角者也。

爵谿守禦千户所。象山縣西五十五里。北去府城二百七十里。洪武三十一年建，永樂十五年重修，成化中增葺，嘉靖三十二年又繕治。西北阻山，東南負海，城周三里，孤懸海口，直衝韭山，東逼大海，西並錢倉，南以遊仙寨爲外户，北以象山縣爲喉舌，亦稱要地。

台州府，東至海岸百八十里，南至温州府三百五十里，西南至處州府三百六十里，西北至金華府五百七十二里，北至紹興府三百十里，自府治至布政司四百四十里，至京師三千七百七十八里。

禹貢揚州地，春秋、戰國時爲越地。秦屬會稽郡，兩漢因之。漢初爲東甌之境。武帝時閩越圍東甌，東甌徙國於江、淮間，以其地屬會稽郡，置回浦縣，南部都尉治此。南部亦作「東部」。三國吴太平二年以會稽東部爲臨海郡，治臨海縣，尋徙治章安。晉、宋因之。梁改曰赤城郡，尋廢。陳置章安郡，隋平陳廢入處州，大業中屬永嘉郡。唐武德四年置海州，五年改台州，因天台山爲名。天寶初曰臨海郡，乾元初復曰台州。光啓二年升爲德化軍。五代時屬於吴越，宋仍爲台州。亦曰臨海郡。元曰台州路，明初改台州府。今領縣六。

府山海環峙，川澤沃饒，陸走紹興則明州中斷而臨安震，水向定海則錢塘可襲而京口可塞也。劉宋泰始中賊帥田流起臨海，掠海鹽，殺鄞令，東土大震。唐季裘甫之亂，明、越皆被其毒。元末方國珍發難於此，東南遂有沸騰之勢。豈非以台之爲境，倚山傍海，可爲旅拒之資，而出奇制勝，正不當跼蹐於數百里間哉？或者曰台之最切者海道也。其地僻處海濱，四塞爲固，南有桃嶴、金竹，北有桑洲、桐巖，西有關山、衛墅，疊嶂層岡，重關鳥道，庶幾可恃，惟是南去松門不過百里，東至海門僅八十里。海門者，固台之門户也。三面阻水，無險可恃，敵自海門而上則一潮直達，若棄舟登陸，亦徑至城下，倉卒將何以禦之？圖經云：「台三面阻山，一面瀕海，形險如此，而患戰守無策，得乎？」

臨海縣，附郭。漢回浦縣地，屬會稽郡。後漢爲章安縣地，三國吴太平二年分置臨海縣，爲臨海郡治。晉以後皆屬臨海郡。隋屬處州，唐爲台州治。今編户百八十里。

臨海城，今郡治。隋、唐以來故址也。舊有子城，周四里，相傳唐末築，今廢。其羅城，相傳唐初所築，吴越時增修，宋太平興國三年吴越歸附，詔燬其城。尋又修築，慶曆五年海溢城毁，復修完，明年甃以磚石。至和元年又以水患修築，嘉祐二年亦以水圮營繕。熙寧四年守臣錢暄增修，縮城東里許以避水，淳熙二年復葺治。明年淫潦水溢，守臣尤袤悉力隄護，事竟修築，城始完固。元至正十八年方國珍竊據，亦經營治。明朝洪武初復營築，永樂十五年增葺，嘉靖三十二年以倭患修治。有門七，城周十八里有奇。

章安廢縣，府東一百十五里，即漢之回浦縣。後漢建武中改曰章安縣，或曰章帝章和元年所改，亦爲東部都尉治。

三國吴爲臨海郡治，建興二年孫峻廢齊王奮爲庶人，徙章安，即此。晉、宋以後皆爲臨海郡治。陳爲章安郡治，隋廢郡，併縣入臨海。自唐至宋皆爲章安鎮。宋建炎初金人陷明州，帝自昌國移次臺州之章安鎮。金人乘勝破昌國，來追帝，又如温州，泊港口是也。元置税場於此。今亦爲章安鎮。

大固山，府治西北。高八十丈，周五里，蜿蜒磅礴，如屏障之狀。舊經：「晉孫恩作亂，刺史辛景休於此掘塹守之，恩不能犯，因名。」一名龍顧山。舊子城盡在山上。又小固山，在府治東南，高七十丈，周四里，與大固山相望，僅二里，亦以辛景休禦寇得名。城東南又有巾子山，與小固相連，兩峰如帢幘。頂有雙塔，下瞰城郭郊藪，山水盡在目前。東征記：「城東二里有小梁山，下臨澄江。江南岸又有伏龍山，去城里許，即巾子山之支隴矣。」○日山，在城西五里，面東朝日，視諸山獨高。又靖江山，在城東七里，舊傳辛景休敗孫恩於此。志云：府南二十里有古塘門山，兩峰對峙，中空十餘丈，舊傳海門在焉。又亭山，在府南百里。舊有寨，由郡汎舟入黄巖者都候潮於此。

真隱山，府西南四十里。即括蒼山也，與仙居、縉雲諸山相接。詳見名山括蒼。

宜山，府西六十里。其巔平衍，良疇可千頃，潭瀑沾溉，旱不能灾。又石塘山，在府西三十里。石峽飛瀑，下注塘中。並峙者曰新羅山，與城西二十三里之八疊嶺相望，鳥道巑岏，登陟艱阻。又青潭山，在府西二十五里。舊有陂，廣十餘里。

白鶴山，府東南二十里。上有展旗峰、劍巖諸勝。寰宇記：「白鶴山上有深湖，中有盤石。」又蓋竹山，在府南三十里。上有石室、香爐、天門三峰，一名竹葉山，道書以爲第十九洞天、第二福地。圖經：「山周百八十里，起於臨海之長石，綿亘黄巖之西，以至婺之東陽，温之樂清，蓋郡境大山矣。」○九盤山，在府東南七十五里。山路縈迴九轉，絶頂可眺大海。又東刊山，在府東九十里海中，相傳禹隨刊至此。山極高遠，亦名天柱山。縣東百里又有兵山，舊志云：唐末屯兵處也。又有石鼓山，在縣東百有五里。舊有栅城，唐貞觀初刺史李元奏置城，設兵戍此。

金鼇山，府東南百二十里。宋建炎四年金人入寇，高宗汎海嘗泊此山，留四十日始還紹興。其相峙者曰海門山，對立如闕，在海北岸，東枕海。又四里曰赤山，又東曰翠環山，與海中諸山相望。○玉峴山，在府東百有九里海中。舊名黄石山，唐天寶六載改今名。山中洩水九層，沿巖注落，宛如白練。又有石澗，容數百人。四圍多林木，陰翳蔽天。今其地亦曰黄礁。又東二十里曰合旗山；又二十里曰掘門山，與黄石山矗立相對；又東麂山，在府東百五十七里，其相近者曰西麂山；又龍符山，在府東百七十里，一名覆釜山；又大雄山，在府東二百十里；皆海中山也。

芙蓉山，府東二百里海中。出海口望之，竦若紅蓮始開。唐天寶六載改名秀麗。嘉靖三十三年，官軍擊倭賊於芙蓉海口是也。又臨谿山，在府東北二百四十里。一名牛頭山。下有溪，二水合流，亦名臨溪。志云：山逼臨海岸，亦曰臨海山。○白山，在府東南二百五十里，望之如雪。其上有湖，其下有溪。又高麗頭山，在府東南二百八十里。自此分路入高麗國，一峰突立如人首，因名。此皆海中諸山也。

三山，府東八十五里海門衛西南。衛濱海，散漫無險可依，山峙立椒江南岸，爲衛境之望。又城門嶺，在府東南百五十里，當衛城北，亦峙椒江南岸，稍東北即前千户所城也。由此達仙居，走温州，爲所境之險。○城山嶺，在府西南三里，以城跨其上而名。又有新嶺，在府南三十五里，入自大左嶨，至嶺脊與黄巖縣分界。志云：大左嶺在府南四十里。

雙巖，府南十五里。與府治對，峻峭爲諸山之勝。又馬蹄巖，在府南二十里，甚險峻。一名聖巖。又仙巖，在府東南百二十里，高廣可數百仞。○常風洞，在府西五十里常風嶺上。中幽邃，舊有石欄護之。宋宣和中嘗駐兵於此。又招賢洞，在縣西六十里，亦宋宣和中擊賊處。其地險僻，設兵戍守。

海，府東百八十里。有兩頭門諸險，嘉靖中爲倭夷出没處。又有螺門，亦在府東海中，嘉靖中官軍敗倭於此。海防攷：「府境最切者曰海門衛。衛城北即海門港，一名椒江渡。港水流入二十里分兩支，一抵台州府城下，一抵黄巖城下，此府境咽喉也。論者謂海門之防視定海尤棘。定海水港既狹，港外連山，遠近皆可泊船分哨。今海門港一潮之遠，止有三山一座，形小勢削，並無隱蔽，港内不可禦敵，外洋風浪汹湧，更無山嶼回抱，故明初至嘉靖中屢被其患。所當增設水軍爲港口之備。」

澄江，在府城南。一名靈江，其上流爲三江。三江者，一自天台始豐溪，一自仙居永安溪，至府西十里而合爲澄江，故曰三江。環繞郛郭，潮至此而止，故曰澄江。接於黄巖縣之永寧江而入海。元至正十二年泰不華招降方國珍，乘潮下澄江，觸沙不行，賊至戰，轉爲所殺。

東湖，府東三里。宋守錢暄所濬，周十餘頃，豬衆山之水引以灌溉。又府西南二十四里有禦侮潭，飛瀑下注，匯而爲潭，南流入於永安江。

百步溪，府西北六十里。源出天台諸山，流入縣界，有二灘湍急，俗名大、小惡溪，經清潭山東注於澄江。志云：府南四十里又有灘溪，接三十六渡之水，會府東四十三里之潮滐溪，下流至大田港入於永寧江。○寨溪，在府東七十里。一名板沸溪，下流入永寧江。相傳唐末有方將軍者駐兵擊寇於此，今溪側有地曰大郭營。志云：縣境羣溪以數十計，大約分注三江以達於永寧江。

柵浦，在海門衛東南。嘉靖中倭賊由此入海門港，又由此犯松門衛。志云：柵浦去松門不過數里。○湖苔泉，在縣南二十五里。出古塘門山，有三十六穴，引流而南，溉田甚衆。

蛟湖鎮，府東百有二里。有巡司，明初置。又連盤巡司，在府東北百二十里，地名長沙，逼近海口，亦曰連盤港口。明初置巡司，與前千户所相爲形援。宋志：「府東南七十里有管界寨，東南百二十里有亭場寨。」嘉定十五年守臣言：「管界、亭場兩寨，皆防扼海道。亭場在海門之北，管界乃入裏港之中，甚無謂也。宜以管界徙海門南，與亭場對峙。」因議移於土馬巖。元廢。又吴都寨在縣東百五十里，亦宋置，元廢。

赤城驛，在府治東南。宋置丹丘驛，明朝改今名。又泰安驛，在府西北四十七里；横溪驛，在府東北五十里；皆宋置，尋廢。○杜瀆場鹽課司，在縣東百里。宋熙寧五年置場，元曰杜瀆監，明初改鹽課司。志云：府東南二里有台州鹽倉批驗所。又新亭鹽場，在府東南六十里。宋置，尋廢。宋志：「臨海縣東三十里有大田税場，東南百二十里有雄溪鐵場，百五十里有香公、廣濟二鐵場，西六十里有歸溪鐵場，西北五十里有大石鐵場，又十里有高梁銀場，後廢。」元初并廢大田場。

三石鎮。在府東。嘉靖中倭掠臨海之三石鎮，即此。○新橋，在府東南。嘉靖四十年倭自桃渚登陸，來犯府城，戚繼光敗之，又追敗之於新橋，又追敗之於黄沙，圍之於白水洋民居，焚而殪之。見聞録云：府北有十二堡橋，爲北出寧波之道。」

黄巖縣，府東南六十里。南至温州府樂清縣百八十里，西北至仙居縣百五十里。本漢回浦縣地，後漢以後爲章安縣地，隋爲臨海縣地，唐上元二年析置永寧縣，屬台州。天授初改今名。宋因之。元元貞初升爲州，明朝洪武二年復爲縣。縣城相傳唐上元中築，周九里有奇，後廢。明朝吴元年重築，周三里。洪武二十年徙磚石築海門衛城。嘉靖三十一年倭入犯，縣以無城，不能守。明年築城，周七里。編户百五十六里。

古城，縣南三十五里。外城周十里，内城周五里，有洗馬池、九曲池、故宫基址。楚滅越，越王支庶築城保此，俗訛爲徐偃王城。志云：城在大唐嶺東，與太平縣接界。又有漢城，在縣北十里。建置未詳。

永寧山，縣東五里，以舊縣名。石壁峻特，四望皆方，一名方山。其陰曰白龍山。旁爲九峰山，山列九峰，二峰特高。又委羽山，在縣南五里。一名俱依山。山東北有洞，俗傳仙人劉奉林控鶴墜翮處，道書以爲天下第二洞天。○馬鞍山，在縣東五里。山勢奔迸，脊如馬鞍。元末方國珍以舟師突海門，入洲港，犯馬鞍山，泰不華擊之，戰死。嘉靖中倭賊入犯，官軍敗之於馬鞍山。或云山在楚門所西北。

松巖山，縣西十五里。沿巖而上凡七里始登石梯，梯數百級，俗名古儸百步街。上平廣，有古松碧潭之勝。又靈巖山，在縣北十里。一名鷲峰。有飛瀑垂巖而下，潴爲深潭。山之右爲紫霄山、翠屏山，皆高勝。○蓋竹山，在縣西北三十里，與臨海縣接境。縣西六十里又有三萫山，周二十餘里，分上中下三萫，巖澗洞壑，每入益勝。居人皆以造楮爲業。相近者又有平田山，甚高峻，至巔平衍可田，因名。志云：縣西五十里有靈石山，一名甘露山，孫恩寇境，毁木爲船，石從空墜而傷賊，因名。縣西百二十里又有黄巖山，一名仙石山，縣以此名。

東鎮山，縣東二百四十里。臨海記：「洋山東有東鎮大山，去岸二百七十里。有四嵒，極險峻。山上望中突起一石，即高麗頭山也。」又盤龍山，在縣東南二十五里。横岡曲阜，狀如盤龍，又盤山，在縣南五十里，盤迴十里，石磴崎嶇。○將旗嶺，在縣西四十里，舊爲屯營處。又鄭家嶺，在縣西百有五里，嶺路高峻。縣西百十里又有五部嶺，綿亘甚遠，其路五達，因名。志云：縣西南三十五里有佛嶺，與樂清縣分界。嶺北有軍營溪，宋宣和中官軍禦寇結營於此，因名。今溪在縣西三十里，源出佛嶺，下流入江。

海，縣東百里。其入海之口曰椒江，由椒江而西直接永寧江，抵城下不過七十里，故縣之海防視他所爲切。元季方國珍之亂，嘉靖間倭夷之亂，縣輒被其禍。

永寧江，縣北二十里。有二源，大源出縣西南三百餘里之塵山，東南流二百十里至左溪村，小源出黄巖山，東北流合於大源，皆平淺不通舟；合流三十里至官嶴村，無灘磧，直接永寧江，廣逾百步，可通舟；又東流百里過縣北，又三十五里而爲臨海縣海口入於海。從源至海，計四百八十里。亦曰澄江。

青湖，縣西三十里。相傳湖底有竅，深不可測。又西五里有白湖。又天賜湖，在縣東南五十里限浪山下，居民得灌溉之利甚溥。不假濬鑿，故名。又消湖，在縣東南九十里。

官河，縣東南一里。志云：河自縣前至温嶺凡百三十里，別爲九河，各二十里，支爲九百三十六涇，分二百餘埭，綿亘諸鄉，溉田七十一萬有奇。宋紹興九年以後相繼濬治，元因之，明朝亦屢修濬，爲民利。宋志「官河舊有五牐，久廢不修，淳熙十二年提舉勾昌泰請修復」，即此。又縣東有東浦，紹興中嘗置常豐牐，名爲決水入江，而海潮漲淤，每逢旱乾，則灌溉無備。淳熙十三年昌泰奏請築塞之。温嶺，見太平縣。

長浦寨。縣東南四十里。有巡司，本曰界首巡司，洪武二十年立海門衛移置於此，改曰長浦，築城戍守。又路橋鎮，在縣東三十里。宋初爲新安鎮，後改今名。今亦爲戍守處。縣東南四十里又有旋井市，亦曰泉井鎮。○丹崖驛，在縣治東。舊在縣東北三里，宋曰永寧驛，乾道三年又改爲仁風驛，元因之，明初改今名。又白峰驛，在縣南四十五里。宋置，尋廢。輿程記：「縣南六十里至樂清縣之領店驛，又南至窑嶴驛六十里。」又黄巖場鹽課司，在縣東南六十里。宋曰遷浦鹽場，元曰黄巖場監，元貞初升鹽司，明初改今名。

天台縣，府西北九十里。東北至寧海縣百十里，北至紹興府新昌縣百二十里，西至金華府東陽縣三百五十里。漢章安縣地，三國吴析置南始平縣，或曰後漢興平四年孫氏析置也。晉太康初改爲始豐縣，屬臨海郡。宋、齊因之。隋省縣入臨海。唐武德四年復置始豐縣，屬台州。上元二年改曰唐興縣。咸通初王式討裘甫於寧海，分軍屯唐興，斷其南出之路是也。五代梁開平中吴越改曰天台，石晉時改曰台興，宋復曰天台縣。舊有城，相傳三國吴永安中築，後廢。宋宣和三年重修，明朝嘉靖三十二年改築。周五里有奇。編户四十二里。

天台山，縣北三里。一名桐柏山，亦名大小台山，以石橋大小得名。道書：大小台當五縣中央。五縣謂餘姚、奉化、臨海、天台、嵊縣也。山經：「天台超然秀出，入山者路由福溪，水險而清，前有石梁，下臨絶澗，逾梁而上，攀藤梯壁，始得平路，其詭異奇秀，非記載所能盡也。今在縣北六里者曰赤城山，土皆赤色，狀似雲霞，儼如雉堞，孫綽所云『赤城霞起而建標』者。西有玉京洞，道書以爲第六洞天，宋咸平、天聖中皆投金龍玉簡於此。水流爲赤城溪，注於大溪。又瓊臺山，在縣西北三十里，稍南三里曰雙闕山。兩峰萬仞，屹然相向，孫綽云『雙闕雲聳而夾道，瓊臺中天而懸居』，此矣。縣西四十里曰瀑布山，一名紫凝山，有瀑布千丈。又石橋山，在縣北五十里。石橋架兩巖間，長七丈，北闊二尺，南七尺，其中尖起丈餘，下有兩澗合流，勢甚峭峻，孫綽云『跨穹窿之懸巖，臨萬丈之絶溟』是也。又寒石山，在縣西北七十里，一名寒巖。又縣西九十里有天柱山，其南有黄水峰，已上皆天台之别阜也。餘見名山。

桐栢山，縣西北二十五里。天台之支山也，故天台亦兼桐栢之名。周圍有紫霄、翠微、玉泉、卧龍、蓮花、華琳、玉女、玉霄、華頂九峰，亦即天台諸峰矣。上有桐栢觀。唐懿宗初浙東賊裘甫作亂，官軍與戰於桐栢觀前，敗績。宋改名崇道觀。志云：縣北十三里有司馬悔山，爲天台山後，道書以爲第十六福地。唐時司馬承禎隱此，就徵而悔，因名。○東横山，在縣東十里，天台山足也。俗名覆船山。其上坦夷可三十頃，中有三溪。又東三十里有蒼山，以蒼秀凌霄而名，接寧海縣界。

大盆山，縣西百八十里。西接東陽，南界仙居，遥望宛如覆盆。婺江發源於此。○闢嶺，在縣西北四十里，與新昌縣分界。又筋竹嶺，在縣東四十五里，與寧海縣接界。

大溪，在縣城西南。志云：始豐溪源出大盆山，引而東天台、桐栢二水入焉，故曰大溪，流經縣南，又東南流入臨海縣界合仙居縣之永安溪，即澄江上源也。又青溪，在縣西五里。或曰即天台水也，合桐溪而入大溪。縣北四十里又有福溪，出石橋山下，分流而西北，入新昌縣界爲剡溪之上源。其一流南入大溪。又銅溪，在縣西北五十里。水色如銅，亦南流入大溪。

楢溪，縣東三十里。一名猶溪，亦名油溪。源出縣東十里鳳凰山，東流入寧海縣界。溪產鐵。胡氏曰：「楢溪之東有甬溪，唐王式破裘甫處也。」又靈溪，在縣東二十里，亦流入寧海界合於楢溪。舊有靈溪公館，在縣東二十五里。○左溪在縣西三十里，合天台水，逶迤曲折至關嶺而入新昌縣界。

赤城驛，縣治西南。宋置。又飛泉驛，在縣西二十五里。靈溪驛，在縣東二十里。宋志：「舊路由靈溪驛入京，謂之『亭頭』，後改自東門，驛廢。尋又廢飛泉驛。」元并廢赤城驛。○赤巖銀場，在縣西十里。宋元祐四年以礦發置場，尋廢爲鉛坑。縣西九十里又有天柱山鉛坑，東三十里有楢溪鐵坑，元時皆廢。

關嶺山寨。縣西北關嶺上。舊志：嶺上有石壘寨，唐廣德初王師討賊袁晁，壘石築寨於此。元末方國珍亦嘗據此結寨。又北曰會寺嶺寨，亦曰衛墅。志云：關山、衛墅，郡西境之險也。今詳見新昌縣。

仙居縣，府西九十里。東南至黃巖縣百五十里，西北至金華府永寧縣二百八十里，西至處州府縉雲縣百十里。晉始豐縣地，永和三年析置樂安縣，屬臨海郡。宋以後因之。隋省入臨海。開皇十年婺州賊帥汪文進使其黨蔡道人守樂安，楊素討平之，即此。唐武德四年復置樂安縣，屬台州，八年廢。上元二年復置，仍屬台州。五代唐長興元年吴越

改爲永安縣，宋景德四年改曰仙居縣。舊有土城，唐上元中築，周不及二里，後廢。宋宣和中重築，元毁。明朝嘉靖
三十五年始議築城，不果。邑爲倭所殘掠，明年始壘石爲城，周五里，尋復廢。今編户九十五里。

括蒼山，縣東南五十里，即真隱山。今縣西北九十里有蒼嶺，即此山之嶺，與縉雲縣接界。重岡複徑，隨勢高下，行
者病其險峭。志云：嶺高五千丈，周八十里。縣東南三十里又有括蒼洞，真隱山勝處也，道書以爲第十洞天。

福應山，縣東二里，爲近郊之勝，亦名盡美山。又安洲山，在縣南五里。一名管山，又名九旬山。山本在水中，唐武
德間風雨大作，沙湧成洲。縣東南十五里又有峽山，亦曰大峽嶺，衆山拱列，溪澗紆回。○青尖山，在縣北十里。
萬山四合，一峰卓立，亦曰圭峰。縣北四十里又有紫籜山，高廣。舊名竹山，唐天寶中改今名。又北二十里有竹家
寮，地界天台、永康間，爲盜賊淵藪。

韋羌山，縣西四十五里。高出衆山，險絶難升。又有萬竹山，在縣西南四十五里。絶頂曰新蘿，九峰迴環，道極險
阸。嶺上平曠，自成村落。縣西四十里又有翠屏山，蒼翠鬱葱，亦稱幽勝。又金峰山，在縣西九十里。山有九峰，
次第起伏，其第九峰尤高勝。○彭溪山，在縣西北四十里。舊志：山多林木，饒五穀，脉接天台。水流爲彭溪潭，
疏爲四堰，溉田甚衆。又玉几山，在縣西南五十里，方正如几。又西五里爲景星山，壁立萬仞，上有鹿頸巖。志
云：縣南百里有道赭山，路出温州。

五部嶺，縣東南百五十里，與黄巖縣接界。聞見録：「自五部嶺南出張溪凡二百餘里，又七十里即温州府城，爲往
來之間道。」又三十六崛嶺，在縣西九十里，在縉雲縣界。○水簾巖，在縣西南四十五里。巖壁横峙，懸瀑如簾。下

有石室，甚深廣。又太翁巖，在縣東四十里。中有泉。宋宣和間居民多避寇於此。

永安溪，縣西北百四十里。源出金華府東陽縣界，亦曰大溪。志云：溪有二源，小溪源出縣西二百十里馮師山，東流百里至曹村，淺不可舟，自曹村而下可勝小艇，又東至妃姑村與大溪會，流六十七里，環城西而東出，入臨海縣界合天台縣始豐溪，接澄江而入海。○曹溪，在縣西南九十里。源出括蒼嶺，南流四十里合諸溪水入大溪。又方溪，在縣西南百七十里。源出温州府永嘉縣之衫岡，亦合諸溪之水北流注於永安溪。

彭溪，縣東二十里。源出天台山，南流百十里入永安溪。嘉靖三十五年倭賊據仙居，官軍進擊，賊走彭溪，官軍殲之於溪上。又有白水溪，在縣東二里。源出竹山，入大溪。一云亦出天台山，經縣東北四十里，流長百里合彭溪而入大溪。

湘湖，縣東十五里。瀦衆山之水，四時不涸，居人資以灌溉。相近者又有深澄湖。又東十里曰磬湖，又二里曰蕁湖，縣東南二十里又有黄赤湖，皆瀦水溉田。○小西湖，在縣西二十里，延袤數里。南宋初吴芾所開。又千頭湖，在縣南二十五里。唐末黄巢犯境，義兵拒敵，誅賊黨千級投湖中，因名。

白塔寨，縣西三十五里。宋志：「嘉定十五年守臣言：『白塔寨因宣和中寇亂置，今已爲聚落，而蒼嶺當衢、處、婺三州，岡阜深阻，行者窮日而後度，人烟迥絶，寇攘所憑，請徙於嶺下戴村。』尋廢。」○安洲驛，在縣治西。本名括蒼驛，宋置。嘉泰二年以近安洲山，改今名。元廢。又有蒼頭驛，在蒼嶺上，亦宋置，尋廢。又安仁鐵場，在縣西百二十里。宋開禧元年置，元廢。

田頭市。縣西三十里。明初置田市巡司，嘉靖中廢。○官路橋，在縣西二十里，爲往來通道。

寧海縣，府東北百八十里。東北至寧波府象山縣二百三十里，北至寧波府奉化縣百二十里。漢回浦、鄞二縣地，晉太康初析置寧海縣，屬臨海郡。宋以後因之。隋省入臨海縣。唐武德四年復置，屬台州，七年省。永昌元年復置。城邑考：「縣舊治海游鎮，永昌初徙今治。築城周不及二里，尋廢。嘉靖三十一年以倭患築城。萬曆十九年以淫雨城圮，復修築。周六里有奇。」編户百十三里。

卧龍山，縣治東南一里。山勢蜿蜒，如龍偃卧。一名應家山。又南里許有千丈巖，壁立高峻，下有清鏡湖。○白嶠山，在縣東五里，亦曰白嶠嶺。志云：晉置寧海縣初治此。今有白嶠驛，路出奉化縣。又東二十里有瀛巖，濱於海，巖㟪險絶，下蘸波心。

雷山，縣西三十里。有三十六峰，亦曰三十六雷山。又梁王山，在縣西南二十里，爲往來通道，置公館於此。○王愛山，在縣西六十里，路接天台縣界。志云：唐咸通中裘甫據寧海，王式敗之於海口、上𠻘、海游三處。甫蓋從王愛山遯走剡城。又鳳山，在縣南百二十里，健跳所城跨其上。

天門山，縣北六十里，接奉化縣界。山從嵊縣發脉，繚繞三百餘里。其麓有閬風台，拔起數千仞。又龍鬚山，在縣西北五十里，舊産銅鐵。志云：山岡四斷，怪石屹立，有三龍湫。又峽石門山，在縣西北五十里。兩峰夾起，矗立千仞。○三門山，在縣東二百五十里海中，海舟出入必經之所。今設兵船泊守，南與大佛頭，北與林門各兵船會哨。又罣罳山，在縣東百里，大海環其下。縣東北九十里又有蓋倉山，瀕大海。一名茶山，亦曰茶巖。下有柴溪，引流注海。

桑洲嶺，縣西六十里。有桑洲驛。又縣西南百二十里有桐巖嶺，其上爲朱家嶴驛，又西南六十里即府城也。舊路由狼坑、縣渚、海游而西，紆回阻滯，宋靖康以後取道於此，至今便之。嘉靖中戚繼光討倭寇，駐軍桃渚，寇屯聚桑洲，糧援久之不至，蓋控扼要地也。

海游嶺，縣南六十里。下有鎮。唐咸通中王式大破裘甫於海游鎮，甫遯入甬溪洞，官軍與戰於洞口，又破之。舊志：洞在縣西南百餘里，入天台縣界。又戰坑嶺，在縣南百里，危峻難登，俯瞰大海。其相近又有危橋嶺，兩石峙立如門，架木爲梁以度。下有泉，甚湍急。○楓槎嶺，在縣南二十里。亦曰楓嶺。嘉靖中倭寇入犯，官軍禦之於此，敗績。又南五里有摘星嶺，本名新嶺，嶺甚高峻，因名。

大龍嶺，縣西南百里。回旋曲折，凡二十五盤，接天台縣界。○柵墟嶺，在縣北六十里，與奉化縣接界。舊有柵墟巡司，元置，今廢。又蘇木嶺，在縣西北九十里，與紹興府新昌縣接界。又西溪嶺，在縣東百二十里，又東百里至象山縣城。

紫溪洞，縣東北四十里。幽阻險隘。唐寶應初袁晁作亂，李光弼討之。晁死，其弟瑛從五百騎遯入此。光弼駐兵洞口，絶其糧道，俱餓死。宋時洞口猶有遺鏃云。今亦曰紫溪嶺，路出象山縣。

海，縣東四十里。夷堅志：「縣東海中有尾閭，與海門馬筋相值。自高山望之，其水湍急，陷爲大渦者十餘，舟楫不可近。」舊傳東海泄水處。又健跳港，在縣東百二十里健跳所東。有長洛渡，闊四百餘丈。出海往茅頭大洋，上接海中查盤山與練陀等處，下接海中青嶼、黄毛礁與牛頭、桃渚諸處。海防攷：「健跳所孤懸於重山之外，恃舟船爲命，守港之師不可暫撤是也。」又茅頭洋，一作「猫頭洋」，亦在健跳所東北。嘉靖三十九年官軍敗賊於此，又追破之於青門洋。青門洋即青門港，見象山縣。

鄞江，縣東北四十里，與象山縣接界。自奉化縣東南境合諸溪之水，及縣北，白渚溪、馬紫溪俱匯流以入海。唐咸通中裘甫據寧海，王式遣軍屯海口以遏賊入海之道。胡氏曰：「即自鄞江走象山之道也。」今縣北五十里地名海口，舊置海口驛，今廢。

上白溪，縣西南四十里。源出天台華頂峰，東北流八十里合大溪，由雙港渡東流入海。又有湖瀆溪，在縣西南五十里。源出天台石橋，東流至雙港溪，又東三十里入海。〇大溪，在縣南一里。源出縣西南百里之桃花坑、牛頭潭諸處，至縣東南十五里合於上白溪。

海游溪，縣南七十里。源出海游嶺，東流五十里入海。志云：縣南六十里有新市橋，舊爲海游渡，長四十丈。又寧和溪，在縣南九十里。源出天台諸山中，入縣境北流四十里，又東流十里入海。相近又有東溪，源亦出天台山中。中有鐵沙，冶之成鐵。會寧和溪以入海。〇沙溪，在縣西北百七十里。匯諸山谿水，流入紹興府新昌縣界，合奉化縣之沙溪而爲王宅溪。

梅嶴鎮，縣南百里。舊有鐵場，亦戍守處也。嘉靖中倭賊寇縣，由梅嶴突入樂清縣界。今縣南七十里有曼嶴巡司，東南八十里有寶嶴巡司，縣東二十五里有越溪巡司，東百里又有長亭巡司，縣北六十里有鐵場巡司，俱洪武二十年築城置戍，爲濱海之備。志云：宋、元時縣境有鐵場數處，今皆廢。又長亭鹽課司，在長亭巡司東三十里。宋置鹽場，在縣東十五里港頭鎮，大觀三年移置此，今因之。又縣南海游山下有海游鎮，洪武初置税課局，正統三年廢。○臨門寨，在縣東二百里海頭。宋置，元廢。又麻嶴寨，在縣西南七十里。元置巡司，今廢。

白嶠驛，縣治西。宋置於治東，名迎恩驛。元至正二十三年改今名，徙置治西。明朝因之。萬曆二十年移於桑洲，三十九年廢驛爲白嶠公館。又桑洲驛，在縣西桑洲嶺。洪武二十年湯和增置，嘉靖中改隸天台縣。又朱家嶴驛，在縣西南銅巖嶺上。洪武三年置驛於縣西九十里朱家嶴，因名。二十年徙置於此。志云：宋於縣城東置妙相驛，縣南七十五里置縣渚驛，縣北百十里置海口驛，靖康以後迎恩、縣渚諸驛皆廢。元又廢妙相驛置白嶠驛。明朝建朱家嶴驛，增桑洲驛與白嶠爲三驛云。

南陳館。縣西南六十餘里。裘甫爲王式所破，失寧海，乃帥其徒屯此，式復破走之。又上嘐村，在縣西北四十三里。今有上寮山。王式破裘甫之黨於此。○登臺橋，在縣東七十二里。跨海港，凡二十四洞。宋發運使鄭霖建，路通象山。

太平縣，府東南百四十里。北至黄巖縣八十里，西南至温州府樂清縣九十里。本黄巖縣及樂清縣地，明朝成化五年分黄巖南境置縣，十二年又分温州府樂清縣之北境益之。嘉靖三十一年築城，周五里有奇。編户五十六里。

石盤山，縣治南二里。峰巖錯列，泉石競勝。志云：山從鴈蕩山發脉，綿亘起伏至此六十餘里。其南連大雷山，山周三十里，高數千丈，爲縣之南屏。志云：大雷山，在縣南十七里。又五龍山，在縣東南八里。山有石聳立，一名百丈巖。又有北五龍山，在縣東三十五里，新河所城亘其上。

王城山，縣西北三十五里。本名方城山，絶巘壁立如城，相傳越王失國嘗保此，唐天寶六載改今名。山中峰巖絶勝，頂平曠約百餘畝，居人墾之，號仙人田。山下有溪曰桃溪。相近者曰玉山，兩巖對峙，亦曰古塘門。又婁崎山，在縣西北二十里，亦曰樓旗山。雄峙霄漢，海泊每視爲嚮道。一名天馬山。上有龍湫。山之東五里曰横嶼。嶼東有横峰橋，亦曰月河橋，去縣二十里。○盤山，在縣西北四十里，以山嶺盤屈而名。相近者曰大唐嶺山，有溪南流，至白箬灘入温嶺江。二山俱接黄巖縣界。

松門山，在縣東南五十里海中。亦曰松門島，松門衛以此名。又桂巖山，在縣東南二十里。其南有崎頭山，隘頑所置烽堠於其上。又盤馬山，在縣東北四十里，回旋險仄，有巡司戍守。○石塘山，在縣東南六十里海中。嶼嶴參錯，大山環峙。舊屬黄巖縣，居民甚衆，明初以倭寇犯境，徙居民於内地，此山遂墟。其相近有三女山，二石如柱，潮平則没，舟行畏之。又大陳山，在縣東南海中。志云：台州之山惟大陳膏腴，且有淡水，每爲倭賊所據，防守最切。嘉靖三十四年官軍敗倭於此。相近者又有南赤嶕山、夏公嶴，亦海中小山也。嘉靖三十八年倭賊由此犯松門衛。

玉環山，縣西南七十里楚門港中。今詳見樂清縣。又有靈山，與玉環山相接。其峽如門，名楚門港，海船由此出入。海防攷：「楚門所東北海岸有雞臍山，倭犯楚門，此爲必由之道。」

温嶺，縣西十里。一名中嶠山，亦名温嶠嶺，亦曰嶠嶺。永嘉記「妖賊孫恩築城嶠嶺，高四丈，周六百步」，即此處也。

相傳温州之名以此。嶺有東西兩峰，東大西小，亦曰大嶺、小嶺。宋置温嶺驛於此，路出樂清。今驛廢。嶺北又有路橋，爲黄巖縣之通道。志云：縣北五里有虞嶨嶺，路通温嶺。或訛爲漁嶺。嘉靖三十四年官軍敗倭賊於新河所，賊遯走漁嶺，官軍復追敗之，即此。○湖霧嶺，在縣西北三十三里，屹立湖側，西連鴈蕩，北接唐嶺。常有海氣升騰如霧，因名。路出樂清縣。

藤嶺，縣南二十餘里。又東南即隘頑所也，南出温州。又所東北有慢游嶺，爲松門之阻隘。○南灣嶺，在縣境楚門所西北。有高山萬仞，環列海濱，松林如織，鳥道紆回。嘉靖三十九年戚繼光追破倭賊於此。又長嶼，在縣東北二十五里。又東曰撮嶼，上有烽堠。

海，在縣東南二十里。曰大閭港，亦曰大閭洋。元至正十一年方國珍作亂，焚掠沿海州縣，命江浙行省孛羅帖木兒擊之，至大閭洋，爲賊所敗。志曰：大閭港在長沙海口，南有驪洋，下有驪龍窟，出此則茫無畔岸矣。

迂江，在縣東。源出王城山之桃溪，一名月河，東流合諸山水爲新建河，經縣北三十里爲官塘河。河西南達温嶺，東南抵縣城，北通黄巖，爲舟檝交會之衝。又東至新河所城乃爲迂江，闊二里，東入海。迂江蓋即黄巖縣官河之下流矣。○大溪，在縣西北三十五里，源出樂清縣界大安山；又有小溪，源出湖霧嶺，合衆流爲百漿渚溪，下流入於官塘河。

横湖，縣東南十餘里。縣境溪流三十有六，皆會於此。又有消湖，在五龍山麓。

山門港，在縣西南十五里。源出温嶺諸山，亦曰温嶺江，俗稱江下，南出山門港及楚門港入海。凡海艦西去温州樂清，北趨台州黄巖，率繇此艤泊。又松門港，在縣東南五十里甘嵒海口，出海即石塘山也。又靈門港，在縣東松門衛南。東接海中雞脐山，與松門港接境，南接楚門洋坑，下接硐礁山，又隘頑所之藩衛也。有兵戍守。又有中洲港，南出海中茅堰山，與蒲岐港接境，北出海中邳山，與靈門港接境，嘉靖中亦設水軍戍守。

沙角寨，縣南二十五里。有巡司，洪武二年設於岐頭山下，二十年移置於此。又三山巡司，在縣西三十里；蒲岐巡司，在縣西四十里；小鹿巡司，在縣西南四十里；縣東南四十里又有盤馬巡司，洪武二十年設；舊皆屬黄巖縣，成化後改今屬。志云：縣西舊有温嶺巡司，洪武元年設，二十七年移於樂清縣之沯山，後廢。沯山，今在樂清縣東南七十里海中。

斗橋。在新河所西北。嘉靖中戚繼光屯此，與倭戰，敗之。又清港渡，在縣西南三十五里，爲三山、楚門往來衝要。

附見

台州衛，府治西。洪武五年建。

海門衛，府東九十里。洪武二十年建。築城周七里有奇，嘉靖三十二年重修。領所四。衛爲浙東門户，三面阻水，倭易登泊。其救援之道，自臨海、黄巖而東有泉井、路橋、三山三道，禦之於港口，又當備之於内地，蓋水陸俱切也。

前千户所，在衛城北七里。洪武二十八年建。城周三里有奇，嘉靖中重修。所南臨椒江，與衛城僅隔一水，利害相共。所東北有連盤港，港深而長，背山面水，健跳、桃渚二港會於此處，倭寇每恃爲巢穴。

桃渚千户所，衛東北五十里。洪武三十年建。築城周四里有奇，衛城及府治之藩翰也。嘉靖中重修所城，賊屢來犯，官軍擊却之。海防攷：「所東有桃渚港，外接大海，北達健跳、有鹽塘、除下、仙巖諸海灣，寇每從此突至。由裏路至海門不過四十里，當設舟師以備禦海口。」而昌埠港在所城東北十里，有昌埠嶺，與桃渚港皆委蛇細曲，慮賊以小舟襲入。所南又有肯埠嶺，北有白蓮嶺，東有安聖寺諸處，皆可設伏，以遏賊衝。嘉靖三十九年倭賊圍所城，官軍敗之。賊遯昌埠，依山爲固，官軍復攻克之是也。

健跳千户所，衛東北百十里，寧海縣南百二十里。洪武二十年建。築城周三里。海防攷：「所東去昌國衛隔大洋，西去桃渚百里，去府城百四十里。三面阻山，皆羊腸鳥道，緩急不能遽達。惟東面山前距海，倭泊城下，江中陸路之援不可恃，惟應以海門舟師擣之，而邀之於山道，以防其内潰，庶爲完策。」

新河千户所，衛南五十里，太平縣東北三十里。洪武二十年建。城周四里有奇。所去松門、隘頑、黄巖各五十里，所謂適中之地也。三面俱有大路可以進兵應援，惟北至海門皆田塍，雨久潦溢，則泥濘可虞。海防攷：「所東南即新河港，港口淺狹，則往往由此登陸來犯。所東有藤嶺及横山諸處，俱爲戍守要地。」又有週洋港，亦在所東，嘉靖四十年倭由此登陸入犯。又金清閘，在所北，嘉靖中官軍敗倭於此。

松門衛。太平縣東五十里。西北去府城百八十里。本宋黄巖之松門寨，去縣百二十里。洪武二十年改置衛，築城周九里有奇，嘉靖中增修。領所二。海防攷：「衛東即松門港，港東岸爲朱門山，又東爲積穀山及下洋、大陳嶴諸處，外即大海，直抵日本；北往化嶼、龍王堂、鯉港、横門、大潭、深門諸處，與新河三汊港接；南往雞臍、釣棚、〔八〕硐礁、鹿頭、片嶼、驪洋、郅山諸處，與靈門接。海内小山最多，若倭賊由温州來此徑抵城下，若自外國來止過大陳、邳山、大鹿登岸，皆爲賊巢，港内迂回屈曲，捍賊尤難也。」

隘頑千户所，衛西南五十里，太平縣南三十里。洪武二十年建。城周五里有奇。志云：所北衛太平，南阻楚門，城外四面皆山，高插天表，城垣欹矮不足恃，唇齒之援，惟恃松門水軍。嘉靖三十七年官軍敗倭於此。

楚門千户所。衛西南百二十里，太平縣西南六十里。洪武二十年建。城周七里有奇。對岸爲温州蒲岐所，賊由三山、大荆趨温州，必徑度蒲岐所，防守爲切。海防攷：「所西北有東門港，由所城至太平温嶺江之道也。沿山濱海而行，山林密茂，水港出入。又十五里爲南灣，高山環海，即所謂南灣嶺也。又有泥湖磪，在所南，嘉靖三十八年賊由此入犯所城。」

校勘記

〔一〕勾踐齋戒臺也　「齋戒」，底本原作「濟戎」，今據職本、鄒本改。

〔二〕唐開元中至放生池　「周官湖」，底本原脱「湖」字，據鄒本補。又新唐書卷一九六賀知章傳云：「天寶初，病，夢游帝居，數日寤，乃請爲道士，還鄉里，詔許之，以宅爲千秋觀而居，又求周官湖數頃爲放生池。」則事在天寶初，本書作「開元中」誤。

〔三〕會稽守王朗　底本原脱「守」字，今據職本、鄒本補。

〔四〕又有岑江寶陀三巡司　此止列二巡司名，不足三。本書同卷定海縣螺峰寨下云：「又所西北四十里有岑江巡司，所東北二十里有岱山隘巡司，所東南三十里有寶陀巡司。」則此「岑江」下當補「岱山隘」三字。職本作「又有岑江、岱山、寶陀三巡司」，是。

〔五〕志云府東六十五里　底本原脱「云」字，今據職本補。又「六十五里」，職本作「五十五里」。

〔六〕鮚埼山　「埼」，底本原作「崎」，職本、敷本同，鄒本作「埼」。漢志卷二八上鄞縣有鮚埼亭，師古曰：「埼，曲岸也。」大明一統志卷四六、明志卷四四均作「埼」，鄒本是，今據改。下「鮚埼亭」、「鮚埼嶺」並同。

〔七〕顏頤仲　底本原脱「仲」字，今據職本補。

〔八〕釣棚　職本與底本同，敷本、鄒本作「釣棚」。

讀史方輿紀要卷九十三

浙江五

金華府，東至紹興府四百五十里，東南至台州府五百七十二里，南至處州府二百六十里，西至衢州府一百九十三里，北至嚴州府一百五十里，自府治至布政司四百五十里，至京師三千七百四十八里。

禹貢揚州之域，春秋、戰國時爲越地。秦屬會稽郡，漢因之，後漢爲會稽西部都尉。治烏傷縣。三國吳寶鼎元年置東陽郡，治長山縣。晉以後因之。梁改置金華郡，玉臺新詠：「金星與婺女爭華，故云金華。」後又兼置縉州，郡志：陳永定三年置。陳因之。隋俱廢，以地屬吳州，尋置婺州，亦以天文婺女之分而名，治吳寧縣。大業初改爲東陽郡。治金華縣。唐復爲婺州，天寶初亦曰東陽郡，乾元初復故。五代時屬於吳越。石晉天福四年吳越升州爲武勝軍節度。宋仍爲婺州，亦曰東陽郡、武勝軍，淳化初又改軍名曰保寧。元曰婺州路。明初改爲寧越府，宋龍鳳四年，元至正十八年也。尋曰金華府。龍鳳八年改。今領縣八。

府控臨安之腰膂，當台、紹之上游，西臂信安，南肘括郡，所謂腹心之地也。引兵北出則敵不知其所備，而錢塘失其險矣。若馬首南向，閩、嶺雖峻，又豈足以自保哉？明初規取浙右，克婺州而固守之，扃鑰東陲，鞭箠巨猾，明太祖嘗言寧越爲浙東重地，不信然歟？

金華縣，附郭。漢烏傷縣地，後漢初平三年孫氏析置長山縣，吴寶鼎初爲東陽郡治，晉、宋、齊因之。梁改置金華郡，亦治此。隋平陳郡廢，改縣爲吴寧，開皇十二年改曰東陽，十八年改今名，爲婺州治。唐初因之，垂拱二年改爲金山縣，神龍初復曰金華。宋因之。今編户二百有五里。

婺州城，志云：舊城在今城東四十里。一云去府西南四十里，今湯溪縣境内，唐開元中始徙今治。舊有子城，周四里，宋廢。今城相傳吴越時築，宋宣和四年因故址修治，元廢。至正十二年重築，明初亦嘗修治，後漸圮。萬曆三年繕修完固。舊有十一門，今存七門。城周九里有奇。南臨大溪，三面環濠，倚山帶水，東西長而南北短，險固可恃也。○長山廢縣，在府東。唐武德四年析金華縣置，屬婺州，八年省入金華縣。

金華山，府北二十里。一名長山，山橋在焉，南去府城三十里。山中諸溪匯流其下。兩巖對峙，高數百仞，登其上則城郭聚落，宛在目前。志云：府北二十五里有鹿田山，爲北出蘭溪之間道，即金華山之鹿田峰也。其相接者曰白望山、乾封山，而乾封山又爲鹿田之門户。餘見前名山。

銅山，府南二十里。下臨南溪。一名白沙山。舊産銅，下有銅山泉。又有銅山寺，景泰中張楷討處州礦賊，駐師銅山寺，賊來戰，敗之，因招降其餘黨。又西南五里曰石門山。山高三百丈，有石對峙如門，水乘高而下者三級，俗謂之龍門。

南山，府南四十里。高數千仞，周四百餘里。脉自括蒼山來，南則遂昌、松陽、宣平，東則永康、武義，西則龍游、湯溪，諸山皆相聯絡，深邃幽遠。千峰層矗，高入雲表。陰巖積雪，經春不消。其最高之巘曰箬陽，去郡城百里。上有龍湫，名三斷水。三斷之東有大溪、小溪流出，爲上干、下干，南合於梅溪。又白原山，在府南五十里。志云：高千餘仞，羅列二百餘峰，蓋亦南山之别阜矣。

東山，府東五十里。高千餘丈，周三百里。東接東陽縣之大盆山，南爲武義縣之八素山。山之高巘曰齊雲岡。又有葛公山，五峰卓立，高十餘仞，東北入義烏縣界。志云：山在府東七十五里。○至道山，在府東南三十五里。一名覆釜山，亦名積道山。連峰擁翠，石磴縈紆，山頂平曠，可列屯營。

太陽嶺，府東北五十五里。高峻若與太陽齊，踰嶺即浦江縣界。○黄姑嶺，在縣東北五十里。宋宣和中方臘寇婺，邀敗官兵於此。又樟柏嶺，在府西二十里，爲陸走蘭溪之道。

東陽江，在府城南，即婺港也。亦曰雙溪。雙溪者，一爲東溪，亦名東港；一爲南溪，亦名南港。東港源出東陽縣大盆山，經義烏縣西流入境，有航慈溪、白溪、玉泉溪、坦溪、赤松溪，皆匯流入焉，經府東三里之石崎巖，又西與南港匯；南港源出處州府縉雲縣雪峰山，經永康縣、武義縣流入境，有松溪、梅溪、白沙溪皆匯流入焉，遶府南五里之屏山，西北流與東港會於城下，故曰雙溪。諸水匯流，波紋如縠，謂之縠溪，亦曰縠水。西流受白沙溪、桐溪、盤溪諸水入蘭溪縣界，又名爲蘭溪。此即浙江東南别出之源也。唐五行志「咸亨四年婺州大雨，山水瀑溢，溺死五千餘人」，即羣山之水奔注縠溪，溪不能容也。郡志云：雙溪經府西五里中有五百灘，盤亘甚大，舟行牽挽，須五百人然後可渡，故名。

通玄溪，府北十五里。源出金華山巔徐公湖，經山橋下，又南經府北十五里之東紫巖，環郡城後至城東南之弘濟橋入於南溪。又迴溪，亦出徐公湖，分流西南出，繞城北諸山，至城西南入於雙溪。又赤松溪，亦自金華山發源，東南流，至府東十二里入於東溪。

梅溪，府南十五里。源出武義縣大家山，東北流合南山之箬陽、上干、下干及下坂之水，又北會於南溪。又松溪，在府南四十里。源出武義縣八素溪，合諸溪之水，又北會積道山之水，西流入南溪。○航慈溪，在府東四十里。其上源即義烏縣界小雙溪也，西南流入於東溪。又黄湮溪，在府西二十里。源亦出徐公湖，西南流入蘭溪縣界。又有潛溪，出府西北三十里之九龍洞，南流合黄湮溪注於大溪。志云：境内諸溪，皆出小澗中，盤紆繚繞，羣灘櫛比，皆合雙溪爲婺港，而會於衢港。

雙溪驛，府治北。五代時錢氏置金華驛，宋、元因之，明朝改爲雙溪馬驛。又有雙溪水驛，在城西南。元置通波驛，明初改今名。○孝順驛，在府東五十五里。元置，爲東出義烏之通道。今驛廢，亦曰孝順鎮。又有竹馬館市，在府西二十里，驛道所經也。

通濟橋。在府城西南。長七十餘丈，臨雙溪，與問津橋相望。元至正間甃甓爲梁，復就圮壞，乃比舟貫絙以渡行者，曰「上下浮橋」。今府東南三里有弘濟橋，長三十餘丈，蓋即故問津橋矣。又松溪橋，在府南二十五里，長二十五丈，路出永康。

蘭谿縣，府西北五十里。南至湯溪縣五十里，北至嚴州府九十里，西至嚴州府壽昌縣五十里。隋爲金華縣地，唐咸亨五年析置蘭谿縣，屬婺州。宋因之。元元貞初升爲蘭谿州，明初復爲縣。城邑攷：「縣舊有子城，周不及二里，相傳唐末築，久廢。其邑城周二里有奇。元至正十八年城歸於我，因舊址修築。越七年城圮於水，復修築。後屢圮於水，正統九年列栅爲守，以備括寇。萬曆中改築，甃以磚石。今城周四里有奇。」編户二百六十九里。

大雲山，在縣治東南。俗名大寺山，以下有佛刹也。山不甚高，而延袤數里，名亦不一。西南臨大溪。其東南曰費隴山，兩巖夾峙，中通逵道。山口爲五里牌，正統中括蒼盗起於此，設木寨以禦之。又天福山，在縣治右，今城址環其麓。又蘭陰山，在縣西南七里。一名横山，横截大溪，周十二里。山頂有塔。下有龍潭，亦名横山潭，即蘭溪所匯也。縣東十里又有銅山，接金華山西麓，舊産銅。

南住山，縣南十五里。祝穆云：「其山自閩中迤邐而來，至此截然而住，因名。」又南五里曰古城山，高阜中峙，兩山環其左右。山脊有城，周二三里，缺處如門。

洞巖山，縣東二十里。一名靈洞山，高百餘丈。靈洞凡六，而著者三，曰白雲，曰湧雪，曰紫霞。餘爲上中下三靈洞，亦曰小山洞。東麓有白坑，西有紅坑，長皆五六里。又東北一峰名小飛來，下有天池，泉流爲洞溪，東南注於雙溪。山口又有天井巖，高亦百餘丈。又紫巖山，在縣東二十五里。山上有巖，色紫，形如覆釜，穹窿深廣，可容百餘人，旁有玲瓏巖，其下爲鷂窠巖，廣深皆數丈，容二三百人，八石溪出焉，流入婺港。○高眉山，在縣東北二十五里，傑出羣峰，石壁凌空，松陰蓋地。又東北五里爲十二曲山，山腰路有十二曲，飛瀑如練。

盤山，縣北五十里。頂平如盤，四圍累石如城，相傳昔人避兵處。又北五里有馬嶺，接建德縣界。志云：山北十五里有水山。山多流泉，下有三源，曰鮑源、盛源、繆源，各深十數里。○硯山，在縣西五十里，〔一〕高數百丈，盤亘二十餘里。山頂平正，有池如硯。其西爲陳嶺，石路岧嶢，千有餘丈，接龍游、壽昌二縣界。志云：縣西四十餘里有白石山，一名玉華峰，山腰有洞，險不可登。前爲道峰山，相對曰仁山，山之左又有巨石飛泉諸勝。縣西三十里又有龍門山，狀若游龍，夾道如門。二十五里爲柱竿山，平地突起，旁有高峰，俗呼將軍山。又大慈巖，在縣西北五十里。巖洞深廣，自麓至巔約十餘里，與壽昌縣接界。

萬松源，縣西四十里。山遶谷深，源口盤固，可以避亂。又縣西有慕塢、垷坦、塔彈、三峰諸源，皆山溪盤結，中寬平，可田可漁，深或數里或數十里，居人保固其中，并擅桐漆材木之利。又木沉源，在縣北，其西爲湛裏源，又西爲魯源，皆大山相夾，深三十餘里，居民盤布，物産甚饒。

蘭溪，在縣城西南。志曰：蘭溪，亦曰大溪。其源有二，一自衢州府東北流至縣曰衢港，一自府城西流至縣曰婺港，二水合而匯於蘭陰山下，類羅縠文，又名縠水；經縣北三十里香山下亦名香溪，有香溪渡；又北五里至金家梁，五里爲白鴈灘，十里爲三河，爲望雲灘，北至嚴州城東南與徽港合，是爲浙江之上源。胡氏曰：「浙江有三源，其發於烏傷者，水經謂之吴寧溪，即婺港是也。」

靈湖，縣東十九里。長二里，廣五十丈，中有泉穴三十六。又泉湖，在縣西北二十里，廣百餘畝，中有泉穴十。縣北又有長湖，長十餘里。志云：縣境諸湖以二十計，皆瀦水灌田處也。

東溪，縣東二十五里。其上流亦曰雙溪，諸山之水所匯也。一名石匣溪，西流入於婺港。○大梅溪，在縣北五十里崧山下，源出浦江縣之大洪嶺；又有小梅溪，出浦江縣之烏蜀山；經崧山下而合流，至縣西北三十五里金家梁入於大溪，亦謂之龍門水。

赤溪，在縣西北十五里。源出壽昌縣東南二十五里之長嶺，流入縣界合於衢港。又有乾溪，在縣西北二十里。有二源，一出嚴州府西南二十五里之馬目山，謂之芝溪；一出縣西北四十五里之塔彈源，謂之社溪；經縣西北三十里白露山下而合流，又十餘里至湖埠入於大溪。

平渡鎮，縣西北十二里大溪北岸。下有女兒渡。溪流至此，東西闊二百餘丈。有巡司戍守，洪武六年置。○永昌鎮，在縣西北四十三里，其地即古三河戍也。志云：今縣治即孫吴時所置三河戍。似悮。唐亦置戍於此。其地與建德縣接界，今曰永昌鎮。有三河渡，爲金、衢、徽、嚴四郡之要地。嘉靖間礦賊竊發，設兵駐防於此。

瀔水驛。在縣城南。宋置蘭皐驛，在縣治西；元爲蘭江水站，在河東岸；後皆没於水。明朝洪武初改爲蘭溪驛，移於城南門外，十四年改今名。又蘭溪遞運所亦置於此。又香溪税課局，在縣北三十里香溪鎮。○普濟橋，在縣西北女兒渡上。宋紹聖中維百艘以梁溪上，名普濟橋，後更名望雲。今橋廢，仍以舟濟。又縣西門外有悦濟浮橋，一跨衢江，一跨婺江，兩江相合有洲渚，横亘如月牙，樹石其端，繫鐵絙以維舟。兩浮橋相距不過百餘武，爲水陸津要。志云：悦濟橋舊名中浮橋，宋紹興中始建，元末廢，洪武初復建。其後修廢不一，至今爲民利。

東陽縣，府東百三十里。南至永康縣百十里，西至義烏縣四十里，北至紹興府諸暨縣百二十里，東至天台縣三百五十里。漢烏傷縣，唐初爲義烏縣地，垂拱二年析置今縣。五代梁開平四年錢鏐奏改曰東場，宋咸平二年復故，仍隸婺州。舊有土城，周十里。中爲子城，相傳亦吴越時築，歲久廢。明朝嘉靖三十三年倭寇突犯，三十七年始築石城，隆慶元年增修，周不及八里。編户二百有二里。

吴寧廢縣，縣東二十七里。漢末孫氏分諸暨縣置，屬東陽郡，隋廢。縣蓋置於此。其廢城周一里，土人猶名其地曰「城裏」。今亦見諸暨縣。

三丘山，縣南八里。高三百六十丈，周二十里。晉義熙間殷仲堪爲守，嘗登此，郡人比之羊叔子，因名峴山。有東西兩峴峰。又夏山，在縣東南四十里。上有禹廟，因名。高七百丈，周二十里，四面峭絶。山頂有池曰上湖，冬夏不涸。山之西有西巖嶺，西至縣三十里。○歌山，在縣東南七十里。上有石室，容百餘人。山下有溪，舊通臨海，今堙。又松山，在縣南七十里。相傳唐末有馬將軍者立寨於此，以拒黄巢。

東白山，縣東北八十里。志云：山高七百三十丈，周五十里，峰巒層疊，與會稽、天台諸山相連屬，中有水流入東陽溪。其西南有西白山，高四百五十丈，與東白相峙。嵊志云：「東陽有北白山，蓋即大白山也，隨地異名耳。」又有嵬山，亦與大白相接。山凡六面，上有三十六井。志云：西白山、嵬山皆在縣東五十里。○金山，在縣北五十里。自此迤邐而北，又二十里至畢嶺，接諸暨縣界。俗謂畢嶺爲窊錢嶺。

大盆山，縣東南百三十里，接台州府天台縣界。其南爲大溪水所出，其北則東陽江之源也。志云：山高五百丈，周百三十里，形如覆盆。其傍有小盆山，東陽江别源出於此。

南午嶺，縣南十里，温、處、台、閩取途處也。嘉靖三十三年倭賊自仙居來犯，官軍禦却之於此。又馬驟嶺，在縣東南二百四十里。嶺險峻，延袤三十里，爲台、婺之咽吭。嘉靖三十三年倭寇𨻶此窺犯，三十五年復寇仙居，因築寨嶺上以爲防禦。○烏竹嶺，在縣東北四十里。逶迤數折，與縣東北二十里之大小嶺，三十五里之蒿嶺，北七十里之鸕鷀嶺相連亘，爲北境之關隘。寇自粵至者，此爲拒扼之所。又白峰嶺，在縣東北七十里，高三百丈。石棧縈紆，東通嵊縣。嘉靖三十五年據險立寨，以防倭寇。

烏舞巖，縣南七十里。高五百丈。上寬平，可容千人。唐末置寨於此，以拒黄巢。其相近者又有黄藤巖，下臨清潭，高三百餘丈，鳥道紆迴，其頂平曠，可以避亂。旁峙者又有西明、馬鞍等巖，皆有洞穴迂回，環互爲險。

東陽溪，縣北五里。出大、小盆山，屈曲流二百里始至此，俗謂之河埠，西入義烏縣境，至培磊市與畫溪合流。○畫溪，在縣西南三十五里。亦出大、小盆山，環繞縣南境，合諸溪水而西北出。羣山縈回，草木如畫，因名。入義烏縣境合於東陽溪。

横溪，縣南四十二里。亦出大盆山，匯縣南境諸溪之水入於畫溪。又荆浦溪，在縣南四十五里，西流會於横溪。縣南六十五里又有櫰溪，西流合荆浦溪。縣東二十里有定安溪，東北流入東陽江。志云：縣境諸溪，大抵皆出大盆山，惟櫰溪出縣東南八十里之楊溪龍湫。

烏竹嶺寨，在烏竹嶺上。嘉靖三十七年置。其北接鸕鷀嶺達諸暨縣界之烏巖，其南接蒿嶺諸山，實爲要隘。又縣東北有白峰嶺砦，在白峰嶺上，一名長樂寨，亦嘉靖中置。又馬駿嶺寨，在馬駿嶺上，亦嘉靖中置。又夾溪寨，在縣東百里，有夾溪橋。羣山中斷，兩巖壁立，其水懸流而下，匯爲十八渦，橋亘其間，如綴絶綆。嘉靖三十四年設寨於此，居然天險。

永寧鎮。縣東五十里。本宋之茶場，紹興十年改爲永寧巡司，元及明朝因之。今亦曰茶場市。又廢寧賓驛，在縣城南，宋置，元改畫溪驛，明初廢。又清潭埠，在縣東五十五里，皆往來要道也。

義烏縣，府東百十里。南至永康縣百五十二里，北至浦江縣六十里。漢爲會稽郡之烏傷縣，以秦時孝子顔烏傷其父而名。後漢移會稽西部都尉治此。孫吴屬東陽郡，晉以後因之。隋屬婺州，唐武德四年置綢州，七年州廢，改縣曰義烏，仍屬婺州。舊有城，周三里有奇，久廢。嘉靖三十四年甃石爲門，城不果築。今編户百四十五里。

廢綢州，在縣治北。新唐書：「州以綢巖名。」今縣北二十里黄蘗山下有綢巖。或云州蓋置於巖下，悮。又華川廢縣，在縣西南三十里。唐武德四年分義烏置華川縣，屬綢州，尋與州俱廢。類要云：「縣西南有繡川城，即華川矣。」郡志：唐初分烏傷置烏孝縣，與華川並屬綢州，七年并入華川縣。今正史不載，恐未可據。

雞鳴山，縣東五里。前瞰縣郭，傍臨大溪。又東四里有石門山，連山中斷，兩石對峙如門。○南山，在縣東十五里。蟠折縈紆，廣袤數里。上有平土可耕，人都居之。鮎溪之水出焉，西流至縣東南二里入於大溪。又有巖山，在縣南十里。其中高者曰齊山，下有雙澗，南曰前溪，北曰梅溪，俱西流經縣西南三十五里之吴溪渡，合吴溪以注於大溪。

鐵巖山，縣東南二十里。俗名郭公山，極高峻。山半有水簾下垂數十丈。頂有曠土百畝，三塢，一潭。又東南六里曰龍門山。山峭拔，有平岡横亘其上。傍皆平壤，民多耕桑其間。絶頂兩峰對峙，曰雙玉峰，俗呼雙尖。又南有繭嶺，俯瞰深谷，一名平山，澗水經其中西入畫溪。又雲黄山，在縣南二十五里。亦曰雲横山，一名松山。周二十里，高百四十丈，俯臨畫溪。○石樓山，在縣東二十八里。一名白巖山。四面孤絶，東西兩巖相峙，遠望若浮圖，層級高下，類重樓復閣。縣東三十五里又有武巖山，高數百丈，周十餘里。其東爲滴水巖，北爲祝公巖。一名竺陽洞。華溪縈繞，四顧軒豁。又蜀山，在縣南四十里，高百丈，下臨蜀墅塘。又南十里有葛仙山，其巔爲雪峰嶺，高八百丈。又南五里曰挂紙嶺，高九百餘丈。志云：縣南五十里有八寶山，本名八保山，以里名八保也，俗悮爲寶。嘉靖三十七年訛傳山有礦，永康、處州礦徒聚擾於此，令趙大河督民兵討平之。

黄蘗山，縣北二十里。本名黄櫨尖，後改今名。其北五里曰綢山，峰巒綢疊，即綢巖矣。稍南曰東山，崇巖曲澗，竹木森鬱，稱爲幽勝。志云：東山在縣西北二十五里。又清潭山，在縣北四十里。下有清潭。山頂有鷹嘴巖，旁曰戰巖，〔三〕方臘亂時居民多避於此。山之東曰箭山，上多竹箭。縣西北四十五里又有黄山，甚高廣。山下有斷坑，路險峭，相傳邑人拒黄巢於此，宋元豐中改曰黄山洞。○五雲山，在縣西四十里。五雲溪出焉，東南流入於大溪。又西二十里有覆釜巖，四隅孤絶，石芒峭發，上有平壤，土美可耕，高迥幽僻，杳非塵境。

杳嶺，縣南九十里。又西南五十里即永康縣。一名豐嶺。石路崎嶇，此爲徑道。又八嶺，在縣南十三里，東南接石壁坑，入東陽縣界。或謂之八風嶺。○楓坑，在縣南七十里。坑深二十里，入永康縣界。又善坑，在縣北五十里。坑深五里，北入諸暨縣界。

東江，縣南五里，即東陽溪也。自東陽縣流入境，縣境諸山溪之水悉流合焉，至縣東三里始有東江之名，稍折而南，經縣西南九里亦有九里江之名。一名烏傷溪。水經注：「吴寧溪至烏傷縣爲烏傷溪。」志云：今縣南九十里有杳嶺，吴寧溪出焉。非也。吴寧，今諸暨境内廢縣，舊時東陽皆烏傷地，而大盆山則屬吴寧界，蓋沿革不同矣。今溪水自東陽而西，經縣南，又西南四十五里經金山之麓，其山屹立江中，又西入金華縣境而曰東港。其在縣境者亦謂之江水，亦謂之大溪。而出於杳嶺者則謂之吴溪，亦西北流合於大溪，或遂以爲吴寧，謬矣。

畫溪，縣南十五里。自東陽縣西流至此爲洋灘渡，又西合東江入金華縣境。志云：畫溪與東陽江合流處爲培磊市，在縣西南四十五里，市蓋與金山相近。又根溪，在縣西北六十里。源出覆釜巖，流合黄山江，亦謂之小雙溪，西流爲航慈溪，入金華縣界合東溪。○深溪，在縣北五十里，出縣北四十八里之龍祈山。又有酥溪，在縣北三十里。出清潭山，流合於深溪，又西北流入於浦陽江。

繡川湖，在縣治西。周九里有奇，灌民田百餘頃。羣峰環列，燦如組繡，因名。自宋至今築堤修閘，爲遊覽之勝。

龍祈鎮，縣北三十里。宋置巡司於此。志云：縣西三十五里有智者同義鄉巡司，南四十里有雙林明義鄉巡司，皆元置。今皆廢。又雙柏驛，在縣治東。唐置，宋曰義烏驛，熙寧五年徙置於縣治西曰繡川驛，元并置繡川站，明初廢。又待賢驛，在縣北三十里。唐置，宋廢。又北二十五里有龍祈驛，元置，并置龍祈站，明初廢。○蘆寨，在縣東北四十五里，舊爲戍守處。又縣南八十里有赤岸隘，又二十里達永康之柴嶺，最爲關要。

興濟橋。縣東三里，跨東江上。舊有浮梁，宋慶曆三年縣令薛揚祖更造石橋，號薛公橋。自是以後屢圮屢建。成化十八年重建，改今名。弘治以後屢經修治，長四十有二丈。又廣益橋，在縣南三里，地名下埠，萬曆七年始造浮橋，爲往來要地。

永康縣，府東南一百十里。東至台州府仙居縣二百八十里，西至武義縣五十五里，北至義烏縣百五十二里，南至處州府縉雲縣八十里。漢烏傷縣之上浦地，三國吴赤烏八年分置永康縣，屬會稽郡，寶鼎初屬東陽郡。晉以後因之。隋屬婺州。唐武德四年置麗州，八年州廢，仍屬婺州。宋因之。舊有城，相傳三國吴築，周一里有奇，後廢。宋紹興中重築，周三里有奇，元廢。至正十三年環以土墻，尋復圮。今編户百二十三里。

石城山，縣南十四里，四圍岭岈如雉堞然。地記云："昔黄帝曾遊此，所謂『三天子都』，此其一也。"俗名天馬山。又南里許爲白雲山，危峰百丈，延袤數里。○絶塵山，在縣東南二十九里，以山勢巘巇出塵而名。一名東溪山。又縣東南三十里有石室山，緣巖而上，南北二穴相通，可容數百人。又釜歷山，在縣南三十五里。高峰圓聳，狀如覆釜。一名歷山。志云：山周四十餘里。其巔有田，有井，有潭，皆以舜名，以其名同於冀州之歷山也。縣東南四十里又有靈巖山，周五里，四面壁立。架石梁曲折而上，至里許，中有洞甚高廣，謂之靈巖。

方巖山，縣東二十里。高二百丈，四面如削。駕飛橋石梯而登，絶頂二巖，相峙爲闕。上有亭曰透關亭。自亭而入，地皆平衍，約數百畝。中有池，池側又有井，巖石泉澗，争奇競勝。又壽山，在縣東五十里。中有石洞，高廣皆五六丈。旁有小石洞、瀑布泉諸勝。相近又有龍窟山，山陽爲小空同洞，宋陳亮讀書處也。又銅山，亦在縣東五十五里。宋元祐中嘗置場採銅於此，宣和以後廢。

桃巖山，縣東北五十里。山有洞，可容千人。稍北爲華釜山，周二十餘里。上平曠，四圍頗高，狀如釜，因名。志云：縣東五十里有方山。山最高，升其巔縉雲、武義、東陽、義烏諸縣山川，皆在目前。○横山，在縣北十里。一曰治水口之鎮。

屼山。自此夷爲坡坨，起伏相因，南傳華溪而止，即縣治也。又霞裹山，在縣西三里。一名龍虎山，盤旋環顧，爲縣

八盤嶺，縣東八十五里。巔高險，路通天台。見聞録云：「縣東北四十五里有紫嶺，與義烏縣接界，頗險峻。」又有楓坑嶺，在縣東北五十里，當紫嶺之西，路出義烏，險峻倍於紫嶺，蓋即豐嶺矣，亦謂之杳嶺。見義烏縣。○牛筋嶺，在縣東南十五里。兩巖石壁如犬牙錯峙，中間一罅，僅通溪流。又岡谷嶺，在縣南二十五里。上平坦，有泉。正統十四年括寇竊發，土人設寨於此以禦之。縣南三十里又有紫鳳嶺，路出縉雲縣。

白窖嶺，縣西北三十里。又三十里至茭道口，北至府城五十里，爲往來之徑道。見聞録云：「自縣抵茭道路皆仄隘，茭道以北皆坦平，利於馳突，茭道雖屬武義縣，而實永康、金華之要隘也。」又挂紙嶺，在縣西北四十里，接義烏縣界。志云：縣東北四十里有白眉巖，巖中容數百人；相近曰石倉巖，亦有石室玲瓏；今皆爲佛刹。又東北五里曰五指巖，遠望插天，狀如探雲。

南溪，在城南。源出縉雲山中，北流入縣境，繞縣東南合李溪諸水，至城下與華溪合，西折而北合銅川諸水入武義縣界，即南港之上源也。其在縣境者亦曰永康溪，亦曰永康港。

華溪，在縣城東。出縣東北五十里密浦山，西南流至城下，縣東之烏江、鶴鳴、雲溪、酥溪諸水皆流合焉，又南會於南溪。○大銅川，在縣西北十七里。或謂之大桐溪，有小銅川流合焉，入於永康溪。

孝義寨，在縣東九十里靈山下。山亦名翠峰山。元設孝義巡司於此，明朝洪武七年改置鎮守百户，後廢。道出

仙居縣。又馬鬃嶺寨，在縣東二百四十里，亦接東陽縣界，又東四十里至仙居縣。

四路口隘。在縣東北六十里，與東陽縣接界。聞見録：「自永康趨東陽出四路口、長户坑，爲往來之徑道。」又華溪驛，在縣治西。元曰延賓驛，明朝洪武三年改今名。

武義縣，府南八十里。東至永康縣五十五里，南至縉雲縣九十里。本永康縣地，唐天授二年分置武義縣，屬婺州。尋更名武城，天祐末復名武義。宋因之。舊有城，周一里有奇，相傳吴越時築，宋廢。今編户九十三里。

八素山，縣北四十里。山延袤數十里，有八素潭，迤邐而上又有八潭，相去各一里，亦謂之九井。流爲八素溪，一名柰溪，亦曰松溪，西流入金華縣之南溪。○竹巖山，在縣東十四里。志云：縣之鎮山也。又白革山，在縣南四十里。曲折險峻，泉石頗勝。

銅釜山，縣西三十里。羣山環列，至爲阻險。正統間括寇起，居民結寨於其上，曰銅釜寨。又燕山嶺，在縣西南十里。正統間樞臣石璞剿括寇至此，改名烏龍嶺。又西南二十里有大門巖，正統十四年鄉民避亂處也。

稽句嶺，縣南五十五里。一名稽較嶺。嶺路崎嶇，南至處州府九十里而近，爲往來之徑道。聞見録：「縣南四十里曰龍門嶺，有龍門關，東達永康，東南出縉雲要隘處也。自嶺而南十五里即稽句嶺矣。」又大妃嶺，在縣南四十里。其相接者小妃嶺，接處州府宣平縣界。又盛嶺，在縣東南三十五里，接縉雲縣界。○劉巖，在縣西三十五里。一名金公巖。巖石峻拔，鑿石梯至巖頂。前有一山陡險，若屏幄然，曰招聖峰；後一山廓然，石室深廣五十丈，曰仙都壇。正統十四年避處寇於此者以萬計，皆得免。又雙巖，在縣西四十里。自山下迤邐而上，五六里。頂有二石室，今爲僧舍。

永康溪，縣東二十五里。自永康縣流入。又縣本永康地，因名。東南流合熟溪，繞流經縣東北五里，又北入金華縣界而爲南溪。○熟溪，在縣南十里。源出處州府遂昌縣界，流入縣西，又東南合永康溪。一云源出縣西南三十里九峰山，流經南郊外東合永康水，縣西境白姥、雙坑、苦竹諸溪悉匯入焉。溪水溉田，歲常倍熟，因名。

八素溪，出縣北八素山，流入金華縣境，爲松溪之上源；又梅溪，在縣西北二十里，源出縣西二十里大家山，北流入金華縣境；俱注於南溪。

茭道市。縣東北三十里。舊置道山驛於此，洪武十四年改曰茭道驛，弘治十四年遷於舊驛之東，相去僅數步，隆慶初改爲茭道公館。志云：驛北至府城五十里，亦曰茭道口。又白溪口市，在縣北五里永康溪東岸，南行者由此舍舟登陸，北行者由此舍陸而舟之處也。西南十五里又有苦竹市，路出宣平、麗水，此其駐頓處。○小坑口隘，在縣北四十里，從小徑可達府城。其西又有邵家、青塘、馬鞍、遥路諸嶺隘，山高徑僻，蓋皆南山東麓出府城之道。

浦江縣，府東北百十里。東至紹興府諸暨縣百里，北至嚴州府桐廬縣九十里，西至嚴州府亦九十里。本義烏、蘭谿、富陽三縣地，唐天寶十三載分置浦陽縣，屬東陽郡。五代梁開平四年錢鏐奏改今名。宋因之。舊有城，周不及二里，相傳吴越時築，後圮。明朝嘉靖三十六年重築，周五里有奇。編户百有三里。

豐安廢縣，在縣西南。沈約云：「漢興平二年孫氏分諸暨立豐安縣。」是也。晉屬東陽郡，宋、齊因之，隋省入金華縣。後漢志注：「建安四年孫氏分大末立豐安縣。」悮。

龍峰山，縣治東。三峰相屬，環顧縣左，有浮圖在其巔。志云：浦江倚山爲縣，此縣治之輔山也。又仙華山，在縣北八里。一名仙姑山，又名少女峰。巖岫層疊，綺繡妍麗，爲縣主山。其並峙者曰寶掌山，亦峻險。○湖山，在縣東十里。兩山峙立，浦陽江出其中，曰湖山峽。又東三十里曰球山，聳峙水口，亦名球山峽。

雞冠山，縣東三十五里。勢極高峻，可俯瞰二百里外。其相聯者有三十六岡，重巒複嶂，前後相屬。○烏蜀山，在縣南三十里。其山突然中起，衆峰羅列，小梅溪之源出於此，流入蘭溪縣。或謂之烏燒嶺。又縣西南有大洪嶺，則大梅溪所自出也。梅溪，今見蘭溪縣。

深裊山，縣西南六十里。重巒複嶂，峭拔千仞。溪流清澈，即浦陽江之源也。又壺盤山，在縣西南五十五里，當金華北山之北，高出衆山，接蘭溪縣界。○巖坑山，在縣西北五十里。上有水二派：東曰巖坑，南流入於浦陽江，北曰湖溪，北流入於富陽江。又響巖山，在縣北五十里。有大湫、檀溪二水流其下，盤折萬山中，流入富陽江。志云：縣東北六十里有江公山，山形如雞足，高出羣峰之表。又大孤山在縣北四十里，峭壁削立，清溪映帶。縣北三十里又有小孤山，巉巖峻險，攀援莫至。

五路嶺，縣南十里，長五里，自縣入郡所經也。又大陽嶺，在縣南五十里，與金華縣接界，高千餘丈，長十里。○籙竹嶺，在縣北五十里。自趾至頂凡十八盤，亦名淡竹嶺。縣東北九十里又有篔簹嶺，一名竹斤嶺，下有竹斤澗，介於富陽。又井硎嶺，在縣西四十里，路出嚴州。亦曰井坑嶺。

密溪巖，縣南三十五里。巖下爽塏，寬平如堂宇，可容三百人。巖上有泉，四時如簷滴。相近者又有轉輪巖，上亦夷曠。○竹塞坑，在縣南三十里。兩山合翠，高入雲漢，行者戰懼。

浦陽江，縣治南一里。自深裊山東流百二十里入紹興府諸暨縣界，即浣江上源也。詳見大川。

左溪，縣東二十五里。源出縣南三十五里之白巖嶺，與大陽嶺水合流，一名雙溪，東北注於浦陽江。又深溪，在縣東二十里。出義烏縣龍祈山，流入縣界注浦陽江。又白麟溪，出縣東二十五里之金芙蓉山，亦曰香巖山，東流入浦陽江。又縣東一里有東溪，源出仙華山；西一里有西溪，源出巖坑山；俱南流入浦陽江。又有稿溪，在縣南十里。出縣南十五里之白石山，東流亦入浦陽江。

東湖，縣西南三十五里，又西南五里曰西湖，迤南曰椒湖。宋天聖初邑人錢侃築塘潴水，爲灌溉之利，大觀間其孫遹重修之，邑人謂之「三湖」。

楊家埠。縣東四十里，路通諸暨。有巡司，洪武六年置，萬曆中革。又縣西南二十五里有橫溪市，路出蘭溪。志云：縣東北百里有松山坑口隘，與嚴州府桐廬縣接界。○浦陽驛，在縣治東。宋紹定二年置，明初廢。又南橋，在縣南，跨浦陽江上。宋元符中建，元至元間重修，築堤三百餘丈以障水，隄盡處又建小橋以洩支流。今橋廣一丈九尺，長三十丈有奇。

湯溪縣，府西六十里。西至衢州府龍游縣五十里，南至處州府遂昌縣百二十里，北至蘭谿縣四十里。本金華、蘭谿、龍游、遂昌四縣地，明朝成化六年郡守李嗣以其地在金、衢、處三府之交，阻山界水，居民獷悍，請置爲縣，從之。築土城周四里有奇。今編户八十五里。

古城，縣西五里湯塘山上。志云：此爲婺州舊治。又縣西三里有古城山。

鐵甲山，縣西五里。嘉靖中礦賊作亂，官軍討敗之於此。又九峰山，在縣南十里。峰巒秀拔，巖洞玲瓏。一名風子山。○福民山，在縣東南四十里。高數百丈，峰巒聳秀，林木蓊鬱，爲縣之勝概。相接者曰屏風山，以矗山如屏而名。又東南十里有香爐山，衆山環列，卓然特起，縣之望山也。

銀嶺，縣南六十里，與遂昌縣接界。舊有銀嶺寨，亦要隘處也。又縣西南七十里有市聚嶺。山溪深險，商旅由此出遂昌，必羣聚而後行，因名。

瀫江，縣北二十里。上接龍游，下通蘭谿，即浙江上流也。又有琳湖，在縣北十五里。

白沙溪，縣東南三十里。源出遂昌縣山中，北流經縣境，又東北至金華縣界入於南溪。

山口寨。縣南十里，又縣東南二十里有大巖寨，縣南五十里有蘇村寨，皆正統十三年築，以禦括寇。

附見

金華守禦千户所。在府治東。明初吴元年置金華、歸安二衞，洪武三年改置今所。

衢州府，東至金華府一百九十三里，東南至處州府三百六十里，南至福建建寧府五百里，西至江西廣信府二百四十里，北至嚴州府三百六十里，自府治至布政司五百六十里，至京師二千八百四十里。

禹貢揚州之域，春秋、戰國時爲越地。秦屬會稽郡，兩漢因之。三國吴屬東陽郡，晉、宋以後皆仍舊。隋屬婺州。唐武德四年平李子通，析置衢州。以州西三衢山爲名，治信安縣。六年輔公祏叛，州廢。垂拱二年復置，天寶初曰信安郡，乾元初復爲衢州。宋因之。元曰衢州路。明初曰龍游府，宋龍鳳八年，元至正二十二年也。尋改衢州府。九年改。今領縣五。

府居浙右之上游，控鄱陽之肘腋，掣閩、粵之喉吭，通宣、歙之聲勢，東南有事，此其必爭之地也。圖經云：「衢州川陸所會，四通五達，江、浙、閩、廣之所輻輳。守兩浙而不守衢州，是以浙與敵也；爭兩浙而不爭衢州，是以命與敵也。雖然攻守萬端，巧拙異用，神而明之，亦存乎其人而已矣。」

西安縣，附郭。秦會稽郡大末縣地，漢因之。後漢初平三年分立新安縣，仍屬會稽郡。三國吳寶鼎初改屬東陽郡。晉太康元年改曰信安，仍屬東陽郡，宋、齊以後因之。唐爲衢州治，咸通中改今名。今編户一百六十五里。

信安城，相傳舊城在今城西，宋宣和三年方臘作亂始築今城，紹興十四年以水圮增修，嘉定三年及十一年皆營治，元至正中嘗營築，後圮。明朝弘治十二年增修完固，嘉靖三十九年復繕治，萬曆、天啓間皆經營葺。有門六，城周十里有奇。

盈川廢縣，府南九十里。志云：龍游西有刑溪，陳時留異據東陽，惡刑字，改曰盈川。唐武后如意元年分龍丘置盈川縣，因以爲名。元和七年省入信安縣。

峥嶸山，府治西北。三國吳遣征虜將軍鄭平以千人守峥嶸鎮，即此。王象之曰：「昔有柴宏者屯兵於此，後訛爲峥嶸。」其東南相連者曰龜峰山，府治枕其麓。宋史：「方臘陷衢州，州守高至臨於龜峰築城是也。」

巖山，府西十里。四面壁立，絶頂平曠，可數十畝，中有石井，冬夏不竭，相傳黄巢嘗屯兵於此。又西十里爲屹石山，平地拔起五峰，下臨溪水。○烏石山，在府西四十里，延袤數十里。巨石周匝如城，石門可入，俗呼寨門。中蓄水田。有福應院。自府境趨江右者多道此。有岳武穆題名石。

爛柯山，府南二十里。一名石室，通典謂之石橋山，以中有石橋也。道書謂之青霞，第八洞天，即晉樵者王質遇仙處。又南里許曰響谷山，巖壁峭立，水環其趾。巖半有穴，風嘘則鳴，因名。○疊石山，在府南四十里，以層巖累疊而名。志云：府南七十五里有爵豆山，舊出銀礦，唐元和四年閉塞，五代時錢氏復開，後仍閉。又有銅山，在縣西北百里。宋時山出銅、錫、鉛，明朝産礦，徽、處二郡民群聚取礦於此，嘉靖中官兵蕩平之，因設兵戍守。

塘山，府東三十里。高百仞。頂有塘，深不可測，亦曰塘臺山。又東五里曰烏巨山，有東西兩山連亘，其西山尤雄秀，高可六七里。志云：縣東二十餘里有翠微山，高十餘里，上有平田可數十畝。旁爲仙巖，中空可坐數十人。太祖兵下江右，凱旋過此，御書「僊巖洞天」四字刻於石。○繡峰山，在府東五十里。一名鵝籠山，有三塢一池，稱爲奥區。其旁爲九僊巖，峻峭百仞，狀如屏扆，攀援甚艱。相對者爲師姑巖，下容百餘人。又紫微山，在府東南五十里，與鵝籠相接。一名迷茨山，峰巒際天，邈絶羣嶺。

項山，府北四十里。山陡峻，内有桐巖，旁列諸峰，勢如奔馬。上有項羽廟，因名。又北四十里有鳳山，上極平曠，可治田圃。芝溪出焉，南流合於衢港。又梧桐峰，在府北七十里。志云：與府東紫微峰相對，號南、北高峰。

大金竹嶺，在府南百二十里，與處州府遂昌縣接界，又南至遂昌百五十里。有馬嶺口，在府東南百三十里，亦南出遂昌之道也。○灰嶺，在府北九十五里，與嚴州府遂安縣接界，又北至壽昌縣百里。或曰即遂安縣之猥嶺也，去縣五十里。

衢江，在城西。源出仙霞嶺，經江山縣東，又北流至城西南，而信安溪流合焉，曰雙港口；經城西又遶出城北，東流至城東十五里鷄鳴山下，而定陽溪流合焉，亦曰衢港，亦曰信安江，唐志「元和十一年衢州山水害稼，深三丈，毁州郭」，即此水也；又東北流經龍游縣界亦曰盈川溪，又東入金華府蘭谿縣界與婺江合。胡氏曰：「浙江有三源，此其一也。」詳見大川浙江。

信安溪，在城西南二里。一名西溪。源出開化縣東北百際嶺，經常山縣東南流至府城西南，合於衢江。又有柘溪，在府西十五里，即西溪之支流也。一名擦溪。自常山縣流入境，合府境之烏溪、石硿溪、馬屉溪、儻溪、後溪諸水皆匯於信安江，至城北五里溢爲浮石潭。

定陽溪，在府東十五里。一名東溪。源出遂昌縣周公嶺，入府境東北流，至鷄鳴山下合於衢江。志云：東溪出紫薇山，沿周公源過相思源口，循縣南二十里之九龍山下，又緣響谷、石室諸山麓而東北出。昔人於此横溪築堰，分派導流，迤邐而北，灌田五萬六千餘畝。

彭湖，在府東十五里。廣數十丈，延袤五里。志云：府東三十五里有井湖，廣百步，長亦五里。縣東四十五里又有木湖，乃龍游清皎湖之表，匯流於此。又神塘，在府東五十里。唐開元五年因風雷摧山堰澗成塘，溉田三百頃。

招賢渡，在府西南三十里，信安溪渡口也，路達常山。又魁星閘，在小南門外，蓄水灌入城内，環遶城河。○浮石潭，在縣東北五里。信安溪中有石高丈餘，水大至亦不没。潭下有帝王灘，相傳明太祖自江右旋師過此，嘗駐蹕焉，士民榮之，因以爲號。

柏固寨，府東南四十五里，有柏固巡司；又有嚴剥寨巡司，在府西南百二十里：皆明初置。○上航埠頭驛，在府西三里。舊爲水驛，弘治八年廢信安水驛爲上航埠頭水馬驛。

通和橋。在城西朝京門外。萬曆三十九年創置浮橋，長八十餘丈。又東磧浮橋，在府東十里，爲往來通道。又東二十里曰安仁街，陸走龍游，府東之要隘也。

龍游縣，府東四十里。北至嚴州府壽昌縣百十五里，東至金華府蘭溪縣九十里，東南至處州府遂昌縣百里。秦置大末縣，屬會稽郡，兩漢因之。晉屬東陽郡，宋、齊仍舊，隋省縣入信安。唐武德四年復置大末縣，又置穀州於此。八年州縣俱廢。貞觀八年改置龍丘縣，屬婺州，尋屬衢州。後唐長興二年吴越改曰龍游，宋初因之。宣和四年改曰盈川縣，紹興初復曰龍游。舊無城，明朝隆慶二年創築，萬曆元年增修。城周六里。編户二百十五里。

姑蔑城，在縣北。今府境，故姑蔑地也。國語：「句踐之地，西至於姑蔑。」又左傳哀十三年：「越伐吴，吴王孫彌庸見姑蔑之旗。」是也。杜預曰：「姑蔑，今東陽大末縣，相傳穀溪之南即其故城。」

大末城，在縣治西。漢書注：「大音如闥反。」李留之曰：「自杭而上至常山六百九十五里，逆流多驚灘，以竹索引船乃可上，大讀如達，義有取焉。」王象之曰：「龍丘，故大末也。」唐光化二年淮南宣州將康儒敗兩浙將王球於龍丘，擒之，遂取婺州，即此。○白石廢縣，在縣南。唐武德四年析大末縣地置白石縣，屬穀州，八年省入信安縣。又南有武安廢縣，唐證聖二年置，尋省入龍丘。

龍丘山，縣東四十里。有九石特秀，亦曰九峰。以狀若芙蓉，亦名芙蓉山。中有三疊巖。其相近者有方山，產茶。又石壁山，在縣東三十里，下臨穀溪。

靈山，縣南四十里。其下有靈溪，有靈山市，路通遂昌。一名徐山，相傳以徐偃王名。其相近者有塔山，在靈溪中，孤嶼屹立，四水環流。又聖壇山，在縣南三十里。山高五里，鳥道縈紆，名八十曲。上有天生池。○岑山，在縣南十五里。自金華望之正當其面，因名婺女照臺山，俗呼筆架山。又白石山，在縣南四十五里。志云：唐初嘗以此山名縣。

梅嶺，縣北五十里，路通壽昌縣。又三元嶺，在縣南六十五里，高三里，路出遂昌。○白佛巖，在縣三十五里。其地險峻，人跡罕至。

穀溪，縣北五里。衢江匯信安、定陽諸溪流入縣界，經縣西南三十里一名盈川溪，至縣北名穀溪，唐初置穀州以此，又東入蘭溪縣境。

靈溪，在縣治東南。溪自遂昌縣北流，經縣南靈山下曰靈山港，繞城南復折而東，又北達於穀溪。又築溪，在縣東二十五里。志云：溪源出處州府松陽縣界大方山，入縣境七十里合馬報溪，西北流入於穀溪。

五百人湖，縣東北三十里。周二里，穀溪諸水所匯，溉田五百餘頃。又有西湖，在縣治西。宋令馬天驥鑿此以擬杭之西湖。又有清皎湖，在縣西二十五里，與西安縣接界。

湖鎮市，縣東三十里，路出蘭谿。有湖鎮巡司，明初置。又豪嶺寨，在縣南五十里。又縣東南七十里有赤津嶺寨，縣南又有小蓮寨、上塘寨，俱接遂昌縣界，正統中置以備礦寇。

穀坡亭。縣北五里。坡在穀水旁，唐武德四年穀州蓋置於此。宋建亭於坡上，亭廢，亦曰穀坡巖。志云：瀫江南舊有瀫波驛，弘治六年徙溪北水次，尋圮於水，復徙溪南，地名泥灣，曰亭步水馬驛。○大虹橋，在縣南，路出遂昌。山巖高險，阻塞難行，天順四年令王瓚甃石搆橋，遂爲通道。又通駟橋，在城東，跨靈溪上，長百丈，宋紹興中建，後嘗修葺。

常山縣，府西八十里。南至江山縣五十里，西至江西廣信府玉山縣七十里，北至開化縣八十里。本大末縣地，後漢建安四年孫氏分新安置定陽縣，三國吴寶鼎初屬東陽郡，晉以後因之，隋廢入信安。唐咸淳五年復析置常山縣，屬婺州，垂拱二年屬衢州，乾元初屬信州，後復故。宋初因之，咸淳末改爲信安縣。元復曰常山。舊無城，明朝正德七年以姚源賊亂築城備禦，周三里有奇。編户一百六里。

定陽城，縣東南三十里。後漢末孫氏置縣於此，至隋始廢。志云：今其地名三岡，遺址猶存。又縣東南招賢鄉有信安廢縣，相傳晉時置縣於此。

三衢山，縣北二十五里。昔有洪水暴出，派山爲三道，因名。峰巖奇秀，甲於一郡，唐取以名州。其相接者曰容車山，下有碧玉、蓮花二洞。山高三百丈，周環五里。又有石門山，石徑僅容一人，下臨金川。○嚴谷山，在縣北三十八里。石壁高百餘丈，山脊有洞，流泉不竭。下多嚴姓，因名。

常山，在縣東三十里，縣以此名。一名長山。絶頂有湖廣數畝，亦曰湖山。巨石環遶，儼如城郭。王象之曰：「即信安嶺也。」陳天嘉初，留異據東陽，時江、郢二州俱爲王琳所有，異因與琳自鄱陽、信安嶺潛通使往來。今自衢州經信州達於鄱陽，必由常山，所謂嶺路也。舊志云：唐時常山縣城蓋治常山之麓。

菱湖嶺，縣北二十五里。志云：自縣至開化凡八十里，嶺爲往來之衝。又木綿嶺，在縣南十里，由此達江山縣之道也。○寶蓋洞，在縣西五十五里球川之上。正德七年以姚源盜起置戍於此。又縣西南三十餘里有白石塢濠坑，亦是時置戍處也。

金川，縣北半里。一名馬金溪。源出開化縣東北馬金嶺，流入界，經縣北五里有疊石突出溪中，謂之金川灘，縣北諸溪流皆繇此匯入焉。其水最大，勝三百斛舟。遶縣郭而東合文溪，又東南流五十里入西安縣界，即信安溪之上流也。○馬瓩溪，在縣西北五里。自開化縣流入境，又東南流十里至石門合於金川，亦曰雙溪。

文溪，在縣東。自江山縣流入縣境，縣南諸溪流皆匯入焉，匯金川水入西安縣界。郡志：今縣南一里有石硿溪，自江山縣流入界，至縣南十里有私溪自縣西南流合焉，謂之新開溪，蓋即文溪矣。又有儺溪，在縣西北五里。源出玉山縣境，沿流至縣北五里入金川。○招賢溪，在縣東三十里，東流三十里入金川，與西安縣境相接。又浮河溪，在縣西北五十里，亦南流入金川。

球川，縣西五十里。四山環抱，川經其間，險僻處也。

草萍驛，縣西四十里。江、浙於此分界，又西四十里即江西玉山縣也。隆慶初并入廣濟驛，置公館於此。今詳見玉山縣。〇廣濟驛，在縣城東。舊在城内，嘉靖四十二年遷今所。本曰廣濟水驛，後并入草萍馬驛，曰廣濟渡水馬驛。驛前有廣濟渡浮橋。又新站，在縣東五十里。聞見録：「水南、浮河、新站三路，爲縣境達府城之要口。」

甘露鎮。在縣西北四十里。五代梁開平二年淮南攻危仔昌於信州，吴越攻淮南甘露鎮以救之，即此。或以爲潤州之甘露鎮，悮也。

江山縣，府西南七十五里。南至福建浦城縣二百三十里，西南至江西永豐縣百二十里，西北至江西玉山縣八十里。本信安縣之南川地，唐武德四年置須江縣，屬衢州，八年省。永昌初復置，仍屬衢州。五代唐長興二年吴越改江山縣，宋咸淳末改爲禮賢縣，元復曰江山。舊無城，明朝隆慶二年創築，周二里有奇。編户一百二十七里。

西山，在縣治西。峰巒秀拔，下有須泉，一名梅花泉。又有騎石山，在縣西二里，與西山相接。縣南五里又有景星山，與騎石相對。本名突星山，宋紹興間改今名。又航埠山，在縣東一里。山勢逶迤，鹿溪經其陽。〇湖山，在縣北二十五里。志云：山高百丈，周五十里，山半有石城，内有腴田。

江郎山，縣南五十里。志云：山高六百尋，一名金純山，一名須郎山。有三峰皆聳秀，俗呼江郎三片石。山頂有池，人跡罕至。錢氏以此山名縣。又浮蓋仙山，在縣南百里，有巖洞泉石之勝；又南十里曰覷星山；俱以峻拔而名。相近者又有箬山。志云：箬山在縣南百里，高出仙霞之上，晴霽可望衢城。〇石門山，在縣南三十里。往來者皆道出山麓，謂之石門街。

仙霞嶺，縣南百里。志云：嶺長二十里，高三百六十級，有二十八曲；又南十里爲大竿嶺，又二十里爲小竿嶺；皆浙、閩之襟要，行旅必由之道也。今詳見重險。

璩公嶺，縣東南六十里，路通處州府遂昌、龍泉縣。又東磧嶺，在縣東南百里，與遂昌縣接界。○大陳嶺，在縣西北十二里，路出常山。又有大嶺，在縣西北二十里，亦出常山之道也。又紅旗嶺，在縣南三十五里，路出江西玉山縣。

大溪，在縣城東。一名鹿溪，亦曰鹿頭溪。仙霞諸嶺之水至清湖渡始通舟楫，北流經城下，又東北十八里而爲大溪灘，舊有浮橋，一名渡江頭，爲縣境之衝要，又東北入西安縣境。

文溪，在縣西三十五里。出縣南九十里石鼓山，又合四境羣山之水匯爲一溪，北流入常山縣與金川會，復折而東南入西安縣界。○染口溪，在縣東南十里。自遂昌縣流入界，合於大溪。又縣境有青草洲。郡國志「豁鄱陽郡東南至須江青草洲七百五十里」云。

清湖渡，縣南十五里。官置浮梁，以濟行旅。有清湖鎮，爲閩、浙要會，閩行者自此舍舟而陸，浙行者自此舍陸而舟矣。○峽口渡，在縣南六十五里。輿程記：「自清湖渡至峽口渡凡五十里。渡闊三十餘丈，泛濫時一望無際，淺涸則磷磷石澗耳。居人爲竹筏往來，上下溪澗，輕捷如鷗，此即浙江南源也。」

仙霞關，在仙霞嶺上，有巡司戍守。舊名東山巡司，初置嶺下，成化間徙於嶺上。又有小竿寨，在縣南百三十里小竿嶺上，舊有小竿巡司。俱詳見前重險。

白磕寨。縣東八十里，又縣西五十里有新塘寨，縣西南六十里有馬鞍寨，皆正統中置以備礦寇。又有峽古寨，在縣南七十里，即峽口渡，路通江西、福建，爲設險處。○禮賢鎮，在縣西三十五里，文溪經其西，亦往來要地也。

開化縣，府西北二百里。東北至嚴州府遂安縣百二十里，北至南直休寧縣二百四十里，西北至南直婺源縣百七十里，西至江西德興縣百四十里，西南至江西玉山縣百四十里。本常山縣地，宋乾德四年吴越錢氏置開化場，太平興國八年升爲縣。縣無城，明朝正德六年創築，嘉靖二十九年以水圮增修，隆慶二年復營繕。城周五里有奇。編户一百六十里。

鍾山，縣治北二里。金溪經其下，一名覆釜山，縣之主山也。又蟠桃山，在縣東北五里。巖壁峻立，山徑縈紆。其南曰王母山，在縣東五里。山高而鋭，中有靈湫。志云：縣東二十五里有雅金嶺，周五十里，路出常山，嶺勢壁立。山半亦有靈湫，名攝龍洞。

石耳山，縣西八十里。周迴三百里，連亘婺源、德興二縣界，中有龍湫。又古田山，在縣西百里，與石耳相峙，高十五里。中有田百畝，田畔亦有龍湫。

金竹嶺，縣北六十里。道出休寧縣，有開化巡司戍守。志云：自嶺而北六十里至休寧縣界之江嶺，是也。又馬金嶺，在縣北九十里。東接遂安，北接休寧，最爲衝要。○百際嶺，在縣北五十里。其相接者有風嶺，與婺源縣接界。明初下徽州，元將李克魯退屯浙西扎溪源，既而前軍至界首百際嶺，元兵逆戰，大敗之是也。扎溪，或云在嚴州府遂安縣界。

菱塘嶺，縣西南八十里。與江西玉山縣分界，自嶺至縣六十里。又歇嶺，在縣西北七十里。自嶺而西由白沙以抵德興，爲往來通道。志云：縣西南三十里有芹嶺，又有遯嶺，相連並峙，高皆切雲。○閶嶺，在縣東北七十里，與遂安縣分界，又五十里而達遂安。又深山嶺在縣東四十里，縣東南五十里又有蓼嶺，皆路出常山縣。

金溪，在縣治東。有二源，一出馬金嶺，一出百際嶺，合流而南，繞城北而經城東，又南流至華埠始容小舟，入常山縣境曰金川，而流始大，縣境諸溪流皆匯入焉，亦曰馬金溪，即信安溪之上源也。志云：信安溪水大抵從江西玉山縣懷玉山而分，自山以西水皆西流入於湖，自山以東水皆東流入於江，懷玉山蓋近縣西界也。

馬尫溪，在縣東。發源縣東十五里白馬山，下合大駛、小駛二澗，西南流三十五里至常山縣境注於金溪。又龍山溪，在縣南三十里。一出縣西南八十里之壕嶺，一出縣南七十里之梨嶺，回環十二曲，至華埠注於金溪。○聲口溪，縣西二十里。其上流爲池淮溪，有兩源，一出歇嶺，一出縣西百里大榕嶺，合流至縣西三十里滕巖下之池淮畈曰池淮溪，又東爲聲口溪，復東南流十五里注於金溪。志云：縣西三十里有楊淮水，出江西樂平縣界；縣東北七十里有闇嶺水；下流皆入馬尫溪。

白沙關，縣西八十里。路出德興縣，自嶺而西七十里即縣治也。又白石寨，在縣西二十五里。舊爲戍守處。

馬金鎮。縣北三十五里，以馬金嶺而名。有巡司戍守。○華埠鎮，在縣南三十里。自常山至縣此爲通道，隆慶中設營於此以禦寇，曰華埠營。

附見

衢州守禦千户所。在府治西。元置鎮守保甲萬户府，明初改置仁和衛，尋改爲守禦所。

校勘記

〔一〕硯山在縣西五十里　此八字底本原脱，今據職本補。

〔二〕旁日戰巖　按職本無此「旁日戰巖」四字。

讀史方輿紀要卷九十四

浙江六

處州府，東北至台州府三百六十里，東南至温州府三百六十里，南至福建建寧府五百二十里，西北至衢州府三百六十里，北至金華府二百八十里，自府治至布政司七百三十里，至京師四千三十里。

禹貢揚州地，春秋、戰國屬越。秦屬會稽郡，漢初爲東甌國地，武帝以後屬會稽郡。三國吴兼屬臨海郡。晉屬永嘉郡，宋、齊因之。隋開皇九年平陳廢郡，改置處州，治括蒼縣。十二年改曰括州，大業初又改爲永嘉郡。唐復曰括州，天寶初曰縉雲郡，乾元初復故，大曆十四年改爲處州。避太子諱也。五代時屬於吴越。宋仍爲處州。亦曰縉雲郡。元曰處州路，明初曰處州府。領縣十。

府湍流亘地，峰嶺倚天，雖僻處一隅，而南鄰閩、粤，可樹犄瑕之功，東迫永嘉，已具建瓴之勢。明初規有浙東，即下處州，一以絶窺伺之端，一以厚囊括之資也。

麗水縣，附郭。本漢回浦縣地，後漢爲章安縣地，三國吴爲松陽縣地，屬臨海郡。晉因之。宋以後屬永嘉郡。隋析置括蒼縣，爲處州治，是後皆爲州郡治。唐大曆十四年改今名。今編户一百十五里。

處州舊城，在府東南七里，括蒼山麓，隋、唐時故治也。亦曰括州城。括，本作「栝」，即櫂木也，松身柏葉，山多此木，故名。隋因以名州。唐末盧約竊據是州，遷治於小括山上。宋楊億云：「郡齋迥在霄漢，石磴盤屈。」是也。續廳壁記：「小括山路九盤始入譙門，宋崇寧三年楊嘉言爲守，削直之。大觀元年郡守高士廣復舊。元至元二十七年郡守幹勤好古復遷治於今所，北枕東山，築城環之。明朝洪武初修築，正統以後屢經繕治。有門六，城周九里有奇。」

麗水故城，府西三十五里。唐初置麗水縣，屬括州，武德八年省入括蒼縣。今其地有古城岡、縣頭山、舊城塘之名。

萬象山，府治西北。俯臨城邑，下瞰溪光，城中之山凡十，此其最高者。或曰即櫸山也，在縣治西南一里，多生櫸木。上有夫子廟，一名廟山，萬曆中改今名。又東山，在縣治西。又西有衆山相連，最西者曰小括山。其址與萬象山相接，衆山環簇，狀若蓮花，一名蓮城山。徑路盤紆，亦曰九盤嶺。又有大括山，在府城東七里，亦曰括蒼山，又曰少微山，郡應少微處士星，故山名少微，州曰處州。山西南絶頂有眉巖，從下望之，如列眉然。

麗陽山，府北七里。山下有溪，麗水之名以此。其北三里曰白雲山，高六百餘丈；白雲之北曰城門山；皆岡阜相接，爲北面之勝。○南明山，在府南七里，泉石甚勝。山巔舊有千里亭，以高曠得名。

大梁山，府南二十里。志云：山北跨麗水，南接青田，登其巔，城郭邨落盡在目前。○三峰山，在府西五十里。下曰靈峰，中曰翠峰，上曰岑峰，林巒秀麗，爲一境之觀。又連雲山，在府西南六十里。巉巖陡絶，上連雲霄。

大溪，在城南二里。一名洄溪，又名洞溪。自龍泉以西匯諸溪澗之水流入境，合松溪、遂昌港，東至青田縣南合諸山谿之水，至温州府界入於海。

好溪，在城東五里。源出縉雲縣之大盆山，西南流至府東爲東渡，又東南達於洞溪。今亦曰東溪，本名惡溪。謝靈運云：「出惡江至大溪，水清如鏡。」輿地記：「惡江道間九十里而有五十九瀨，兩岸連雲，高巖壁立，有七十餘灘，水石濆薄三十里，至箭溪，王羲之遊此題突星瀨處也。唐文明初溪水暴漲，溺死百餘人。大中間段成式爲刺史，有善政，百姓因呼爲好溪。」一統志：「突星瀨，在府東四十里。一名箭溪。溪上又有琵琶洲，平沙滿望，碧水環繞，以形似名。」

官橋溪，府北十五里。有甘泉、白溪二水流合焉，入於大溪。又麗陽溪，出麗陽山，貫串府城中，分二支，一南達於大溪，一東匯好溪堰而入大溪。

通濟堰，府西五十三里。松、遂間多山田，歲旱民輒先困。梁天監中障松陽、遂昌兩溪入大溪之口，疏爲四十八派，自保定至白橋三十里，灌田二十萬畝，又蓄爲陂湖以備旱潦，自宋至元皆修葺之，民被其利。

保定鎮。府西五十里。明初置税課局於此，今廢。西南達雲和縣之石塘隘四十里，西北達松陽縣之石佛鎮亦四十里，爲兩縣之要隘。○苦竹口隘，在府南二十里，路出青田水口。聞見録：「由苦竹口至青田，水道一百二十里。」又括蒼驛，在府治西，亦明初置。

青田縣，府東南百五十里。東南至温州府百二十里。本括蒼縣地，唐景雲二年析置青田縣，屬括州，後因之。縣無城。

今編户百四十六里。

青田山，縣治西北一里。有泉石之勝，縣以此名。又湧泉山，在縣治東二里，其泉四時不竭。○披雲山，在縣南三里，大溪經其北，縣之水口山也。又葱陽山，在縣西五十里。其西曰芝溪嶺，横亘數十里。下臨大溪，俗名老鼠梯，甚險峻。水流爲芝溪，入於大溪。

石門山，縣西七十里。兩峰壁立，相對如門，石洞幽深，飛瀑濆瀉，上有軒轅丘，道書以爲第三十洞天。其西南相接者曰石樓山，山高聳，雲霧湧之，望若樓臺。

連雲山，縣西南九十里。有大小二山。小連雲山延袤數十里，中有二洞，東曰龍鬚，南曰韓山，其高巖曰金永嶺，元至元中始鑿石通道。迤南爲大連雲山，亦名石帆山，下臨大溪。紀勝云：「石帆山一名石檣洞，東北去石樓山二十里，高巖屹立如檣，中有三潭，危石聳峙，潭中如張帆然。」

南田山，縣西南百五十里。周迴二百餘里。上有沃土，多稻田，歲旱亦稔。唐廣德中袁晁之亂，邑人多避難於此。明初劉基亦家於山中。

大溪，縣南三里。亦曰南溪，又名清溪。城東有嶺溪、城西有巓溪，俱流入焉。志云：大溪由麗水縣南流入境，遠匯府境六邑之水，近合縣境石藤、浣紗諸溪，經披雲山北，東流入温州府界，由水道順流達温州城下百里而近耳。○小溪，在縣西南二十里。志云：縣西南二十里有鶴口嶺，高踰衆山，沐鶴溪之水出焉，即小溪也，下流合於清溪。

塵溪，縣西百三十里。出景雲縣之勅木山，流入大溪。歲旱鄉民築堰以溉田，潦則決之，爲利甚溥。

白岸湖，縣西南四十里。又有下尾湖，在縣東南十里。志云：縣西四十里有師姑湖，又西八里有芳前湖，又西二里曰臘溪湖。又西迤北十里曰高湖，當應台山之南麓。山東南去縣六十里，由天台綿亘而來，故名。

淡洋隘。縣南二百七十里，接温州府瑞安縣界。明初劉基言：「温、處之間有地名淡洋，僻絶巖險，民多負販私鹽，萃逋逃爲梗，宜設巡司涖之。」是也。今有淡洋巡司，洪武五年建。又黄壇巡司，在縣北二百二十里，亦設僻處。洪武二十五年置巡司，今革。○芝田驛，在縣南一里大溪濱，亦明初置。

縉雲縣，府東北九十里。東至台州府仙居縣百五十里，北至金華府永康縣八十里，東北至金華府東陽縣百六十五里。本括蒼縣及永康縣地，唐萬歲登封初析置今縣，屬處州。縣無城。今編户一百九十里。

括蒼山，縣東南百里，接台州府仙居縣及臨海縣界。亦曰蒼嶺。詳見名山。○大盆山，在縣東北百二十里，接東華府東陽縣及台州府天台縣界，好溪之源出焉。

吏隱山，縣治東北。一名窪尊山，以唐縣令李陽冰名。稍西曰翠微山，縣治所倚也。又北爲雲塘山，山下有塘，相傳雲常出其中。又西北三里爲雪峰山，上有龍潭、瀑布，亦曰岱嶺。嶺東之水流於好溪，嶺西之水流爲南溪，婺、括之水自此而分。縣治西又有三峰山，以三峰秀出而名。○歷山，在縣西北三十里，有摧車坑、架鼓峰及龍潭諸勝；又西北二十里爲葛竹山：皆與永康縣接界。

黄龍山，縣西十二里。四圍陡絶，旁有池甚清冽，相傳黄龍潛焉。唐末盧約據處州，有施使君者結寨山上以禦之。今山上有石如樓臺，又有寨門遺趾。明初耿再成規取處州，駐兵黄龍山，山高險，再成樹栅於其上，以遏敵衝是也。

○大姥山，在縣西南三十五里。上有巉巖，下有石室可容數百人。志云：山有寨塘寨，廣容二三萬人，中有井七，蓋昔人屯營處。又有四六寨，在山下。相近者曰三嶺山，接麗水縣界，高峻，人莫能入。明初耿再成既屯黃龍，復率兵至此，壘石成寨，爲攻守之所。

仙都山，縣東二十三里。高六百丈，周三百里。本名縉雲山，唐神龍初以此名縣。又名丹峰山，天寶七載改今名，道書以爲第二十九洞天。傍有獨峰，廣三百丈，周迴一百六十丈，一名玉柱峰。頂有湖，亦名鼎湖。唐六典十道名山之一曰縉雲。又有小仙都山，在縣南二十里，亦高秀。○管溪官山，在縣東七十里，與台州府接境。薪竹之饒，居民所賴。又有龍潭三處，溉田甚廣。以管溪經其下，因名。志云：縣東五里有萬松山，山勢盤旋，林巒聳秀。

馮公嶺，縣西南三十里。一名木合嶺。崎嶇盤屈，長五十里。有桃花隘，爲絶險處，郡北之鎖鑰也。志云：桃花隘嵯峨險仄，勢接雲霄，周圍壘石三四里，容百千人，山麓去郡城不過二十里。亦曰桃花嶺，即古桃枝嶺。陳天嘉三年留異據東陽，遣侯安都討之。異以臺軍必自錢塘上，既而安都步由諸暨出永康，異大驚，奔桃枝嶺，於巖口樹栅以拒之。安都進攻，因其山勢迮而爲堰，會潦水漲滿，安都引船入堰，起樓艦與異城等，拍碎其樓堞，異脱身奔晉安，即此嶺也。宋楊億以比蜀中之劍閣。明初耿再成駐兵黃龍山，處州將石抹宜孫分兵屯桃花嶺、葛渡、樊嶺及龍泉以拒我。胡大海自金華南出軍樊嶺，與再成合攻之。再成取間道出桃花嶺後，連拔桃花、葛渡二寨，遂薄處州城下，宜孫敗去。防險説：「馮公嶺與青田縣之老鼠梯，皆一人守險，萬人莫開之處，守馮公嶺則寇無從上，守老鼠梯則寇無從下，馮公嶺失則處不可固矣。」樊嶺，見宣平縣。葛渡亦在縣西南，或曰近松陽縣界。又有白雲洞，在桃花嶺北，石室深敞，容數百人。

好溪，在縣治南。自大盆山西流而南折，遠近諸溪水皆流匯焉，經仙都山下謂之練溪，歷羅侯灘至縣治南，又西南入麗水縣界。○管溪，在縣東五十里。源出括蒼山，經管溪官山下，又西流入於好溪。

南源溪，在縣北二里。源出雪峰山，西北流，縣北諸溪水皆流會焉，入永康縣界亦謂之南溪，即金華南港之上源也。○梅溪，在縣西十里。志云：縣西有客星山，傍有石室，一名石龜嶺，龜溪出焉；折而西北爲梅山，梅溪出焉；俱匯流於南源溪入永康縣界。

蒼嶺寨，在縣東，近括蒼山。嘉靖四十一年置寨於此，爲防禦處。相近有東平寨。古名七十二寮，有石井七十二，容數千人，四面石壁高百餘丈。其旁又有西寨，亦故屯營處也。○萬景山寨，在縣西北，中容萬人。又有雲巖寨，山勢聳峙，巖石磊塊，其狀如甑，四圍環逼，有小徑攀援而上，可容萬人，爲天造之險。志云：縣境有黄寮寨，又有越陳寨，皆嘉靖三十九年置。又老鷹巖寨，在縣東北，嘉靖四十年置縣治北。又有客山寨，其廣亦容萬人。

丹峰驛。在縣治南。元曰雲塘驛，在縣北三里，明初遷於縣南，改今名。○五雲館，在縣北。聞見録云：「館去縣五十里，本名縉雲館，東通台郡，西北接永康，爲縣之要隘。」

松陽縣，府西北百二十里。東北至宣平縣七十里，西至遂昌縣七十里，南至雲和縣八十里。本漢章安縣南鄉地，建安四年孫氏析置松陽縣，屬會稽郡。三國吴太平二年改屬臨海郡。晉初因之，太寧初分屬永嘉郡。宋、齊以後因之。隋屬處州，唐武德四年置松州，八年州廢，縣屬括州。五代梁開平三年吴越改爲長松縣，石晉天福四年又改白龍縣，宋咸平二年復曰松陽縣，仍屬處州。縣無城。今編户一百六里。

百仞山，縣西南五里。有峰獨立，傍無依倚，高二百餘丈，舊名獨山，唐天寶中改今名。山麓有白龍津，吴越因以名縣。又西平山，在縣西一里。上有淩霄臺，有泉，水旱不竭。

横山，縣南十里。高三百餘丈，如雲横空中。山頂寬平，可五百畝。○大明山，在縣西三十五里。亦曰留明山。高絶千仞，羣峰羅列，澗水環繞，石磴縈紆，稱爲峻險。又西五里曰長松山，吴越時以此山名縣，俗名牛頭山。○馬鞍山，在縣西四十八里，横絶松溪之口。唐時山産銀，採以充貢，尋罷。元末趙普勝嘗立水寨於山下。山接遂昌縣界。

竹峪嶺，縣北十五里。東至宣平縣五十里。嶺高四十餘丈。泉出山頂，下注爲潭，溉田百餘頃。行旅出其間，路最險仄，爲縣之要隘。今嶺下有東、西坑，潴爲龍潭，竹峪橋跨其上。○石佛嶺，在縣東南四十里。嶺險峻。下臨松溪，又東南至府城七十餘里，往來通道也。志云：縣西北又有龍虎坳，亦守禦要地。

松溪，在縣西南二十里。源出遂昌縣，東南流入境，經縣西三十里卯山下，又有酉山在卯山西南，二山相對，水經其下，曰合湖溪，又東南至麗水縣入大溪。明初胡大海取蘭溪，進攻婺州。處州守將石抹宜孫遣其將胡深率車師爲援，自帥衆出縉雲以應之。深至松溪，觀望不敢進。太祖曰：「婺恃處州之援，故未即下。聞彼以車戰出松溪，松溪山多路狹，車不可行，我以精兵破走之，婺城且不勞而下矣。」

竹溪，在縣南七里。源出竹峪嶺，南流經横山下，又東南注於松溪。又縣東十五里有塘溪、赤溪諸水，又東十餘里有武溪、裕溪諸水，俱南流合於大溪。

通濟堰，在縣東六十里，與麗水縣接界。志云：蕭梁時詹、南二司馬始創此堰，宋元祐以後不時修築，乾道中州守范成大復加葺治，以溉松、遂二縣之磽瘠。以後皆因故址增修。今縣境以堰名者凡數十處，皆本通濟之意，蓄水溉田云。

舊市。縣西二十里，路出遂昌。志云：縣治故址也。又净居市，在縣西南三十里，亦與遂昌接界。有巡司，洪武二十八年置。今廢。

遂昌縣，府西北百九十里。東至松陽縣七十里，東北至金華府湯溪縣百二十里，北至衢州府龍游縣百里，西北至衢州府二百里。漢會稽郡大末縣地，吴赤烏二年分置平昌縣，屬東陽郡，晉太康元年改今名，宋、齊因之，隋屬處州。唐武德八年省入松陽縣，景雲二年復置。縣無城。今編户七十四里。

君子山，縣南十五里。有二山相望，秀麗可挹，稱爲大、小君子山。志云：縣治西南有石城山，一名屏風山，亦曰君子山。西上有妙高山。又西爲白馬山，天日晴朗，遠見衢、婺，邑之鎮山也。○瑞山，在縣治南。又南爲魚袋山，雙溪繞其下，有峻嶺盤曲，曰九盤嶺。又丁公山，在縣西十六里，高千仞，雙溪經其下。通志云：「即白馬山也。」

西明山，縣東十里。巉巖峻絶，下臨溪流。其對岸相峙者曰飛鶴山，當東溪之口，勢如翔舞。又有平昌山，在縣東十五里，與孟山前後相疊，形如昌字，孫吴以此名縣。○尹公山，在縣東三十五里。峰巒高聳。相連者曰百丈巖。又東曰覆螺巖，登其巔則金、衢之境皆在目前。又東即松陽縣之長松山矣。又馬鞍山，在縣東南二十五里，横亘而東，與松陽縣接界。

唐山，縣北十八里。山北有二峰相向。又北有金石巖，其巔可容萬馬。唐乾符中邑簿張軻嘗率義兵駐此以禦黄巢。明朝景泰中礦賊黨陳鑑湖者破松陽、龍泉，屯金石巖，分劫青田、義烏、東陽諸縣，即此處也。○獨山，在縣西北八十里，溪流環繞其下。一名天馬山，又名赤壁山。旁有石姥巖，上插霄漢，頂有泉池。又大樓巖，在縣西北百二十五里。其相對者曰龍安洞巖，高險，飛瀑四時不絶，注爲龍湫，凡三十六泓。

馬戍嶺，縣北三十里。其相近者爲侵雲嶺。馬戍之水北流而達於婺江。又周公嶺，在縣西北五十里。其下爲周公源口，縣西境之水多匯於此，流入衢州府界而爲定陽溪。○赤津嶺，在縣北六十里。嶺高險，下臨溪流，爲北達龍游之道。聞見録：「自嶺而北十餘里至長塘口，又十里曰溪口，皆險塞。自溪口而北十里爲靈山，從靈山而西七十里則衢州府，靈山而北四十里則龍游縣也。」○龍坑嶺，在縣東北七十里，東達宣平三十里，北出武義七十里，爲縣境控扼之處。

雙溪，在縣治南。其源一出縣西北之大樓巖，引流而東謂之金溪；一出縣西北七十里之湖山，亦謂之湖溪，羣山之水皆匯入焉，縈洄蕩漾，恍若江湖，經縣東南一里碧瀾橋始合爲一，亦謂之大溪；又經西明山南分流爲東溪，其正流南入龍泉縣界之大溪。宋靖康初邑丞胡涓於縣治南築隄以障水患，曰吴公隄，亦謂之三牛塢。○梧桐溪，在縣西二十里曾山下。亦曰梧桐川，流合於雙溪。

東溪，縣東十二里。自雙溪分流，合縣東諸山溪之水，經馬鞍山下流益盛，入松陽縣境謂之松溪。○雲溪，在縣北五十里。源出馬戍嶺，合縣北諸溪水，經赤津嶺而北入龍游縣境，又北注於穀溪。

黄村口。縣西南六十里。聞見録：「出黄村口，東南達龍泉縣百二十五里，北抵龍游縣百六十里，西南達福建浦城縣二百里。」輿程記：「縣西南出大柘、石練、黄邨一帶，閩、浙相通之間道也。」○大坪田，在縣東北四十里。聞見録：「大坪田道通湯溪、武義、宣平，爲縣境要口。又有和尚田，在縣東五十里，亦要隘處也。自和尚田而北二十里至章塢，又四十里出武義縣之麻陽隘，疾走金華九十里而近耳。」志云：縣有馬埠巡司，在十二都，明初置。

龍泉縣，府西南二百四十里。東南至景寧縣二百四十里，南至慶元縣百四十里，西至福建浦城縣百八十里，西北至衢州府江山縣二百二十里，北至遂昌縣二百三十里。本松陽、遂昌二縣地，唐乾元二年析置今縣，治龍泉鄉，因名。宋宣和四年改曰劍川，紹興初復故。縣無城。今編户百六十五里。

九姑山，在縣治西北。治東有金鼈山，治西二里有天台山，四里有鳳凰山，縣治以諸山爲捍蔽。○豫章山，在縣南二十里，舊出銅。川流環其下，曰豫章川。又九漈山，在縣南三十里。巖高百仞，有九龍井，飛瀑九道，自巖頂而下，或分或合，形若垂簾。縣南七十里又有琉華山。山頂寬平，有長湖，深不可測。山下即琉田，居民以陶爲業。相近者曰高驛山。邑志：山在縣南七十餘里，臺湖山峙其前，琉華山嶂其後，水流回繞，羣山環拱，取爲峻拔。臺湖山蓋在縣南九十里。

昴山，縣西三十里。青壁嵯峨，削入雲際。志云：舊有白馬寨，蓋置於山上。又孝義山，在縣西四十里。唐書：「豫章、孝義二山皆出銅是也。」今否。○石馬山，在縣北五十里，峰巒秀聳，爲羣山冠。旁有洞穴，凡數十處。又石房山，在縣東四十里，其狀如房。一名獨山，東捍水口。旁有獨山館，爲驛道所經。

匡山，縣西南百二十里。匡水出焉，流入雙澗，與大溪匯。宋濂云：「其山西旁奮起，而中窊下，狀如箕筐，因號匡山。高處南望，閩中數百里間秋毫畢現。」劉基曰：「匡山四面皆峭壁拔起，建溪之水出焉。」又東有西山。西山之東曰昇山，高勝亞於匡山。又仙山，在縣西百五十里，與遂昌、浦城接界。○良葛山，在縣界。山有銀坑。

楊梅嶺，縣東二十五里。其相近者曰梧桐口，路出松陽，此爲要隘。又黄鶴嶺，在縣北八十里。隋、唐間置黄鶴鎮於今縣，蓋以嶺名。又大柏嶺在縣南七十里，旁有小梅嶺，皆接慶元縣界。○白雲巖，在縣西五里。有白雲壘，相傳宋德祐末幼主過此，暮屯巖上，此其遺壘云。又縣東五十里有龍巖山，頂平曠，四面石壁環遶，民多居其中。

大溪，在縣治南。自仙霞以東南及遂昌以西南之水皆匯焉。縣西五里有秦溪，又西一里有蔣溪，又西有漿溪，源皆一二百里，匯流而東，合於大溪，又東經雲和縣入麗水縣界。志云：縣有雲溪，即大溪之上流，經縣治前亦曰留槎溪。中阻一洲，約長一二里，形如槎，溪因分而爲二，有濟川橋跨其上。亦曰留槎洲，一名仙洲。祝穆云：「雲溪在縣治東，夾長洲而爲兩派。」是也。

劍池湖，縣南五里。周三十畝。相傳歐冶子鑄劍於此，號爲龍淵，唐諱淵改曰龍泉，宋宣和中改曰劍池湖，邑名本於此。○梧桐川，在縣東十五里。自梧桐口引流而西南，下流入於大溪。

佛山寨，縣南十里佛山上。元末邑人胡深築内外二寨於此，以保鄉邑處也。又縣南十五里宏山後有皇庭寨，山頂平曠，四面峻險，相傳宋幼帝入閩道經此，立寨屯駐。今山有皇庭巖，寨因以名。又遥峰寨，在縣西五里，與鳳凰山相連。縣西六十里又有西山寨，相傳亦元末置。○北巖寨，在縣東十里汰石嶺上；縣東百餘里又有朝陽寨；又麻竹寨，在縣北七里，與石馬山相接；縣北三十里金岱山上有金山寨，山頂平廣，容千餘人；皆昔時戍守處。

小梅隘，縣南小梅嶺上。東至慶元縣七十里，南至福建松溪縣六十里，爲入閩之間道，正統中設隘於此。輿程記：「縣南三十里至潭湖，又五十里至查田，又二十里爲小梅，由竹口、新窑以達於松溪。」今詳福建松溪縣。自縣至小梅蓋百里云。又吴岱隘，在縣北七十里吴岱嶺上，接松陽、遂昌縣界。舊有隘，正統中重置，并設公館於此。縣西七十里又有供村隘，接浦城、慶元縣界，嘉靖中置。又西二十里有鵶春隘，亦接浦城界，正統中因舊隘重置。又武溪隘，在縣東七十里武溪嶺上，亦正統中置，接雲和縣界。

查田市。縣南八十里查田嶺下。有慶元巡司，明初置。志云：城北舊有雲水驛，城東有荆言驛，縣東南三十里有梧桐驛，六十里有大石驛，俱宋、元時置。今廢。○東畲口，在縣北七十五里，爲松陽、遂昌兩縣之要口，行旅往來必取途於此。

慶元縣，府西南四百七十里。北至龍泉縣百四十里，南至福建松溪縣九十里。本龍泉縣地，宋慶元二年析置慶元縣，治松源鄉，以紀年爲名，仍屬處州。明初省入龍泉縣，洪武十四年復置。縣舊無城，隆慶二年創築，周三里有奇。今編户五十九里。

石龍山，縣治西，蜿蜒如龍。又縣治南有霞披山，色如渥丹。治西北又有象山，環夾縣治。○石壁山，在縣東十里。石筍凌空，爲邑關阻。又拏雲山，在縣東五十里。山椒夾擁，嵌石披雲，下有洞容數百人。

百丈山，縣西二十里。懸巖孤峭，下有龍湫。又松源山，在縣西南二十里。松源水出焉，流入福建松溪縣。○横嶺，在縣東南百三十里，連亘如雲，入於閩界。嶺水北流，合於蓋竹水。

松源水，在縣西南，南流入閩，爲松溪之上源。又有蓋竹水，出縣西七十里鳳山，有交劍水流合焉，又東經石壁山西，下流入閩之松溪。○芸溪，出縣西十二里之董山，南流入閩。志云：縣治北有漲淤溪，西流合槎溪、芸溪，又南合縣南四十里之梓亭溪，而注於閩之松溪。

小梅溪，在縣北七十里，西流入龍泉縣界合於大溪。

大澤關。縣西南五十里，西出龍泉，南達松溪。又縣南五十里曰新窑隘，自龍泉及縣境南入閩中之通道也。○梓亭寨，在縣西。宋置梓亭巡司，元因之，後廢。

雲和縣，府西百十里。東南至景寧縣五十里，西至龍泉縣百十里，北至松陽縣八十里。本麗水縣浮雲、元和二鄉地，景泰三年析置今縣，兼二鄉之名以名焉。縣無城。編户五十九里。

鳳凰山，縣西北五里。秀拔數百丈，陟其巔可盡一邑之勝。又白龍山，在縣東南五里，環拱縣治。上有冷泉，浮雲溪繞其南。

筆架山，縣南十五里，有三峰並峙。又東南有安溪嶺，路通景寧縣，兩山叢夾，控禦之所也。○婁狗山，在縣西十里。下有靈泉，黄溪之源出焉。又大杉源山，在縣西七十里。有龍潭二，曰大杉，曰孤梯，下爲箬溪水，流入麗水縣界而入大溪。

牛頭山，縣北四十里，以形似名。下爲深淵。○垟頭巖，在縣西十八里，高千餘仞。又西二里曰大雄峰。其南曰霧溪嶺，霧溪經其下。

大溪，縣南三十里。自龍泉縣東流經縣境，又東入麗水縣界，縣境諸溪流皆匯入焉。

黄溪，在縣南。自婁狗山下流經縣東三里象山之麓，又東南匯於白龍山之浮雲溪，下流入於大溪。又霧溪，在縣西北十七里霧溪嶺下，亦曰武溪。志云：武溪自龍泉縣流入界，匯於九里灘，又東合雙坑水口瀦爲規溪潭，流入麗水縣而合大溪。

七尺渡，縣西三十里。尺亦作「赤」。又西至龍泉縣之武溪隘十里，兩縣接境處也。羣山四合，溪流横亘其中，疊石架梁以通行者，有間道達石塘及松陽，至爲險要。

石塘隘。縣東三十里。下臨溪流，曰石塘河。山溪回合，峻險可恃，爲縣境之東門。

宣平縣，府北百二十里。東至縉雲縣百四十里，西南至松陽縣六十里，西北至遂昌縣百四十里，北至金華府武義縣百里。本麗水縣之宣慈鄉，明初置鮑村巡司於此。正統十二年鄉人葉宗留作亂，景泰三年事平，因析置今縣，改巡司爲縣治，以勦平宣寇爲名。縣無城。編户六十里。

白馬山，縣西五里，有石巖瀑布之勝。又西十里有温㨾山，三峰錯峙，四面峻絶。有温㨾巖，正統間寇起，鄉民避亂其中。○甌溪山，在城東五里，下有甌溪水。相近有墨山，高聳萬丈，其色如墨。又岱巖山，在縣東北十五里。上有岱石巖。

台山，縣北二十里。層巒疊嶂，迴出諸山。前有松溪，後有桃溪，山界於中，二水繞而西，下入松陽縣境。又礱坑山，在台山西十里，舊産銀。○獅子山，在縣北四十里。有苦頭嶺，出武義之便道也。

玉巖山，縣南六十里。其東爲東巖，四面陡絶，惟有一徑捫蘿可入，一名赤石樓。稍西爲西巖。兩巖對峙，中有清風峽、桃花洞。唐袁晁陷郡，鄉民共避於此。黄巢亂，郡人俞强復率鄉民避焉。宋方臘亂，郡人梁孚復領義兵屯於此。正統中葉宗留作亂，鄉民避入東巖，賊百計不能上，乃守其出入之徑以困之，遇火災死者甚衆，蓋自昔控扼處也。又有余高山，與玉巖山並峙。山産銀礦，今塞。

曳嶺，縣南四十里。嶺峻險，登陟甚艱，上有曳溪洞。相傳嘗有仙人曳履過嶺，因名。爲縣南守禦處。又石門嶺，在縣南十五里。志云：縣趨府此爲登躋之始，岡巒稠疊，竹樹蒙籠，泉流石立，雖甚高險而致亦甚勝。又稿嶺，在縣南六十里，自曳嶺而南，亦往來必經之地。山無草木，因名。○新嶺，在縣東七十里，接麗水縣界。相近有坳塘嶺，最爲幽曠。

樊嶺，縣北四十里。嶺勢險仄，可以防禦。明初胡大海自金華進軍樊嶺，與耿再成合攻處州，即此。今爲北出武義之經道。又西北有大黄嶺，亦路出武義縣。志云：縣西三十里竹峪嶺，一名寨頭，與松陽接界。下有竹峪舖，亦控扼處也。又茭嶺，在縣西六十里，在萬山之中，亦爲控扼要地。又西五里爲板橋，與松陽縣接界。○白雲巖，在縣東南二十五里。巖高萬餘丈，廣百丈。有泉，大旱不涸。相近又有白洩巖，一名雲巖，亦峻險，正德中邑人避寇於此。

雙溪，縣南一里。源出竹峪諸嶺，引流而東，至縣東二十三里亦曰坦溪，一名大溪，境内諸溪水多匯入焉，繞流而南，入麗水縣之大溪。○虎蹐溪，在縣南六十里，有雙澗合流，亦南入麗水縣之大溪。

桃溪，縣北三十里。志云：縣西四里有栗山，二溪環之，南曰午溪，西曰申溪，引流而西合爲一溪，復折而北入縣北十五里之松溪，又北會桃溪而入松陽縣之松溪。

通仙渡，縣南三十里。亦曰三港渡，路出郡城。又有赤淤渡，在縣西南二十五里，路出松陽。

鮑村寨。縣北四十里。明初於宣慈鄉置巡司，即今縣治也。景泰初礦賊葉希八等據雲和山中，擾閩中建寧府界，既而以出掠不便，謀曰：「今自朱湖進掠府城，而結寨駐鮑邨，取貨於義烏，掠人於松陽，官軍必不能越馮公嶺而迫我也。」遂突入鮑村，犯處州。賊平，以鮑村置縣，而移巡司於後陶，仍曰鮑邨巡司。嘉靖中廢，今曰陶村。聞見録：「自陶村至夏邨三十里，又三十里即武義縣。」朱湖，或曰雲和縣東村名也。○寨頭隘，在縣北，亦道出武義。又縣西北有河頭隘，道出湯溪。

景寧縣，府南百四十里。西北至雲和縣五十里，東南至温州府泰順縣二百里。本青田縣之柔遠鄉，明初置沐溪巡司於此，景泰三年改置今縣。縣無城。編户六十六里。

敕木山，縣南八里。山高數千仞，積雪經旬不消，水流爲塵溪。又石耳山，在縣南二十里。巖高百餘丈，頂出泉，大旱不竭。山之南即沐鶴溪，流入青田縣界。○印山，在縣治北。本名桂山，有石方正如印，因改今名。又北里許有獅山，綿延五里。一名筆架山。

洪嶺，縣北十五里。嶺高峻，北趨府城，爲必由之道。又北三十五里爲嶺拗坑，又北十里爲雪水渡，皆往來所經。○烏鐵巖，在縣東二里。其第二峰尤陡峻，元末居民多避亂於此。又縣東二十里有螺黛巖，高十餘里。其相近者曰礦坑嶺。

彪溪，縣西五十里。志云：縣境之水自慶元界來，又自龍泉縣大溪諸水分流入境，回環曲折，合縣境諸溪流經縣北，東注青田之大溪，匯甌江入海。○塵溪，在縣南五里。出敕木山，歲旱居民多沿溪置堰以溉田，潦則決之，流入青田縣界。

盧棲溪，縣東六十里。溪上巖洞奇勝，昔有道士盧遨棲其中。旁多笋，亦曰盧棲笋溪。下流至青田界入大溪。○大匯灘，在縣東北。志云：縣北有玉泉山，玉泉出焉，又北匯衆水爲邑巨浸，東下五里爲大匯灘，巨石錯立，形如犬牙，水行峽中，聲震如雷。其下流亦注於青田之大溪。

龍首關，在縣東二十里，地名黄木坑。懸巖絶壑，最爲險要。志云：關即龍腦橋，水流峽中，兩岸陡絶，架橋其上，嘉靖中以倭亂，設關於此以備之。○沐溪口，在縣南五十里。有巡司戍守。志云：司舊置於今縣治北，景泰三年移於今所。又盧山巡司，在縣西百里。正統五年置。

緑銅隘，縣東五十里，與青田八都相接。正統間黄壇盜起，守此拒之，寇不能入。志云：隘東去青田縣二百五十里。又盧棲隘，在縣東南八十里，與泰順縣小堰相接。蜂桶隘，亦在縣東南八十里。又南十里爲石佛隘，與泰順之平寮相接。嘉靖間倭陷泰順莒岡，守此三隘以却之。

青草隘。縣南百十里，接福建壽寧縣界。又縣南百二十里有分水隘。又黄亥隘，在縣西百五十里，與慶元縣接界。又西二十里爲青草梧桐隘，石徑險仄，僅容置足，雖地屬慶元，而實本縣之要口也。志云：縣西至慶元二百五十里，道皆阻隘。○下場坑銀冶，在縣西十里。志云：縣境銀冶凡六處。又雲和縣有銀坑四、鉛坑二，慶元縣有銀坑五、鉛坑一，龍泉縣有銀坑二十五、鉛坑二，皆永樂、宣德間開採處。弘治中言者以費廣利微，殃民召釁，因封閉，垂爲永制。

附見

處州衛。在府治南。洪武元年建守禦千户所，八年升爲衛。

温州府，東至海岸九十里，南至福建福寧州五百九十里，西至處州府三百六十里，北至台州府三百五十里，自府治至布政司八百九十里，至京師四千三百十里。

禹貢揚州地，春秋、戰國並屬越。秦屬閩中郡，漢初爲東甌國，惠帝三年封越東海王摇於東甌是也。後屬會稽郡，後漢因之，三國吴屬臨海郡。東晉太寧元年析置永嘉郡，治永寧縣。宋、齊以後因之。隋初郡廢，改縣曰永嘉，屬處州。煬帝初復置永嘉郡。治括蒼，今處州治。唐武德五年置嘉州，新唐書作「東嘉州」。貞觀初州廢，以縣屬括州。上元元年始置温州，以州地恒燠而名。天寶初曰永嘉郡，乾元初復曰温州。祝穆云：「唐末嘗置靖安軍於此。」五代初屬於吴越。晉天福八年吴越升爲靖海軍節度。宋仍曰温州，亦曰永嘉郡，仍爲靖海軍，政和七年改曰應道軍，建炎三年罷軍額。咸淳初升瑞安府。以度宗潛邸也。元曰温州路，明初改爲温州府。今領縣五。

府東界巨海，西際重山，利兼水陸，推爲沃壤。且與閩爲鄰郊，揚帆振轡，分道南下，是扼八閩之吭，而拊其背也。若其憑依島嶼，間阻谿山，東甌雖小，亦足以王。况指顧明、台，馳驟婺、越，因利乘便，必能有爲，就浙言之，亦東南之形勝矣。海防攷曰：「温州與閩接壤，寇舶犯境，必首攖其鋒，惟先嚴莆門、鎮下、官磡、南臺之險，庶足以扼其來，於此不戒而入内地，温殆岌岌矣哉。夫舍其險而求一日之安，必不可得，爲温計者，豈惟海道爲然乎？」

永嘉縣，附郭。漢回浦縣地，後漢爲章安縣地，永建四年析置永寧縣。劉昭曰：「永和三年所置也。」仍屬會稽郡。三國吴太平二年屬臨海郡。晉初因之，太寧元年爲永嘉郡治，宋、齊以後因之。隋廢郡，改縣曰永嘉，屬處州。唐初爲嘉州治，州尋廢，屬括州。上元初始爲温州治。今編户二百八十里。

永嘉城，即今郡城。志云：晉太寧初置郡，議築城於江北岸，去今城六里，今猶謂其地曰新城。尋遷江南岸，東西附山，北臨江，南環會昌湖，用石甃砌，跨山爲險，名曰斗城，謂城内有山錯立如北斗也。亦謂之鹿城，時有白鹿啣花之瑞云。後皆因故址修築。五代梁開平初錢氏增築内外二城。内城亦曰子城，周三里有奇，元至元十三年廢。外城亦曰羅城，宋宣和中方臘圍城，教授劉士英悉力拒守，謂城西南低薄，宜增繕，於是營築二千餘丈，賊不能陷。建炎、嘉定間皆嘗營治，元漸圮。至正十一年以海寇登犯，因舊址重築。明朝洪武十七年增修，嘉靖三十七年倭寇來攻，通判楊岳憑城拒却之。明年修築一新，萬曆二十五年復營繕。舊有十門，今爲門七。城周十八里有奇。

華蓋山，府治東。一名東山，城緣其上。山周九里，下有容城洞，道書以爲第十八洞天。志云：郡城有山凡九，形家謂之九斗山，而華蓋當其口。今城東南緣積穀山，東北緣海壇山，西北緣郭公山，西緣松臺山，餘四山則峙於城南，三面形勢最勝。圖經：「松臺山一名西巖，巔有浮圖，爲郡城之表。」○孤嶼山，在城北江中，與城相對。東西有二峰，上各有塔。山麓有江心寺，唐咸通中建。宋建炎四年高宗嘗駐蹕焉，賜兩塔院名曰龍翔、興慶。德祐二年益王、廣王走温州，陸秀夫、陳宜中、張世傑等共會於此，奉益王爲天下兵馬都元帥是也。郡城有事，此爲戍守重地。又羅浮山，在江北岸，與孤嶼山相望，去府城五里。一名密羅山。其相接者曰永寧山，峰巒相屬，綿亘八里。下有楠溪。又府北十里有北山，志云：郡之主山也。有石巖懸瀑，高百餘丈，豬爲二潭，名白水漈。一名石門山。

西山，府西三里。一名歐浦山。志云：山有十二峰，岡巒相屬，聳秀奇勝。城西里許曰金丹山，亦有三峰並峙，即西山之東麓也。元末盜起，往往結營寨於西山，以窺府城。○岷岡山，在府城西三十五里。峰巒峻拔，潭谷深邃。一名鐵場嶺。宋宣和中方臘作亂，自處州而東犯白沙隘，議者謂：「白沙失守，前無阻險，去城三十餘里地名寨下，有鐵場嶺，遣兵守此，可以扼其來路。」不果。賊果踰嶺而東攻城，不克乃去。或訛爲天長嶺。

破石山，府西北二十里。臨江壁立，如張帆然。安溪繞其下。又西北二十里有青嶂山，上有大湖，澄波浩渺。一名七峰山。又赤水山，在府西北百三十里，時有赤水出巖下。一名石室山。上有石室容千人，道書以爲第十二福地。亦曰大若巖。其相近者又有小若巖，東西兩溪合流其下，匯爲龍潭。又天臺山，在府西北百五十里。山形如甑，傍有十三峰環列。

大羅山，府東南四十里。廣袤三十餘里。一名泉山。祝穆曰：「此即朱買臣所云『越王居保之泉山』也。」〔一〕永嘉記：「泉山東北枕海，頂有大湖，北有泉，雖旱不竭，山因以名。其東谷之水引爲姚溪，經府東五里入永寧江；其西谷之水引爲杜奥溪，經府南二十里入於慈湖。」又吹臺山，在府南二十里。頂平正，山麓廣袤二十里，接瑞安縣界。志云：府西南四十餘里有岫環山。宋方臘之亂，其黨余通安聚衆柟溪，陷樂清，逼府城，分兵攻瑞安，鄉民守桐嶺及帆遊山拒之，賊自間道踰岫環山而南，即此。俗訛爲誘娘山。

青澳山，府東二百里海中。兩山對峙如門，亦名青澳門。劉宋永明中郡守顏延之於此築亭望海。唐天祐末錢鏐使其子傳瓘攻温州，州將盧佶將水軍拒之於青澳，傳瓘曰：「佶之精兵盡在於此，不可與戰。」乃自安固捨舟間道襲温州，克之。宋德祐二年元兵至臨安，宰相陳宜中遁歸青澳，即此。又東有東洛、鹿西諸山，皆爲海道之衝。○中界山，在青澳東百里。東晉時居人數百家爲孫恩所破，今湖田猶存。洪武二年倭賊嘗犯此。舊有中界巡司戍守，今遷於永昌堡。又靈昆山，與中界山並峙海中，舊爲樵採之地，今墾田數千畝。相近者又有黄大嶴，亦多田可耕。

霓嶴，府東百餘里。海防攷：「倭船南北往來多泊於此，徑達盤石衛城，最爲險要。」嘉靖三十三年倭由此登劫，突犯湖頭，官軍擊却之。又南龍山，在嶴東北。倭賊由北洋來，往往經此，亦要地也。

海，府東九十里。有雙崑海口，内控郡城，外聯島嶼，爲郡境之門户。自海道而南，至福建福州府八百二十里，北至台州府三百三十里。舊時嘗有漂溺之患，唐顯慶初括州奏稱海溢壞安固、永嘉二縣，溺四千餘家，總章二年復溢壞安固、永嘉二縣，溺死者九千餘人，是時爲括州巡屬也。又明初温州復奏大水流四千餘家，漂溢蓋數見云。

永寧江，在府城北。一名甌江，一名扆江，古名慎江，亦曰永嘉江。源自括蒼諸溪匯流入境，又東合大小溪流以輸於海。由江南岸西上，則自北門歷永清、迎恩門，過西郭，經吴崎、桑浦、嶼頭、巖門、竹浦、塔山、臨頭、吴渡、上戍、浦口、江南、張巖、外村、西洲、嶧頭、殷溪、桑溪至茭洋渡；由江北岸西上，則自羅浮、河田鋪、泥塗、馬嶴、焦頭、梅嶴、鷄口嶼、小荆、荆溪、江口、白壤、菰溪口、凌福、白沙、茭洋至安溪港入青田界；由江南岸東下，則自北門歷蒲洲、寧村、沙城、梅頭抵瑞安界；由江北岸東下，則自羅浮、華巖、柟溪港、强嶴、掛採山、象浦口、館頭、青嶴、鹿西抵樂清界。多事時蓋節節皆險也。

會昌湖，在府城西南。其上源曰郭溪，出鐵場嶺；又有雄溪，出城西南四十三里雄溪山；又有瞿溪，出城西南五十里瞿溪山；並東北流經鐵場嶺而東與郭溪會，繞流至城西南匯而爲湖。湖受三溪之水，瀰漫城旁。起於漢、晉間，至唐會昌四年太守韋庸重濬治之，因名。其近城西者曰西湖，在城南者曰南湖，實一湖也。湖支港甚多，其自城東南出南塘直抵瑞安江者，延袤蓋七十餘里。○慈湖，在縣南二十五里吹臺山下，合南境之水入瑞安江。又有滄湖，在府東七十里，下流入海，其地亦謂之湖頭。

安溪，在府西北六十里。上接青田惡溪七十二灘之水，東流經破石山下亦名張帆溪，又東南注於甌江。永嘉記：「安溪之源與天台諸山相接。」又有柟溪，在府北十里。志云：自天台、仙居發源，流入境，合諸山溪之水南入甌江。

永昌堡，府東五十里。嘉靖三十七年創築，以防倭患，并遷中界巡司於此。城周五里有奇。又永嘉堡，在府東南五十五里。本永嘉鹽場，嘉靖三十七年建堡築城，周四里。

龍灣寨，府東三十里。志云：寨東援寧村，西捍府治，坐臨深水，頗爲險要。嘉靖中倭屢從黄華港登犯，突入新建、蒲洲等處，徑抵府城，防禦爲切。又沙溝寨，在府東五十餘里。稍西即寧村所，逼近海口，賊易登犯。其相近又有沙村寨。○長沙寨，在府東寧村所東南。東臨海塗，地勢頗險。亦曰長沙灣，嘉靖三十二年參將湯克寬敗倭於此。又太平寨，志云：在府南六里。

白沙隘。府西五十六里白沙山旁。宋置白沙巡司，元因之，後廢。道出青田縣，此爲要隘。○象浦驛，在城北，明初置。又有南溪税課司，在府東北七十三里。今廢。

瑞安縣，府南六十里。南至平陽縣五十里，西至泰順縣二百七十里，西北至處州府青田縣三百五十里。本章安縣地，三國吴析置羅陽縣，寶鼎三年改曰安陽，晉太康初改曰安固，屬臨海郡，宋、齊以後因之，隋省入永嘉縣。唐武德八年復置安固縣，屬嘉州，尋屬括州，上元中析屬温州，天復二年改今名。宋因之。元元貞初陞爲瑞安州，明朝洪武二年復爲縣。舊有城，相傳宋宣和中築，周不及二里。元至正二十四年方國珍增築，周五里有奇。明朝洪武三年、永樂十五年、嘉靖三十一年皆因舊址改拓，周六里有奇。今編户百二十八里。

白巖山，縣治東一里。一名龍山，亦名白鹿巖。又東二里曰東山，與白巖山相接。縣治東北曰集雲山，峰巒綿亘，縣之主山也。○廟山，在縣東南五里，亦曰安禄廟山。山高秀，障蔽海門。上有浮圖，又有玉泉洞，可容百人。其泉通海。又東曰浮鼉山，控臨海門，横捍江流。稍南又有黄公巖。

陶山，縣西三十里。陶弘景嘗居此，因名。山周僅二里，前江後湖，道書以爲第七福地。宋末元兵至此，邑人王小觀募兵迎鬥，力竭而死。元末盜起，邑人張文貞於此築城拒守，久之始爲賊所陷。又四十里有許峰山，高數千仞，海船視爲方嚮，俗呼景福山。又西五里曰福全山，道書以爲第三十三福地。山之北有白雲嶺。

帆遊山，縣北四十五里，東接大羅山，與永嘉縣分界，爲舟楫要衝。永嘉記：「地昔爲海，多過舟，故山以帆名。」又西有桐嶺山，與帆遊並峙，縣北面之保障也。亦曰銅溪山。○仙巖山，在縣東四十里，當大羅山之陽。山巔有黄帝池，廣五百餘畝，水分八派，注爲溪潭，高下相屬，道書以爲第二十六福地。郡志：山即大羅之别名矣。又東五里曰雲頂山，巖壑絶勝，與仙巖山相接。

遮浦山，縣西南三十里。其南爲坑嶺，接平陽縣界。嘉靖三十五年倭寇自閩犯平陽，將自坑嶺入縣界，邑人設險於柘浦山、天門埭以拒之。柘浦即遮浦也。○梓奥山，在縣東北四十餘里，有二十四盤嶺。

海，縣東十里。由海口直上飛雲渡，至爲險要。海洋有鳳凰山、飛雲關，舟師駐泊處也。海防攷：「倭犯瑞安、平陽，必由銅盤、南龍及鳳凰山而入，守禦爲切。」

安陽江，在城南。志云：其上源有二：一出福建政和縣東北之温洋，謂之大溪；一出青田縣東南之木凳嶺，謂之小溪，合諸山溪之水流入縣境，至陶山南口而合流。又東至縣南，水闊百餘丈，亦曰羅陽江，亦曰安固江，亦曰瑞安江。唐天祐末錢傳瓘捨舟安固徑襲州城，克之是也。東接海口，爲縣境之衝要。又三港口，在縣西南四十里大溪上流，有羅陽、大洪、莒江三水自西北來會於此，因名。嘉靖中倭賊突犯三港口，即此。

東湖，在城東北。源出白巖諸山，引流經縣北，至帆遊山接會昌湖直達永嘉南門。城北又有北湖，一名錦湖，環繞城北，接於東湖。又永豐湖，出縣西七十里逢源山，周十里，水常不竭，民賴其利。○天門埭，在縣西陶山南，宋、元間築此以蓄安陽江之水。元至正十四年，邑人張文貞築城陶山、天門埭以拒賊是也。嘉靖三十五年，倭犯平陽，由天門埭趨青田縣。志云：天門埭在縣西三十五里。

飛雲渡，縣南七里，安陽江津濟處也。波流洶湧，横截南北。有飛雲關，往來者必出於此。渡西有中洲，東出爲飛雲水寨。海防攷：「飛雲水寨西面去金鄉衛百三十里，此爲温州適中之地，舊名中軍水寨。南臨海港，外接鳳凰山，内逼府城，郡境之衝要也。」

梅頭寨，縣東五里。有海口，爲戍守要地，明初置巡司於此。又三港税課局，在縣西南百十里。明初與池村巡司同置，景泰三年司改屬泰順縣，而税課局如故。又下林河泊所，在縣西南三十里，亦明初置。今廢。○梅頭堡，在海安所之後岡，嘉靖三十八年築以禦倭，萬曆中重修。又山黄堡，在縣西南五十里，亦嘉靖中築。

丁田寨，在縣東北海安所東，相近又有前、後岡二寨。丁田地勢平緩，前、後岡俱臨深水，至險要，嘉靖中賊屢登犯，西北犯府城，西犯瑞安，爲戍守要地。○東山寨，在海安所東北，又有上墕寨，東西分峙，爲犄角之勢，坐臨海濱。倭賊自東山而來，由九里而至府前，自上墕而來，由丁田徑至海安，險要處也。寨東爲東山港，嘉靖三十一年倭寇由江口登犯嶺門、岐頭，入坡南匯至瞭高山下，敗官軍，遂攻縣城，官軍擊却之，退泊東山港，即此。

眉石北隘。在縣東南沙園所東。東至大海，南會陌城寨，西至平陽所，北會陡門，極爲衝要。嘉靖中倭賊從此登犯。又眉石南寨，亦在沙園所東南。東濱大洋鳳凰山嶴，一潮可至；西抵仙口寨，從仙口寨至平陽縣三十里而近耳。○仙口寨，在沙園所南，近平陽縣之仙口山。其相接者又有宋埠寨，亦爲防禦處。

樂清縣，府東北百二十里。東至台州府太平縣百三十里，東北至台州府黄巖縣百八十里，北至台州府仙居縣三百八十里。後漢永寧縣地，東晉寧康三年析置樂成縣，屬永嘉郡，宋以後因之，隋省。唐武德五年復置樂成縣，屬嘉州，七年廢入永嘉縣。載初元年復置，屬温州。五代梁開平初吴越改今名。舊有城，相傳唐天寶三年築，周僅一里，後廢。明朝洪武六年議修築以備倭，不果，乃立柵引濠爲固。嘉靖三十一年始甃石爲城，而缺一面。三十八年始增築，萬曆六年及三十一年皆修治。周四里有奇。編户百六十八里。

翔雲山，在縣治後。亦曰縣後山。東接鴈蕩，西連白石，高山大谷，雜沓若翔雲，奇峰茂林，爲邑屏障。左有九牛山，在縣治東，亦名謝公山，以靈運所遊息也。稍前曰東塔山。又有西塔山，當縣治西。舊時依東、西塔山結城，嘉靖中始拓而廣之。治西北曰丹霞山，綿延高秀。舊名白鶴山，又名赤巖山，唐天寶六載改今名。其西又有蕭臺山，三峰聳峙，相傳王子晉嘗遊此。○西漈山，在縣西五里。三面蒼巖峭立，環若翠屏，唯東西軒豁如門，大海横其前。又西七里有章奥山，亦名雙峰山，有東、西溪夾山而流。稍西爲盤谷山，以山谷盤旋而名。東面海，俗稱鹽盤山。

白石山，縣西三十里。一名白石巖，高千丈，周二百三十里。唐天寶中嘗改名五色山。洞壑出泉，東西流五六里合而爲湖。其西十里有玉甑峰，即白石之别峰也。○左原山，在縣東北三十五里。羣峰環遶，中有田二千餘畝，居民悉藏谷中。縣東六十里曰芙蓉山，三峰削翠，下有芙蓉川。又東十里曰丹芳嶺，路入鴈蕩西谷，凡四十九盤。又窑奥山，在縣東五十里，高數千仞，海舟望以爲準。

鴈蕩山，縣東九十里。巖巒盤曲凡數百里，其峰百有二，谷十，洞八，巖三十，争奇競勝，遊歷難遍。志云：山跨樂清、平陽二縣，在平陽西南者曰南鴈蕩，此爲北鴈蕩。羣峰峭拔，上聳千尺，皆包谷中，自嶺外望之，都無所見，至谷中則森然干霄。有大小龍湫會諸溪澗水，懸巖數百丈，飛瀑之勢，如傾萬斛水從天而下也。絶頂有湖，方十餘里，水常不涸，鴈之春歸者留宿焉，故曰鴈蕩。又有馬鞍嶺，一名石城嶺。嶺之東西分爲東西谷，各有内谷、外谷。東内谷有峰四十八，外谷有峰五；西内谷有峰二十四，外谷如之。沈括謂天下奇秀無逾此山也。○龍穴山，在縣東二十五里。兩山相對，延袤十餘里。又有長山，在縣東三十里，以南北延袤數里而名。即盤石衛。

玉環山，縣東南二百里海中。其上舊有古城。山西北十餘里有楚門山，有峽如門，廣二十步，海艦由此出入。海防說：「玉環山北隔一小港，即台州府楚門所。山聯絡深長，周迴百里。舊有民居，洪武二年倭賊來犯，因徙入内地。山當台、温二府之交，海寇去來駐泊之藪也。」○盤嶼山，在縣西南五十里，濱海。明初朱亮祖襲方明善於此。其下

接莆嶺，縣北六十里，道出太平縣。志云：縣東九十里有佛嶺，宋末鄉人結寨於此，以拒元兵。○鶚嶺，在縣東。嘉靖八年倭寇樂清，登鶚嶺，因徙白沙巡司戍於此。

海，縣南五里。又縣東十里有海渡，道出太平縣。志云：縣境之海横亘幾三百里，東起玉環山，西至象浦，皆以海爲險。亦曰白沙海，以白沙嶺名也。

館頭江，縣西南六十里。與甌江接，經盤石衛至縣東五里白沙嶺，又南入於海。又萬橋江，在縣東六十里。窑嶴諸山之水至此入海，亦名萬橋港。縣東南七十里又有樫江，東北諸山溪水南匯於此，亦曰清江港。又北港，在縣東北

三十里。鴈蕩山頂九折諸溪之水，流合諸山溪，東出數十里，亦曰北港川，皆入於海。

東溪，在縣治東。一名雲溪。志云：東溪上流與枏溪接，分流四十餘里，爲縣東溪。嘉靖中築城包東溪於城内，議者嘗欲徙之城外，不果。出城南稍折而西出瓦窑河，有西溪合流爲運河，經縣南五里印嶼山下陡門口入海。又西溪，出縣治西白鶴諸山，一名金溪，流經城西，至城南瓦窑河合於東溪。○荆溪，在縣西北百里。志云：由縣西北出仙居，荆溪爲之孔道。嘉靖三十五年倭賊由此犯仙居。

西河，在縣治西南。亦曰運河。南至館頭江凡六十里，支流旁達，灌田二十餘萬畝。又象浦河，在縣西六十里。南出數十里達館頭江，隔山不與西河接，舟檝乘潮出入，多取道於此。

白石湖，在縣西白石山下。匯諸山溪之水，廣三十餘丈，長五六里，亦名合湖，引流而東合於運河。又有朴湖，在縣東四十五里。諸山溪之水匯流於此，又東出陡門注於海。

館頭鎮，縣西南五十里館頭江口。元置巡司，明朝洪武二十年徙於岐頭，嘉靖中復設於此。又有館頭驛，元所置横春驛也，明初改今名，南去府城四十里。○窑嶴鎮，在縣東五十里窑嶴山下。南臨海，有巡司。志云：元置北監巡司，在玉環山下，明初徙於縣東北蔡嶴，尋徙白沙嶺，嘉靖八年又徙於鷳嶺，四十一年復還窑嶴，并建壽寧堡於此，築城二里有奇，爲戍守處。又窑嶴驛設焉，本元置，明初因之。海防攷：「窑嶴北境接台州界。」嘉靖三十七年寧海縣境賊繇悔嶴入犯，次日即至窑嶴，官軍逐之，賊設伏麥田中，爲所敗。又東北有和尚嶴，接台州太平縣界，嘉靖中官軍逐賊至此。

石馬鎮，縣南五里石馬山下。嘉靖三十七年倭賊繇此登犯，官軍禦却之。又縣後堡，在縣城北。嘉靖三十四年補築縣城，於山腰營築。既而寇乘高下瞰，城幾陷。三十八年徙城於平地，而縣後故城居民因之，翼其兩旁，以附於城，謂之縣後堡，周不及二里。又永康堡，在縣東南竹嶼山，城周二里有奇；相近有寧安堡，亦有城；皆嘉靖中築以避倭。又石粱堡，在縣東八十里，即鴈蕩山之石粱洞也。嘉靖中築堡。縣南又有福安堡，城周四里，嘉靖三十八年築。○嶺店驛，在縣東北九十里。元置大荆驛，其地有大荆山也。明初改今名。東至太平縣四十里，北至黄巖縣六十里。又西皐驛，在縣城西。元曰蕭臺驛，明初改今名。

白沙寨，在縣東五里。有白沙嶺，爲水陸要害。或云漢遣下瀨將軍出白沙擊東越，即此。恐悮。明初自玉環山遷天富北監場鹽課司於此。嘉靖三十七年賊從此犯縣城，三十九年復從台州境入犯，參將張鈇大破之於此。又東二里爲白沙橋。志云：白沙嶺隘陸走台境，水通海島，縣境之咽喉也。

章嶴寨，在縣西章嶴山旁，近海口，賊船易登，頗稱險要。障禦慎固，則東衛塔頭，西衛鹽盤，南衛黄華，〔三〕北衛長林，倭船不能犯。○沙角寨，在縣西二十五里沙角山下，濱大海，界於黄華、章嶴間。嘉靖三十八年倭由此登犯。由縣西十里支嶴至三條嶺，有道徑抵縣城，防禦爲切。

黄華水寨，在縣西南盤石衛東三十里，東接大海大小門、霓嶴，南枕港口，乃温州之咽喉也。水哨南會飛雲，北會白巖塘，備禦最切。嘉靖三十七年倭由此港入温州，直抵處州府青田縣，官軍擊却之。又有黄華山寨，在水寨東二里。其地有黄華山，因名。嘉靖中倭嘗登犯。黄華之外爲下馬洋。嘉靖三十二年參將湯克寬追黄華賊，戰於下馬海洋是也。海防攷:「倭犯黄華,必由邳山、大鹿山及黄大嶴而入。有黄華關,迫臨海口,汛守最切。」○岐頭寨,在縣西南。海防攷:「縣西四十里有白塔山,其地謂之塔頭。有長林鹽場,宋政和中置,元爲司令司,明初曰鹽課司。又西南即岐頭也,海舟經此,必艤舟而後行,謂之轉岐。由摺疊嶴而東北達於驪洋,即台州之松門寨。」

白巖塘水寨,在縣東北蒲岐所東,濱海,爲蒲岐之外户。水哨北會台州府之松門、楚門,南會黄華港,嘉靖中爲戍守處。又後塘寨,亦在蒲岐所東,南臨大海,形勢險要,嘉靖三十一年賊屢登犯。其南爲李嶴,西爲清江渡,北爲雙陡門,皆寇所必窺之道。有鶴渚堡,嘉靖中置,築小城戍守,周不及二里。○高嵩砦,在縣東四十里高嵩山上,臨大海,亦近蒲岐所,爲所境之鎖鑰。嘉靖中賊每犯此,從梅婆橋而入,逕至長山窺樂清近郊,亦險要也。

下堡塞。在蒲岐所南五里,南臨大海,所之南藩也。其相近者又有婁嶴,亦備禦要地。○峽門橋,在縣西南十三里。又西三里有峽門山,橋因以名。縣東十五里又有陡門橋,南臨海。

平陽縣,府西南百二十里。西南至福建福寧州二百九十里,西至瑞安縣五十里。晉太康四年析安固縣横嶴船屯置始陽縣,屬臨海郡。尋曰横陽,太寧初屬永嘉郡。宋以後因之,隋省。唐武德五年復分置横陽縣,屬嘉州,貞觀初廢。大足初復置,屬温州。五代梁乾化四年吴越改今名,宋因之。元元貞初升爲平陽州,明朝洪武二年後爲縣。舊有城,相傳晉太康中舊址,周僅一里,後廢。元至正中重築,明朝洪武七年增修,後常營治,周三里有奇。編户二百四十一里。

仙壇山,在縣治東。上有平石號仙壇,本名横嶴,亦曰横嶼,三國吴置横嶼船屯,蓋以山名。上有九盤嶺。又昆山,在縣治西南,絶頂有巨巖,俗稱古巖山。縣治前又有嶺門山,山分左右翼,中闕如門。○仙口山,在縣東二十五里。

本名陽嶼，晉初因以名縣。東枕大海，亦名神山。上有風門嶺。又將軍山，在縣東南七十里。舊嘗駐軍於此，因名。

羅源山，縣西南二十里，橫陽江流其下。其南五里爲鳳山，臨江，綿亘數里。一名前倉山，江因以名。又蓋竹山，在縣西南五十里。其相近者曰樓石山，高千丈，周四十三里。〇玉蒼山，在縣西南八十里。亦名八面山。山周百餘里，跨峙八鄉，稍北巖岫四圍，只通一門。相近又有松山，峰巒攢簇，高秀相亞。

南鴈蕩山，縣西南百里。北自穹嶺，南至施巖，四五十里皆鴈蕩也。中有明王峰，峰頂有池。志云：南鴈蕩有十三峰，三洞，二巖，澗石類皆奇勝。其相接者曰白雲山，山插雲漢，行人攀藤而上，號曰「藤道」。又有四谿山，山有四十二峰，下有四水合流，沿山而南入於海。

大巖頭山，在縣東南海中。海防攷：「倭賊自南麂、鳳凰、霓嶴、蒲岐、楚門、玉環而來，俱經此山，巡哨最切。」〇南麂山，在縣東海中。有平壤數千畝，稱饒沃，環海負島，逋逃之徒易以畜聚，倭寇每出没於此。其北接鳳凰山，山嶴闊大，坐臨深海，山外皆大洋，别無山島。自明初以來倭寇皆經此棲泊，恃爲巢穴，乘潮御風，直抵飛雲港，此哨守要地也。

東洛山，在縣東南海中。倭寇南北往來，往往泊舟取水於此，隆慶初設舟師戍守。〇南龍山，在縣東海中。倭自北洋而來，此爲必經之地。其相近者又有銅盤山，亦倭船内犯之道也。又洋嶼，在縣東南江口關，水師每駐泊於此。

海，縣東二十五里。郡志：縣境之海北接瑞安界榆木浦，經陡門、仙口、江口抵大嶴、蒲門、俞山諸處，至福建烽火寨止，橫亘三百餘里。

横陽江，在縣西二十五里。一名始陽江，又名前倉江。縣西境南北諸鄉之水匯爲順溪，經羅源山下爲横陽江，又東南流出縣南二十五里，徑江口，又東南注於海。志云：横陽江上流有四港，其一爲順溪；其一爲梅溪，出蓋竹山，繞羅源山北而東注於前倉江；其一爲平水，合澗谷諸溪，經縣西南八十里松山下，接泰順縣界合於前倉江；其一爲燥溪，其上流爲宋蘭洋，亦縣西南諸溪水會流處也，經縣西南七十里燥溪山下分爲東西二溪，又經縣南五十里並注於江。嘉靖三十四年倭自南麂山流入金鄉，犯平陽三港，官軍禦之，敗績。三港，或曰即燥溪合横陽江之口。

運塘河，在城北。自縣北五里鳴山下，北抵瑞安飛雲渡，凡三十五里。有萬金塘。又有夾嶼橋河，在縣南五里夾嶼山下，城南諸水匯流於此，西注前倉，南注江口，各二十五里。

蓀湖，縣南六十里。有蓀湖山，諸山溪之水匯於山下。又有南湖，在縣西南九十里。

江口關，縣南二十五里。下臨横陽江，爲往來衝要。又有江口水寨，在縣南金鄉衛東，南臨大海，控五嶼等嶴，外接琵琶、長腰、陌城、洋嶼等大洋，爲平陽門户。嘉靖三十一年倭犯平陽前倉、徑口諸處，從此港入，南至舥艚、炎亭，北至瑞安飛雲、鳳凰，皆其哨探處也。志云：江口巡司，明初置於下埠，正統五年徙於渡頭，皆在縣南。又仙口巡司，明初置於縣東仙口山，洪武二十年徙置於縣南十里麥城山。又有龜峰巡司，在縣東南九十里，亦明初置，嘉靖初廢，改置龜峰堡。○舥艚寨，在縣東南八十里。寨東北兩面皆濱海，嘉靖中倭屢由此入犯。又有舥艚堡及巡司戍守。志云：舥艚巡司，亦明初置，嘉靖中增設堡，以禦倭。又縣東有余洋堡，相近爲宋埠、仙口二堡，縣南有前倉堡，又有蔡家山、東魁等堡，皆嘉靖中置。

陌城寨，在縣東南，寨東南濱海。其相連者曰陸路寨。俱戍守要地也。又汶路口寨，在縣東三十里，東臨海洋洋嶼門，南援江口水寨，北援眉石南北二寨，地勢險要，嘉靖中倭賊由此登犯。

炎亭寨，在縣南金鄉衛東七里，有海口。倭賊從此徑犯衛城，西即逼近縣境蓀湖諸處。嘉靖中置寨，并設珠炎營戍守。又西南十里爲大嶴海口，亦戍守處也。○大、小漁埜二寨，在衛東南，聯坐海濱。倭由此犯衛城，又北則逼近縣境南監場諸處。嘉靖中設軍戍守。

大濩寨，在金鄉衛東，有大濩海口。又南爲小濩寨，近蒲門所，西臨海，北鎮山。其相接者爲龜峰巡司，洪武十六年倭賊入寇，官軍擊却之，爲備禦要地。○程溪寨，在縣南蒲門所東南。南至海，西抵鎮下門水寨，蒲門之要區也。嘉靖三十四年倭賊由此登犯。又葛蒲洋寨，在蒲門所東海濱。嘉靖中倭賊嘗犯此，與小濩寨俱撥水軍戍守。

嶼山寨，在縣東北壯士所東南，臨海口。賊從此突入，則西犯天仙，南犯雙峰諸鄉，北犯所城，爲備禦要地。又平山寨，在壯士所東北，西接盤石後所，南接嶼山，北接白沙，爲樂清之脣齒。嘉靖三十七年賊從此登犯，南入石馬港，逕抵樂清白石山，亦備禦要地也。

鎮下門水寨。在縣東南百四十里，亦曰鎮下門關，坐臨大海。其東有官嶴，舟師駐泊處也。出嶴直衝臺山外洋，倭賊犯鎮下門，必取道官嶴，守禦最切。水哨南會烽火、流江，北會江口水寨。又有上、下魁海口，亦在蒲門所東南，爲戍守要地。○天富場，在縣東南三十餘里。明初置天富南監場鹽課司於此。又縣東有沙塘子場，縣南有蒲門子場，皆産鹽，隸於天富場。

泰順縣，府西南三百七十里。東至瑞安縣二百六十里，東南至平陽縣二百八十里，南至福建福安縣二百五十里，西南至福建壽寧縣二百二十里，北至處州府景寧縣二百二十里。本瑞安、平陽二縣地，明朝景泰三年析置縣。嘉靖九年以礦寇竊發始築城，三十八年增修以禦倭，周三里有奇。編户十八里。

天關山，縣治北一里。縣南里許曰地輔山，横鎖白溪水口。又飛龍山，在城東。城西又有舞鳳山，環夾縣治。○百丈山，在縣北三十五里，有百丈漈。縣南二里又有第一漈，高二十餘丈，懸崖直下，又連七漈以達於閩。

分水山，縣南二百里，與平陽縣西南之松山相接。泉發隴上，東西分流，以限閩、浙。山下地名平水，達前倉江，可通舟楫。吴越嘗守此以與閩人相拒。海防攷：「分水嶺隘當浙、閩之交，自閩而來必由此至平水，過牛皮嶺；一路由蕭家渡至縣東，自縣抵瑞安道二百五十里；一路由莒岡至縣西，自縣抵青田道二百餘里；又由縣東北達桐嶺，可竟至府城。此控扼之要也。」

三魁山，縣南六十里。有東山、西章、中龜三峰，謂之三魁。三魁巡司置於此。其相接者曰鯉魚山。又泗溪西山，在縣南九十五里。其相接者曰洋牙山。○龍鬬山，在縣東一百十里。下有龍鬬渡。元末嘗置龍鬬寨於此。又東接瑞安縣界。

滴水巖，縣東四十里。石壁峭拔，溪流湍悍，舊時僅容仄足，弘治間闢成大道。又莒岡，在縣東七十里。其地有莒岡舖，行旅所經。舊有方邨營，亦置於此。

白溪，縣西四里。出天關山，遶城西而南，經縣南十五里文筆峰下，西南流達福建壽寧、寧德縣境，入於海。

仙居溪，在縣東十五里仙居山下。源出縣西北諸山，東流經此，又經縣東四十里洪口東渡，又東百丈漈及縣東諸溪水俱流合焉，經龍鬬山下抵瑞安界，入於海。○泗溪，在縣南。源出泗溪西山，合縣南諸溪水，抵福安縣界入於海。

分水關，在分水山。見上。○羅陽第一關，在縣東四十里，當洪水東渡之西道，出瑞安。其地有洪溪，匯入龍潭，謂之洪口。溪流環遶，有東西二渡及東渡橋，霖雨時湍險尤甚，水陸往來多出於此。又桂峰東、南關，在縣南七十里。其地有桂嶺，又有桂峰橋，旁立兩關，以路通閩、括，置關於此。

三魁鎮，在縣南三魁山。洪武初置洋望巡司，屬平陽縣，二十四年改置三魁巡司，景泰三年改今屬。又鴉陽巡司，亦在縣南。宣德八年閩、括寇變，始設巡司防禦，屬平陽縣，景泰中改今屬。又池村巡司，在縣北百七十里。明初置，屬瑞安縣，亦景泰三年改今屬。

石柱寨。縣北五十里。其地有石柱峰，壁立萬仞，上與雲齊。又北五十里有上地排隘，接景寧縣界。○九峰隘，縣東南百六十里，平、泰二邑往來之咽喉也。又上下排隘，在縣南百九十里，接福寧州界。又有巖坑、葛家渡隘，在縣西南，接壽寧縣界。

附見

温州衛，在府治東。洪武元年建，領所三。

寧邨守禦千户所，府東五十里。洪武二十年建，隸盤石衛。北渡江至衛十里。所城周三里有奇。志云：所東去沙溝海口一里，南至永嘉場十里，西北至樂清縣五十里，西南至瑞安縣七十里，爲守禦要地。

瑞安守禦千户所，瑞安縣治東。洪武二十五年建，隸温州衛。

海安守禦千户所，瑞安縣東北三十里。洪武二十年建，隸温州衛。西北去衛七十里。城周三里有奇，弘治十五年重築，萬曆二年爲颶風所圮，九年增修。爲濱海要地。

盤石衛，樂清縣西南五十里。又西南至府城五十里，南至盤石巖頭海口一里，西至館頭驛十里。洪武二十年建。築城周九里，嘉靖中增修。領所三。

盤石守禦後千户所，樂清縣東三里。成化五年自盤石衛城移置此，仍隸盤石衛。築城周二里有奇。所南五里爲石馮海口，東至蒲岐所三十里，北至窑嶴驛五十五里。

蒲岐守禦千户所，樂清縣東北三十里。洪武二十年建，隸盤石衛。築城周三里有奇。東渡江至楚門所二十里，南至下堡海口五里。海防攷：「洪武三十四年倭寇突犯，官軍擊却之。嘉靖中爲禦倭要地。」

平陽守禦千户所，在平陽縣治西。洪武二年建，隸温州衛。

金鄉衛。平陽縣南七十里。北至府城百八十里，西至蒲門所八十里，南抵福寧州二百十里。洪武二十年建。築城周七里有奇。舊領所三，今二。

沙園守禦千户所，瑞安縣東南二十里。洪武二十年建，隸金鄉衛。南至平陽縣三十里。所城周三里，弘治十四年重築，萬曆十六年增修。

蒲門守禦千户所。平陽縣南百二十里。洪武二十年建，隸金鄉衛。城周三里有奇。南至福建流江寨二十里，西南至福寧州百里，西至泰順縣二百十里。○壯士守禦千户所，在平陽縣東北五十里。洪武二十年建，隸金鄉衛。城周二里有奇。隆慶初併入蒲門。

附考

日本，日本即故倭奴國，去中土甚遠，隔大海，依倚山島。高麗在其北，新羅、百濟在其西北，琉球在其西南，有附庸之國百餘。自漢武滅朝鮮，驛通漢者三十六國，皆稱王。大倭王居邪馬臺國，即邪靡堆是已。光武建武中元二年始來朝貢，安帝永初元年復來貢。漢末國亂，國人立其女子卑彌呼爲王。三國吴赤烏元年，卑彌呼入貢於魏。後卑彌呼死，其宗女壹與繼之。後復立男王，並受中國爵命。後漢東夷傳「會稽海外有夷洲、亶洲」，即倭奴也。孫權黄龍二年遣將軍衛温、諸葛直浮海求夷洲、亶洲，欲俘其民以益衆軍，行終歲，士卒疾疫死者十八九，亶洲絶遠，卒不可得至，得夷洲數千人而還。沈瑩臨海水土志：「夷洲在臨海東，去郡二千里，歷魏、晉至宋、齊、梁、陳皆來貢。隋大業四年倭王多利思比孤入貢。」隋書「倭國在百濟、新羅東南，水陸三千里，於大海中依山島而居，都於邪靡堆」，即魏志所謂邪馬臺也。杜佑曰：「倭在帶方東南大海中，去遼東萬二千里，大略在閩中、會稽之東。自謂泰伯之後，入唐常來朝貢。咸亨初惡倭名更號日本，自以其國近日所出也。」或云日本故小國，爲倭所併，因冒其號云。初附新羅入貢，後新羅梗海道，始繇明州入貢。其國嘗分五道，曰東海、南海、西海、東山、山陰。宋雍熙以後累來朝貢，熙寧以後來者皆僧也。元至元初遣使趙良弼招諭，且介高麗諭意，皆不應。十八年遣唆都、范文虎等率兵十萬伐之，自平户島移軍五龍山，暴風破舟，文虎等擇堅好舟乘之遁歸，棄師十萬，爲日本所殲，終元之世，使竟不至。明朝洪武二年命趙秩諭其國王源懷，因遣使入貢。後數歲一來，而入寇不絕。十六年與胡惟庸通謀爲亂，絶之。命信國公湯和、江夏侯周德興經略沿海，自遼左至徐聞，築城設衛所，戍守要害，海防凡數千里。永樂二年遣太監鄭和招諭海外諸蕃，日本首先輸款，乃給勘百道，許其通貢，然仍不時入寇。十九年大掠遼東諸處，總兵官劉江殲之於望海堝，海氛稍熄。宣德以後不時入貢，而窺伺竊掠不已。正德四年鄞人朱縞以逋逃充倭使，冒姓名宋素卿入貢，遂階禍基。嘉靖二年復至，與倭使宗設争先後相讎殺，大掠寧波。宗設仍奪舟去，於是論素卿死，絶倭貢。十八年復貢，姦商亡命之徒相與搆釁，亂遂作，甚於三十一年，息於四十二年。十餘年中，東南騰沸，生民之塗炭極矣。志云：日本之地形類琵琶，東高西下。或以其勢若蜻蜓，亦曰蜻蜓國。東西數千里，南北數百里。九州居西爲首，陸噐居東爲尾，山城居中，乃彼國之都也。其國君以王爲姓，以尊爲號，後又改稱皇。初居日向州，築紫宫，後徙山城州。所統有三部、五畿、七道、三島、六十五州、五百七十三都郡，然皆依水附嶼，大者不過中國一村落而已。三部者，一曰畿内部，有山城、大河、河内、和泉、攝津五州，故曰「五畿」，五州分統五十三郡；一曰畿外部，有東海、西海、南海、北陸、東山、山陽、山陰七道，合統六十州，六十州又分統五百二十郡；一曰海曲部，有伊岐、對馬、多藝三島，三島各統二郡，凡六郡。其通中國之道，舊自遼東，由六朝以後多從南道，率自温州、寧波以入。今貢道則定於寧波，蓋其國去遼甚遠，而去閩、浙甚邇，風汛時往來率不過四五日程。其在彼國西南而尤近中國者，薩摩州爲最，嘉靖中屢次入寇，多此州及肥後、長門二州人，次則大隅、築前、築後、博多、日向、豐前、豐後、和泉諸州之人，大率商於薩摩而附行者也。山城號令久已不行，有山口、豐後、出雲三州，專兵自恣。既而山口、出雲復滅，惟豐後猶存，然亦浸溺矣。籌海說：「山口本名周防州，南邊海。其西即長門州，關渡在焉。渡此而西爲豐前、豐後、日向、築前、築後、大隅、薩摩，薩摩爲最西，又北爲肥後、肥前，所謂西海九州也。自肥前而西有大漁洲，謂之『懸海』，有平户島。元世祖言：『見日本地圖，其太宰府西有平户島，周圍皆水，可屯軍船。』是也。平户之西爲五島，有五山相錯，懸海而生，其中有嶴可泊，乃日本西境之盡處。或謂即五龍山，元范文虎棄師處矣。自五島而西，四望無山，直抵陳錢、壁下。此島南去薩摩千五百里，與平户相去二百五十里，與肥前相去四百三十里，由五島至山口、平户，其必經之所也。自五島而北，爲多藝，爲伊岐，又北過海面五百里，而後至對馬島，與高麗相望，此則日本北境之盡處也。凡日本西北至高麗，必由對馬島開洋，島之西北有堆沙、凡山谷、撒思乃三嶴，風順不過一日程，約五百里而至高麗矣。其南至琉球也，必由薩摩州開洋，風順不過七日。其貢使之來必由博多開洋，歷五島而入中國，因造舟水手俱在博多故也。貢船回則徑收長門，因其抽分司官在焉也。若其入寇，則隨風所之。東北風猛則由薩摩，或由五島至大、小琉球，而視風之變遷，北多則犯廣東，東多則犯福建。犯福建則自彭湖島分䑸，或之泉州等處，或之梅花所、長樂縣等處矣。若正東風猛，則必由五島歷天堂、官渡水，而視風之變遷，東北多則至烏沙門分䑸，或過韭山、海閘門而犯温州，或由舟山之南經大猫港入金塘、蛟門而犯定海，或由東、西殊山入湖頭渡而犯象山、奉化，或入石浦關犯昌國，或入桃渚、海門、松門諸港而犯台州矣。正東風多，則至李西嶴、壁下、陳錢分䑸，或由洋山之南過漁山、兩頭洞、三姑山入蟶浦而犯紹興之臨山、三山，過霍山洋、五嶼、列表、平石而犯寧波之龍山、觀海，過大小衢、徐公山入鱉子門、赭山而薄錢塘矣。或由洋山之北過馬蹟潭西而犯青浦，或過馬蹟潭西北而犯太倉，或過南沙經茶山、瞭角嘴、涉谷積入大江越狼、福山而犯瓜、儀、常、鎮。若在大洋而風欻東南也，則過步洲洋、亂沙入鹽城口而犯淮安，入廟灣港而犯揚州，再越而北則犯登、萊。若在五島開洋，而南風方猛，則趨遼陽，趨天津。大抵倭船之來，恒在清明之後，前乎此風候不常，届期方有東北風，多日而不變也。過五月風自南來，倭不利於行矣。重陽後風亦有東北者，過十月風自西北來，亦非倭所利矣。故防倭者以三四五月爲大汛，九十月爲小汛焉。」志云：山城以東，地方廣邈，雖倭奴遠服，賈者或不能知，大抵陸嚳一州在其極東，而薩摩一州在其最西。博多，其島名也，東南去肥前州四百五十里，貢使必出之路。又有平壺、八角諸島在其北面。自嘉靖以後東南得以寧謐，萬曆中關白發難於朝鮮，又久而後平云。四夷攷：「倭國以山城爲主。山城之南爲和泉，又南爲沙界。沙界之東南爲紀伊，紀伊之西爲伊勢。山城之西爲丹渡，〔三〕東爲攝津。東之西爲攝摩；〔四〕西爲但馬，西之西爲因幡。丹渡西爲美作，東爲備前。東之西爲備中，西爲因幡，西之西爲伯耆。美作之西爲備後之北境，出雲之南境。備後之西爲安藝，出雲之西爲石見。安藝、石見之西爲山口谷國，〔五〕即古之周防州也。山口之西爲長門，關渡在焉。渡此而西爲豐前，其南爲豐後，又南爲日向。豐前之西北爲築前，西南爲築後。築後之南爲大隅，大隅西爲薩摩。豐後東南懸海爲土佐，〔六〕爲伊豫，爲阿波。阿波相近懸海爲炎路。〔七〕王佐、豐後之間爲佐嘉關。薩摩之北爲肥後，又其北爲肥前。肥前西懸海爲平户。平户西爲五島，北爲多藝，爲伊岐，極北爲對馬島。諸島皆有酋長，山城號令不行，强者則相役屬焉。」

校勘記

〔一〕越王居保之泉山　漢書卷六四上朱買臣傳作「東越王居保泉山」，無「之」字。師古曰：「保者，保守之以自固也。説者乃云保是地名，失之矣。」此「保」既非地名，則「之」字宜删。本書卷九七浦城縣漁梁山下引朱買臣言即作「東越王居保泉山」，無「之」字。

〔二〕南衛黄華　底本原作「東衛黄華」，上文已有「東衛塔頭」，此不當再云「東」。據本書同卷「章嵒寨在縣西」，「黄華水寨在縣西南」，知黄華在章嵒之南，此當作「南衛黄華」也。今改正。職本作「南衛黄華」，是也。

〔三〕山城之西爲丹渡　中華書局點校本明張燮東西洋考有校記謂日本古有丹波州，無丹渡州，此「丹渡」當作「丹波」。

〔四〕東之西爲攝摩　「攝摩」，中華書局點校本明張燮東西洋考已改作「播摩」。

〔五〕石見之西爲山口谷國　「谷」，明張燮東西洋考作「苔」。

〔六〕豐後東南懸海爲土佐　底本「東南」下原有「爲」字，今據明張燮東西洋考删。

〔七〕阿波相近懸海爲炎路　中華書局點校本明張燮東西洋考「炎」作「淡」。

福建方輿紀要敍

福建僻處海隅，褊淺迫隘，用以争雄天下，則甲兵糗糧不足供也；用以固守一隅，則山川間阻不足恃也。西漢時東越嘗國於此矣，横海、樓船以四道之兵至而國亡。陳天嘉中陳寶應亦思據此矣，章昭達、余孝頃之師來襲而國亡。五代時王氏亦嘗帝制自爲矣，及釁起於内，敵乘於外，而地分於鄰國。元末陳友定起於閭閻，乃能削平羣盗，保其境内，其才非不足以有爲也，一旦杉關失，南臺驚，及其身而敗亡至矣。猶得謂閩爲險固之地乎哉？昔人亦言閩中形勝大類巴蜀，此非通論也。夫蜀内有鹿頭、劍閣、塾江之阻，外有陰平、葭萌、瞿唐之限，北出則動關中，東顧則臨荆、楚，而閩曾有是乎哉？建寧一郡，最稱上游，亦不過北走浙中，西達江右而已。其至於中華也，必由衢、信經饒、池而後渡江越安慶，出廬、壽而後渡淮，自淮以北又累驛而後至大梁，謂自閩而出遂有當於中原之要會，不能也。至於敵之來攻也，不特惠、潮迫近，汀、漳藩籬易越，而南、贛山谿相錯，窺伺之道甚多，由建昌而趨邵武，由廣信而下崇安，敵已在肘腋間矣。仙霞南下，建瓴之勢也，而處州之龍泉、慶元與建寧之浦城、松溪，犬牙出入。往者葉宗留嘗肆惡其間，而建寧以及衢、信道皆爲之梗，山藪隱匿，保無有忽然闌入者乎？温州以南由泰順而踰分水，自平陽而越流江，福寧、候官之郊皆戰場也。而海道之捷抵白沙浦，徑進五虎門，又無論矣。噫，以福建之幅員，而可攻之隙隨在而是，備前則後至，備左則右至，山海之環繞，不足以爲固，而止爲敵人出没之資耳，猶可與巴蜀同日道哉？吾嘗於南宋奔亡之餘，而反覆三歎焉。蒙古之用兵也，縱横馳突，大異前代。臨安未陷，兩粤已爲之破殘，肇慶以西皆置戍軍，惟廣、惠、潮諸州爲宋守耳。使其兩廣尚全，雲、貴未擾，爲宋計者，必且擇堅完之所，以爲經營四方之本，豈將倉皇造次，遂駐蹕於偏殘淺露之福州哉？廣州形勝十倍於閩，其不駐蹕於廣州者，懼肇慶之逼也。顧瞻四方，惟福州稍遠於敵，又以北近臨安，示不忘故都之意，從而建爲行都，孰知敵人海道之兵，已自明州揚帆而至哉？或曰：爲宋計者，廣州縱可都，而福州亦必不可去。去福州，福州必遂入於敵矣。余曰：去福州而廣州，猶固尚可以圖福州。守福州，而福州一傾，吾猶得而固廣州乎？吾嘗悼將亡之國，其君若臣驚魂震魄，苟且自全，遂不思爲久遠之計也。使有遠猷者出焉，必先擇其可固之圉，以定根本，立紀綱，下一令於天下，曰：有能爲我復一城守一邑者，即以官之；有能爲我全一鄉保一寨者，亦即以官之；其守土之臣而叛降於敵，有能爲我誅其人而復其境者，即以其人之官官之。草澤中不乏賢豪也，累百年締造之國家，非若草竊一時者之無所繫於民心也。蒲壽庚之擅有泉州也，其初不過一亡命匹夫耳。宋史：「壽庚，西域人，與其兄壽歲以互市歸於宋。」壽庚以鷹犬微功，過假之以禄位，擅市舶利者三十年，官招撫使，狼子野心，背宋而潛獻地於元。宋外懼敵師之侵，内愓壽庚之叛，不得已而走漳，不得已而走潮，以入海也。當其駐蹕福州之初，而已知其勢之必至此也。客曰：閩固不足爲中國患乎？曰：昔東晉時有孫恩者，出没海島，爲閩、浙患。恩死，其黨盧循繼之。循滅，餘種悉遁入閩。今泉州夷户有曰泉郎者，亦曰遊艇子，厥類甚繁，其居止常在船上。船之式頭尾尖高，中平闊，衝波逆浪，都無畏懼，名曰了鳥船。往往走異域，稱海商，招誘凶徒，漸成暴亂。嘉靖中倭夷蹂躪之禍，此輩所致也。然其流毒，亦於閩、浙爲甚，江、淮以南，侵突亦暫矣。蓋孫恩、盧循之餘習然也。客曰：昔人視海道爲至險。王審知之據閩也，尚禀命於中國。其入貢之道爲淮南所阻，每歲自福州洋過温州洋，取台州洋過天門山，入明州象山洋，過涔港，掠冽港，直東北度大洋，抵登、萊岸，風濤險惡，没溺嘗十之四五，海道不足爲中國患也，殆以是歟？予曰：非也。末世智巧日生，昔之艱難者，今皆趨於便易。元伯顏建議海運，初年以四萬六千有奇之粟，從海道入大都，創行海洋，沿山求嶴，風信失時，逾年而始至。其後益開新道，波濤玩習，占風候雨，機變如神，自福州以及江、浙之糧，運至京師者三百三十餘萬石，僅旬日而至耳。今運糧之道，具於圖經，使臣往來異國之道，則載於針經，習於海上者，淺礁暗沙，險灘僻嶴，計潮候息，輜銖不爽，濤山浪屋之中，彼已視爲衽席矣。自錢塘鼈子門而北，爲海門之料角嘴，爲淮口之廟灣埸，爲登、萊之成山、沙門島，抵登、萊則左顧天津而燕、薊在望，右指旅順而遼、渾當前，子以王閩之時而概元季之後，不亦昧哉？客曰：倭夷或能病我中華也，其以海之故哉？予曰：倭夷之志，在子女玉帛而已。然其倡亂者非皆倭也，即所謂泉郎之徒也。猶憶少時，閩人宋氏珏過家先生，謂家先生曰：「嘉靖三十七年四月某日，倭賊攻興化府。時賊首爲洪澤珍，故閩人，以海商導倭入寇。有某生者落魄不羈，敢爲大言，少與洪習，往謁之曰：『興化不足攻也。今宜佯請撫於有司，厚索犒與，出屯島外，積甲練兵。漳、泉大艘舊通番市者不下千餘，皆君所習。以明春整師登舟，齊俟汛至，分百艘泊京口，百艘泊淮陰，而我以大艅直指登、萊抵天津。天下之勢隔而爲三，江、淮資運勢不能達，人情汹汹，必且内變，山東豪傑當有應者。吾不俟有攻堅擊鋭之勞，而天下之勢且歸於我矣。』時賊以莆城富饒，亟欲城陷，聞生之言，謂生爲莆城遊説也，瞪目叱之，左右顧欲殺之。生匐伏請命乃得已，竄入壺公山中。事平後頗自疑，不敢出。然閩人亦喜生之止賊攻城，而不深咎其言之禍及國家也。」家先生笑而不應。予聞之，頗怪是生之狂瞽也。夫以國家封域之大，豈草竊者所能干？生乃欲急售其奇，不擇人而教以天下之大計，其不見膏於斧鑕也，亦幸矣哉。

讀史方輿紀要卷九十五

福建一

禹貢揚州地，周爲七閩地，周禮：「七閩荒服，掌於職方。」注：「蠻種有七，故曰七閩。」賈疏：「祝融之裔，分據閩地而爲七。」春秋已後亦爲越地。天文牛、女分野。秦并天下，平百越，置閩中郡。漢高五年封無諸爲閩越王。都冶。孝惠三年分閩越地封摇爲東海王，即今浙江温州府地。又建元六年封無諸孫丑爲閩繇王，〔一〕復封餘善爲東越王，其實皆閩越地也。元鼎五年閩越亂，元封初平之，屬會稽南部都尉，漢紀：「武帝平閩越，以其地險阻，數反覆，終爲後世患，乃遷其民於江、淮間而虚其地。後復爲冶縣，屬會稽郡。」後漢因之。三國吴始置建安郡，晉又分置晉安郡，皆屬揚州。元康初改隸江州，宋、齊因之。梁普通六年改屬東揚州，時增置南安郡。陳永定初增置閩州。領郡三。天嘉六年復舊，光大初又置豐州。蓋梁、陳時州名滋多，非古制也。隋大業中亦屬揚州部。唐屬江南道，劉昫曰：「初屬嶺南道。」悮。今以六典爲據。開元中分隸江南東道。唐末王氏據有其地，及閩亡，入於南唐、吴越。宋爲福建路。元置福建等處行中書省，尋廢。元志：「至元十五年置行省於泉州，十八年遷福州，明年還治泉州，二十年又徙福州，二十二年并入江浙行省。」三山續志：「至元十五年置行省於福州，十六年罷。二十年復置，二十二年并入江西行省。二十三年復置，明年改行尚書省，二十八年仍并入江西。二十九年仍置行中書省。大德元年立福建平海行中書省，徙治泉州，圖琉球也。三年罷。」黄氏曰：「三山續志作於元致和間，必有所本也。」至正十六年復置，尋爲陳友定所據。明初平之，洪武九年置福建等處承宣布政使司。今領府八，直隸州一，屬縣五十七，總爲里三千七百九十七，夏秋二税大約八十八萬三千七百一十五石有奇。而衛所參列其中。今仍爲福建布政使司。

福州府，屬縣九。

閩縣，附郭。侯官縣，附郭。長樂縣，福清縣，連江縣，羅源縣，古田縣，閩清縣，永福縣。鎮東衛，梅花、萬安、定海三所附見。

興化府，屬縣二。

莆田縣，附郭。仙遊縣。平海衛，莆禧所附見。

直隸福寧州，屬縣二。

寧德縣，〔二〕福安縣。福寧衛，大金所附見。

建寧府，屬縣八。

建安縣，附郭。甌寧縣，附郭。建陽縣，崇安縣，浦城縣，松溪縣，政和縣，壽寧縣。

延平府，屬縣七。
南平縣，附郭。將樂縣，沙縣，尤溪縣，順昌縣，永安縣，〔三〕大田縣。
汀州府，屬縣八。
長汀縣，附郭。寧化縣，上杭縣，武平縣，清流縣，連城縣，歸化縣，永定縣。
邵武府，屬縣四。
邵武縣，附郭。光澤縣，泰寧縣，建寧縣。
泉州府，屬縣七。
晉江縣，附郭。南安縣，同安縣，惠安縣，安溪縣，永春縣，德化縣。永寧衛，福泉、金門、中左、高浦、崇武五所俱附見。
漳州府，屬縣十。
龍溪縣，附郭。漳浦縣，龍巖縣，長泰縣，南靖縣，漳平縣，平和縣，詔安縣，海澄縣，寧洋縣。鎮海衛，六鰲、銅山、玄鐘三所附見。
東南皆據海，

東北自浙江温州府界，西南至廣東潮州府界，大海迴環約二千里。福、興、泉、漳四郡，福寧一州，皆列峙海濱，互爲形援。

西抵粤東，

閩之西南境與廣東潮州府相脣齒，水陸二途，皆爲捷徑。

北距嶺嶠。

閩亦稱「嶠外」地，自浙江衢州、處州而南，江西廣信、建昌、贛州而東南，皆有崇山峻嶺，紆回結曲，不特仙霞一道爲北面之巨障也。

其名山則有武夷，

武夷山，在建寧府崇安縣南三十里。有黄亭山麓始於此，又四十里乃入武夷。其山綿亘百二十里，有三十六峰、三十七巖，又嶂洞泉石之屬，得名者復數十計。一溪繚繞其間，分爲九曲，道書以爲第十六洞天。漢郊祀志有武夷君，即此山之神也。宋劉斧曰：「武夷山東南枕流水，一水北至，一水西來，凑大王峰前，合流爲建溪。其山東望如樓臺，南盼如城壁，西顧如庾廩，北眺如車蓋。峰巒巖岫四十餘所，峭拔奇巧，高下相屬，吞吐雲霧，草木蒙茸，寒暑一色，岸壁紅膩，稜疊可愛。」朱子曰：「武夷峰巒巖壑，秀拔奇偉。清溪九曲，流出中間。兩岸絶壁，往往有枯楂插石罅間，又有陶器之屬，頗疑前世道阻未通，川壅未決時蠻俗所居，而漢所祀者即其君長歟？」今從溪而入，第一曲爲大王峰，在山東南。一名天柱峰，亦曰仙蜕巖。方圓十里，高五千丈，一面向東瞰北溪，一面向南瞰西溪。峭壁緣崖，上哆下鋭。峰之東麓有昇真洞，西有鐵板嶂，石色蒼黑，劖削如板，盤迴數百丈。絶頂爲投龍洞。志云：洞門甚小，絙綆百二十丈乃至水，宋嘉熙元年投金龍玉簡於此。旁有天鑑池。峰之北又有幔亭峰，一名鐵佛嶂。甚奇勝。又有仙鶴等巖。第二曲有玉女峰，在溪南，亭亭姝麗，旁有馬頭、凌霄、虎嘯等巖。第三曲有小藏峰，亦在溪南。高峙峻拔，中有小藏巖，一名仙船巖，峰背爲仙機等巖。第四曲溪南有大藏峰，高峙千仞，下臨深溪。志云：溪南又有李仙巖，一名燈窩巖。其前爲御茶園，中有泉，舊於此製茶上供。元時設場官二人，掌茶園百有二所。明初有司董之，嘉靖中罷。李仙巖後又有雲巖石室，可容百許人。溪北對峙者曰車錢峰，旁有昇日諸峰參差錯立。第五曲有隱屏峰，在溪北。夷上鋭下，凌空峭立，高廣方正如屏，兩麓坡陀環抱，朱子築精舍於其處。峰之右又有接笋峰，北有玉華巖，皆奇勝。志云：溪南有小隱屏，與隱屏峰對，一名紫石巖。今名晚對峰，因朱子晚對亭而名。第六曲有天游峰，在隱屏之後，外高敞而内幽邃。其右爲仙掌峰，穹崖壁立，高廣百餘仞，旁有瀑布泉。夾流下注，名仙浴池。溪之南有城高巖，山形高峙，長亘如城壁。第七曲有三仰峰，三峰聳拔相連，形若仰首，中有碧霄洞、小桃源諸勝。第八曲有鼓子峰，有石如鼓。其前爲鼓樓巖，後有三層峰，尤高峻，旁又有天壺等巖。第九曲盡處曰靈峰，一名白雲巖，壁立高峻，常有雲氣氤氳。其右爲毛竹洞，甚幽邃。溪南爲齊雲、火焰諸峰。又有靈巖，崖壁削成，頂甚平曠。有石洞三，中一洞深廣，風從中出，謂之風洞。一云靈巖之東爲攬石峰，亦高聳，在第二曲虎嘯峰之南，去九曲差遠。山之背有丹霞嶂，石色丹赤，雄峙若城，綿亘層疊，長數萬丈，高稱之。其東曰水簾洞，道書謂之唐曜洞天。水自石壁瀉下，隨風飄灑，疏密不定，如垂簾然。聲若金玉，流合溪水。溪源發於武夷西北二十餘里之三保山，流至黄村溪，經星村市。瀠迴曲折，〔四〕出石鼓渡合大溪。遊九曲者舟每從東泝流而入，西出將村，而境始窮。南麓則臨石鼓渡，北止於黄村溪，兩崖峰巒率皆豐上歛下，奇變萬狀，神剜鬼刻，駭目驚心。唐六典江南道名山，武夷其一也。

梁山，

梁山在漳州府漳浦縣西南三十里，廣東大埔縣西北二百里。一名高昌山。高千仞，盤亘百里，有九十九峰。亦名梁岳。古記：梁岳，閩中之望也。爾雅：「南方之美者有梁山之犀象。」或以爲即此山，恐悮。勝覽：「梁山秀麗而崇圓，故亦名圓山。」名山記：「山峰凡十有二，唐開元中鍾紹京作尉是邑，始增爲二十有四。」其中峰曰蓮花峰，一名齊帝石，以齊武帝賾避兵揭陽時曾遊賞此峰也。南齊書：「武帝仕宋爲贛令，晉安王子勛之亂，舉義兵，衆寡不敵，避屯揭陽山中。」其最高者爲獅子、金剛二峰。二峰之外，曰力士，曰雙髻，曰長劍，曰七星，曰八柱，曰觀日，曰臨海，曰晉亭，曰青閣，與蓮花共爲十二峰。又有雙鳳、玉乳、錦石、月桂、壽星、紫雲、金雞、丹竈、香爐諸山之名，則後人所增益也。吴明偉又云明偉，唐詩人。「梁山翠峰三十六」，蓋峰嶺環列，各以意言之耳。山之中紆折回旋，有田，有村，有溪。溪之名有長源溪、錦溪、萬頃溪、仙溪、盛溪、錦石溪、垂玉溪、龍潭溪，分流灑道，互相縈繞。志云：山東南盤石上有穴如井，水泉湧出，大旱不竭，謂之靈泉。南北兩麓又各有湯泉。上有水晶坪，産水晶。元大德元年福建平章高興言：「漳浦地産水晶，當發民採之，以資國用。」因遣内監採取。明朝亦嘗命鎮守内官採焉。又有中峰巖、瀑布泉，並稱名勝。志云：山之西接盤陀嶺，叢薄崎峻，盤亘可十里。郡舊志：盤陀嶺即宋葵岡嶺，漢時爲南越蒲葵關，閩、粤通道也。漢元鼎五年，漢擊南越，東越王餘善以兵從，至揭陽以海風波爲解。及漢破番禺，還擊東越於蒲葵關，即此。宋潘存實云：「梁山根蟠楚、蜀，作鎮甌、閩，西南形勝，山爲最著矣。」

大姥。

大姥山，在福寧州東北百里，高十餘里，周四十里，舊名才山。力牧録云：「黄帝時容城先生嘗棲此。」王烈蟠桃記：「堯時有老母居此仙去，因名大母山。漢武帝命東方朔校天下名山，又改母爲姥。」唐開元中特圖其形，勅有司春秋致祭。乾符四年勅建興國寺於山麓。舊志：唐咸通中林嵩建草堂，讀書其中，因名草堂山。通志：「嵩蓋宋真宗時人。」又云：「王閩嘗封此山爲西嶽。」三山志：「閩封高蓋山爲西嶽，霍童山爲東嶽，未嘗封此山也。」其山千峰林立秀拔，得名者三十六峰，志云：宋初僧師待圖山之奇峰二十二，林陶次第其名爲新月、豸冠諸峰，後人復增摩霄、仙掌等峰爲三十六，近代好事者復增益之爲四十五峰。又巖石谿谷泉洞之屬，其得名者以百計。絶頂爲摩霄峰。相傳大母上昇時乘九色龍馬摩霄而上，因名。東西北三面皆海，秋霽遠眺，可盡四五百里，雖浙水亦在目中。自摩霄而下，千巖萬壑，瑰奇靈異，不可悉數。大約東北諸山，大姥爲之冠矣。

其大川則有建江，

建江亦曰閩江，亦曰建溪，至延平府境亦曰劍江，至福州府境亦曰西江，往往隨地立名，實同一建江也。其源出建寧府浦城縣北四十里漁梁山，繞流經縣城南達縣西，或曰建溪之源出自楓嶺。今楓嶺南里許有分水關，梨嶺北麓之水，楓嶺南麓之水會流經此，即建溪上源也。按水流環通，仙霞以南之水東流則歸於處郡之大溪，西流則歸於廣信之永豐溪，而南流大都歸於建溪，漁梁嶺路之極南，爲衆流所匯之地，從其易見者而言，遂謂建溪出於漁梁也。楓嶺、梨嶺，俱見浦城縣。經灘澗中，引而南，凡一百八十里曰水吉鎮，爲建陽縣界，又五十三里曰雙溪口，而崇溪之水流合焉。崇溪源出建寧府崇安縣西北七十里分水嶺，流經崇安城東南，又南納武夷九曲之水，歷建陽縣城東，一名錦江，亦名西港。又東南至雙溪口而合於建溪。並流而南，八里爲葉坊驛，又四十五里而達建寧府城西，遶城南而東松溪之水亦流合焉。松溪源出浙江慶元縣西南二十里松源山，入建寧府界，經松溪縣城東北，引而南，政和縣境之水亦流入焉，謂之東溪，至府城東而合於建溪。舊志：建溪之源凡三，一出浦城，一出崇安，一出松溪，三源而下，凡五派合流，是謂建溪。今考上遊之水自西北來者皆匯於建溪，三源、五派，亦概言之。又南行四十里曰太平驛，又四十五里爲房村舖，又十里曰大横驛，又三十里爲黯淡灘，又五里至延平府城東南，而西溪流合焉。西溪上源一出邵武府光澤縣西北九十里之杉關嶺，謂之杭川，南流至邵武府城北合樵溪、紫雲溪諸水流入延平府順昌縣境，合順陽諸溪至縣城南，合將樂縣之將溪，又東至沙溪口合沙縣之沙溪，將溪、沙溪，即汀州府大溪之下流也。大溪發源汀州府寧化縣山中，流經縣東南，又東歷清流縣東南境而爲九龍灘，又東分二流，一自歸化縣東北流入延平府將樂縣界謂之將溪，經縣南至順昌縣城南合於順陽溪；一自延平府永安縣東北流經沙縣南謂之太史溪，亦名沙溪，又東北出沙溪口而合於順昌諸溪。其下復合，共引而東，謂之西溪。又東至延平府城西，繞出城東南而合於東溪，謂之劍江。又東南四十里曰吉溪口，又十八里曰茶陽驛，又三十二里曰尤溪口，尤溪縣之水自此北合於建江也。又十五里曰樟湖坂，又十二里曰蒼峽巡司，又二十里爲黄田驛，入福州府古田縣界，又五十里而至水口。自水口已上達於浦城，計程幾六百里。灘石嵯岈，縱横林立，舟行罅隙中，灘高水急，略無安流，溪船輕脆，石齒堅利，稍或不戒，沉溺及之矣。相傳始於浦城，迄於水口，諸灘之有名者以三百計，然至險者亦不過數處：

曰將軍灘、在浦城縣南十里。和尚灘、俗名阿彌陀佛灘，在建寧府北六十五里。黯澹灘、在延平府北五里。大傷灘、在延平府東南十八里。大灣灘，在水口北二十里。其最著者也；次則火燒灘、在浦城縣南三里。倒亂灘、在浦城縣南百十里。大、小羅灘、小羅灘在浦城南百十三里，又南十四里即大羅灘。樹林灘、在大羅灘南六十五里。大米、小米灘、小米灘在樹林灘南十二里，又三里即大米灘。菱角灘、去大米灘三十里。梨灘、在建寧府北十五里。箭孔灘、在延平府東南六十五里。梅花灘，在箭孔灘南六十六里。亦時有摧溺之慮；而汀、邵二溪又有九龍、在清流、永安二縣界，最險。三門、虎口在延平府西境。諸灘之險。其水工非熟於水道，輕捷夙成者，則節節皆險耳。夫閩江本無正流，大約疏鑿山峽而成。上流地高水迅，易於淺涸，居民往往積石壅水，爲灌漑及水碓之利，山水驟發，輒衝激爲患，灘險比下流較多。其下流水勢益盛灘益大，而險淫潦時，波濤洶湧，勢若懷襄，旬日不雨，則石埆磷磷，淺狹處可褰裳涉也。水口灘險已盡，而列石江中，參差數里，水勢震蕩，勢猶洶洶。出水口則江流浩衍，以風阻爲虞矣。繇水口而東五十里曰小箬驛，又東十里曰閩清口，又四十里曰白沙驛。自白沙而下分爲兩枝：其自東而南者二十里爲竹崎所，又四十里曰芋原驛，又東南至府西十里曰洪塘浦，又東南流二十里曰南臺江，又東南流五十里爲馬腸江；其自南而東者經府西南六十里曰陽崎江，折而東二十里曰西峽江，復東流二十餘里會馬腸江。府境諸水俱會流於此以達海，蓋自西北而東南，横亘三郡之中，幾千餘里，爲津梁之要會。自劍溪東下福州，水路縈紆，幾數百里，而水勢湍急，可以朝發夕至也。陳天嘉五年章昭達自東興嶺趨建安東興嶺，見江西新城縣。討陳寶應，寶應據晉安、建安二郡水陸爲栅以拒之。昭達與戰不利，因據上流，命軍士伐木爲筏，施拍其上。會大雨江漲，昭達放筏衝寶應水栅，盡壞之，寶應繇此敗滅。五代漢乾祐三年，南唐劍州帥查文徽遣劍州刺史陳誨將水軍下閩江襲福州，〔五〕會大雨水漲，一夕行七百里，抵福州城下，史作「七百里」，悮也。自劍州至福州四百里。敗州兵，整衆鳴鼓，止於江湄，蓋順流漂急，勢莫能禦也。

海。

海在福建爲至切之患。漢元封初伐東越，遣横海將軍韓説出句章，句章，見浙江慈谿縣。浮海從東方往，遂滅閩越。三國吴建衡初，遣軍自建安海道與荆州之師會於合浦，合浦，見廣東廉州府。以擊交趾。陳天嘉四年章昭達自東興度嶺東興嶺見上。趨建安討陳寶應，詔余孝頃督會稽、東陽、臨海、永嘉諸軍自海道會之。昭達敗寶應水栅，諸軍方攻其步軍，孝頃自海道適至，因併力乘之，寶應敗滅。隋開皇十年泉州王國慶作亂，自以海路艱阻，不設備，楊素泛海奄至，擊平之。五代漢初，吴越遣將余安自海道救李達，達即閩叛將李仁達，時據福州，爲南唐所攻。遂有福州。宋德祐二年張世傑等共立益王昰於福州，蒙古將阿剌罕自明州海道來襲，福州旋陷。明初討陳友定，亦命湯和由明州海道取福州，八閩悉定。洪武十九年倭氛告警，乃命江夏侯周德興經理閩海，置烽火、南日、浯嶼三寨於海中。正統九年以侍郎焦宏莅其事，則遷烽火、南日於内地。景泰二年尚書薛希璉出而經略，又遷浯嶼水寨於廈門。〔六〕議者以爲棄其籓籬矣。是時雖增置小埕、銅山二寨，沿邊衛所鎮戍之設，漸加密焉，而奸商釀亂，勾引外夷，自潮州界之南澳及走馬溪、舊浯嶼、南日、三沙一帶皆爲番舶所據，浸淫至於嘉靖二十七年以後，禍乃大發。論者謂東南之倭亂，閩實兆之也。自是審斥堠，嚴會哨，寇去之後，猶亟亟不敢懈焉。蓋列戍於海上，而哨守於海中，不易之法矣。說者曰：海中島嶼，東南錯列以百十計，但其地有可哨而不可守者，有可寄泊而不可久泊者。若其最險要而紆迴則莫如彭湖，蓋其山周遭數百里，隘口不得方舟，内澳可容千艘，往時以居民恃險爲不軌，乃徙而虚其地，駠至島夷乘隙，巢穴其中，力圖之而後復爲内地，備不可不早也。又海中舊有三山之目，彭湖其一耳。東則海壇，西則南澳，皆並爲險要。守海壇則桐山、流江之備益固，可以增浙江之形勢；守南澳則銅山、玄鍾之衛益堅，而可以厚廣東之藩籬。此三山者，誠天設之險，可或棄而資敵歟？

其重險則有仙霞，

仙霞關，在建寧府浦城縣北百二十里，北至浙江江山縣百里。本江山縣地，關南三十八里有楓嶺，則閩、浙分疆處也。巖嶺相接，紆迴雄峻，南北經塗，皆出於此。今詳見浙江重險。

杉關。

杉關，在邵武府光澤縣西北九十里，西至江西建昌府百二十里。有杉關嶺，置關其上，爲江、閩往來之通道。説者曰：仙霞之途紆迴峻阻，其取之也較難；杉關之道徑直顯露，其取之也較易。閩之有仙霞、杉關，猶秦之有潼關、臨晉，蜀之有劍閣、瞿塘也。一或失守，閩不可保矣。元至正十九年陳友諒兵陷杉關，侵福建。二十五年太祖遣胡深攻陳友定，〔七〕克浦城及松溪，分遣朱亮祖自廣信出鉛山，王溥自建昌出杉關，會兵討之。二十七年胡廷瑞收江西進取福建，自建昌入杉關，克邵武路，蓋閩中西偏之要害矣。明朝正統十四年賊鄧茂七據杉關攻光澤，既而順流南下，閩中多爲殘破。

按福建之地，海抱東南，山連西北，重關内阻，羣溪交流，雖封壤約束，而山川秀美，福州一郡，居然都會。説者謂温、處、衢、信，信，江西廣信府。閩之北藩也；建昌、南、贛，閩之右壁也；惠、潮，閩之西門也；大海，閩之東户也。建寧一郡，北當仙霞，虞浙江之突入；西瞰分水，慮江右之交馳；東帶松溪，防礦賊之竊發；是誠全閩之頭目，保護不可或怠者也。邵武迫近建昌，杉關之衝，恒由不意。而汀、漳二郡與南、贛、惠、潮鄰接，山谿曠遯，奸宄逋逃，易生釁孽。且漳州南控島嶼，其民險巇，往者倭奴流突，大率漳郡之人爲之嚮導，不可不折其萌矣。福寧一州，屹峙東北，温州南下，此其最衝。夫以閩之封壤，而四境之間敵皆可乘，乃欲高卧無患，真千古必無之事也。

校勘記

〔一〕閩繇王　史記卷一一四東越傳、漢書卷九五西南夷兩粵朝鮮傳並作「越繇王」。

〔二〕寧德縣　底本原作「福寧縣」，今據職本、鄒本改。

〔三〕永安縣　底本原作「永和縣」，今據職本、鄒本改。

〔四〕瀠迴曲折　「瀠」，底本原作「濚」，今據職本改。

〔五〕南唐　底本原作「南塘」，今據職本、鄒本改。

〔六〕厦門　底本原作「夏門」，今據鄒本及明志卷四五改。

〔七〕二十五年太祖遣胡深攻陳友定　「胡深」，底本原作「胡琛」。明史卷一太祖紀云：「二十五年……陳友定侵處州，參軍胡深擊敗之。」又云：「朱亮祖、胡深攻建寧，戰于城下。」明史卷一三三有胡深傳，明史卷一二四陳友定傳、卷一三二朱亮祖傳均作「胡深」，本書卷九七建陽縣錦溪下亦作「胡深」，則太祖所遣者爲胡深至確，今據改。

讀史方輿紀要卷九十六

福建二

福州府，東至海岸百九十里，南至興化府二百八十里，西南至泉州府五百里，西至延平府四百有五里，北至福寧州五百四十五里，自府治至京師六千一百三十三里。

禹貢揚州之域，周爲七閩地。秦置閩中郡，漢初爲閩越王國，元封初平閩越，屬會稽郡，後漢因之。通典：「後漢置侯官都尉，屬會稽郡。」似未可據。三國吴屬建安郡，晉太康三年始置晉安郡，宋因之。志云：元嘉中改昌國郡。謬。又云：泰始四年改晉平郡。今宋志亦不載。齊、梁亦云晉安郡。陳兼置閩州，尋廢，後又置豐州。隋平陳郡廢，改州曰泉州，大業初復曰閩州，三年又改建安郡。唐武德六年仍曰泉州，景雲二年改曰閩州，并置中都督府，督閩、泉、建、漳、潮五州。開元十三年又改爲福州，依舊都督府，仍置經略使，二十三年改督福、建、汀、泉四州。天寶初曰長樂郡，乾元初復爲福州。新唐書：「至德二載置經略軍、寧海軍於城内，元和六年廢。又元和中置福建觀察使，領福、泉、汀、建、漳五州。乾寧三年升爲威武節度使，以授王潮。」五代時王氏據有其地，梁貞明六年升爲大都督府。唐長興四年閩主王延鈞升爲長樂府，晉開運二年王延政號爲南都，時延政并有閩地也。

南都一作「東都」。三年屬於南唐，明年爲吴越所取。仍曰福州、威武軍，周廣順初改曰彰武軍。宋仍爲福州，亦曰長樂郡、威武軍。景炎初升福安府。元爲福州路，明朝洪武初改爲福州府。今領縣九。

府西阻重山，東帶滄溟，南望交、廣，北睨淮、浙，亦東南一都會也。然而延、建諸郡控我咽喉，福寧一州扼我項背，興、泉諸郡伺我肘腋，揚帆突至，則有海道之虞，踰險飆馳，實切上游之懼，封疆不可憑，山谿不足恃，國門以外皆戰場也。三山之險，誠不在近郊，而在四境矣。宋蔣之奇曰：「八閩之地，長樂郡名。爲冠，以其地肥衍，民殷富，而濱海足以自固也。」噫，是豈折衝之長策哉？

閩縣，附郭，在府治東南。漢置冶縣，屬會稽郡，後漢時廢。建安初置侯官縣，三國吴屬建安郡。晉太康三年析置原豐縣，爲晉安郡治。沈約云：「省建安典船校尉置也。」宋、齊時屬晉安郡。梁曰東侯官縣，仍爲郡治。隋郡廢，復改縣曰原豐，開皇十二年又改爲閩縣，自是州郡皆治此。五代唐長興四年王氏改爲長樂縣，清泰二年復舊。晉天福六年復曰長樂，吴越得之仍曰閩縣。宋因之。今編户百八十里。

侯官縣，附郭，在府治西南。漢爲冶縣，後漢末曰侯官縣，晉屬晉安郡，宋爲郡治，齊因之，梁、陳間省入東侯官縣。唐武德六年復析置侯官縣，八年省。長安二年復置，元和三年又廢，五年復置。五代唐長興四年王氏改爲閩興縣，清泰二年復舊。宋因之。今編户百八十里。

福州城，志云：故冶縣，在府治北。吴録云：「越勾踐冶鑄處也，亦曰安民王冶。」或以爲閩越王冶鑄處，非是。漢初閩越國都冶，蓋因舊址而名。武帝平閩越，徙其民於江、淮間，後有遁逃山谷者，稍復出，因立爲冶縣。冶，漢志訛作「治」。或謂之東冶。後漢志不載冶縣，相傳建安初置侯官縣，史亦未載也。三十國春秋：「孫策攻會稽太守王朗，朗戰敗，浮海至東冶，策追擊，大敗之。侯官長商升爲朗起兵，策尋遣兵討平之。」是建安初已有侯官縣也，侯官蓋即冶地矣。孫休永安三年黜其兄會稽王亮爲侯官侯，於道自殺。是年置建安郡，縣屬焉。晉又析侯官地置原豐縣，爲晉安郡治。通考：「閩越王無諸開國，都冶，依山置壘，據將軍山歐冶池，以爲勝。晉太康四年太守嚴高以故城狹隘，將移於白田渡，嫌非南向，乃圖以咨郭璞，璞指越王山南小阜曰『宜城於此』，即今郡子城也。梁、陳間爲東侯官縣。隋、唐爲閩縣，州郡皆治此。」城邑考：「今府城，唐中和間觀察使鄭鎰修拓郡城東南隅，城北起小阜，南至虎節門，東起康泰門，稍西至宜興門，東南至定安門，西南至清泰門，是曰子城。文德元年觀察使陳巖復修築。天復元年節度使王審知築重關於虎節門外，名鎮閩臺，又名甕門。宋祥符中改曰還珠門，俗呼雙門。又於子城外環築羅城，設大門八，便門九，水門三。南利涉門，一名福安門；東南通津門，俗呼青樓門；東海晏門，一名清平門，俗呼雞鴨門；東北延遠門，一名通遠門；北永安門，一名濟川門；西北安善門；西豐樂門，一名善化門；西南清遠門。初以豐樂門爲子城與清遠門接，故中間又有金斗門。五代梁開平元年審知又築南、北夾城，謂之月城。南大門一，累甓設懸門外，便門六，水門二，濬河以通潮；北大門二，便門二。一云南月城大門二，曰登庸，曰道清；北月城大門二，曰道泰，曰嚴勝。舊志云：南寧越門，即今南門；東南美化門；又東設水關，亦名水步門；北嚴勝門，劉宋時有嚴勝者居此，好施於人而名也，即今北門；西北昇山門，至宋政和間改爲遺愛門，以元絳爲郡守，有德政而名也；西迎仙門，即今西門，蓋有六門云。石晉開運三年，南唐將陳覺自劍州遣兵襲福州，攻其西關，爲李仁達所敗。唐主遣王崇文等會兵進攻，克其外郭，仁達固守第二城。既而福州降將馬捷引唐兵自馬牧山拔寨而入，至善化門橋，州兵拒之，仁達退保善化門，外城再重皆爲唐兵所據。唐兵尋復進據東武門，内外皆絶。明年城入於吴越。東武門，即海晏門也，閩主曦所改。宋開寶七年刺史錢昱又築東南夾城，南自合沙門，西至怡山門，東自行春門，北至湯井門，又東南有通仙門，東北有船場門，是曰外城。合沙門一名光順門，在寧越門之南。太平興國三年錢氏納土，詔盡燬其城。皇祐四年詔漸次修治。熙寧二年郡守程師孟據子城舊基修築，復增拓其西南隅。八年郡守元積中甃以重甓。紹興初郡守程邁始發石累子城虎節、安定、豐樂、康泰四甕門，設敵樓其上。咸淳九年嘗增築外城。元至元中復墮廢，至正二十四年陳友定稍繕完之。明朝洪武四年駙馬都尉王恭因舊址修砌以石，六年增修。北跨越王山爲樓，曰樣樓，即今鎮海樓。東西南則因外城遺址，繞九仙、烏石之麓而圍之。城周十九里有奇。成化十九年風雨摧壞，尋復營葺。嘉靖三十八年亦嘗修治。今有門七，南門即故夾城寧越門也，北門故北夾城嚴勝門也，東門舊外城行春門也，西門舊北夾城迎仙門也，東南仍曰水部門，東北曰湯門，即湯井門也，西北曰井樓門，即故船場門也。又舊時子城。羅城、夾城、外城皆有濠。今城有水關四。其水源一自南臺東北江崖開河口通潮，北流自水部門水關入城；一自洪塘江引流經西禪浦，由西門水關入城，縈迴曲折，流繞城中。而北門、湯門二水關以洩城中潦水。又城東西南皆有濠，北面連山，不通水源也。」

侯官故城，府西北三十里。後漢末置侯官縣。或曰府西境梁改置東侯官縣，以侯官并入焉。唐武德中復析閩縣置侯官縣，蓋治於此。逼臨江滸，貞元五年爲洪水漂没，八年遷入州郭。今故址名侯官市，亦曰侯官閣。五代晉開運二年南唐陳覺擅命攻福州，自劍州緣江東下，李仁達將楊崇保帥舟師拒之，覺等敗之於侯官，乘勝進攻福州西關，爲仁達所敗，此侯官也。

懷安廢縣，在府治西北。本閩縣地，宋太平興國六年析九鄉置懷安縣。初治芋原江北三十里，咸平二年移治石岊廣故驛爲縣治，東南去州城二十五里。元至元二十二年遷於縣西，尋復故。明朝洪武十二年移入郭内，萬曆八年并入侯官縣。

越王山，在府城北半蟠城外，東聯冶山。一名屏山，以形若屏扆也。亦曰平山。又名泉山，以山有天泉池也。閩越王都冶山前麓，故曰越王山。其東南麓唐時有左衙、宣毅、廣節諸營，故亦名將軍山。西麓曰馬牧山，即南唐攻福州時自馬牧山拔砦而入處也。山之南有歐冶池，相傳歐冶子鑄劍處。池周數里，今多湮。閩志：「冶山在郡城東北，其高阜曰將軍山，蓋即越王山支隴矣。」○九仙山，在府城内東南隅，本名於山，相傳漢武時有何氏兄弟九人登仙於此，因改今名。一名九日山，閩中記：「無諸九日宴集之所也。」上有鼇頂峰。又有平遠臺，平曠可以望遠。又烏石山，在府城内西南隅，與九仙山東西對峙。唐天寶八載改曰閩山，宋熙寧間郡守程師孟改曰道山。有薛老峰、鄰霄臺諸勝。三山皆在城中，故郡有三山之名。

鼓山，府東三十里。延袤數十里，郡之鎮山也。山之南麓屹峙江濱，爲戍守要地。頂有巨石如鼓，因名。其最高者爲大頂峰，一名㟋崱峰，正東可望海中。又有小頂峰，與大頂峰相去二里。其餘峰頂巖洞之屬，稱名勝者不可勝記。○東山，在府東十里。舊有東山寺。陳天嘉二年虞寄避陳寶應之亂，居東山寺，陽稱足疾是也。山有獅子峰、榴花洞諸勝。又金雞山，在府東三里。相傳秦時以望氣者言，嘗鑿此山。其相近者曰茶園山，山南爲寶月山，皆在平原中。五代唐長興二年王延稟自建州襲攻其主鏻，鏻將王仁達伏兵殺其子繼雄，延稟走至是，被執。又府東二里曰長樂山，本名白馬山，王閩時改今名。

釣臺山，城南九里。崇阜屹立，俯瞰大江。舊記：漢東越王餘善於此釣得白龍，以爲己瑞，因築壇曰釣龍臺，後人呼爲越王臺。今亦名南臺山，建江經此曰南臺江。五代周顯德三年南唐建州帥陳誨敗吳越兵於福州南臺江。明初湯和自明州渡海攻福州，奄至五虎門，駐師南臺，福州遂下。今爲廛市。山去江百餘步。○平山，在府東南三十二里。志云：城東南三十里有鳳山，鼓山之支隴山。其東爲平山，宋少帝航海時駐兵於此，剷平其頂，因名。又羅星山，在府東南五十里馬江中，登之百里内諸山皆在左右，爲遠近奔流之砥柱。又南五里曰大象山，其山巍峨廣大，爲城南之巨障。有峰曰銀峰，下瞰馬頭江。江之南曰白田山，即晉嚴高欲遷城處也。又九龍山，在府東南六十五里。九峰插天，狀若龍騰。下有潭，潛通馬頭江。

方山，府南五十里。端方如几。城南望之，勢若五虎，一名五虎山。高千仞，四面如城郭。其峰曰天柱峰，跨閩、侯二縣界。元末陳友定遣兵駐守。今谷口有砦門甚隘，其中平疇數頃，溪流屈曲。登山有石梯，嶺路僅尺許，懸崖斷塹，削如羊腸。行數里而達山巔，爲福州巖，平坡一望，遠近諸山皆若培塿。山陰又有靈源巖，多橘柚，唐天寶中賜號甘果山。舊志：方山羣峰百六十，巖嶼之屬得名者復十餘處。其西麓小山曰仙崎，亦曰陰崎，與陽崎隔江對峙。元吴海云：「建江别流，南循方山以會於長隥臺江。舊有浮橋，延祐中創石橋以濟行者。然淫雨泛溢，鳳岡百里，輒爲巨浸。新隥、陽隥爲江流回折之衝，舟濟者又有隧風漂溺之患。鄭君潛適寓瓜山，營二舟，一自白苗濟陽隥，一自新隥濟陽隥，行旅便之，謂之義渡，里人謂之鄭公渡。」新隥、陽隥即陰崎、陽崎也。方山之西又有瓜山，以三巒如瓜而名。又西曰古靈山，羣峰奇峻，一名大帽山，又名席帽山，有石室甘泉諸勝。○雲門山，在府東南七十里。多松竹泉石之勝。

壽山，府東北六十里。産美石，瑩潔柔潤，蓋珉也。距山十餘里有五花石坑，以石有五色而名。其並峙者曰芙蓉山，秀麗若芙蓉。别麓有洞曰靈洞，巖甚深邃，亦曰芙蓉洞。又有九峰山，在城北五十里。有嶺曰長箕嶺，一名長岐嶺，又名桃枝嶺，路出羅源、古田二縣。志云：山峰頂九出，圓秀峭拔，與芙蓉、壽山並稱「三山」。又東室山，在府東北三十里。志云：古戰坂也。五代晉開運中南唐兵與李仁達戰於此。○蓮花山，在府北二十里。下圓上鋭，形若菡萏，郡之主山也。五代唐同光三年，閩王審知卒，葬鳳池山，長興三年改葬蓮花山。其相近爲西室山，亦秀拔。又北有梧桐嶺，甘蔗生焉。五代晉天福四年閩人作亂，王昶出北關，至梧桐嶺，爲衆所殺，即此。又西有拜郊山，相傳閩越王燔柴處也。志云：府北十五里爲昇山，一名飛山，相傳越王勾踐時山從會稽飛來，今有飛來峰。其西爲鳳池山。又南爲五峰山，旁連大鵬山，聯翩高聳。稍南爲羅峰山。石晉天福二年方士言於閩主昶有白龍夜見此，昶因作白龍寺。又城北有龍腰山，即越王山之北麓矣。

雪峰山，府西百八十里。高四十里，盤踞侯官、羅源、古田、閩清四縣境。舊名象骨峰，王閩改今名。有鳳凰岡、烏石嶺諸勝。最高者曰雙髻峰。麓有温泉，舊在雪峰寺。石晉開運二年李仁達作亂，據福州，迎雪峰寺僧卓巖明稱帝是也。三山志：「山峰巒險拔，巖谷幽邃，四面回環，岡隴層疊，未冬或雪，盛夏無暑，水西勝處也。」○旗山，在府西五十里。逶迤欹側，亘十餘里，高數百仞，與鼓山東西相望，郭璞建州紀「右旗左鼓，全閩二絶」是也。山之南麓曰太平山。十國紀年：「王延翰葬於此。」又石門山，在府西六十里。兩崖壁立，中貫清溪。有石門峽，大江泛漲，數爲田廬患，萬曆十八年侯官令周兆聖塞之而患息。下有小阜曰超山。山下有十四門橋，以釃水十有四道而名。

五虎山，府東百里大海中。有五虎門，與江口相接，明初湯和由海道取福州處也。山下爲官母嶼巡司置於此。相近者有浮江山，亦曰文筆山。對峙者曰王埔山，居民皆以捕魚爲業。又琅琦山，亦在府東海中，一名羅崎山。其旁又有清洋、福斗諸山。

北嶺，府北三十里，路通連江縣。懸崖而躋，高幾千丈。宋嘉祐三年侯官令樊紀夷高直曲，培凹續陷，嶺失故險，今爲往來通道。又北行十餘里爲湯嶺，亦險峻。○常思嶺，在府東南百二十里。高數百仞，袤三里許。一名相思嶺，閩縣東南盡處也。又東南至福清縣六十五里，爲接境處。又鳳岡，在府西南，濱建江。志云：江水環繞處，爲村阜三十六，而鳳岡最著。岡首起城南三十里，尾盡城西二十里，居民遍植荔枝，多至數百萬株。

海，府東南二境皆濱海。唐志：「閩縣東五里有海隄，大和三年縣令李茸築。」先是每六月潮水鹹鹵，禾苗多死，隄成潴溪水殖稻，遂成良田。又海防考：「福州境内有閩安、鎮東、定海、關下、娘媽宫、瀧澳、鑑江、館頭、小埕、牛田、東營、後瀛、松下、大小祉諸處皆海口，登犯之衝，而備禦之所也。」

閩江，府城西南七里。自建寧、延平二府境流經古田、閩清二縣界，復東南流，至府西北八十里之白沙驛亦曰馬瀆江，亦曰螺女江，雪峰山以東諸溪之水皆流合焉，南流分二派：一派自北而東歷侯官市至芋原驛，濱江有石岊山，亦曰石岊江，又南至府西七里曰洪山江，亦曰洪塘江，經城南七里曰金鎖江，又南經釣臺山下曰南臺江，亦曰白龍江，又東南經鼓山下而東出，匯爲馬頭江；一派自西而南，經府西南三十里高蓋山，又南至方山北曰淘江，亦曰瀨江，又名黄江，亦名黄岸江，循山西麓又南至仙琦山曰仙琦江，亦曰陽崎江，亦曰陽岐江，復折而東流二十餘里曰峽江，經府東南五十餘里接馬頭江，又東爲琅琦江，至五虎門以入於海。志云：馬頭江爲閩縣極南界，西北衆流悉入焉，風濤洶湧。中有巨石，形如馬首，隨潮隱見，爲行舟患。大抵閩江上流至馬瀆漸廣而緩，馬頭當衆流入海處，勢尤浩瀚也。餘詳大川建江。

西峽江，府東南六十里。受永福縣印溪之水，流經此，接仙崎江，又東流十餘里東峽江亦流合焉。東峽即南臺下流也，亦曰峽江。兩山夾峙，上合諸水，下通潮汐，闊十餘里，其深叵測。中流有石如底柱，名浮焦石。下有潭，龍潛其中，俗謂之烏龍江。又東十餘里即馬頭江矣。○上洞江，在馬頭江北岸，南岸又有下洞江。又有大定江，在南臺江南岸。又澤苗江，在陽崎江西岸。源出永福縣，府西北浯溪、潔溪之水皆流入焉，東注陽崎江。志云：府東南又有演江，源出山谷間，一名蜆源；又有浯江，在府西南，即黄岸江也，江濱有巨石横浸，亦名蘇崎，爲濟渡處；皆流合大江。

大目溪，府西北五十里，出古田縣界；其南爲小目溪，出永福縣界；皆西北流注於馬瀆江。○桐溪，在府西北三十里，俗謂之洞口，其相近有陳塘溪，俱流通大江。又沙溪，在府西北二十里，流經芋源驛入大江。中有沙湧成洲，因名。又黄石溪，在府西北，經白沙驛入大江。舊志以爲邑江，蓋即石邑江上流也。

蒙溪，府東北五十里。源出連江縣界，又有仁溪亦出焉，西流經府北入於洪塘江。又黄溪，出府北黄巖山，西南流注延澤浦，亦入洪塘江。○吴山溪，在府西南三十里。源出永福縣之印溪，下流入陽崎江。又義溪，在府東南七十里。出福清縣界，達於西峽江。

西湖，府西南三里，晉太守嚴高所鑿，引西北諸山溪水注之，周十餘里。又有東湖，在府東北三里，亦嚴高所鑿，引東北諸山溪水注之，周二十里。二湖與海潮汐通，引流溉田，爲利甚溥。唐貞元十一年觀察使王翃又開南湖於城西南五里，廣二百四十步，接西湖之水灌於東南。後王審知於子城外環築羅城及南、北夾城，皆取土於西湖旁，湖周至四十里。閩主鏻因築臺，爲水晶宫，周圍十餘里。又引湖水入宫，爲浴馬之所，障其流爲清水堰。宋慶曆間東湖漸淤，西湖亦微。熙寧中郡守曹穎叔、程師孟相繼修築。嘉祐二年蔡襄復請濬治。淳熙中趙汝愚復請濬西湖，上言：「西湖舊接濠而通南湖，儲蓄灌溉，旱潦瀦洩，民享豐年之利。自爲貪緣者障塞，旱潦皆害。乞於農隙稍尋其舊。」從之。繼復建閣其上，因舊名曰澄瀾。明朝萬曆中亦嘗疏濬，作水關以通水。中有孤山，築亭爲勝。其後日就淺隘。志云：昔時西湖蓄水置閘，灌民田千五百餘頃，與東、南兩湖俱有宣洩之利。宋末東湖漸塞，南湖遂堙，今西湖亦同池沼矣。又有石湖，在府東；陳湖，在府南；今皆湮塞。

洪塘浦，府西十里。舊志云：浦自石岊江東經甓瀆至柳橋，以通舟楫。唐貞元中觀察使王翃所開。今浦湮。其浦口亦名萬安山口。今有洪安橋，成化中建石梁二十餘門，萬曆以後屢經修葺，爲津梁要會。有洪塘稅課局，明初置。又西禪浦，在城西南。其地有怡山，亦曰西禪山，浦經其下，即洪塘江之水引流而東爲三十有六曲，經城西爲西南城濠，又分入西水關處也。

白蝦浦，在府南。五代漢初，南唐圍李仁達於福州，吳越將余安自海道赴救，至白蝦浦，海岸泥淖，布竹簣而前，既登岸，奮擊南唐兵，大破之。或曰白蝦浦即白龍江别名也。又有直瀆浦，舊從江岸開河口通潮，北流至故海晏門爲澳橋浦，又北通於東湖。今亦廢。郡志：南臺江舊自河口引而北，繚繞三十有六曲，爲城南濠，分引入水步門水關，〔一〕弘治中鎮守内臣鑿新港，遂失故轍云。○罾浦，在府東南，昔時近城水渚處也。州人多就浦罾魚，故名。石晉開運三年，南唐兵圍李仁達於福州，仁達求救於吳越，吳越兵至，自罾浦南潛入州城，即此。

甘蔗洲，府西北二十五里，横亘江心。居民皆種蔗爲業，稅課甚豐。又芹洲，在府西南，澤苗江西岸。湍流迅急，壅而成洲，周迴二十餘里，居人隱然圜圚。洲多産芹，故名。又名瀛洲，以其四面有水如瀛洲也。○投桃洲，在府東南馬頭江中。其形如桃，上有田數千畝。

閩安鎮，府東四十里。有巡司，洪武二年置，爲會城東面之險要。海防考：「海水潮汐與馬江匯於閩安鎮，有兩口：一東出雙龜門外，達壺江、五虎；一南出琅琦門外，達广石、梅花。閩安爲江海之鎖鑰，而會城之門户也。嘉靖中倭寇突犯閩安，參將尹鳳擊敗之，賊由此突犯福清縣。今仍爲戍守處。」又有閩安稅課局，與巡司同置。○五虎門、官母嶼巡司，見上五虎山，亦洪武二年設。

五縣砦，在府西北五十里。有巡司，元置，明朝因之。志云：司舊屬懷安縣，接閩縣、侯官、古田、閩清凡五縣界，因名。又竹崎巡司，在府西北六十里，濱江，正統六年置。○古嶺砦，在府東，有兵戍守，爲濱海之備。志云：閩縣東有塘頭、塘灣、翁崎等民城，皆嘉靖中創築，以捍倭寇。

三山驛，在府治西南。府西北二十里曰芋源驛，又西北六十餘里曰白沙驛，又西北六十里至小箬驛，以小箬溪名，又四十五里接古田縣之水口驛，皆建江所經之通途也。○柔遠驛，在水部門外。河口稍北爲進貢廠，明初建爲外國使臣館寓之所。又大田驛，在府南百里，義溪水經其旁。又南四十五里至福清縣之橫路驛，南出興泉之道也。

萬壽橋。在府南，跨南臺江上。長三百餘丈，石梁水門三十有九。元大德七年建。明朝成化後屢經修葺。俗名大橋。郡境之橋以十百丈計者不可勝紀，萬壽橋與洪山橋尤爲雄壯云。○陽崎渡，在府西南五十餘里，即鄭公渡也。萬曆四十年按臣陸夢祖以峽江渡險，改官道出此。明年以路不便，乃復用舊道。舊有陽崎稅課局，明初置。里道記：「今從南臺二十里至吳山，有公館，又南至雞母嶼置一浮橋，由雞母嶼渡江，抵蕭家道登岸，又有公館，自此達大田驛。」

長樂縣，府東南百里。南至福清縣百里，北至連江縣百二十里。隋閩縣地，唐武德六年析置新寧縣，是年改曰長樂。元和三年省入福唐縣，五年復置，仍屬福州。五代梁乾化元年王氏改曰安昌，唐同光初復舊。長興四年又改侯官曰閩興，而以縣爲侯官縣，三年復故。宋仍屬福州。今編户百十五里。

新寧舊城，縣南十餘里。相傳縣初治此，後移今治。城邑考：「縣城明朝弘治三年築，嘉靖三十二年始增拓之，三十七年復增修，崇禎十四年復營治。城周七里有奇。」

六平山，縣治北一里。蜿蜒六曲。旁有四明、石臺二山。又北曰石首山，巔有巨石巍然。又南山，在縣南半里。稍西曰登高山。南山之南有五峰並峙曰五馬山。又南有三峰山。○七巖山，在縣西南三十里，上有七巖。其北則諸山環峙，圍繞如城。亦曰羅山，其地亦名羅城。相近者又有溪湄山，頂有湖，廣五畝，冬夏不竭，謂之珠湖。志云：七巖山之北最高者曰牛壟山，四面小山環抱，中有平田百餘畝。

越王山，縣東北三十里。山高聳，周迴三十里。相傳越王無彊之後居此，因名。其旁巖嶺稠疊。迤北最高者曰太常山，左接籌巖山，並爲聳突。太常之陽有嶺曰風門，陰有嶺曰浮崎嶺，凡三十六灣，接閩縣界。○龍泉山，在縣東南二十餘里。中有卧牛、仙冠、品石、梯雲、蓮花共五峰，並高聳。其南又有羣峰連接，最著者曰福湖山。又屏山，在縣東南四十里，挺秀干雲。又東南十里曰靈峰山。其麓曰龍龕山，一曰天池山，與屏山競勝。志云：縣東又有鶴嶺，西通縣治，東由雲洞大路達广石、梅花等處，爲北鄉一帶咽喉。

御國山，府東七十里。蹲峙海濱，高出雲表，儼如捍衛，夷舶入貢，每視此爲準，俗呼牛角山。又有鍾門山，在海中，當舟行之道，有小嶼如鍾。○壺井山，在縣東六十里，濱海。山垂有一井，狀如壺，潮至則鹹，潮退則淡。上有巖石聳峻，俯臨滄海，名百丈巖。其旁峰巒巖嶼，奇勝不一。迤東則羣山錯峙。又有王母礁，在壺井山南，二礁對峙海中。宋末楊妃負福王、益王航海時經此。

海，縣北五里。又縣東南、東北境皆濱海，山港澳嶼，回環爲險。海防考：「縣西北閩安鎮、五虎門諸處，實爲省城門户。東北广石、梅花所突入海中，與連江縣定海所相對，亦省城右臂也。自梅花至松下巡司，中歷十一澳，皆東沿大海，波濤衝激，並岸水淺，寇船難近，獨松下漸南，與福清接壤，廣、浙商船，往往泊此，海壇包其東南，亦有觀音澳、蘇澳，可以暫憩，故松下之備宜豫。」新唐書：「縣東十里有海堤，唐大和七年閩邑令李茸築，立十斗門以禦潮，且爲旱澇之備，於是境内遂成良田。」宋時嘗因舊址修築。

馬頭江，縣城西北半里。自閩縣流入境，江面益闊。又東北與大海相接，波濤震撼，乘舟入郡，常虞風潮之阻。志云：由縣城西北入馬江曰太平港，舊名吴船頭，相傳吴王濞造船處。似悮。蓋吴越遣兵入閩嘗泊舟於此也。明朝永樂中太監鄭和由此入海，改曰太平港。又梅花江，在府東北五十里，近梅花所城，亦曰梅江，亦曰梅花澳。嘉靖三十八年倭賊犯會城，旋自洪塘江出洋，參將尹鳳追敗之於梅花外洋，即此。又北曰广石江，亦曰广石澳，宋末陸秀夫、張世傑奉二王從此入閩安鎮處也；相近者又有後山澳；皆與大海相吞吐。○松下江，在縣東南三十里，東通大海，西通福清縣，亦曰松下澳。相近者曰大祉、小祉、〔三〕壠下等澳。又壺井江，在縣東壺井山下，亦曰壺井澳。又東北有磁澳江，中有孤山峙海中，分東西南北四澳，可避風，海舟常泊此。志云：府東有洽嶼澳，又東有仙岐、漳港、門口、黄岐等澳，又有漳坂澳，皆海潮洄洑處也。

大溪，縣東南三十里。源出福清縣境，分流至此，縈紆數里，溉田數百頃，東流入海。又祉溪，在縣東南四十里海濱。志云：源出福清縣之鏡嶺，流至小祉澳入海。○三溪，在縣南，亦出福清縣界。一名鼎溪。志云：縣南有星溪，亦名獵溪，又有中溪、沙坂、後洋溪，縣東又有龍下、大社、宏源諸溪，東北有觀音、資聖、黄弄、竹林等溪，下流分入於江海。

元祐港，縣東南三十里。宋元祐中令袁正規以縣境田多窪下，因鑿港以道溢水，流通漳港，以入於海，因名。其相近有卓嶺港，舊亦入漳港，元大德初濬入縣東四十里陳塘港入海。志云：陳塘港，宋末陳文龍築田砌塘，因名。水源自海花山而下，會東、西濱瀾湖并七十二洋之水，下流達海。又縣南有沙京港，亦名普塘港，又有嶺柄等港，皆引水溉田，下流入海。

嚴湖，在縣東北。一名西湖。陳大建初里人嚴光捨田鑿此，周三千二百八十丈。亦名放生湖。中有小阜曰蟹山，後漸堙。明朝正統十年縣民劉彦良言：「本縣嚴湖，周圍二十餘里，南接稠庵溪，西通倒流溪，旱則引稠庵溪入湖溉田，雨則疏倒流溪以防其漲。近者湖岸坍決，溪流湮塞，不能積水防旱，雨至田或湮没。又有張塘涵、塘前涵、大塘涵、陳塘港，其利弊亦如嚴湖。乞敕有司疏濬，爲民便。」從之。未幾復廢。又濱瀾湖，亦在縣東北。唐天寶五載沙合爲陂，大曆中里人林鷗因捨田成湖，周千三百餘丈，灌溉民田，後侵復不一。隆慶四年復舊，尋廢。崇禎八年又復爲湖。其相近又有林婆湖，亦天寶五載沙合而成，周三百五十丈，與濱瀾相通。○延祥湖，在縣南三里，宋、元時故址，明朝正統中修濬深廣，潮汐往來，可通舟楫。又南數里有桃枝湖，舊周五百餘丈，五代時王閩所鑿。今名桃坑湖。又南有横嶼湖，亦唐、宋時故址，周三百餘丈。今故址猶存。

松下鎮，縣東南三十五里。有巡司，洪武初置於福清縣海口，二十年移置於此，爲長樂之咽喉，福清之門户。嘉靖二十七年倭賊自松下突入海口澳，登陸攻福清之鎮東衛，官軍力戰乃遁去。三十九年議築城，未就。崇禎中始成之，周二里有奇。有門四，水關一。稍東北有旗山，濱海，置烽火於此。又小祉巡司，在縣東二十五里。崇禎六年移置於大祉澳，南去舊治數里。○石梁蕉山巡司，在縣東三十里。舊置於梅花所城内，洪武二十八年遷於此。旁有蕉山濱海，因名。東有磁澳，爲倭寇出入之衝。嘉靖三十八年議拓寨置城，隆慶三年始就，周二里，有四門。又壟下城，在縣東南二十餘里。嘉靖四十年居民築此以備倭，周一里。

黄崎寨。縣東北四十餘里。志云：縣有仙崎寨、广石寨、東山寨，與黄崎爲把截四寨；又有大祉捍寨，近大祉澳；俱爲濱海之備。○錦橋，在縣東南，跨元祐港上。宋淳熙十二年建石梁十五間，長五十丈，又於橋西築海爲地三畝許，以固橋道。亦名石梁橋。

福清縣，府東南百二十里。東北至長樂縣百里，西南至興化府百二十里。本長樂縣地，唐聖曆二年析置萬安縣，天寶初改曰福唐。五代梁開平二年王氏改爲永昌縣，唐同光初復曰福唐，長興四年王氏又改曰福清縣。志云：石晉天福七年避諱，改福唐曰南臺，蓋不知閩之改爲福清而遥改也。宋仍爲福清縣，屬福州。元曰福清州，明朝洪武四年復爲縣。今編户百二十三里。

福清故城，縣東南二里。明朝嘉靖三十三年始置城於此，三十七年復增築，旋陷於倭。萬曆二十一年議改城於西北，三十年益徙而西，去舊址四百丈。城周六里有奇。

靈鷲山，縣治北。縣之主山也，亦曰鷲峰山。其巔曰玉屏峰，稍西曰金翅峰。葉向高遷城記略「嘉靖甲寅以島夷毒閩，始議築城。時師環其疆，倉皇畢事，北傅高山，西跨岡巒，東逼陵阜。賊登阜而攻，若對壘焉。從東望西，周垣畢睹，我之虛實，較若列眉。戊午之變，賊據北山俯而瞰城，每發輒斃，日未移晷，萬室蕩然，論者咸爲城咎。萬曆癸巳宰邑者乃更闢而城之，跨北山而臺其上，移西城山之半，包岡縈澗，縮東城避阜，爲臺以當敵衝，而城始可恃」云。○玉融山，在縣治南五里，以山石融潤而名。西爲雙旌，以兩峰峭立如旌也；東爲五馬，以五峰騰躍如馬也。其東麓曰覆釜，亦以形似名。

瑞巖山，縣東二十里。山多巖洞諸勝。又郭廬山，在縣東南二十里，近時改曰福廬，相近者曰靈巖，並稱奇勝，巖石回環幾數十里。山下有牛田場，嘉靖三十四年倭攻鎮東衛，參將戚繼光大破之於此。又東數里曰東營山，周環皆海，亦嘉靖中戚繼光破賊處。○龍山，在縣東二十餘里。一名瑞峰山，海口、鎮東二城在焉。巔有石塔，可觀海日。又烽火山，在鎮東城西，海道有警，燔燧於此。山頂嵌巖，其狀如屋，凡三十六間，名曰虎屋。其旁又有鹿角山，山有仙井，深不可測。又東爲網山，去海口三里，居民網罟處也。相近者曰鍾山。志云：鎮東城東有拱辰山，三峰並起，勢皆北拱，俗呼牛角山。下有石洞，風出其中，深杳難入。相接者又有龍臥山、斂石山，皆並海。

石竹山，縣西二十四里。山多竹樹，青葱插天，巖洞泉石，奇勝林立。無患溪出其下。志云：石竹山下有宋時軍寨。又西有古屯，軍亂時邑人屯守之所。又瓜山，在縣西四十里。宋末邑人林同與劉屯祖共起義兵，元兵至，迎戰於此，敗没。志云：山近磨石舖，連延諸山，皆稱西山。○靈石山，在縣西南二十五里。其山磅礴百里，峻拔千仞，層林積翠，飛泉漱玉，有三峰九疊之勝。又黄蘗山，在縣西南三十里。上多蘗木，有十二峰，層巖飛瀑，周圍數十里，其勝者曰龍潭、乳香巖。

白嶼山，縣南百里海濱。一名陳田山。絶頂有鴻休巖，巖竇天成，下瞰滄溟，浩無涯際，昔有僧鴻休者居此而名。其相連者曰雙嶼，以二山突起海中也。中有井，甚甘洌。旁有山曰壁頭山。又金山，在縣東南百里，居民繞山麓，而前後左右皆海也。又東南十里曰萬石山，巖洞玲瓏，洞之廣者可容萬人，而千百人者不可數計。又南數里即萬安所城矣。

海壇山，縣東南七十里海中。周七百里。其山如壇，南北長而東西狹。上多雲氣，亦名東嵐山。唐牧馬地，後漸有寺宇。宋初置牧監，尋以鶩騂罷。皇祐中許民耕墾，淳熙中有三千餘户。其山南曰黄崎，曰紫闌，曰牧上，曰砦頭，曰沉頭，曰大、小鼇網，有三十六派湖環繞，峰巒如畫，宣和以後大雨雹，湖皆決入於海。近塢有大小場、滸頭及錢藏，皆爲泊船澳。迤東高者爲軍山，王氏時謫戍多居此。其間曰浚門，曰獺步，曰廣州埕，曰流水，隔東江曰小墻，小墻北曰十二藍焦，東墻北曰白兵焦、〔三〕大桑、小桑，兩桑間曰桑門，而兩墻間爲鸕鷀門，是外極東之島，而舟不可行矣。迤南有南匿里，亦曰南匿嶼，舊産鹽，宋於此設巡司。其北有沙澳，亦曰蘇澳，又有沙溪，行一日皆沙，而澳當海口爲寨。又五里西抵鍾門，亦曰鍾山嶼，玲瓏如鍾，菰蒲四圍，海水鹽鹵，而此泉獨淡。近嶼石高二丈，狀如媪，東南瞰石方二十丈，其中井泉與潮候應，取水者集焉，亦船舶之都會也。半潮抵磁澳，則爲長樂縣界。又有草嶼、唐嶼，皆近於南匿。南匿阨陿，且風多，不宜樹，一曰大姨山。當日未出時，極望有如空青微露水面，爲小琉球國。海水深碧，東流不返，莎蔓如組，柁不容轉，必刳木爲舡，乃能旋開浮沙以濟。暴風不夙避者，往往漂至於此。

中國人爲其所得，以藤貫其足，令之耕作，故此山昔忌夜火，恐其國望之而來也。是爲東角洋，蓋岐海之窮徼矣。又有支山曰水馬山，有石如舟帆，亦名石帆山。相近者曰霸前，曰金崎頭，此海壇之西麓也。海防略：「海壇山盤踞聳峙，迴出海上，故元時民户嘗滿四萬，多以魚爲業。中有西湖，相傳嘗産龍駒。湖之東羣山環互，不可勝紀。外隔小琉球三晝夜，内通海口，至縣僅一潮。〔四〕中間以村名者百有餘處，陂湖潭澳，不一而足。其著者曰葫蘆澳，多魚。碧沙洋産人參。其百花砦、鍾門、三鎮，街衢闤闠，景物繁多，真海表名區也。明初遣江夏侯視海防倭，尋以衛弁李彝欺妄，詔虚其地，惟以小埕水砦官兵汛守。隆慶初始添設海壇遊兵，萬曆中復命增設水砦，與興化府南日砦相形援。後復廢弛。」〇小練山，在縣東海中。旁有大練、小練二門，五代以後居民環集，商賈輻至，號「小揚州」。洪武二十年與海壇同徙。志云：小練山周十里，舊多喬林。其大、小練二門相去僅十里許，無風踰月不能渡云。

蒜嶺，縣西南五十里，以山形如蒜瓣而名。一云以山石間多産蒜也。登其巔東望漲海，瀰漫無際。舊有照海亭。〇螺嶺，在縣西北六十里，與閩縣接界。色黛如螺，北瞰方山。其西有五周、七仙諸巖。又西有仙舉巖，峭拔千仞，與永福縣接界。志云：螺嶺西北又有傀儡嶺，在驛路旁。又石尤嶺，在縣北二十五里；薛田嶺，在縣東北五十里；俱接長樂縣界。

海，縣東五十里。志云：縣東南至海百五十里，南至海百二十里，而海壇、雙嶼諸處爲汛守要地。又縣東近境之海謂之九海，以港嶼曲折也。其外爲大海。

龍江，縣東南十里。其上流爲縣城南之龍首河，匯諸溪而東南，廣五里。初名螺文江，宋邑人林栗改今名。下流合海口江。志云：海口江在縣南十五里，源出舊興化縣，流爲百丈溪，至縣西三十里金應舖合無患溪，東流二十里合石塍溪，又東至水陸寺合東溪，至河頭潴爲琵琶洋，龍江入焉，又東十餘里入海。縣東百餘里有海口寨江，近海壇山北，源出長樂縣界石尤嶺，分水而下注江達海。又有南匿江，在縣東南二百九十里海壇山下，流出莆田縣界，東流入海。

迳江，縣南三十里。志云：江源有二，一出故興化縣界金支大澤，合漁溪；一出黄蘗山北，過鐵場邊北流，並漁溪，合迳港；南至綿亭，東抵烏嶼門，又南至雙嶼頭復岐爲二，東出白嶼，西出後嶼，南流復合，由迎仙港入於海。嘉靖三十八年倭賊自海壇山入犯，移屯上迳，官軍擣破之，即迳江上流也。○松林江，在縣東，去海口鎮五里，東流入海。

漁溪，縣西南四十五里。源出黄蘗山，流合蘇溪。蘇溪在縣西南四十里，源出莆田縣界，流入境合漁溪匯於迳江。又蒜嶺溪，在縣西南蒜嶺下，亦曰蒜溪。志云：縣南有迎仙港，源出舊興化縣，有桃源水流合焉，至迎仙市爲子魚潭，歷縣西南黄茅墩合蒜溪，又東會迳江，出江口入海。○交溪，在縣西十里。源出西北六十五里之常恩嶺，東南流；其別源出縣西二十五里之盞窑，東流合焉；經城西爲西溪，南入龍首河。又無患溪，在縣西宏路驛前，亦曰大溪，源出石竹山，流合交溪；又盧溪，源出縣西北臺嶺，南流經盧山，因曰盧溪，亦流合交溪；皆爲龍首河之上源。

海口鎮，縣東十里。宋里人林遷創建。有城，亦曰海口鎮民城，周四里有奇。明朝嘉靖三十四年倭寇來攻，以城壞，爲倭所陷，尋改築之。自是倭夷屢犯鎮，以城堅得免。志云：鎮東北倚龍山，鎮南二里即瑞巖山也。元置海口務於城内，明初改爲海口税課局，并置河泊所於此。又有海口場鹽課司，元延祐六年建。本名司令司，明初改爲運鹽分司，洪武二十年改鹽課司。又牛田場鹽課司，在縣東南三十里，建置同海口鹽課司。○化南鎮，在縣東南六十里。有民城，嘉靖中築以禦倭。鎮北數里曰化北鎮，澤朗巡司置此。相傳隋時掠琉球五千户居此，因名。又沙塘鎮，在縣南五十里。有民城，隆慶間築。志云：縣西南有遝上鎮，宋置遝口務，元因之，洪武初改爲遝口税課局，十八年圮於水，因自水南移於水北。又有南門税課局，在城南龍首河北。元置南門務，明初改。

壁頭山鎮，在縣南百餘里壁頭山下。志云：元置於南日里，名南日巡司，明朝洪武十二年移置於此，今改名。又牛頭門巡司，在縣東南百里。元末置於遝江口，名遝江巡司，亦洪武十二年移置此，改今名。又澤朗山巡司，在縣東南七十里。元置於練門，名練門巡司，亦洪武十二年移改。

松下寨，在縣東北五十里，接長樂縣之松下巡司，濱海捍寨也。志云：縣境自東而南有平北里，有平南里、沙塢、連盤、長沙、峰頭，與松下爲七寨，外有松關、永平、白鶴、峰頭、大坵、牛頭等六砦，舊皆設兵戍守。

宏路驛。縣西北三十里。北去閩縣之大田驛四十里，南至蒜嶺驛四十里，又南六十里至興化府。○龍首橋，在縣南門外。宋天聖五年創建，長四十丈，名曰通海。元祐二年復建梁於其南，長二十二丈，改名坦履。紹興二十年又續爲梁，長十六丈，三橋共長八十丈，改今名。自元以來不時修築。又龍江橋，在縣東南十五里。宋政和三年建，爲梁四十有二，長百八十餘丈，名螺江橋，尋改曰永平，又更今名。○無患橋，在宏路驛東南。宋熙寧七年建，明朝成化十九年修，長二十有九丈。又化龍橋，在縣西南四十里，跨漁溪上。宋嘉祐七年建，名萬安橋，後修毁不一，乾道初更今名。明朝成化十九年以後再經修治，長十五丈有奇。

連江縣，府東北九十五里。南至長樂縣百二十里，東北至羅源縣百二十里。漢冶縣地，晉太康四年以温麻船屯置温麻縣，屬晉安郡，宋、齊因之，隋省入閩縣。唐武德六年復分置温麻縣，是年移置於連江之北，改今名。今編户三十五里。

温麻城，在縣治東。晉置温麻縣，蓋在今福寧州境，後廢。唐改置於此，旋曰連江。舊無城，嘉靖十八年創築，萬曆十四年增修，二十七年洪水衝壞，尋復修治。周四里。

龍漈山，在縣治北。縣之主山也。岡巒如龍，漈水夾澗，而下有潭曰五峰潭。由北五里曰湖山，高秀出諸峰之上。志云：縣西一里有玉泉山，巖洞甚勝。稍北又有鳳凰、文筆諸山。城西又有白塔嶺，王審知入閩，其先鋒陳伯先追賊至此，馬踣而死。○覆釜山，在縣東南二十里。巔有巨石，狀如覆釜。其傍峰巒環峙。南麓有二石相對，道出其中，曰石門。相近又有玉華洞、清陰洞諸勝。

荻蘆山，縣東南四十里。一名九龍山。下有荻蘆峽，亦名九龍江，俗傳秦始皇以東南氣王，〔五〕自江而南，山秀拔者皆鑿之，鑿此得蘆根，長數丈，斸之流血，因名。宋淳祐二年置荻蘆寨於此，有水軍千人，亦曰武濟水軍。○馬鞍山，在縣東北五十里。山勢逶迤，達於海上。有雙巒連聳，狀若馬鞍。又東有三德山，三峰並列，下瞰海門。舊名三台山，亦曰筆架山。志云：縣北四十里有香爐山，其形聳秀，上有童井，雖旱不涸。道書以爲七十一福地。

上竿塘山，縣東北八十餘里大海中。峰巒屈曲，有竹扈、湖尾等六澳。又有下竿塘山，突出海岸，山形峭拔，與上竿塘並峙，中有白沙、鏡港等七澳。洪武初徙其民於内地。三山志：「上下竿塘、大小亭山、桑嶼、關嶺、蛤沙、北茭鎮，俱在縣東北海中。相近又有拱嶼澳，嘉靖三十五年倭賊犯縣，官軍擊却之，賊夜遁，由拱嶼澳出洋是也。」

海，縣東二十里。志云：縣東南至海三十五里，與長樂縣接界。其與潮汐吐納者，則官塘洋、荻蘆峽、黄岐堡、鶴嶼諸處也。而定海、小埕皆爲戍守要地。

連江，在縣城南。一名鼇江。源出羅源縣黄土溪、黄蘖潭及舊懷安縣桃洲之密溪，三派合流而東至縣前，環抱如帶，東流入海。亦名岱江，江濱有海滄潭。〔六〕跨江有橋，宋政和間建，疊石爲梁，凡十六間，長五十丈六尺，俗呼江南橋。

周溪，在縣西南，又縣南有竹溪，縣西有利坑溪，皆流入鼇江，有灌溉之利。又財溪，在縣東南，下流入海，亦有灌溉之利。○東塘湖，在縣東南。隋開皇中邑人林堯捨田爲湖，周圍二十里，歲久沙壅，唐咸通間縣令劉夔嘗奏復之。今遺址僅存。

北茭鎮，縣東北百十里，西北至羅源縣八十里。本名荻蘆鎮，宋時水砦蓋設於此，元爲荻蘆巡司，洪武二十年改今名，并置城於此，與定海相爲脣齒。嘉靖二十七年，倭賊流劫北茭，官軍禦却之是也。又蛤沙鎮，在縣東北五十里，崖石峭立如壁。洪武十六年置河泊所於此，二十年置城於此，亦爲戍守處。○閩安鎮，在縣西南二十五里，與閩縣接界。

小埕寨，縣東百二十里海中，明初置。籌海説：「小埕北連界於烽火，南接壤於南日，連江爲福郡之門户，而小埕又連江之門户。嘉靖三十五年倭賊自流江突至小埕水寨，遂犯會城，蓋汛防要地矣。」又光臨里砦，在縣西南，亦明初置，有兵戍守。○延祥水砦，在縣東南。宋福州水軍有延祥砦，蓋置於此。

通濟橋。在縣治南，跨鼇江上。宋政和四年累石爲梁，凡一十六間，長五十六丈有奇，淳祐間改修，明朝因舊址修葺。又有安利橋，在縣西南。舊名潘渡，宋紹興十四年建橋，尋壞。乾道三年重建，累址十九，長六十五丈，名惠政橋，後改曰安利橋。寶慶三年改建，亦名潘渡橋。

羅源縣，府東北百五十里。西南至連江縣百二十里，西北至古田縣百三十里，東北至福寧州寧德縣八十里。本唐連江縣地，大中初置羅源場於此，咸通中又割懷安地益之，置永貞監，後唐長興四年王閩升爲永貞縣。宋天禧五年改永昌縣，乾興初又改今名。明朝嘉靖三十七年始築城，萬曆七年甃以石，周三里。編户十六里。

鳳山，縣治北。山勢聳起，兩翼如張，因名。又北一里有文殊山，上有羣玉峰。○蓬花山，在縣南一里，巖石層疊，下臨城市。又西諸山林立，西南五里曰金鐘山，相連者爲鐵障山。又簾山，在縣東之濂澳，山形如簾，遮護居民。又東諸山環峙，下臨海濱。其峙海中者曰金螺障，與楊梅灣相對。

仙茅山，縣東北十里。兩山相連，曰大茅、小茅，巖石甚勝。又北五里爲洞宫山，峰巒錯立，其著者爲五馬峰。又東北有寶勝山，黄沙溪出焉。○四明山，志云：在縣西隅，一名毒火山，山有四峰。又萬石山，在縣西北。一名破石山。山多異石，茂林修竹，左右映帶。又松崎山，在縣南六里，其相近者曰鶴嶼，對峙江中。

海，縣東北十五里。又東南接連江，至海二十五里，灘澳淺僻，不利登涉，故縣境之防禦爲略。通志：「縣東北至大海蓋二百里也。」

羅川，在縣城西。源出縣西境蔣山，接金鐘潭，流經四明山下合四明溪，又南流分三派，曰中溪，曰南溪，曰後張溪，流經松崎山達於海，亦謂之松崎江。○黄沙溪，在縣東，又有九龍、起步等溪，皆流達於松崎江。又環溪，在縣治南，其東會南、北二溪，瀠迴環繞，亦注松崎江。

霍口溪，縣西四十里。源出古田縣境，流入縣界，又南入連江縣境注於鼇江。○龍湫，在縣西南金鐘山下，又一在縣南福源山，兩山相去二十里，而泉脉相通。

應德鎮。縣南二十五里，與連江縣接界，爲往來通道。應德舖設於此。志云：縣東北五十里有南灣巡司，元置於連山，後徙於此，明初廢。又有四明驛，宋建炎三年置於縣西二里，元至正中廢。

古田縣，府北二百八十里。東至福寧州百五十里，西至延平府二百二十里，西南至尤溪縣一百里，西北至建寧府政和縣三百二十里。本侯官及尤溪縣地，唐永泰二年析置，屬福州。劉昫曰：「開元二十九年開山峒置。」悞也。宋因之。明朝弘治十三年始築縣城，西北跨山，東南濱溪，周七里有奇。編户五十三里。

古田廢縣，縣西南三十里。宋太平興國五年徙縣於水口，就津陸之要，即今水口鎮也。端拱中復還舊治。今爲水口驛，東南至府城百八十里，延津上游，此爲鎖鑰之口。志云：宋遷縣後，設監鎮官涖此，元革。今鹽運分司設焉，有浮橋横於江津，朝夕驗放。亦曰水口關。自水口而上五里有塔嶺亭，西往南平，北往古田，分岐於此。

翠屏山，在縣治北。以形似名，縣之主山也。舊名環屏。又城東有龜山，其東麓曰金仙嶺，石磴盤曲，登之可以望遠。○北臺山，在縣西一里，高聳如臺。又西爲黄蘖山，上有寶峰，峰下有小湖，湖東爲桃溪，以其地多桃也。旁有桃塢，又有桃洲。

五華山，在縣西南。五峰連峙，峭拔千仞。一名大仙山，亦曰大佛嶺。又極樂山，在縣西北。山後有巖曰仙巖。又北曰鳳翀峰，最高秀。相近者曰天宫嶺、覆舟嶺，俗名福全嶺、石崎嶺，層次相接。○鼓山，在縣東百里，其西有旗山。又有馬山，在旗、鼓之間。又北有杉洋山，山多竹，可爲楮。

牛頭嶺，縣東北十里。嶺高而遠，陟降二十餘里。又有清風嶺，在縣西南百里，接延平府界。○摸天嶺，在縣東南二十五里。紆迴峻絶，南濱大江，繇陸路趨延津者道出於此，石磴崎嶇，最爲艱險。

建江，縣南二十里。自延平府流入縣界，經水口驛，灘石錯立，至是而盡，建江經此，始出險就平，又東入侯官縣境。

大溪，在縣城南。溪有二源，俱自北來，至縣南合流，委蛇澄澈，其平若鏡。二溪夾流縣治東西，因亦名雙溪。又南爲蒿溪，羣溪之水皆匯焉。又南會於建江，謂之水口溪，上有松溪館，江頭往來之通道也。志云：水口爲羣溪匯合之處，亦曰囦溪，有關曰囦關。水流寬平，無灘石之阻，故上下舟楫恒泊於此。○東溪，在縣東；又有感溪，亦曰錦溪；甘溪，亦曰藍溪；與縣西之西溪，縣南之瀨溪，俱匯於大溪。志云：縣境諸溪得名者以十數計，而東溪爲之長。合流後里許有石灘横截中流，亘東西岸，奔流觸石，如鳴珮玉。舊名洪瀨，宋景德間縣令李堪改爲鳴玉灘，并置驛於此。紹興七年驛廢。

洗馬池，縣西北六十五里。池周數十畝。聞見録「出古田北門三十五里至西溪，又三十里至洗馬池，又西北五十里地名山頭，又四十里曰上漈，又西三十里即建寧府城東門矣。雖山谿環錯，而路徑稍寬，可策馬而前也。又從洗馬池而西三十里地名南吉，又經池口鐵場、大壩諸處，即至延平府之吉溪，洗馬池蓋當二郡之間道」云。

杉洋鎮，縣東四十里。有巡司，南至羅源縣百八十里，洪武十二年建。志云：杉洋地出銀坑，多礦盜，舊設捕盜館并郡司馬分駐於此，後廢，尋復置。又谷口巡司，在縣西南九十里。宋大中祥符五年置於水口鎮，爲水口巡司，元移於此，改曰谷口，明朝因之，正統間廢。又西溪巡司，在縣之西溪。宋置，元因之，明朝洪武十二年廢。○南鎮砦，在縣西百四十里。石晉天福三年閩主曦之弟延政據建州攻南鎮軍，〔七〕敗之，福州西鄙戍兵皆潰。胡氏曰：「時閩主增置軍於福州、建州之界，遣將杜漢崇監其軍，以扼往來要路，故爲延政所敗。」

水口驛。即廢古田縣。宋時曰嵩溪驛，元改今名，明初因之。遞運所亦置於此。又西南五十里爲黄田驛，宋時曰使華亭，元改今名，明初因之。又二十里曰倉峽巡司，接延平府界。○石平橋，在縣治東南。宋建，尋廢。明朝宣德間再建，復圮。成化十五年重修，爲石礅十有一，覆以亭五十六間。又萬安橋，在縣南。元建，明朝永樂中燬，成化十五年重建，尋搆亭四十七間。

閩清縣，府西北百二十里，北至古田縣百五十里，西至延平府尤溪縣百七十里，南至永福縣九十五里。本侯官縣地，唐貞元初析置梅溪縣，五代梁乾化元年王氏改曰閩清縣，仍屬福州，宋因之。縣無城。今編户七里。

臺山，縣西南一里。山勢平衍，其狀如臺，縣之主山也。又南有鍾南山，上有盤谷巖。○大湖山，在縣東十里。山椒有湖，約半里許。縣東北又有鳳凰山，形如翔鳳。

鼎峰山，縣西二十里。有雙巖，梅溪環流其下。其西曰樫峰，以大樫名，北通尤溪縣界。又西曰白雲山，山勢最高，林木蓊蔚，白雲吞吐，中有仙峰巨石。○大帽山，在縣西南四十五里，接永福縣界。一名大帽仙峰。志云：縣南有龍都白巖，高數百丈，常有雲霧環繞。又有烏石巖，在縣西南。巖險峻，登其巔衆山皆見。又縣西有百丈嶺。輿程記：「自嶺至尤溪縣百里。」

建江，縣北十里。自古田縣界流經此，爲往來之通道。梅溪之水流合焉，謂之閩清口。

梅溪，縣西五里。源出永福縣山中，東北流經縣西，又北入建江。江水濁而溪水獨清，故縣以閩清爲名。又瞿曇溪，在縣西南三十里。源出永福縣界，流入梅溪。又演水溪，在縣西二十里。源出尤溪縣界，流入境，亦注於梅溪。

青窑鎮。在縣東。有巡司，元置，明初廢。又縣南濆溪有税務，亦元所置也。○曇口橋，在縣西瞿曇溪口，爲往來之通道。

永福縣，府西南百二十里。東南至興化府百八十五里，西南至泉州府德化縣二百五十里，西北至延平府尤溪縣二百四十里。本侯官、尤溪二縣地，唐永泰二年析置永泰縣，屬福州。新唐書：「咸通二年析連江及閩縣地置。」悮也。宋崇寧初避哲宗陵名改曰永福縣。明朝嘉靖三年始築城，萬曆十七年改築城東北隅，周不及四里。編户九里。

摩笄山，在縣東北。縣之主山也。志云：由摩笄泝流而上三十餘里，一起一伏爲筆架山，至極樂巖有洞石之勝。由巖而下，岡脉連絡，猶蜂腰鶴膝，行六七里峙爲圓阜，號曰仙掌平坡。〔八〕迤邐自東北來，爲縣前弧矢山。東有展旗山，當溪之衝，襟帶環抱，聳秀可愛。

陳山，縣南十里。中有石龍山，山如龍形。循山之脊爲路，俗呼登石龍，通福清則溪爲十八灣，通興化則山爲十八摺。又斗湖山，與陳山並峙。上有四湖，亦名倒湖，湖旁有田。○六洞仙山，在縣南六十餘里。山極高秀。相近有大張山，穹窿盤礴，傍列羣山。

高蓋山，縣西南六十里。峰巒秀聳，常有紫雲覆其上，一名紫雲山。拾級而上，巨石如墻，道出其中，峰巒泉石，種種奇勝。其最著者爲玉華峰、晏玉巖。王闓時嘗封爲西嶽。志云：山之最高者爲龍都峰，其下雙崖對峙，拔起千仞，宛若洞門，有三石室。峰之頂曰白巖。其别峰曰金支山，以泉色如金也。又觀獵山，在縣東八十里，舊傳越王嘗觀獵於此。元末故總管王翰避地山中，聞元亡自盡，因亦名官烈山。巔有鴈湖，地高水深，與雪峰山相望。

方廣巖，縣東北二十里。峭拔千仞，上有石室可容千人。縣東南又有曹溪巖，上摩蒼空，下臨深澗，巔有微徑，仄足而上，登其巔一望無際。又白鶴仙巖，在縣北二十五里，極高秀，有瀑布懸流。又玳瑁峰，在縣西北七十里，即閩清縣之大帽峰，音訛也。

大樟溪，縣東五里。源出德化縣，流入境，又東入侯官縣界，爲澤苗江上流，支流曰印溪，俱東行三十餘里入陽崎江。或謂之漳溪。又龍嶼十八溪，在縣西北。源出福清縣界，流經縣之龍嶼，透迤盤曲凡十有八折，流入大樟渡合大樟溪。○雙溪，在縣南三里越峰山下。有二源：一曰西溪，一曰南溪。一云出縣西南山中者曰洑口溪，出縣西北十七里瑞峰山者曰漈溪，合流爲雙溪，會流而入於大樟溪。

鑑湖，在縣東北。一名冲灣潭，清深莫測。志云：縣治東有龍窟，與鑑湖隔仙掌坡，地脉潛通，形若相應，下流俱注於大樟溪。又有白葉湖，在縣南，宋乾道二年嘗修浚。

漈門鎮。縣西四十里。有巡司，元至元中置於縣南之辜嶺，後移司於此，而改辜嶺爲砦。明初因之。圖經：「縣北有牛皮隘，道出侯官。西北有大限、西塘等隘，道出閩清。西有三前隘，出尤溪縣。西南有炭爐隘，道出德化。又有浮潮隘，出德化及仙遊縣。又縣南有辜嶺隘，亦出仙遊縣。東南有萑平隘，路通莆田縣。」志云：縣西南又有嵩口隘，路通泉州府永春、德化二縣。○平政浮橋，在縣南，跨雙溪上。宋紹聖四年建，用舟三十有六。

附見

福州左衛，府治東南。洪武八年置右衛，二十一年改爲左衛。又福州右衛，在左衛西。洪武二十一年增置福州中衛，在左衛東。○鎮東衛，在福清縣之海口鎮城東。洪武二十年置，并築衛城，周不及四里，爲控扼要地。

梅花守禦千户所。在長樂縣東五十里。本北鄉巡司，治梅江頭山上。洪武十年始築城爲備。二十年移置巡司於蕉山，改建梅花所，增拓舊城，三面距海，南連沙江，延袤三里有奇，有三門，設兵戍守。城外東南一隅歲患飛沙，漸積幾與城平，每春以所軍挑之。嘉靖三十八年倭賊犯境，復營葺焉。又萬安守禦千户所，在福清縣東南百二十里。洪武二十年置，并築所城，周三里，有門三。俱屬鎮東衛。○定海守禦千户所，在連江縣東北八十里。洪武二十年建，并築所城，周三里有奇，有門二。隸福寧衛。

興化府，東至海九十里，南至海三十里，西至泉州府百六十里，北至福州府二百八十里，自府治至布政司見上，至京師六千四百里。

禹貢揚州地，周閩粤地。秦屬閩中郡，漢屬會稽郡，吴屬建安郡，晉屬晉安郡，宋、齊因之。梁屬南安郡，陳屬閩州，隋屬泉州，始置莆田縣。唐亦屬泉州。宋因之，太平興國四年分置太平軍，以游洋鎮地置。又改爲興化軍，以仙遊、莆田二縣來屬，太平興國八年始移軍治莆田縣。宋末改爲興安州。元曰興化路，明初改興化府。今領縣二。

府馮峙高深，山川奇秀，北屏會城，西翼泉郡，介於兩大之間，海道舟車，絡繹而至，誠襟要之地矣。

莆田縣，附郭。晉晉安縣地，隋開皇十年置莆田縣，屬泉州，大業初廢入南安縣。唐武德五年復置，屬豐州，尋屬泉州。宋太平興國四年改屬興化軍，八年移軍治焉。今編户二百九里。

莆田城，即今府城。宋徙軍治此，因築子城，周僅二里有奇，土垣而覆以茅。宣和三年加築甃其上，甃以瓦，周七里有奇。紹定初復更築，表裏石砌，而覆以磚，稱堅城焉。元至正十四年亦嘗修治。明朝洪武元年復修葺。十二年指揮程昇請闢城東北隅跨烏石山，東下歷前埭、後埭與舊城合，延袤十一里有奇。城外濠池左起東北隅，折而南，引延溪之水注之；右起西北隅，折而東，引木蘭溪水注之；二水交合，長千七百餘丈。西北負山鑿爲旱濠，長幾六百丈。成化七年又嘗修葺。嘉靖三十三年以倭警營治，四十一年城陷。既而議城東北南三面。四十三年復營西面，三面亦更增修。隆慶二年復營治。萬曆九年守臣陸通霄以城西北隅跨山腰之半，而遺其高者於外，元至正十九年寇從此射走守城卒，嘉靖四十一年倭亦來此，越城而入，於是拓出西北城垣，而包高岡於内，長八十五丈五尺。舊有門五，明初改爲四。東建水關以通舟，西亦有水關，捆以石盾，〔九〕容水入而已。城周不及十二里。

興化廢縣，在府西北八十五里。志云：舊城在仙游縣東北之游洋鎮，本爲游洋洞，至險峻，盗賊出没處也。宋太平興國四年置太平軍，明年析莆田、仙游及福州之永福、福清縣地，合游洋、百丈二鎮置興化縣爲軍治，尋遷軍於莆田，縣屬焉。元皇慶中又遷縣於莆田西北廣業里之湘溪村，謂之「新縣」。明初因之，正統十三年廢興化縣，以其地分入莆田、仙游二縣。

烏石山，在城東北隅。城西北有梅山，與烏石相連。兩山之間有小西湖，本城北舊濠也。洪武初闢城濠塞，成化三年郡守岳正疏之。凡三堰，中堰之内潴水成湖，下爲兼濟河，東出水關。○太平山，在城西一里。山脉自福州永福縣延袤而來，峰巒峻拔，爲莆田之主山。又西二里曰天馬山，勢若騰驤。志云：府西南五里有鳳凰山，一名南湖山。舊時山下有湖，今涸。峰巖甚勝，麓有瑞泉。又大象山，在府西五里。上有天泉巖，山腰爲石室。又有彌陀巖，下有梅花漈，亦曰智泉。

九華山，府北十里。由縣之西南諸山而來，至延壽溪九峰攢簇如蓮花，故名。亦名陳巖，以昔有陳姓者隱此也。亦曰陳仙山。其東北有紫霄巖，極幽勝。○囊山，在府北三十里。峰巖聳秀，東麓有龍潭，其西有九峰連屬。又北十里有天壺山，洞壑奇邃，林木葱蔚，山下腴田可數千畝。

壺公山，府南二十里。山有八面，高聳千餘仞，正對郡治，端嚴秀特，爲郡之鎮山。頂有泉，出石穴中，其盈縮應海潮。中有雙蟹，名曰蟹井泉。有真净巖，登之可遍眺郡境。又有靈雲、虎丘、盤陀諸巖，泉石羅列，名勝不一。○城山，在府東南二十里。一名穀城山，與壺公對峙，爲黄石市之主山。上有松隱巖，前臨國清塘。又塔山，在府東南十五里。舊有石浮圖，後圮。明朝建烽燧於其上。亦名天馬山。

嵩山，府東南三十里，峭拔海濱。其南有小嶼，在海中，潮退有石橋可渡，居民千餘家。唐觀察使柳冕監羣牧於此，有德於民，民建柳侯廟，俗因呼爲侯嶼，久之訛爲猴嶼。○雙髻山，在府東五十里。自西視之，雙峰尖聳，自南視之，則三峰並立，故亦名五侯山。又名筆架山，以郡城視之，則三峰如筆架也。積石崚峋，上摩霄漢。頂有湧泉巖，大旱不竭。又蚶山，在府東八十里大海上。山勢崒嵂，環翠如幛。舊志：莆田有蚶田百頃，號大蚶山是也。其相近者爲演嶼，相傳宋少帝舟泊大峽江滸，爲元兵所逼，忽有白馬神爲演一嶼蔽帝舟，得免，因名。志云：縣東有瓊峰，形如屏，延袤二十里許，發脉福州五虎山。

夾漈山，府西北八十里。一名東山。旁有西巖，鄭樵讀書處也。其相近者有薌林山，樵從兄厚讀書處，亦有泉石之勝。又南爲環山，山巔累臺十餘層，礎石儼然，名越王臺。其旁有三燧峰。又百丈山，在夾漈之東。山延袤百餘里，上有六巖，曰客廳，曰古仙，曰石塔，曰石轍，曰石樓，曰重玄，幽奇萬狀。志云：百丈山一名華蓋峰。或曰華蓋即石塔巖。又有峰曰瑞雲，出泉，西流入永福縣。又有百丈嶺，東接福清縣界。○石梯山，在府西南四十里。盤礴峭聳，高千餘仞。上宜茶。絶頂有爐峰巖，南望大海。志云：郡境之茶，龜山爲上，石梯次之。龜山，在府西北二十里。又有浮山，在石梯之南，近海濱。

南日山，府東百里大海中，與琉球相望。舊名南匿山，近福清縣海壇山。明初設寨於此，後徙於内地。山爲會哨之所。又華胥山，在府東南百里，吉了巡司置此。一名極了，以莆地至此而極，復崛起爲此山也。宋時謂之擊蓼，與湄州嶼隔海相望。下有東西二灣，爲闽市輻輳之所。○湄州嶼，在府東南八十里大海中。一名鯑山，與琉球國相望。宋林光朝云：「湄洲隔岸視之，約六七里，有田數十頃，可畊而食。」又有大孤、小孤二嶼，宋志云：「在莆田縣東七十里。」名勝志：「今遮浪村海中有巨石突起曰大龜嶼，嶼東又有大石盤是也。」

海，府東南兩境皆濱海，島夷有警，府當其衝。其防維之處，吉蓼、平海、三江其最衝也，文甲、嵌頭、青山其次衝也。志云：府東北五十里有支海自砻頭入，與北山諸溪合，江面最闊。中有盤石突起如平地，居民集焉。有江口橋，一名龍津橋，又名尚陽橋，通道所經也。橋北即福清縣境。相近有下黄竿支海，流入此，兩涯宏闊。北涯舊有寧海鎮，鎮前有渡，元元統中創爲橋，明初復修之。勝覽云：「郡東薄寧海，謂寧海橋也。」又有峰頭澳，在府東平海衛南。嘉靖三十八年官軍擊倭於峰頭澳，破之。倭遁去，又追敗之於野馬外洋。

木蘭溪，府南七里木蘭山下。故有水曰南洋，唐觀察使裴次元陻海爲田三百頃，即此處也。溪之源自泉之德化、永春及仙游三邑，而下合澗谷之水三百六十有六，會流於此，又南經府南二十里將軍山下。議者嘗欲横堰此水以灌田，不果。宋治平初歲旱塘竭，有長樂錢氏媪築陂於將軍灘前，開渠循縣南十五里之鼓角山而南，甫成而壞。邑人林從世復相下流築南陽陂，既成又决。熙寧八年侯官李宏復因舊址營度，疊石築陂，上障諸溪，下截海潮，旁爲溝渠及斗門石涵，節宣盡制，約溉田萬有餘頃，莆人利之。元延祐間總管郭朵兒等復創萬金斗門，引陂水灌南洋以北諸田，爲利益溥。明朝循其制。自溪而東，縈紆曲折，有大潭三，總謂之清江潭，下流至江口入於海。○瀨溪，在府西南十里，即木蘭陂上流也。又上溪，在府西二里。一名北磨溪，南流注於木蘭溪。

延壽溪，府北七里。其上源曰莒溪，在府西五十里，首受游洋、漈溪、九鯉湖諸水，東會荻蘆、漁滄、八瀨水，經延壽村曰延壽溪。一名綬溪，以水緑如綬也。唐神龍間，有吴興者謂溪出杜塘，經流入海，不足溉田，即延壽陂後塍海爲田，築長堤於杜塘以遏大流，轉入沙塘陂，分爲溝澮數十處，灌北洋之田，復分二派，導流至礪浦入於海。延壽溉田可萬餘頃，所堤杜塘田可二千餘頃，莆之饒給以木蘭、延壽二陂也。新唐書：「延壽陂溉田四百餘頃，建中間置。」○八瀨溪，在府西北十里。志云：溪淺流急曰瀨，亦曰碧瀨，或訛爲鼇瀨。東爲龍潭，流合延壽溪。志云：府東海中有礪山，濱海之浦曰礪浦。

荻蘆溪，府東北四十五里。源出仙游縣游洋溪，流入境，合諸溪澗之水分二流，一自漢滄溪合延壽溪，一自龍港會迎仙港入海，曰南荻蘆溪。又有北荻蘆溪，在府西北百里。又西十餘里有澳溪，出澳頭山，合蘇溪、吉宦、鳳搏等溪，東流至荻蘆陂爲北荻蘆溪，亦分二流，左行者歷萬安溪、迎仙橋會福清縣界蒜溪之水以達江口，右行者過漏頭以達新港，俱入於海。志云：蘇溪亦曰洙溪。

迎仙溪，府東北五十里。志云：由荻蘆溪合桃源、白石諸水流經此。有子魚潭，其中子魚最多。一名小姑潭。又東爲迎仙港，一名通應港，接福清縣界蒜溪、遥江諸水爲江水入海。志云：迎仙溪流通錦江，即遥江矣。亦謂之三江口，以遥江、迎仙及木蘭溪下流俱會此入海也。亦爲濱海要地。

白湖，府東南二十里。一名玉湖。海潮自三江口、上黄竿歷寧海至此。舊有隄，俗名白水塘，後曰白湖。宋熙寧中於湖中設浮橋，紹興間易以石。湖側有靈惠井，環境斥鹵，井獨清冽。海防考：「嘉靖四十五年倭賊自白湖入犯，過涵頭至海口犯鎮東衛，湖亦戍守處也。」又凝翠湖，在府東南，與清江潭相襟帶。湖水繚繞，長百餘丈。

國清塘，府東南二十里。其水與木蘭陂相灌注，澄碧千頃，壺公、穀城倒影其中，唐貞觀中置，灌田甚多。新唐書：

「莆田西一里有諸泉塘，南五里有瀝㟙塘，西南二里有永豐塘，二十里有横塘，東北四十里有頡洋塘，與國清塘爲六塘，共溉田千二百頃。」宋熙寧中木蘭陂成，遂廢五塘爲民田，惟留國清以備大旱。又霞塘，舊志：在府城東北，清澈可愛，亦灌田百頃。

迎仙寨，府東北四十里。其地有迎仙橋，下即子魚潭，洪武二十年置巡司。志云：宋初司置於縣東施水亭，熙寧四年徙迎仙市之北，崇寧元年圮於水，徙迎仙市之西，明初改建於此。有城，前臨海，後負江，爲商民輻輳處。又沖沁寨巡司，在府東六十里。有城，三面阻海，與岐頭、三江澳港相接。志云：司舊置於興化縣尋陽山下，洪武二十年徙。又嵌頭寨巡司，在府東南九十里。舊置於莆禧鎮，洪武二十年徙置。有城界山海間，爲登涉要地。又青山砦巡司，在府東九十里。舊置於府東三十里之南哨，亦洪武二十年徙置於此。有城，東西南三面皆阻海，夷舟多由此入。南日山峙其南，渡海不過五十里，爲郡之門户。○吉了寨巡司，在府東南華胥山下。有城。洪武二十年置於仙游縣之潭邊寨，後徙今處。郡志：司距城八十里，前控南日，右引小嶼，左帶湄洲，迫臨大海，東有吉了水寨。又大洋巡司，在府西北八十里山谷中，蹊徑叢雜，奸民嘯聚，萬曆中增置今司。

莆禧鎮，府東南九十里。或曰即古之莆口。陳天嘉五年陳寶應據建安、晉安二郡，章昭達等討敗之。寶應逃至莆口，昭達追擒之，即此。明朝洪武二十年置所，尋築城，置倉於此。志云：鎮舊有莆禧税課局，洪武三年徙於縣東之下渚，正統二年廢。又有莆禧河泊所，亦明初置，尋移於府東南數里，成化間移於吉了澳，尋復舊。○黄石市，在府東南二十五里，民居環聚。舊有黄石税課局，本宋之黄石務，其後徙置不一，元至正中改建於此，明初改爲税課局。又有黄石河泊所，洪武十八年置，亦在府東南。今皆廢。志云：府東南有國清市，亦闤闠處也。

涵頭鎮，府東北二十里。亦曰涵頭市，路通永福、尤溪諸徑。洪武初置莆田税課局於此，莆田河泊所亦置焉。鹽鹾考：「元至元十六年於涵頭市設管勾司，董鹾事，延祐二年改爲司令司，明朝洪武二年改爲福建都轉運鹽使司分司，分統上里等場鹽課司，所轄凡二十四團，〔一〇〕皆産鹽處也。」

南日砦，在府東南。志云：府東平海衛東有舊寨，設於海中南日山下，北可以遏南茭、湖井之衝，南可以阻湄洲、岱墜之阨，亦要區也。景泰以後移於吉蓼之東，仍以南日爲名，舊南日棄而不守，番船北向，泊以寄潮。論者以爲自棄其險，然而孤懸海中，大約與泉州之浯嶼情事相類云。○崎頭鎮，在府東八十里。初置巡司，後改爲城堡。嘉靖中倭賊陷興化府，官軍擊之。倭賊走平海衛，欲掠舟泛海，乃結巢崎頭城，官軍擊之，敗績。賊乘勝陷平海衛，戚繼光等合兵擊破之。志云：鎮東至平海衛十里。

林墩。在府東南。嘉靖中戚繼光大破倭賊於此。海防考：「平海衛墩臺有小澳、石獅、礪前、新浦、三江、埕口、崎頭、澄港、湖邊、石城、蔡山、石井等一十二座。」○莆陽驛，在府治北。元置，明朝因之。又有遞運所在驛南，洪武十七年置，後廢。

仙遊縣，府西八十里。南至泉州府百五十里，西至泉州府永春縣百十里，東南至泉州府惠安縣百有二里，西南至泉州府南安縣百七十里，西北至泉州府德化縣百三十里。本莆田縣地，唐聖曆二年析置清源縣，屬泉州。天寶初改曰仙遊縣。宋因之。紹興十五年議築城以禦寇，不果。乾道中僅營四門。明朝正德初創築土城，尋圮。八年甃以磚，既而復壞。嘉靖二年改用石砌，七年始成。周六里有奇。編户十三里。

鷄鳴城，縣東七里，相傳越王無諸所築。俗呼城山，又名鐵山。舊經云：「其城靈異，不假版築，或呼爲鷄子城。」其相近者又有彭城，遺址並存。寰宇記：「縣東又有蜿灣城，俗呼爲越王城。」○興化廢縣，在縣北七十里，與莆田縣接界處也。

二飛山，縣北五里。宋志作「大飛山」，縣之主山也。蜿蜒數百里，屹立爲二，高可千仞，其形翼然作飛揚之狀。下有鐘鳴、馬鞍二山。東爲將軍山，頂若兜鍪。稍北爲瀑布山，懸崖數千尺，飛瀑瀉下如練，下有龍潭。又九域志：「大飛山有平湖洞。」其地有平湖數頃，一夕風雨暴起，旦見此山聳峙，因名大飛。唐景福初王潮自泉州遣兵攻福州平湖，洞民請以兵船助之，即此。

九座山，縣西北七十里。重巒疊嶂，中巍然高峙者凡九。其居中而尤峭拔者曰盤髻峰。又北十里曰大汾山，與福州府永福縣接界。○梁山，在府西北四十里，平田中突起一峰，層巒插漢。其東南五里爲泗洲臺山，一名仙人臺，亦高聳。志云：縣南三十里有九峰山，亦曰九仙峰，雲興則雨。又南十五里爲九龍山，山分九支。並峙者曰銅鼎山，勢甚雄壯。又新峰山，在縣東南四十里。其高凌天，頂平如掌。

九仙山，縣東北百里。脉自永福縣來，至此特起一峰。其西爲高望山，連綿高聳，可以遠眺，風日澄霽，海在目睫。南爲雙髻山，北爲仙人臺，皆以何氏九仙得名。山之下爲何嶺，俗呼寒硎，亦曰寒巖，又曰古荷城，亦曰何巖，臨九鯉湖。東有石洞，可坐百人。綿亘數十里。其西曰南湖巖，峰巒聳秀，下瞰平湖。又西曰高陽山，亦名谷目山，崇林幽翳，居人剥木以識所從入之路，因訛爲谷目云。又盤龍山，在九鯉湖西南，高千餘仞，崒嵂不可登。上有白雲洞。

石所山，縣東北六十里。高數千仞，盤踞百餘里，何巖居羣峰之上，而此山又居其上。巔有烏頭巖，石黟黑，浮海者望以爲的。其下平坡十餘里。頂旁爲雲居巖，下視空闊，滄海渺茫，巖高千仞，而有方沼瀦其巔。相近又有滴水、鳴山等十餘巖。志云：石所在何巖之東，紫帽之西。其紫帽山石壁削成，有麥斜巖諸勝。○尋陽山，在縣東北八十里。山自西北來，峙爲三峰，中大雪，北仙臺，西香爐，極爲雄偉，左右環疊，峰巖甚衆，並稱奇勝。

蔡溪巖，縣東北八十五里。巖前有石如雙闕，曰石門，頗高廣。石門之北，峭壁環立。上有瀑布，懸流數百丈。瀑之盡處爲龍潭，深不可測，流而爲溪，是爲蔡溪。石門之下有幻遊洞，巖水至此，會流如奔雷，瀦而爲湖。湖之旁峰巒環峙。○北坑巖，在縣南。巖石周環如城，元末鄉人避寇於此。又石碑嶺，在縣南，嶺路甚峻，有石立道側，平闊如碑；縣南又有馬嶺；皆通道所經。

九鯉湖，縣東北六十里萬山中。湖之前山曰飛鳳，後山曰高陽，盤旋環抱，湖瀦其中。志云：九仙諸山自永福而下，重山稠疊，幾百餘里，至此石峽天開，懸崖無際，數百里之水來入石竅石穴中，瀦爲石湖。湖水日夜從高墜下，巖石巘巇巃嵸，水流濆激，洞心駭目，春夏間其觀尤偉。湖上有何仙祠，相傳九仙丹成，跨九鯉上昇處也。湖之北爲黄鷄灘，南爲茶槽潭。湖水東南行，被崖而下爲瀑布，而潭，而陂，又繞山而行數十曲而爲莒溪，爲壽水，其終入海。此其大略也。中分九漈：一曰雷轟漈，在湖東，何巖之水出而西流，奇石當其中，溯洄擊盪，其聲如雷。一曰瀑布漈，在雷轟西，相去五十步，奇石懸流，如澡練然。一曰珠簾漈，在湖西，水從巖飛下，去地千仞，噴沫如散珠，稍卑則覼縷成簾也。一曰玉筯漈，從湖西南盤龍山頂灌下，忽岐爲兩，直下白雲洞中，宛如玉筯，亦曰玉柱漈。一曰石門漈，去玉筯西北里許，漈中奇石參差，有二石亭，亭如門，谽谺水流其中。一曰五星漈，距石門二里，有五石相聚如星。一曰飛鳳漈，去五星三里，即飛鳳山峙於湖前者，其高百仞，十里之外，有泉縈迴，注而爲漈也。一曰棋盤漈，距飛鳳里許，漈中卧一巨石，宛若棋盤。一曰將軍漈，距棋盤數里，漈中有兩石鵠立，如武夫當關之狀。自湖至此，不啻二十里，皆猿厓鳥道，登陟甚艱。邑志：湖之奇以九漈，一漈或五里十里，遠者二十里，皆兩山夾峙，奔流界乎其中，道路迂迴奇勝，不可名狀。從將軍漈南出爲莆田縣之莒溪。○赤湖，在縣南四十里楓亭市之要，昔時周環五里，土色皆赤，下爲焦坑，流入楓亭溪。

游洋溪，在故興化縣西。上源有郭洋、銀巖等溪匯流，而東南有尋陽溪流合焉，入莆田縣界，下流爲南荻蘆溪。○三會溪，在縣西十五里。有三源，皆導流諸山澗中，匯而爲一，又東南匯羣溪之水，流入莆田縣界，下流合於木蘭溪。志云：縣西七里有神堂溪，十里有大濟溪，四十里有大目溪，俱匯於三會溪。又有余溪，源出永春縣，流合大目溪。

偎溪，在縣城南。一名大溪，一名南溪，又名藍溪。西北受永春、德化之水，東南流至縣前，環繞如帶，又東南匯諸溪水，亦合於三會溪。志云：縣南有可溪，出縣南二十里之香山；又有九溪及周溪，皆在縣南十里；又東南有蔣溪；又縣東十五里之昆溪、安吉等溪：下流皆會於仙溪。○楓亭溪，在縣東南四十五里。其上流爲皂洋、吴坑諸水，又東有九龍溪，西有赤湖、焦溪，皆流合焉，南出雙溪口入太平港，港即溪海會流處也。志云：雙溪港亦在縣東南四十五里，一名滄溪。其南爲太平港。又沙溪在縣東南四十里，溪旁有沙溪市，南流合楓亭溪。

何巖水，在縣東北何巖下。源有三，皆出山谷中，其下流一出瀨溪下木蘭陂，一出鯉湖下莒溪，一出龍津下延壽溪，並注於海。志云：縣南七里有聖泉，亦號龍井，雖旱不涸，灌田十餘頃。

白嶺寨，縣西四十里。有巡司。志云：洪武二十年置楓亭巡司於楓亭驛，尋改置於莆田縣小嶼山上曰小嶼寨巡司，築城置戍。嘉靖三年以山寇竊發，移置於白隔嶺，而小嶼巡司廢。又陳疃關，在縣南，又南即惠安縣界。聞見録：「仙遊西南數十里有大埔阸，又數十里至長嶺，即晉、惠兩縣界。縣西又有石獅隘，接永春縣界，嘉靖中倭賊常出没於此。」

楓亭驛。縣東南五十里。唐爲風亭館，宋爲太平驛，元至正七年改爲楓亭驛，明朝因之。東北去府城六十里，東南去泉州府惠安縣五十里。

附見

興化衛。在府治東北。洪武元年建。○平海衛，在府東九十里。洪武二十年置，并築衛城，周四里有奇，有門四。

領莆禧所一。

守禦莆禧千户所。府東九十里。亦洪武二十年建，築城周三里有奇，有門四，三面瀕海，西面爲濠。西南有文甲澳，又有嵌頭、青山諸港口，皆爲濱海要地。海防考：「莆禧墩臺有山柄、文甲、嵌頭、東湖、山西，凡五座。」

福寧州，東至海六十里，南至福州府五百四十五里，西至建寧府八百五十六里，北至浙江温州府五百九十里，自州治至布政司見上，至京師六千六百七十七里。

禹貢揚州地，周閩越地，秦閩中郡地，漢會稽郡地，三國吴屬建安郡，晉屬晉安郡，宋、齊因之。隋屬泉州，大業初屬建安郡。唐仍屬泉州，開元初改屬福州。五代時王氏屬長樂府。宋仍屬福州。元至元二十三年升爲福寧州，屬福州路。明朝洪武二年州廢，成化十九年復升爲州，編户五十三里。直隸福建布政司。領縣二。

州北瞰永嘉，南屏侯官，山川險峻，實爲要地。防險説：「閩、興、泉、福、漳之地皆濱海要衝，然莫有如福寧之尤險者。蓋地勢自西北而東南，至會城盡之矣，而福寧又在東南，突出海中，如吐舌然。其左爲甌、括，海居東面；其右爲福、興，海居南面；福寧獨當東南北三面之衝，島夷入寇，必先犯此，故防爲最急也。」

長溪廢縣，今州治。本温麻縣地，唐武德六年析置長溪縣，屬泉州，旋省入連江縣，而以縣治爲寧遠鎮。長安二年復置，尋改屬福州。五代時王閩屬長樂府，宋仍屬福州。元升縣爲州，改曰福寧。明初降州爲縣，後又升爲直隸州。城邑考：「州城洪武四年築。二十年增拓東城，永樂五年復修治。成化十七年以後屢經營繕。嘉靖三十四年復拓城西。三十七年夏潦，明年倭寇來犯，又值淫潦，城圮，尋復營築。今城有門四，周六里有奇。

温麻廢縣，州南三十里。晉太康三年析侯官縣温麻船屯置温麻縣，屬晉安郡，蓋治於此。隋開皇九年廢。唐改置温麻縣於今連江縣境，而以廢縣地置長溪縣。今州南有鼓樓山、古城村，蓋因廢縣爲名。

龍首山，在州城北。分爲五枝，又名五葉蓮花山。山巔平夷，唐末黄巢犯閩，嘗屯兵於此，號黄巢坪。坪西有井廣丈許，其水清泚，名曰聖水。又有東西石澗，下北城外濠而入水關。志云：州東門外有華峯，下有雷壇，元末州尹王伯顔與山賊王善戰，不利，見執於此，死之。又城南三里有南峯，峯頂岐首有三，亦曰三台山。郡志：龍首山峯巒峭拔，爲州主山，前挹長溪，東抱華峯，西接蓮坡，水光山色，映帶城郭。又有金字山，在州治東北，高聳如龍首，嘉靖三十八年義兵殲寇於此。其東爲獅山。城東北曰大潙山，唐景福中僧建大潙院於此而名。縣東有小山，最高峻。又明宗山，在龍首山西，亦曰蓮花山。

松山，州東十里。下有松山港。昔時風濤險惡，歲患溺舟，後流沙漸合，有徑可行，正統九年徙置烽火寨於山下。其對峙者曰後崎山，山全體皆石，巨細磊砢，争奇競秀。又鐵嶂山，在州東十二里，壁立千仞，其色如鐵。一名昆岡。相接者曰馬冠山，亦名昆田山，山勢連亘數十里，高聳凌空，形如半月。志云：松山東南海中有斷嶼，名火焰山，又名屏風嶼。嘉靖三十八年倭賊突犯州境，參將黎鵬舉等擊之於屏風嶼及鎮下門、三沙海洋，皆敗之。鎮下門，見浙江温州府。

洪山，州南三十五里。勢極高峻，望温、台如在掌間，志以爲州南第一山也。葛洪舊嘗隱此，因名。有泉一泓通海，名曰海眼。其西有數峯連接。又小洪山，在州西南五十里，以高峻亞於洪山而名。亦曰紅山。有天池，闊二三畝，四時不涸，名曰龍潭。又霞浦山，在州南四十里。中有青、黑、玄、黄四嶼。日出照映，江水如霞，故名。又南十里曰羅浮山，相傳此山浮海而來。泊船山下，可避北風，若南風則石厓齒齒難近。嘉靖三十七年倭賊流劫羅浮，官軍禦却之。今防倭水砦船多集其下。相接者曰水澳山。旁又有石笥山，峰巒聳秀，上有清泉。又南曰文崎山，與武崎山並峙海中，廣袤五里。○南金山，在州南六十里。一名大金山，居民環其下，廣袤二十里。其南一山曰小金山。相近者曰浮瀛山，一名浮膺山，上有四澳，下臨溟海，一望千里。宋、元間居民蕃庶，明初俱徙入内地。

望海山，城西北七十里，去海百餘里，勢極高峻。上有石池，四時不涸。又柘洋東山，在州西北百二十里，東望海外數百里，諸山皆在履舄之下。懸厓聳削，積雪不消，有泉一勺，大旱不竭。元末有袁天禄者率其昆弟保柘洋，爲泰安社州，賦税訟獄皆歸焉。元授以江西行省參政，明初納款，世居此地。嘉靖末倭賊寇其額堡，不能下。

大姥山，州東北百里。羣峰林立，得名者三十有六，爲境内之望。又北數里曰草堂山，本名靈山，以林嵩築草堂其中，改今名，巖石甚勝。餘詳見前名山大姥。○嵛山，在州東南海中。山高而中坳如鉢盂，舊名盂山。有三十六澳。旁有艮山，有日嶼。東有七星山，以七石浮立海面如七星而名。嘉靖中官軍嘗敗倭於此。志云：出州東門三里，迤南而西，水天茫茫，浮於水面有臺山、官澳山、屏風山、筋竹山、四瀧山，皆在烟波浩淼中，難以里記及其方隅也。又秦嶼，在州南海中，爲防戍要地，箕簹巡司置於此。

泗城山，州西南五十餘里。危壁峭立，有巨石黑色，名鐵印山。下多屯田軍營。東隔溪有小馬山。又白瓠山，在州南大海中，白如瓠，山脊與寧德縣接界。志云：州西南六十里又有竹嶼。其相近者爲孤山，嘉靖三十五年倭賊自寧德縣遁入福寧州界，官軍追敗之於此。

桐山，州西北百六十里，接浙江平陽縣界。其地險阨，可以戍守。嘉靖三十九年倭賊自州城流劫至桐山，指揮盧鋐等擊敗之。賊還，復擊敗之於同坑，既又追破之於蒲岐。今設營置戍，爲浙、閩要隘。同坑，見浙江泰順縣。蒲岐，見浙江樂清縣。○天竺山，在桐山東南。其相近者有半嶺，輿程記：「半嶺在桐山北二十五里，爲往來之通道。又北十五里即分水關。」

石馬嶺，州北百三十里。有巨石危立如馬。又西北三十里即桐山。又北四十里爲分水嶺，接浙江泰順縣界。有關，浙、閩分疆處也。又王頭陀嶺，在州東五十里。北連九嶺，崎嶇險峻。宋時王頭陀砌石爲路，嘉定中縣尹楊志復用石修砌。○池家嶺，在州西北四十里。中有古澗，深百餘仞。又有石門，俗呼仙人洞。志云：州西有楊梅嶺，產楊梅。宋開禧中僧砌嶺路，自嶺而下東抵九里亭，西抵十八溪。嘉靖十六年令楊志用石甃砌，悉平犖角，亦名楊公路。

海，州東南百里。志云：州境海環三面，其在東北者三沙海，形勢陡絶，最爲險要。沙埕砦稱首衝，蓁嶼次之，而泥坪防衛港口，松山逼近州城。水則烽火砦，陸則左右營，又有桐山、閭峽、下滸諸處，分防水陸，與連江縣之定海所、州南之大金所聯絡控制，並爲州境之險云。

長溪，州西四十五里。元出浙江慶元縣界，〔二〕流入境，經福安縣而東會柘洋水達州城西，又南經古鎮門入海。迤邐數百里，唐因以長溪名縣。舊志：州西南百七十里有白水江。又有霞浦江，與硯江相接，東流入海。○倒流溪，在州東三十里。源出東北九十里之烏巖，西南流經此，因名。冬夏不竭，溉田萬頃。下流入海。

松山港，州東南松山下。上接諸溪澗之水，至松山前與海潮匯，前有沙洲，後有沙徑，海船多泊於此。又松蘿洋，志云：在州西北七十里，其地有九灣十八折，又七十里至福安縣。今有松蘿公館。

分水關，州西北二百里分水嶺上，接浙江泰順縣界。今詳見泰順縣。志云：州東北有疊石關，與分水關俱王閩所置，以備吳越。又州北有後崎關，亦閩置。宋建炎中建賊范汝爲作亂，里人拒之於此。又有營頭關，在州南霞浦山前。有小嶼跨海，與大山接，中可容數百人，宋紹興中邑人嘗守此以拒海寇。○古鎮門，在州西南。長溪之水會州境及福安縣諸溪澗水而入海，一名白馬門。又漁洋埕，在州南三十五里。兩旁皆海，中一徑如蜂腰，去海甚近，而隔絶不通，因名。

大篔簹鎮，州東北百里。舊爲蔣洋巡司，在州東北八十里，洪武二十年移置於蔡嶼堡，改今名。有城。又水澳巡司，在州東百里。舊爲桐山巡司，洪武二十年移置於此，改今名。有城。嘉靖中還置於桐山堡，爲蘆門巡司。又清灣巡司，在州東北五十里。本置於州南百里，曰西臼巡司，洪武二十年移置於牙裏堡，改今名。亦有城。又高羅巡司，在州南五十里閭峽堡；延亭巡司，在州南百里下滸堡；俱洪武二十年置。有城。志云：州東南又有松山巡司，亦洪武二十年置。二十六年又置河泊所於此，嘉靖中司革。○柘洋巡司，在州西北百二十里，西南至福安縣百里。有柘洋故城，元末創爲保聚處，正統六年增置巡司，以備山寇。通志：「州境又有庫溪、小瀾、鹽田三巡司，俱元置，明朝革。」

烽火門水砦，州東松山下。永樂十八年創設於三沙海面，既以倭寇入犯，撥衛軍及大金所軍協守。正統九年議者以爲風濤汹湧，不便棲泊，乃移於今所，增撥官軍以備倭寇。○流江砦，在州北百里，與平陽縣接界，即横陽江南岸也。海防考：「烽火門之要有官井、流江、九澳諸處，爲賊船必泊之所，備禦最切，而流江與烽火門尤爲犄角之勢。」

三沙寨，在州東北。相近又有清灣寨，與清灣巡司同置。又東北有可家、黄崎、小篔簹、大篔簹等砦，州東百餘里又有南鎮、水澳等砦，俱屬福寧衛。○高羅砦，在州西南，與高羅巡司同置。又有下滸、延亭、車安、西臼，與高羅共爲五砦，俱屬大金千户所。又延祥寨，志云：在州南，宋淳祐三年置，有水軍千人。州城北又有金城砦，在金字山上，壓城而峙。嘉靖中倭登是山，攻城，城幾陷。萬歷二十九年置寨於此。

沙埕堡，在州東北。海防略：「沙埕征榷要衝，商民輻輳，三面俱海，賊所垂涎，而蓁嶼堡地亦濱海，民殷庶。蓁嶼而下爲三沙信地，襟山帶海，舊設土堡於相近之高巖，以防海口。」○湖平，在州東三十里。嘉靖三十五年官軍敗倭賊於孤山，又追敗之於湖坪是也。今有湖平舖。

温麻驛。州西五里，又西有鹽田驛，又州東有倒流溪驛、飯溪驛，州北有桐山、分水二驛，俱宋乾德初置，元廢。今州治東有館驛，舊置於西門内，正統七年改置今所。又州西南四十里有鹽田公館，州西北八十餘里有杯溪公館，俱成化中置。

寧德縣，州西南二百二十里。西南至羅源縣八十里，西至古田縣二百六十里，北至建寧府壽寧縣二百二十里。本長溪、古田二縣地，唐開成中置感德場，五代唐長興四年王閩升爲寧德縣，屬長樂府。宋屬福州，元改屬福寧州。明初仍屬福州府，成化九年復改隸福寧州。城邑考：「縣有土城，王閩時築，後毁。明朝正德初增修，嘉靖四十年倭毁，四十二年改築，周三里有奇。」編户二十三里。

白鶴山，縣西一里。俗名西山，秀拔千仞，南連飛鸞諸山，北接蓮花諸峰。山下懸崖峭壁，空洞幽深，容數十人。泉水清洌，是爲龍泉。其西南即白鶴嶺，石磴峻嶒，紆迴百折，盤曲而上，海上諸山皆入延眺。嶺之南飛泉百丈，名南山漈。嶺半有黯井，味甘美，四時不竭。

金甌山，縣東南十六里。若金甌浮於水面，與酒嶼、猿毛、大小金崎、橄欖諸嶼聯絡海中，而此特近，四際平曠，亦名覆釜山。又梅溪山，在縣南二十里，東接飛鸞嶺，南俯大海，梅溪遶其下；其相屬者爲勒馬山，又有楊溪山，俱環拱縣南。又城澳山，在縣南四十八里，四面環繞如城郭然。内有南北中三澳，可容萬人。然四際皆海，中無所產，人跡罕到。○騮山，在縣東北二十五里。峰巒秀拔，形如驊騮奔馳入海之勢。濱海有官扈山，地勢坦舒，土壤饒沃。相接者爲扈崎山，山下有三江洋、三渡洋。又有官井洋，出洋即渺茫大海。嘉靖中設官井洋水砦，爲控禦之所。

霍童山，縣北七十里。名山記：「山高三千四百丈，周圍三百里，道書以爲霍林第一洞天。」白玉蟾云：「此山週環九十九峰，諸峰俱備，名著者三十六，最勝者四十八，唐天寶中名山曰仙遊，王閩時封此山爲東嶽。」列仙傳霍童作「霍桐」。去平地七里，巔甚平曠，有甘露池、海鰌井及石廊、石室。昔有神仙霍童居此，因以名山。亦謂之鶴林山。山後有大童、小童諸峰，奇勝錯出，亦謂之四十八景。東有高蓋山，山之别峰也。西有支提山，去鶴童二十里，歷數十峰乃至，峰巒圍繞，巖谷幽深，更爲奇勝。葉氏曰：「閩境之山，西則武夷，東則霍童，而霍童深廣奥僻，巖巒洞壑之奇，不能以耳目盡也。」

鳳山，縣北百二十里。卓立萬仞，傍分兩翼，如飛鳳然。上有鳳池及飛石巖諸勝。○石堂山，在縣西百二十里。上有巖路通古田縣。嶺下有塘名石塘，亦曰唐溪，匯爲蛟潭。東麓有雙柱、翠屏諸峰。

石壁嶺，縣北十里。石壁峭拔，高入雲霄。上有泉出巨石上，甚清冽。下有溪，與瑞迹溪環遶里中，謂之雙溪。溪旁小山曰龜嶼，與石壁相連。嘉靖三十五年官軍擊倭賊於此，敗績。○新嶺，在縣北百六十里。有大小二嶺，上有瀑布泉，羣峰圍繞，並稱奇勝。又北六十里有麻嶺，路通壽寧、政和二縣，巡司置於此。又有顯聖巖、玉屏峰，皆聳秀入雲，形狀奇崛。

飛鸞嶺，縣南二十里。形如飛鸞展翼，與勒馬、梅溪諸山岡脉相接，逶迤曲折達羅源縣境。下有飛鸞渡，即飛鸞溪所經也。東麓有百丈漈，名棲雲潭。又嶺東有萬石巖，中容數百人。又峬嶺，在縣東北二十餘里。志云：嶺下有東墻渡，通寶豐銀場。○瑞峰，在縣東三十里海上，秀拔萬仞，與白鶴峰對峙。其相並者有嵩嶼、黄灣峰。又五馬峰，亦在縣東南。志云：縣捍門山也，五峰列峙如馬。縣南諸山皆趨海，海濱垂盡處忽五峰突起，高聳海上。

大海，在縣東南。志云：縣境之水入海者有三派：一自酒嶼由金崎過三江洋而入，一自三嶼前過三渡洋會藍田之水而入，一自峬村港經峬門徑至白瓠山而入。其海潮之入於縣境者有五：一自南門溪，一自金鰲橋，一自藍田，一自東墻渡，一自金垂云。

穹窿溪，縣西五十里。上有穹窿巖，因名。源出古田縣境，合周仙湖，東流至石堂山下合於唐溪，又東爲穹窿溪。又環溪，在縣西百二十里。亦出古田縣界，雙溪夾拱，周圍環繞，至穹窿巖合流爲天柱窟，又東爲淀尾，經赤鑑湖至峬門下達於海。○外渺溪，在縣北百十里。源出政和縣界，自漁滄而下匯諸溪之水，經縣西北之青巖及霍童山下之桃花洲及縣東北十五里之合掌灘，又東至銅鏡、金垂入於海。又有油溪，在縣西北二十里。源出古田縣界，有金溪流入焉，又流經羅源縣境會百丈漈、竹林潭至溪口村，同出三嶼之左匯於海。

飛鸞溪，在縣南飛鸞嶺下。源出羅源縣境，流入縣界，經三嶼東與油溪同入於海。又官井洋，在縣東扈崎山下。志云：源出浙江龍泉縣界，東流數百里至斜灘，又東過福安縣北，又東流入縣界，合松潭溪，又東會於此入海。

赤鑑湖，在縣西南。一名西陂。宋里人林桂築堤鑿堰以灌田，後陷於海，尋瀦爲湖，上通穹窿溪，下達峬門。又周仙湖，在縣西百餘里，接古田縣界。相傳昔有周仙者得道於此。上流之水瀦而爲湖，鄉田賴以灌溉。城東又有東湖，宋令李澤民以山高水迅，堤而湖之，起附馬塘，歷酒嶼、金甌、延岫至藍岫，由是旱澇有備，民號李公堤。又水南湖，在縣東北之桐鏡村，瀦水不竭，可資灌溉。○午日潭，在縣西六十里。四山高峻凌霄，中有三潭，巖頭瀑布千尋，瀉入潭中，而濛密不見天日，惟正午之時日方臨照，故名。志云：縣北百二十里有櫃州，水極險惡難渡。居民强悍，以販鹽爲業。

麻嶺鎮，縣北百二十里涵村。有東洋麻嶺巡司，元時本置於縣北二百餘里之東洋，明朝因之，宣德中移於今所。志云：今司治雲淡門，在縣東北二十餘里。又有東洋鎮，即元時巡司故址。嘉靖四十年倭變，東洋民乘亂肆掠。議者以東洋地僻民頑，請設行縣於周墩，分主簿一員駐其地。今因之。

長崎鎮，縣東五十里。亦曰黄崎。又東北六十里至福寧州。輿程記：「寧德縣東四十里地名大梨嶺頭，又十里至黄岐，過江而北有路達安福縣。又自鎮東北行十五里過江，又十五里曰鹽田，又三十里即州東門。」或曰此自縣至州之逕道也。

三縣砦，縣東三十里。宋初建砦於三嶼，即此處也。元豐初移置於蛇崎山，界福安、福寧三縣界，因名。洪武二十一年移於福寧之松山，尋廢。又岫村，在縣東北三十餘里。洪武初設税課局於此，尋廢。

寧川驛。在縣治西，又縣西南五十里有飛泉驛，俱宋置，尋廢。志云：縣南有焦門峽，宋政和中移飛泉驛於此，紹興間以風濤險惡而罷。今縣有明坑公館，在縣北七十里。寶豐公館，在縣西北二百二十里，即宋之寶豐銀場也。

福安縣，州西北二百里。南至寧德縣二百里，西北至建寧府壽寧縣二百里，北至浙江泰順縣二百五十里。唐長溪縣地，宋淳祐四年析置福安縣，治韓陽坂，元隸福寧州，明初屬福州府，成化九年復改今屬。正德初始築磚城。嘉靖三十七年以倭警增修，工未及畢，明年城陷，因復修築。倭復至，不能陷。萬曆九年城圮於水，尋復營治，而展其東面，并築堤於城西以遏水。二十七年城復舊制，周圍五里。編户三十六里。

宬山，在縣治北，縣之主山也。其支曰鶴山，舊在城中，嘉靖間倭陷城，議者以城曠難守，截出之。萬曆九年增拓縣城，復環於城内。縣治有龜湖山，平地突起，俯瞰湖光，與鶴山對峙。志云：縣治東北有銅冠山，四時雲氣蒸鬱，青翠不改，下有流泉。○城山，在縣西南十五里。唐末鄉民築城於此，以避黄巢之亂，因名。上有靈巖，巖下有雙劍水，亦曰廉溪。

崑崙山，縣西北四十里。高聳萬仞，上有天池，池畔多民居。志云：縣西三十里有福源山，上有三峰，高聳如鳳舞，名鳳翔峰。又有獅子巖、幞頭巖諸勝。下爲穆洋，亦曰穆溪。○仙境山，在縣北二百十里。峰巒峭拔，怪石嵯峨，巖洞寬豁，石門封固，蓋神仙窟宅云。

牛嶺，在縣西二十餘里。志云：山界寧德，通延、建，其高接天。又金雞嶺，在縣南四十里。一名五嶺，爲五路之會，有隘口爲戍守處。又有大萊嶺，在縣東南百餘里，爲盜賊淵藪，有民兵屯守。

雙巖嶺，縣東南百二十里。宋建炎間韓世忠討建寇范汝爲，嘗屯兵於此。又棲雲嶺，在縣西十五里，當往來之道。志云：縣東南五十里有百辟巖，相傳宋少帝航海入閩，集勤王之師於此，因名。○巖湖嶂，在縣北四十里，高廣皆數十仞，其平如掌，容數百人。半巖有穴，亦容數十人。下有湖，名曰巖湖。又鐵仙嶂，在縣西北。有三峰峙秀，林木陰森，亦縣之勝也。

海，在縣南。志云：縣境之海，與福寧州寧德縣相接。

六印江，縣南百里，中有六小嶼。又有蘇江，在縣東南五十里，流合六印江。其下流爲甘棠港。志云：港在縣東南百六十里，一名黄崎港，與六印江相連。先有巨石屹立波間，舟多覆溺，唐乾寧五年王審知欲鑿之，忽風雨大作，别開一港，甚便舟楫，閩人以審知德政所致，名曰甘棠港。下流出福寧州之古鎮門入海。

長溪，在縣西北。源出浙江慶元縣界，自東北來者爲東溪，自西北來者爲西溪，二溪匯流爲交溪，〔三〕又東南流爲長溪，繞流縣郭亦謂之環溪，又東南入州境達於海，遠近諸溪澗水悉流合焉。志云：縣南境有三港口，自三港口而下爲蘇江、六印江、甘棠港、芭蕉洋、古鎮門，皆江也。出古鎮門則爲海，自三港口而上則皆溪矣。○平溪，在縣西北五十里。自壽寧縣流入境，合乎東溪。又秦溪，在縣東五里。源出福寧州西北境之鍾龍井，南流入長溪。又穆溪，在縣西南三十里。源出政和縣界，流入境，有白石溪流合焉，又東會於廉溪。志云：廉溪在縣南五十里，上接穆溪，爲三港口，匯羣溪以入於海。又有大梅溪，在縣東南四十餘里，亦入廉溪。

白石鎮，縣北七十里。有巡司，成化八年置。有城。嘉靖中移置於縣南百五十里黄崎鎮。志云：黄崎鎮，唐咸通中置，後廢。宋熙寧五年復置，崇寧三年并置榷務於此，嘉熙四年廢。嘉靖中以寧德縣之長崎爲黄崎鎮，而改黄崎爲白石巡司，設有城堡，監司行部駐節於此。○漁洋巡司，在縣北九十里。元置，明初因之，景泰六年廢。又辜嶺巡司，在縣南二百餘里，近寧德縣之飛鸞渡。宋置，元廢。

白沙務。縣南二十五里。宋紹興二年置，尋罷。志云：縣南三港口舊有税糧場，閩王審知置，東轄温麻港，西轄童鏡港，中轄甘棠港。宋熙寧五年行市易法，以風濤險惡，商舟艱於駐泊，乃移置於黄崎鎮。又税課務，在縣西南三里。洪武三年建，宣德中省。○下邳驛，在縣東十里；又黄崎驛，在縣西南三十里；俱宋置，今廢。

附見

福寧衛。在州治東。洪武二十年建，領所一。○守禦大金千户所，在州南八十里海濱，亦洪武二十年建。舊爲巡司，尋改千户所。築城周三里有奇，永樂以後不時修築。

校勘記

〔一〕分引入水步門水關　「入」，底本原作「自」，今據職本改。

〔二〕大祉小祉　「祉」，底本原作「社」，今據鄒本及明志卷四五改。

〔三〕隔東江至東墻北曰白兵焦　上作「東江」，下作「東墻」，據下文「兩墻間」云云，此「東江」當是「東墻」之誤。

〔四〕至縣僅一潮　「潮」，底本原作「湖」，今據職本改。

〔五〕俗傳秦始皇以東南氣王　各本皆如此，宜作「俗傳秦始皇以東南有王氣」。

〔六〕海滄潭　底本原作「海海潭」，據職本改。

〔七〕石晉天福三年　通鑑卷二八二後晉紀三載王延政攻南鎮事在石晉天福五年，此作三年誤。本書卷九七建安縣建溪下作「五代晉天福五年」，不誤。

〔八〕號曰仙掌平坡　「平」，底本原作「牛」，據職本、鄒本改。

〔九〕擱以石盾　「擱」，職本作「櫚」，敷本、鄒本作「攔」。

〔一〇〕所轄凡二十四圍　底本原重「凡二」二字，今據鄒本删。

〔一一〕元出浙江慶元縣界　「元」，底本原作「源」，今據職本、敷本、鄒本改。

〔一二〕二溪匯流爲交溪　「二溪」，底本原作「二縣」，今據職本、鄒本改。

讀史方輿紀要卷九十七

福建三

建寧府，東至福寧州八百五十六里，南至延平府百二十里，西南至汀州府七百三十里，西北至江西廣信府四百五十五里，北至浙江衢州府五百里，東北至浙江處州府四百七十六里，自府治至布政司五百二十五里，至京師五千七百五十七里。

禹貢揚州地，周爲閩越地。秦屬閩中郡，漢屬會稽郡，後漢因之。三國吳永安三年始置建安郡，吳録：「後漢分治縣地爲會稽東、南二部都尉，東部臨海是也，南部建安是也。吳孫休分南部立建安郡。」晉以後因之。隋平陳廢郡，屬泉州，大業中屬建安郡。唐武德四年置建州，治建安縣，以建溪爲名。天寶初曰建安郡，乾元初復曰建州。五代時屬於王閩，石晉天福六年，王延政據建州，請於其主曦，欲以建州爲威武軍。曦以威武乃福州舊號，因以建州爲鎮安軍。延政自改曰鎮武軍，尋稱帝於此。後又屬於南唐。石晉開運三年，南唐取閩地，改建州軍號曰永安軍，後周顯德三年南唐又改曰忠義軍。宋仍曰建州，亦曰建安郡，端拱初升爲建寧軍節度。紹興三十二年升爲建寧府。以孝宗潛邸也。元曰建寧路，明初復曰建寧府。今領縣八。

府西帶江西，東連浙右，形勢四通，爲全閩之藩屏，晉安之肩背，且東水襟山，號爲奇峻，誠東南勝地也。宋紹興二年，羣盜范汝爲據建州，韓世忠自温、台路進討，曰：「建居閩嶺上游，賊沿流而下，七郡皆魚肉矣。」及景炎初蒙古窺閩，以舟師出明州，逼福州，復以騎兵取處州、瑞安，即温州府。入建寧，於是東西震動，時蒙古西入邵武，東侵福州。八閩瓦解。明初征陳友定，亦命諸將首攻建寧，蓋所以奪敵之心喉也。

建安縣，附郭，在府治西。本漢冶縣地。志云：建安初分侯官之北鄉置建安縣。一云建安十二年孫策所置也。孫權初建安民亂，討平之，尋爲建安郡治。晉、宋以後因之。隋廢郡而縣仍舊。唐爲建州治，自是州郡皆治此。今編户一百五十四里。

甌寧縣，附郭，在府治南。本建安縣地，宋治平三年析置甌寧縣，并析建陽、浦城地益之，熙寧三年省。元祐四年復析建安縣地之半置今縣，元因之。今編户一百九十九里。

建安城，今府城也。志云：三國吴永安三年郡守王蕃始築城於溪南覆船山下，劉宋元嘉初遷於溪北黄華山下，梁末毁。太守謝竭栅木溪西爲治所，陳刺史駱文廣復徙於覆船山北，而以黄華山麓爲建安縣治。唐大曆中州寄治縣城内。建中初刺史陸長源改築縣城爲州治，周九里有奇。天祐中刺史孟威增築南羅城。五代晉天福五年僞閩王延政增築郡城，周二十里。尋入南唐，城復故址。宋紹興十四年爲洪水所圮，尋復修築。二十年以後屢經營繕。元季城毁。至正十二年紅巾入寇，郡守趙節因舊址修築。二十年陳友諒來攻行省，參政阮德柔擊敗之，益加修築。

明朝洪武二年拓城西南隅，十九年復增築城西，包黄華山於城内。有門十一，永樂中閉西北二門，今有門九。城周十一里有奇。

東甌城，府東南十里。志云：漢吴王濞世子駒發兵圍東甌，蓋此城云。又府東南三里有故府城，相傳漢會稽南部都尉所治也。又府東北有古長城，相傳五代時王審知據閩，曾遷郡城於此，鄉人呼其地爲黨城。

黄華山，在府治東北。郡之主山也。脉自括蒼來，綿亘六七百里，止於此山。劉宋守華瑾之徙郡治山西麓，五代時王延政建太和殿於山下，宋韓世忠討范汝爲屯軍山上。元至正二十年陳友諒來寇，列營於此，守將阮德柔築城山頂，下屬舊城以禦之。明初改拓郡城，山遂在城中。又馬鞍山，在府東北三里。一名瑞峰，狀若馬鞍，郡之主山也。其相接者曰鷄籠山，去城五里。○覆船山，在府西南三里。山即三國時置郡處。其相接者有鐵獅山，鐵獅之右曰紫芝山，左曰雲際山。其相近者又有梅仙等山，參差並峙。又昇山，亦在府南三里。本名朗山，以晉司馬王朗嘗遊此。王延政據郡，僭築郊壇於山上。宋改今名。又響山，在府東五里。其山空洞，枕於溪側。

天湖山，府北十里。郡之鎮山也。泉石奇勝，有三十六景。又將軍旗鼓山，在府西北二十里。山有四峰，左一峰如鼓，右一峰如旗，中二峰雄崎如將軍然。○梨山，在府南十五里。奇秀峭拔，爲諸山最。又十里曰東山，一名蘇口山，嵚崖邃谷，奇變層出。相接者曰盤山，以寬平如盤也。又鷄足山，在府南三十里，有三峰如鷄足。又南有三門山，王氏據閩時置栅於此，以守疆埸，因以門名。又屏風山，在府西南四十里。羣峰聯屬，拱揖左右，中一山截然壁立空翠間，狀若屏風。

鳳凰山，府東北二十五里。一名茶山。石晉天福三年王延政據建州，福州兵來攻，延政敗之於茶山。宋紹興二年韓世忠聞賊帥范汝爲入建州，水陸並進，直抵鳳凰山，大破之，建州平。山上有鳳凰泉，一名龍焙泉，又名御茶泉，宋以來上供茶取此水濯之。山之麓名北苑，廣三十里。舊經云：「僞閩龍啓中里人張廷暉以所居北苑地宜茶，悉獻之官，其名始著。」又有龍山，與鳳山對峙。有泉。宋咸平間丁謂監茶，嘗於御茶亭前引二山之泉爲龍鳳池。又壑源山，在鳳凰山南。山之茶爲外焙冠。俗名捍火山，又名望州山。

天寶山，府西北五十里。峰巒連屬，延袤五六十里。又西爲斗峰山，高五六百丈。山形左右低而中高，高處方平如斗，因名。又吉陽山，在府西北百里，接延平府順昌縣境。其南曰高陽山，山高峻，日出則光先照，因名。又有高峰山，在府西南百餘里，亦接順昌縣境。層巒疊巘，千態萬狀，中峰挺然特秀，高五千餘丈，登其巔俯視羣山，望大海如襟帶間也。山之東麓曰郭巖，相傳漢時郭仙得道於此。○洋峰山，在府北七十里，屹然特出衆山中，頂甚平曠。相峙者曰鷄籠頂山，山根盤踞數里，其巔狀若鷄籠。

天堂山，府東北百里。高出羣山，林木蓊鬱。其巔高明爽塏，登者如置身霄漢之上。又東北十里有擎天山，兩峰卓立，一峰尤爲圓秀，高插雲霄，如天柱然。又辰山，在縣東北百四十里。山高大，登其巔可望海日初出。上有逍遥、飲坑、牛頭三峰，旁有牛心、蘆竹諸洞。又有蛟窟，深不測。○銅場七峰，在府東二十五里，有七峰連屬。又大雪嶺，在府西北八十里。嶺高寒，至冬常有積雪。又徐將巖，在府北三十餘里。有前後二巖，峭拔寬廣，相傳昔有徐將軍者曾駐兵於此。黄巢入閩，鄉民避巖中，得活者千餘人。

建溪，即建江也。有二源：一曰西溪，在府城西，自浦城、崇安兩派而下，會建陽諸溪之水至城北，又分爲二，復交會於城西南臨江門外，稍南合於東溪；一曰東溪，在府城東，自松溪、政和而下，至城東南政和門外繞而西，會於西溪。兩溪合流謂之大溪。五代晉天福五年，閩主曦遣將潘師逵、吴行真將兵擊王延政於建州，師逵軍城西，行真軍城南，皆阻水置營，焚城外廬舍，尋爲延政所敗，即此水也。南流入延平府境，溪中灘險林立，行者憚之。餘詳見大川建江。

安泰溪，府東百里，源出古田縣；又有順陽口溪，在府東七十里；相近又有東莨口溪；俱出古田縣界，下流入於東溪。○漁溪，在縣東北五十里；又縣東北百里有川石漈溪；俱出政和縣界，流入東溪。志云：府東北九十里有千源溪，源出政和縣境，入古田縣界流會東莨口溪。

吉陽溪，府西北五十里。源出延平府順昌縣界，流入境，經葉坊驛口入於西溪。志云：府城西十里有萬石溪，源出西溪三十里之西巖漈山，流入西溪。溪口有灘名萬石灘，亂石碁布，灘水迅急。○紫溪，在府東北百二十里，源出松溪縣之皆望山；又有壺溪，在府西北百五十里，源出浦城縣之漁梁嶺；下流皆入於西溪。志云：府西北百十里水吉鎮有清潭溪，亦出漁梁嶺，至此爲潭，有渡通浦城縣。

璜溪，府西南七十里。其上流接崇安縣武夷山水，下流匯諸山澤水，經房村口入大溪。溪流委曲若璜，因名。溪旁羣山森峙，支流畢集。又有房村口溪，在府西南九十里，亦流入大溪。○大雪山龍潭，在府西北。上有山壁立千仞，飛泉瀉空而下，潭側空洞常有風雷之聲。又東山林龍潭，在府西。石壁峭拔，潭據其巔，廣數丈，深不測。環潭竹木蓊蒨，登者扳懸而後得至。

籌嶺鎮，府東南百二十里。宋建炎中置籌嶺砦於籌嶺上，元改爲巡司，明朝洪武四年改置於嶺下龍門橋頭，即今司也。又營頭巡司，在府西北百十里。正統四年設於水吉鎮之營頭街，因名。○東遊場，在縣東百里。元至正中置東遊税課局，明朝因之。又府西百六十里上洋口有税課局，亦元至正中建，明朝仍舊。

黄孫寨，府西南九十里。志云：即今房村上里也，宋置黄孫寨。又府東有黨口寨，府南有埃竹寨，西南有赤岸寨，俱宋置。又水西寨，在府城西。宋紹興二十年以賊寇竊發，撥泉州兵駐守，尋建爲寨。又水吉鎮有都巡簡砦，亦宋置，并置水吉驛於此，俱元末廢。閩見録：「府東百里有忠溪口，山溪險阨，爲建安、古田之交，盗賊往往出没於此。」

城西驛，在府城西南通濟門外。元爲城西站，洪武二年改爲驛。又葉坊驛，在府西北四十五里，元葉坊站也，自崇安、浦城沿溪而下者皆會於此；又太平水驛，在府南四十里，元爲太平站：俱洪武二年改爲驛。志云：府治西南臨江門内有富沙驛，舊置於府西平政門外，曰富沙館，宋紹興十年移建於城内，改爲驛。祝穆曰：「府城北有大伏洲，或以爲即富沙。」閩主曦封其弟延政爲富沙王，蓋以此名。又有豐樂驛，在府南六十里，亦宋置，元廢爲豐樂舖。

平政橋。在府西平政門外。舊有浮橋，宋乾道初郡守陳俊卿始纍石爲址，架木爲梁，後屢圮屢復。明朝洪武元年指揮沐英重建，凡爲址十有一，而梁以木，上覆屋凡三百六十楹。後復屢有廢置。建江經此，約束而出，如在山峽中，水盛時懸流一二丈，牽挽甚艱。又七星橋，在府城南。舊亦爲浮橋，元至正二十五年僧智源改建石橋。南岸爲址十有五，而梁以石，長三十二丈；溪之中因沙洲甃石爲路，長二十二丈；北岸爲址五，而梁以石，長十丈。至今爲民便。

建陽縣，府西北百二十里。東北至浦城縣二百里，西至邵武府百六十里。本建安縣地，晉太康四年析置建陽縣，屬建安郡，宋、齊因之，隋復省入建安縣。唐武德四年仍置建陽縣，屬建州。八年省，垂拱四年復置。宋景定元年以縣之唐石里嘉禾生，改爲嘉禾縣。元復舊。今編户二百十里。

大潭城，在縣治西。志云：昔閩越王築城於此以拒漢，下瞰溪潭，因名。今有大潭山，山勢蟠屈，史稱吴王以六千人屯大潭，即此也。其山亦名卧龍山，一名登高山，以邑人九日多遊此也。郡志：縣一名建平，相傳漢建安十年吴析建安之桐鄉置，晉太元中始改建陽。似悮。五代時王審知置城砦於此，西北拖山，東南瞰溪。元末陳友定即故址作四門。明朝永樂十四年西北二門爲水所圮，弘治初始甃以磚石。嘉靖二十四年及三十年相繼修葺，萬曆二十五年重修。有門四。今城周六里有奇。

閩王城，縣北三十里。相傳王審知所築，其中殿基猶存。今土阜周迴，隱隱如城，外有水田環繞，蓋城濠云。今土人呼其地曰王殿村，亦曰城村。

東山，縣東十里。雄壯秀麗，中有一峰高出羣山，曰妙高峰。其相接者曰横山。又縣東北三十五里有硯山，上有石端平如硯，下有芹溪九曲，環繞其下，流注於交溪，事林廣記以爲第二十八福地。又蕉源山，在縣東北五十里，岌嶪削拔，登者曲折五里，事林廣記以爲第三十一福地。又鼓角山，在縣東北百里。三峰鼎峙，狀如鼓角，上有龍池。

○時山，在縣東南二十里。高五百餘丈，凡十三折始造其巔。其陽小山排列。又庵山，在縣東南七十里，接甌寧縣界。山高萬仞，峻絕難登，絕頂有泉。

西山，縣西北七十里。周圍百里，四面壁立。山頂平曠，中有良疇數十畝，可耕可桑。其下澗水通舟，委蛇旁達。頂有石城遺址，蓋昔人築之以避兵者。宋蔡元定讀書於此。其對峙者曰蘆峰山，接崇安縣界，朱子築草堂，讀書其中，名曰雲谷，晦庵在焉。其山羣巒四合，外密内寬，地氣高寒，飛雲旋繞，林泉澗石，奇勝不窮。朱子曰：「蘆峰山自西北横出，以其脊爲崇安、建陽南北之境，環數百里之山未有高焉者也。」其東曰赫曦臺山，高萬仞，四圍峭削，絕頂平坦，雲濤彩翠，昏旦萬狀。本名東坡，朱子易以今名。又百丈山，在蘆峰之北。上有石磴石梁，崖澗絕勝。又北爲章山，高廣亦百餘仞。○九峰山，在縣西北四十五里。有九峰聯峙，宋蔡沉讀書於此。又西北數里曰集公山，本名石壁山，宋江側集弟子講學於此，因名。

太平山，縣西三十里。峰巒秀偉，峭拔千仞，爲縣主山。有寒泉林，朱子葬母於此，築舍墓旁，曰寒泉精舍。又玉枕山，在縣西南五十里。考亭在其麓，唐侍中陳遜所創，朱子築竹林精舍於此，後更曰滄洲。其前曰翠屏山，有兩峰相峙，蒼翠如一。一名羅漢山。○廌山，在縣西九十里，宋游酢讀書處也。又縣西有唐石山，一名大林谷，有巨石方廣，相傳唐時異人遊此，因名。宋末謝枋得自信州敗走入唐石山，轉茶坂寓逆旅中，既而賣卜於建陽市。志云：唐石山與九峰山對峙。

白塔山，縣西北百三十里。山巔有石突立如浮圖，夜常有光，一名天燈山。志云：山足跨崇安、鉛山、邵武、建陽四縣，高數千仞。四麓皆有半山庵以宿遊人。上有殿宇。其旁巖洞泉石，類稱奇勝。又毛虚漈山，在縣西百餘里，秀拔冠於羣山。相近有武仙山，巔有石筍峰，高千餘丈。○闌干山，在縣北四十里，與武夷山相對。山半有石室。山麓古木周列，如闌干然。又大同山，在縣北百里。山雄峙千餘丈，周四十里。上有瀑布，懸流數十仞，接浦城縣界。

蒼山，縣西南七十里。亦曰蒼峰山，絶壁摩空。一名龜嶺。又洪山，在縣東南五十餘里，接甌寧縣界，臨溪有洪灘。二山皆高聳，與大同、白塔、庵山爲縣境五高山。○玉田峰，在縣西南七十里。尖如削玉，高出雲表，一名美女山，又名草山巖，有三峰競秀。又合掌峰，在縣西南百里，跨邵武及順昌二邑界。

錦溪，在縣東。一名交溪。其源有二：一自崇安縣之崇溪合武夷水流入境；一出縣西毛虚漈山，交注於東山下，南流達於建溪縣。出美錦，有小西川之名。故縣治南有橋名濯錦，而溪亦稱錦溪也。明初吴深攻建寧，陳友定將阮法柔屯錦江逼深陳，後深出戰，爲敵所獲，即此。

考亭溪，縣西南五十里。其上源有二：一曰麻沙溪，出縣西七十里沙鎮；一曰莒口溪，出縣西南之蒼山。流數里而合，經玉枕峰後彎環五里，溪中沙汀湧現如龍舌然，曰龍舌洲，朱子號爲滄洲。溪之北有考亭書院，相傳唐末侍御黄子稜搆亭以望其父墓處，或曰陳遜所建也。本名望考亭，因爲考亭里，朱子晚年居此，理宗朝詔立書院，親書扁額賜之。溪流經此，渟泓如鏡，俗名書院潭。又東南流會交溪而入於建溪。又雙溪，在縣南六十里。源出縣西百里溪澗中，流合考亭溪，復分出爲二支，會於交溪。永樂中右支爲洪水所湮。

玉溪，縣東南六十里。源出庵山，一名將溪，流達洪灘而入於交溪。志云：縣南六十里又有玉溪，流達縣南二十里長湍鋪，又南有南溪，亦流合焉，並注於交溪。又有長平溪，源出毛虛漈，又武溪亦出焉，合長平溪而東，亦注於交溪。○徐墩溪，在縣南二十五里。源出順昌縣接界之五峰山，流至此可通舟楫，亦流合交溪。志云：縣境諸溪以數十計，皆自交溪而入建溪也。

漳灘，在縣南三十里錦江之中。或曰即樟槎灘也，在蓮臺山下，危石森列，舊不通舟，元季鑿之，舟行最險。輿程記：「自崇安縣舟行七十里而至興田驛，又五十里經天灘、挂灘、走馬灘及考亭溪，又五十里經漳灘，又九十里而至建寧府。」志云：縣南數里又有鄭灘，縣西二十餘里有潮灘，亦名小澗灘，皆羣灘中之有名者。

蓋竹鎮，縣南二十五里。石晉開運元年，南唐將查文徽擊建州王延政，自建陽進屯蓋竹，即此。又麻沙鎮，在縣西七十里。宋建陽劉氏世居於此，理學功名，爲世所宗。○沙砦，在縣西五十里。志云：宋時以縣西北唐石上中下三里地遠民悍，置砦於木坪里以控制之，宣和初遷於此，元廢。又后山河泊所，在縣西十里。洪武十六年置，正統六年省。又有后山税課局，本宋大觀三年置，曰税務，明朝洪武三年改爲税課局，正統六年革，十三年復置。

建溪驛，在縣南，水驛也。宋置，政和中遷於縣西，改爲東陽驛。元因之。明朝洪武二年復遷於此，改今名。建陽遞運所亦置於此。又東峰馬驛，在縣西三十里。宋置於麻沙鎮，爲麻沙驛。元因之。明朝洪武二年移建於此，改今名。

東津浮橋。在城東景陽門外。永樂八年因舊址重建，用舟三十，聯維以鐵索。成化以後修廢不一。又朝天橋，在城南門外。舊名濯錦南橋，宋紹興中亦因舊址建，釃水十三道，疊石爲址，高五丈而梁其上，仍搆屋七十三間覆之，横跨雙溪上。明朝永樂以後屢圮屢復。又拱辰橋，在城北駐節門外。舊名濯錦北橋，宋紹興間亦因舊址重建，凡十八間，上覆以屋凡八十七楹。一名童遊橋。淳祐中重修，更名淳祐。明朝洪武九年更修，改今名。永樂三年以後修廢不一。○雲衢橋，在縣西南三十里，其地所謂建陽書坊也。宋建，爲商旅輻輳之所，俗名建陽大橋。

崇安縣，府西北二百四十里。東至浦城縣百九十里，西北至江西永豐縣百三十里，西至江西鉛山縣百三十里。唐爲建陽縣地，五代時王閩置温嶺鎮，南唐保大九年改爲崇安場，宋淳化五年升爲縣。城邑考：「縣舊有土垣，明朝正德初因舊址增修，隆慶初始築城，周五里有奇。編户八十七里。

武夷山，縣南三十里。峰巒巖壑，秀拔奇偉，清溪九曲，流出其間。明朝項喬曰：「武夷九曲，據地不過三里，而奇勝殆難悉記，山川之間出者也。」餘詳名山。

白石山，縣北三十里。山皆疊石，狀若樓臺，巔有石室，又有三井。其南五里曰檜巖山，三峰森立，蒼檜彌望。又濟拔山，在縣北五十里，有石壇飛瀑之勝。旁爲龍湫，凡九穴，水清如鑒。縣東北七十里又有石龍山，接浦城縣界，亦名石龍岡。○屏山，在縣東南五十里。三峰森立，中一峰獨聳如屏。劉子翬世家於此，學者所稱屏山先生也。又仙洲山，在縣東六十里。山有兩峰，一尖一方，中多奇勝。其支隴爲起賢山，劉屏山、朱晦庵講學於此。志云：縣東北六十里有寨山，五季及宋皆嘗憑險立寨於此，爲戍守處。又百丈山，在縣東七十里，巖壑幽勝，與浦城、建陽縣接界處也。又有竹湖山，在縣東南七十里。下有天湖，亦接建陽縣。

三髻山，縣西北九十里。三峰鼎峙，狀如螺髻，北跨廣信，西抵邵武，嵬然爲萬山之宗。又白塔山，在縣西百里。志云：山高數千仞，雲磴十八折而上。舊名龍濟山，後改今名。山之東麓復有三峰秀聳，名筆架山。其南麓入建陽，西麓跨邵武，北麓接鉛山。今詳見上建陽縣。○岑陽山，在縣東北八十里。有岑陽關，接江西上饒縣界。又銅鈸山，在縣東北九十里，最高聳，接浦城縣界。

分水嶺，縣西北七十里，爲入閩第一山，分水關在其上。有二水發源嶺下，一入江西界，一入福建界，即崇溪上源也。○赤嶺，在縣南。石晉開運二年南唐攻建州，自崇安進屯赤嶺，王延政遣兵拒之，列栅水南，及戰，爲南唐所敗。或曰今縣南有赤石廢驛，即其地矣。

蕉嶺，縣西北八十里，接上饒縣界。舊建砦於此，今爲蕉嶺關。又梅嶺，在縣東北六十里，嶺極高峻。或云漢元鼎中東越反，發兵入梅嶺，殺漢校尉，即此嶺云。又檀香嶺，在縣北五十里。志云：昔汀、邵寇亂，鄉人立寨於嶺上以禦之。嶺多檀木，因名。○温嶺，在縣治西。一名營嶺，基延數里。五代時立温嶺鎮，以此名。又黎嶺，在縣東七十里，高聳爲邑之望。嶺路舊爲通衢，依山險阨，行者病之，元延祐五年縣尹夾谷山壽開鑿，遂爲坦途。又東半里許有斗米嶺，亦通道所經，懸崖瞰水，久而崩圮，明朝正統五年開鑿修砌，人以爲便。又五峰，在縣東八十里，曰金鷄，曰蓮花，曰清湖，曰石畲，曰石廩，皆争奇競秀。

崇溪，在縣治東南。有二源：一出縣東北岑陽山，承諸山溪壑之水，西南流，繞城北一里而爲東溪；一出分水嶺，東南流，匯諸溪之水，經縣西北十里大富橋下，支分爲陳灣陂，其正流亦至城北一里會於東溪，是爲西溪。陳灣陂之水則由治西貫於中城，達於南郊，委蛇十里，支分廣溉，謂之清獻渠，宋趙抃所鑿以溉田者也。西溪會於東溪，遶縣城東而南下，是爲崇溪，俗名大溪。又南經赤石渡，又南納武夷九曲諸水，經黄亭而南入建陽縣界。志云：縣南溪中有羣灘錯立，其得名者以十餘計，而東南七十里之天灘，崖石尤爲峻急。

雙溪，縣西北四十五里。源亦出分水嶺，流經此達於西溪。又有玉冰溪，源出縣東北四十里之瑞巖，下流入於東溪。又梅溪，源出縣東七十里西坑嶺，分爲内外白水，西流復合，又西南合於大溪。○九曲溪，在縣南三十里。出縣西四十里三保山，東流經大源山，合諸溪水歷武夷羣岫間，縈紆九曲，出石鼓渡合於大溪。志云：縣境諸溪以數十計，類以崇溪爲壑也。

岑陂，縣東南三十里。有四源：一曰籍溪，出縣東黎嶺；一曰潭溪，出縣東六十餘里之拱辰山；一曰瞿溪，出縣東北之梅嶺；一曰黄石溪，出縣東南柳源村。會於岑陂，至黄亭而注於大溪。又縣西南十餘里有高蘇陂，合羣溪之水而注大溪。又有下陂，合諸溪水，由黄亭西溪而入大溪。○壓衙洲，在縣治東南，東、西二溪合流經此，岐而爲二，至洲尾復合一，繞縣治而東出云。

分水關，縣西北分水嶺上，接江西鉛山縣界，爲江、閩之襟要，五代至宋皆置寨於此。嘉定間郡守史彌堅增修，後廢。開慶元年修復，并置大安驛。元廢。明朝洪武初復置關，設巡司戍守。亦曰大關。舊志云：崇安有八關之阻。八關者，曰分水，曰温林，路出江西鉛山及上饒縣；曰岑陽，路出江西上饒及永豐縣；曰桐木，曰焦嶺，曰谷口，曰寮竹，曰觀音，皆接鉛山及上饒縣界。大約岑陽最居縣境之東北，陡入永豐縣界，又東達浦城之二渡關，控臨山溪，最爲衝要。而桐木僻在縣境之西百二十里，西北入鉛山縣界，高山壁立，稱爲險阨。自桐木而東北爲焦嶺關，山蹊窄狹，登陟甚艱。其界分水、岑陽之中者曰寮竹關，路徑寬平，往來差易。其觀音、谷口二關，久經堵塞，故迹漸堙。大約分水、温林、岑陽三關，商旅出入，恒爲孔道。桐木、焦嶺、谷口、寮竹、觀音五關，雖接連江右，而羊腸鳥道，人跡罕至，惟桐木關尚通行旅。其附近者三港、江墩諸村落，關口舊設關樓敵臺，蓋江、閩多故時防禦處也。近志：縣有温嶺、觀音諸砦，其水自縣西北三十餘里四渡口達於西溪，蓋即温林、觀音二關矣。丘雲霄曰：「分水關北瞰烏石，地狹人稀，左潛斜徑，自白鶴、仙麓可遶關左而出也。大安、楊莊皆可貯水草，便應援，昔人設兵營焉。其觀音關左連分水，右達温林，遠瞰倒鐘嶺，凡三十里爲山前，地可屯衆。由上路坂、黄柏坂則西與分水路會。關以内由地源三十里至赤水湖，由松嶺後發龍坑蹊，出大塙始與温林路會，地視諸關爲獨僻，在此守關口扼間道矣。又温林關與寮竹、觀音向稱三關，皆外控上饒，分道通關，喉束衢、信，舊設巡司，地曠民聚，坡嶺易登。關以外約二舍爲山前，左連上路坂而達分水，右通榆溪而至船坑。關以内約二舍至觀音關。寮竹關在縣北九十里，出關五十里爲榆溪，上饒屬地也。入關十五里爲童家坑，自此而車盆坑，而毛連坑，而坑口、上乾原、下乾原，數村相望，可以應援。自坑口東踰茅嶺，出周畲詹地西五里爲上長壠，十里爲下長壠，皆可聯絡。焦嶺關則西寮竹，東岑陽，三關以北統會於榆溪，而焦嶺爲險。關南五里西至水碓壠，由横逕至後官坑，皆深林窄徑，攀援而出，至吴家畲始通寮竹；東二十里爲水歷上村、下村，又五里爲大渾、小渾村，皆有民居。岑陽關則東接浦城，而銅鈸山障之。稍北由牛尾兜出上饒縣封禁山，廣谷深林，常爲盜藪。關外内皆險，林深徑窄，若由榆溪南入，懸崖陡削，措足殊難。關北三十里有交州巡司，諸關總道也。其地名八方廠，越坵底，過茅店，由棧道而達岑陽。岑陽稍西，由汪墩後山黄龍巖九曲溪溯流而北，亦通榆溪，此間道所當防也。而桐木關東通建陽縣西嘉禾里，西通鉛山黄柏坂，南通邵武、光澤縣，北通縣西北之周村里，四達無險。其西自桐樹原至三港可通大竹嵐、小竹嵐，入縣間道也。」

雙溪寨，縣西北四十五里，即雙溪水口也。其南十餘里爲四渡寨，舊嘗設兵戍守。又縣境舊有翁坑、楊原、將軍、點村、劉家、棠嶺、檀香嶺等七砦。志云：分水嶺有故閩王砦，又縣東二十餘里有閩王戰場，蓋昔時習戰處。○黄亭巡司，在縣南三十里，又縣東八十里有七市巡司，東北六十里有墟頭巡司，俱元至大四年置，至正末廢。又將村巡司，在縣西南三十里，亦元至大四年置，洪武初改爲星村巡司，十四年廢。〔一〕

長平驛，在縣治南，水驛也。元置崇安驛，明初改今名。崇安遞運所亦置於此。又大安驛，在縣西北三十里，明初自分水關改置於此。又西北二十里即分水關，又北二十里即鉛山縣之車盤驛也。洪武八年并設大安遞運所於此。又興田驛，在縣南七十里。明初置，南至建陽縣七十里。○赤石驛，在縣南五十里。又縣治西有武夷驛，又西北三十里有楊家驛，分水嶺上爲分水驛。志云：俱宋紹興中置，後改廢。

繼賢橋。在縣城南。宋建，跨崇溪上。本名晝錦橋，又名忠精橋，亦曰青雲橋，後圮，屢經改置。又廣福橋，在縣北一里，東、西二溪合流處也。宋端平中建，初名德星橋，後曰濟川橋，一曰慈濟橋，後屢圮屢復。又月溪橋，在縣東六十里，路出浦城，爲往來徑道。

浦城縣，府東北二百七十里。東南至浙江龍泉縣百八十里，北至浙江江山縣二百三十里，東北至浙江遂昌縣二百四十里，西北至江西永豐縣百八十里。漢冶縣地，建安中置漢興縣，屬會稽都尉，吴永安三年改爲吴興縣，屬建安郡，晉以後因之，隋省入建安。唐武德四年復置，改曰唐興，屬建州，尋廢。載初元年復置，天授二年改曰武寧，神龍初復曰唐興，天寶初改曰浦城縣。宋因之。今編户百五十八里。

漢陽城，在縣北。漢元封元年兵入東越，故粤衍侯吴陽以其邑七百人反，攻粤軍於漢陽，即此城也。志云：今縣城亦漢東越王餘善創築，後廢。唐爲浦城縣。後唐應順初楊吴信州將蔣延徽攻閩，敗閩兵於浦城，遂圍建州，即此。元至正二十三年因舊址修築，周七里。二十六年，明師下閩，先克浦城，守將以城大難守，減東城之半而築之。洪武二年城廢。正統十四年以處州礦賊犯境，復築土城爲保障。成化六年議改營石城，十年城始就。有門五。城周十里有奇。

越王山，在縣治東。城環其上，山勢獨高，俯瞰大溪，左接金雞嶺，相傳漢時東越之堠臺也。東隅有越王行宮，遺址尚存。志云：金雞嶺道通處州龍泉縣。稍東北又有横山，峰巒横亘如屏，與越王山岡脉相接。又縣治北有皇華山，以宋置皇華館而名。○吴山，在縣東五里，四面奇秀，爲邑之望。山下多吴姓，漢伐東越，得吴氏六千户，别屯大澤，即此處也。上有巖洞，俗名燕巢巖，有石穴瀑布，亦名石寶山。下有吴家灘。又夢筆山，在縣西五里。本名孤山，梁江淹爲邑令嘗遊此，因名。志云：縣城西德星門外有西巖山，五代時王閩將章子鈞屯兵於此以拒南唐，宋真文忠公築西山精舍於此。

漁梁山，縣北四十里。舊志云：天下十大名山，漁梁其一也。其水南流爲建溪，北流爲信溪，里人多堰水養魚，故名。地甚寒，諺云「無衣無裳，莫過漁梁」。宋時置漁梁驛於此。建炎三年韓世忠追討苗、傅二賊，自衢、信進至漁梁驛，與賊遇，賊驚曰：「此韓將軍也。」遂潰。今通衢所經。其相近有船山，山勢高平如船，前有玉女峰。又百向山，在縣西北六十里，俯臨大溪，其勢挺拔，四面皆見。○蓋仙山，在縣西北九十里，一名浮蓋山。志云：山介衢、信、處三府之間，周圍三百餘里。又泉山，在縣東北六十里。一名泉嶠。頂有泉二派，一入建州，一入處州。或曰漢書朱買臣言「東越王居保泉山」，蓋謂此山云。

銅鈸山，縣西北百里。高峻干雲，北接江西上饒縣之封禁山，南通崇安縣之岑陽關。中有泉，林巒環接，多事時易於藏聚。今亦見崇安縣。又石龍山，在縣西北七十五里。三峰鼎峙，中一峰曰鵝兒峰。旁有池，周數丈。又有鵝子、白花等巖，亦接崇安縣界。○百丈山，在縣西南百餘里。尖峰嵯峨，高聳千仞，中有九井，謂之龍湫，接崇安、建陽二縣界。又大同山，亦在縣西南百里。見上建陽縣。

楓嶺，縣北七十五里。高險，林木青葱，蹊徑逼仄，爲浙、閩分界處。嶺旁地高敞寬平，可爲屯營，有戍兵駐守。嶺之北麓俗謂之大竿嶺。又梨嶺，在縣北六十里，危峰仄澗，飛閣懸崖，至爲峻阻。亦曰梨園嶺，以其地宜梨也。俗謂之五顯嶺，以上有五顯廟也。宋楊億云「天下之水皆東，梨嶺之水獨北」，蓋水從嶺下而北匯，億言非篤論矣。又折桂嶺，在梨嶺北十里，一名桂枝嶺，又名泗洲嶺，俱當往來通道。詳附見浙江重險仙霞關。

柘嶺，縣東北百二十里，接浙江麗水縣界。高千餘仞，絕頂周迴百餘步。舊記：柘嶺峻絕，勢徹蒼穹，狹道陡絕，不通牛馬是也。有江郵溪出焉，亦謂之柘水。謝靈運云：「柘水出柘嶺，以地多柘樹而名，下流合於大溪。」又富嶺，在縣東三十里，路出龍泉。○駐嶺，在縣西九十里。嶺極高峻，路出崇安。又縣西北百里有查源洞，查溪之源也，接崇安縣界。石壁懸崖，宋紹興初奸民據險作亂，設臨江、西安二砦以禦之。紹興初寇張海作亂，民多避入。

南浦溪，在縣城南，縣以此名，即建江上流也。亦謂之大溪，源出漁梁山。又柘水自柘嶺流合焉，縣亦兼柘浦之名。自縣北折而東南，復遶出縣西，又折而東南流，紆迴縈抱，縣境諸溪之水悉流合焉。又南合崇、建二溪，爲甌寧縣之西溪。志云：溪經縣南五里爲火燒灘，列石巉岏，溪流險狹。又南五里爲將軍灘，兩山夾峙，溪經其中，水石憑陵，舟行震蕩。舟入建江，二灘其發軔之始也。又南十五里爲茅洲灘，又西南爲丘源、塔嶺諸灘，水石巉岏，節節阻險。餘詳大川建江。

臨江溪，縣南三十五里。其上源爲查溪，東南流至臨江鎮入於大溪。志云：臨江鎮即俗所稱觀前也，爲津梁之要會。又有新溪，出縣西南百丈山；石陂溪，出縣西南七十里大湖山；洪源溪，出縣西夢筆山；東源溪，出縣南三十五里西洋山；下流皆入於大溪。

二渡關，縣西北百十里。西至岑陽關三十里，又西至江西永豐縣五十里，爲入閩之間道。其地山嶺巉岏，溪流回繞，東西二面皆爲橋以渡，因曰二渡關。又太平關，在縣西八十里。又西有梅溪關，西北接永豐縣界。自梅溪而西出梨口隘，則西達崇安之道也。○梨關，在縣北梨嶺上，舊嘗置關以控險阻。志云：縣北三十里至仙陽街，宋初置遷陽鎮，并設監官於此，紹興初廢。俗曰仙陽，北至梨關三十六里，又北至仙霞關七十里。

盆亭鎮，縣西北九十里。山谿險仄，蹊徑四通。宋元豐三年建盆亭砦，元因之，明朝洪武三年改置巡司。亦曰盆亭關，西去二渡關二十里。志云：鎮舊有盆亭驛，宋、元時置，兩山並聳，驛居其中。其地本名細泉村，鄉人隨泉勢作曲堰數十處，其狀如盆，因曰盆亭也。元末驛廢。又盆亭相近有唐峰洞，向爲嘯聚淵藪。○溪源巡司，在縣東北六十里。地連江、浙，寇盜出没，宣德八年御史楊禧巡察銀場，請置司於此。又高泉巡司，在縣東七十里。洪武二年置。南行記：「自縣境而東南歷高泉、鴈塘、蘇嶺、交陽、登嶺諸關隘，與浙江龍泉縣接壤。」

保安寨，縣西北四十餘里船山上。宋置。又西安砦，在縣西六十里；又縣南四十里有臨江砦，亦曰臨江鎮；宋紹興中置二砦以禦查源洞寇，後廢。又靖安砦，在縣西南七十里。舊名裏洋砦，宋乾道四年置，元廢。○官田砦，在縣北四十五里。宋慶元二年置；又載初砦，在縣東北六十里，志云宋紹興五年上湖畲村盜起，立砦禦之；俱元廢。又縣西南九十里有大湖廢驛，漁梁山側有漁梁驛，臨江砦有臨江驛，俱宋置。今改爲大湖等舖。

南浦橋。在縣城南。舊名縣南橋，宋隆興初建。一名上官橋，蓋是時權縣事者爲上官端儀也。後廢置不一。洪武九年疊石爲址，架木爲梁，上覆以亭二十三間。成化以後皆因故址修治。又萬安橋，在縣城東，亦跨南浦溪。初名青游橋。洪武初建於縣東北數里，成化中始移治金鳳門外，亦疊石爲址而梁其上。後皆因舊址修葺。又三里橋，在縣城北。洪武十五年建，景泰以後因故址增修。○古湫橋，在縣西南五里。元大德間建，洪武十七年以後屢經修葺，疊石架梁凡數十丈，跨大溪之上。有潭甚深，所謂古湫潭也。

松溪縣，府東百六十里。西北至浦城縣百四十里，東南至政和縣八十五里，東北至浙江慶元縣八十里，北至浙江龍泉縣百六十里。本建安縣地，五代初屬吳越，爲處州東鄉地。尋屬閩，立松源鎮。周廣順元年南唐升爲松源縣。宋開寶末改曰松溪縣，仍屬建州。明朝弘治中始營城址。嘉靖五年以坑寇猖獗，因築磚城，周五里有奇。編户六十八里。

松源城，在縣東二十五里。王閩置鎮於此，南唐升爲縣，宋遷今治。

蹲獅山，在縣治北。盤迴起伏，屹立縣後，爲縣之主山。或曰蹲獅山嘗有道者修真於此。又西北曰萬山，即蹲獅山來脉也。山周五十餘里，或曰以所産萬種而名。○石壁山，在縣治南。削立如壁，高數十丈，下有龍潭。

湛盧山，縣南二十里。山形削拔，常有雲霧凝其上。相傳越王命歐冶子鑄湛盧之劍於此下，有石井亦名劍池。東接政和縣界。又七峰山，在縣東南二十里。有七峰連亘，迴巒疊巘，上摩青蒼。相接者曰妙峰山，高挹霄漢，冠出羣山。又王認山，在縣東二十里，秀拔出諸山之上。宋末益王昺由浙入閩，〔二〕嘗過此賞認其勝，因名。○東山，在縣東南五十里。一名吴家山。自趾至頂皆石，少樹木。舊産銀礦，有穿穴十餘，深邃盤曲，莫究深淺，取礦者必舉火以入。宋隆興間嘗立瑞應場，設官採銀，後廢。其南相近有南屏山，峰巒横亘，喬木蓊鬱，儼如屏障。上多奇石，一名石林山。

鸞峰山，縣東北六十里。山勢峻拔，袤二百餘里，接龍泉、浦城二縣界。上有龍井。又皆望山，在縣西二十里，高出雲表，登之則環邑諸山皆在望中。又西南有南峰山，亦高秀。

松溪，在縣南。亦曰松源溪，一名大溪。源出浙江慶元縣松源鄉，經梓亭砦迤邐而下，經城東，出關口渡，有平樂溪出縣之東山，西北流三十里合松峽溪，又並流三十里至此入大溪，合流而南，抵政和縣西境接七星溪，下流至建安縣爲東溪。

清泉溪，出縣西北五十里筋竹山，東北流經縣北，下流合於松溪。又白石溪源出皆望山，直源溪源出縣北之花巖，渡頭溪亦出筋竹山，下流皆入松溪。志云：縣西北有新坑溪，源出慶元梓亭砦，亦流入松溪。又有雲溪，源出縣西獅子巖，南流六十里至政和縣入於大溪。

東關鎮，縣南四十五里。元設於瑞應場，名東關寨，明朝洪武二年改巡司，永樂中遷於馬鞍嶺，嘉靖八年遷於縣東南鐵嶺舖，萬曆中又遷於峽橋，一名乘駟橋，即今所。又縣北八十里有二十四都巡司，亦元舊砦也，洪武三年改巡司。

新窑隘，縣北四十里。聞見録：「由縣而北至巖下村，又三里有小關，離關二里即新窑，入浙江慶元縣界，前往慶元四十里。由新窑而西北十里爲竹口關，又十里爲石門隘，直通浙江龍泉縣，自新窑至龍泉計程百二十里，爲從來自浙入閩之間道。竹口關而外又有仙莊溪、源上凹等隘，皆有徑達龍泉，而新窑、竹口爲控禦之要地。」○梓亭砦，在縣北七十里，界慶元、龍泉、政和、松溪四縣之交。宋置砦，元改隸龍泉縣，後廢。

惠政橋。在縣城東。宋紹興五年建，本名平政，後屢圮屢復。淳熙十三年復疊石爲六址，而梁其上，覆以亭三十二間。淳祐中增修，改今名。後復圮。明朝永樂七年以後屢經修建。又東爲永泰橋，即關口渡也，宋嘉定中創建，後圮。明朝永樂十三年以後屢經修建。又通濟橋，在縣東二十五里，本名故縣橋，古縣渡也。宋慶元二年建，後圮。明朝洪武十八年重建，永樂五年毁。正統九年重建，長五十六丈，上覆以屋，改名通濟橋。以上三橋，俱跨松溪上。

政和縣，府東二百四十里。東南至福州府古田縣三百二十里，北至浙江慶元縣百五十里，東北至浙江青田縣二百三十里。本福州寧德縣地，五代時王氏立關隸鎮，宋咸平三年升關隸縣，屬建州，政和五年改曰政和縣。明朝弘治中礦賊作亂，始築城。嘉靖間毁於倭。萬曆初改築今城，周二里有奇。編户五十九里。

關隸廢縣，在縣南，即王閩所置關隸鎮。朱氏松曰：「周禮秋官司寇有司隸，掌帥四翟之隸，閩隸與焉。宜此里之人周時嘗爲閩隸，猶古縉雲氏，今以名，處州屬縣也。王潮不知書，訛閩爲關。土人又以鎮在州東，私號曰東和。宋延平中置縣，徙東岸口，即今治也。」

黄熊山，在縣治北。縣主山也。形如展旗，亦曰文旆山。城南又有文筆山，峰巒峭拔，與此相望。又有蓮花峰，在縣東。峰巒高峻，紫翠重疊，爲縣之勝。○洞宫山，在縣東南。重疊九峰，狀如蓮花瓣，名九蓮峰，道書謂爲第三十七福地。中有谷陽，地平衍，産銀砂，廣四五里，旁有夾岫如壁，宋坑冶司舊址猶存。又西爲西門嶺。嶺右皆奇峰石壁，曲澗長松，爲翠屏峰。益折而南曰東西二寶臺峰。峰之西山勢開豁，有平田數頃。又南復有仙人壇、香山峰諸勝。又大風山，在縣東南十五里。峰巒秀拔，類廬山五老峰。

籌坑山，縣東北二十里。山高廣，峰巖泉石，種種奇勝。其最高者曰天柱峰。又東北爲池棟山，巖壁峭拔，横截溪流，形如屋棟，下有兩穴以洩東池之水。又銅盤山，在縣東三十里。高數千仞，爲邑境之望。○望浙山，在縣西三十里。一名浙山，拔地摩天，常有雲氣蒙其上。宋紹興初范汝爲作亂，居民多避其上。元季紅巾爲患，避此全活者甚衆。又獎山，在縣西北五十里，峭拔入雲。山頂凹處有田百餘畝，中有巖洞之勝。又飛鳳山，在縣北。一名正拜山，又名黄華山。通志云：「元至元間建寧路管軍總管黄華叛，號頭陀軍，嘗立營於山上。」一云黄華宋時建寧左翼千夫長，嘯聚於此，山因以名。又蝈坑洞，在縣西三十餘里，據懸崖石壁間，中寬廣容百餘人，邑民嘗避寇於此。又縣東北有紫雲巖。志云：巖介閩、浙間，高插雲表，右有龍湫。相近者又有白雲巖，山勢如屏，絶頂平衍，正統中礦賊作亂，居人多避寇於此。

七星溪，在縣治南。源出縣東銅盤山下，迤邐西流，合衆溪之水，西南接松溪縣界，合松溪而爲建安縣之東溪。○浴龍溪，出縣南三十餘里之九蓬山，西北流入七星溪。又東平溪，出縣西北獎山，南流出常口受松溪水，又導流至西津會七星溪。又有湖屯溪，出縣東黄嶺，經池棟山下，亦會於七星溪。

苦竹溪，源出縣北苦竹嶺，南流爲十里灘，又東入福寧州寧德縣界。又雙澗溪，源出縣東南西門嶺，曲折而東流，有下園溪出籌坑山之籌嶺，亦東流合焉，又東會諸溪入寧德縣界，即外渉溪之上源也。

赤巖鎮，縣東南百二十里。自鎮而東至福寧州福安縣二百四十里。宋置赤巖寨，在縣東百里，明朝洪武二年改置巡司，移於今所。志云：司地屬壽寧，官屬政和。又縣西北有苦竹寨，宋置，介政和、松溪二縣間。元廢。又有東漈營，在縣西南三十里，相傳唐御史中丞李彦堅屯軍之所。又有鐵山營，在縣東北六十里，唐招討使張謹討黄巢時嘗屯軍處也。

雙溪館。縣南八十里雙溪上。聞見録：「由雙溪館七十里之漈洋即古田縣界，又六十里地名古樓，又三十里曰官洲，又三十里即古田東門矣。由雙溪館而東南達寧德縣，由雙溪館而西則達於府城，皆徑道也。」又篘竹坑，亦在縣南。聞見録：「政和在萬山之中，有楊源、篘竹坑、西里、嶺頭諸處，皆近古田境，往往爲嘯聚者竊掠之處。」○新坑口，在縣東八十里，路通壽寧縣。聞見録：「縣東北四十里有嶺腰隘，由隘而東北二十五里曰大林原，正北二十五里曰高林，俱達浙江慶元縣之道。又縣東南七十里曰楊梅巷，爲達福安、寧德之道。」

壽寧縣，府東北三百五十里。東南至福寧州福安縣二百里，西北至政和縣百七十里，北至浙江景寧縣百二十里，東至浙江泰順縣百四十里。本政和、福安二縣地，明朝景泰六年析置今縣，治楊梅村。縣無城。編户二十五里。

鎮武山，在縣治北。縣主山也，聳秀甲於境内。志云：縣治南有翠屏山，東有叢珠山，西有天馬山，崇峰四圍，儼然城郭。○官臺山，在縣東。景泰初礦賊嘯聚於此，官軍從間道深入悉殲之，因置今縣。

楊梅嶺，在縣南。嶺高峻。又南有青竹嶺，道出寧德縣，行旅經此，登陟甚艱。

蟾溪，在縣治南。出縣西北大蜀山下，經縣東南流入福安縣界，即長溪之别源也。○禾溪，在縣西。源出縣西北牧童山下，東流會於蟾溪。又有西溪出縣西佛漈山，漁溪出縣西北立茂山，又茗溪出縣南高山，源底溪出青竹嶺，下流俱會於蟾溪。

南溪，在縣東南，出紫翠巖，與境内之平溪、尤溪、丹溪、九嶺溪合，亦入福安縣界。又有鐵梗溪，在縣東，源出縣西北東山，下會楊梅洲溪，經東溪頭雙港亦入福安縣界。又有上地溪，出縣北百里林山下，流入楊梅洲溪，皆長溪之上源也。○純池，在縣東，有純池隘。聞見録：「由純池、南溪、木洋至福安，往來通道也。」

漁溪鎮，在縣東官臺山。有巡司。志云：舊置於漁溪之斜灘，屬福安縣，景泰四年遷置於此，仍舊名。又青草隘，在縣北，與景寧縣接界。

大寶坑。在縣南，亦曰寶峰場，又有少陽坑、雲山坑，與政和縣界之少亭坑俱産銀礦處。流民從而盜採，馴至嘯聚剽掠閩、浙之間，景泰初殲其渠魁，嚴爲之禁，然覬覦卒未能絶。

附見

福建行都司，在府城内，即元建寧路總管府故址。明朝洪武元年改建爲建寧衛，八年改爲行都指揮使分司，領衛所。

建寧左衛。亦在府城内都司東，又建寧右衛在府城内都司西，俱洪武八年建。志云：舊有建陽衛，後革。○浦城守禦千户所，在縣治西。成化十年增置，隸建寧右衛。

延平府，東至福州府四百五里，南至泉州府五百五十里，西南至漳州府五百五十里，西至汀州府五百二十里，西北至邵武府二百五十里，北至建寧府一百二十里，自府治至布政司見上，至京師五千二百九十三里。

禹貢揚州地，周閩粤地。秦屬閩中郡，漢屬會稽郡，三國吴屬建安郡，晉因之，宋、齊以後爲晉安郡地。隋爲泉州地，大業中屬建安郡。唐爲福、建、汀三州地。五代晉天福八年閩王延政始置鐔州，時延政自立於建州，國號殷。開運二年南唐得其地，以爲制置鎮，明年改劍州。宋太平興國四年改曰南劍。以利州路有劍州也，亦曰劍浦郡。元曰南建路，大德六年改延平路，至正末爲陳友定所據守。明初曰延平府。今領縣七。

府帶兩溪之秀，兩溪，建溪、樵川也。控羣山之雄，噤喉水陸，爲七閩要會。楊氏時曰：「崇山峻嶺爲其郛郭，驚湍急流爲其溝池，清明偉麗，爲東南最。」蓋郡治山椒，屹然險固，而沿江東下，實爲會城上游。元末陳友定保據於此，豈非以地當全閩之中，不特可以自固，而縱横應援猶有可圖之會哉？諺曰「銅延平，鐵邵武」，言其險要可守也。

南平縣，附郭。漢冶縣地，後漢建安初始置南平縣，屬會稽南部都尉。孫權初立，南平民亂，討平之，即此。吴永安三年屬建安郡。晉太康初改爲延平縣，劉宋時縣廢。五代時王審知置延平鎮，王延翰改爲永平鎮。既而王延政僭號，升鎮爲龍津縣，兼置鐔州。南唐因之，尋爲劍州治，保大六年又改龍津縣曰劍浦。宋因之，仍爲南劍州治。元大德中復改縣曰南平，明朝因之。今編户九十七里。

延平城，今郡治。後漢末置南平縣，晉改延平，後廢。五代時王延政置龍津縣，爲鐔州治，尋又析置延平縣。南唐取鐔州，改州治延平，尋還治劍浦，以延平縣省入。城邑考：「郡城宋時築，有門十一。明朝因舊址增修，改門九。自城東建寧門至城南福州門皆臨建溪，自福州門至城西西水門皆臨樵川，自西水門至大北門臨山澗，自大北門至建寧門城壁延袤，環高岡之巔，至爲險峭。城周七里有奇。」

龍山，府治北。城壁環其巔，一名龍騎山。又九峰山，在城南。峰巒九疊，環繞縈迴，爲郡境諸山冠。真西山曰：「城後枕崇阜，南挹大溪，溪南九峰森羅，雄峙天表。」是也。又有虎頭山，在縣治西，形如虎踞。○衍仙山，在府東北十里，舊名含源山。其支峰曰石佛山。王象之云：「此山神刓天劃，東南略通人跡。衍仙水出焉，當城北爲大河，下穿暗竇入城，流入劍潭。」

天柱山，府西南五十里。屹立凌空，其形如柱。又西南爲天馬山，山勢騰驤，形若天馬。南行記曰：「自郡而南，間道入尤溪、沙縣之境，層山疊嶺，參錯前後，大約在山峽中行，其得名之山，難以數計也。」○九龍山，在府東南百二十里。九峰蜿蜒如龍，中有獅子巖，石壁聳峭。

湖頭嶺，府東十里。面溪背山，前有浮梁。宋建炎中郡守張觷設伏破賊張澈於此。今浮梁久廢。又鹵水嶺，在府西三十里。背山枕溪，壁立萬仞，路僅通步，險巇數折，宋嘗置寨於此。又西四十里有梧桐嶺，山多梧桐，宋嘉定七年置砦處。○考窠嶺，在府北。上有十二峰，平地聳起，高十餘丈，中有捷路直走郡城。舊置砦於此曰鵝鼻頭尖砦，爲屯兵候望處。

文筆峰，府南六里。高出羣山，摩切霄漢。又小鷲峰，在府東八里，岧嶤奇秀，狀如鷲鳥。相近又有蓮花峰，層巒疊嶂，簇若蓮花。志云：府東北五里有中巖，高出衆山，瀑布自巖中飛下，爲近郊之勝。○蒼峽，在府南百二十里。兩岸青山迴合，建溪經其間，轉折而東南出。宋元豐三年置砦於此。

劍溪，在城東南，即建江也。自建寧府南流至此，亦曰劍津，亦曰劍潭。相傳晉雷煥之子佩劍渡延平津，劍忽躍入水，化爲龍而名。亦曰龍津，又爲東溪。志云：水自建寧來者謂之東溪。又有西溪，源出汀州府境，經將樂、順昌二縣與邵武溪合，東流經王臺驛前至砂溪口與沙縣溪合，又東四十里而至劍潭。東、西二溪合流，俗呼丁字水。又南而爲南溪。郡人謂之三溪，以東、西、南三溪名也。又南行九十里與尤溪水合，抵福州府入於海。又縣西有雙溪口。正統中官軍自延平勦沙縣賊，行二十里，至雙溪口，道隘，賊伏發，官軍皆潰，賊遂犯延平。

吉溪，府東南四十里。源出建寧府建安縣界之蓼溪，南流入境入劍溪，曰吉溪口，道通古田縣，爲津要處。○泰平里溪，在府南七十里。源出沙縣界黄泥坑，流三十餘里，經府西南七十里之篔簹山下，又東北流入於西溪。又雲蓋里溪，在府西南四十里，源出尤溪縣臨平嶼，流入境；又有太平、大芹、石橋溪，在府西南三十里，源出尤溪縣之丹嶺；下流俱會衆溪入於西溪。

黯淡灘，在府北五里東溪中。志云：東溪諸灘，曰汾灘，曰竹林後灘，曰高桐灘，曰鑿灘，曰黯淡灘，此下直至劍津以接西溪。其中黯淡最險，舟過多覆溺。唐大順二年僧無示者結庵於此，募工疏鑿，灘勢稍平，後名庵爲黯淡院。宋天聖中郡守劉滋復開港道。元豐中朝命黯淡院歲度僧一人以導湮塞。又西溪諸灘，曰石柱，曰三門，曰小黄口，曰大黄口，曰張巖，曰虎口，曰樟槎口，曰蘇坑口，曰星窟，曰大湍，曰小湍，曰城門，曰將軍，曰黄墩頭，曰慈油，此下直至劍津接東溪。南溪之灘，則曰劍鞘，曰嵩口，曰大傷，曰小傷，曰五港，曰天柱，曰鴆道，曰同埸，曰龍窟。其中大傷、天柱、龍窟古稱最險，諺云「大水大傷，小水遭殃」，舟行惡之。宋紹興間郡守上官愔等開諸灘，命僧祖曰董其役，漕司助錢百萬，愔復請於朝，益以百五十萬，而東溪、南溪之險稍平。一統志：「東溪之灘五，西溪之灘十，南溪之灘七，凡二十有二。其水湍急，其石廉利，舟上下失勢，輒至破溺。總名爲港灘。」

槃澗泉，在府治南。源出山巔，縈迴石澗，泓深清潔。郡志云：郡居山椒，清泉自石崖奔迸而下，用鉅竹引之，綿亘數里，遍及郡城。○仙洲，在城東。有山介於二水之間，俗呼仙洲。又有黄龍洲，亦在城東。

蒼峽鎮，在府南蒼峽口。五代時爲静江軍，宋置蒼峽寨，明初改爲巡司，并置蒼峽遞運所於此。又大曆巡司，在府西北百里。宋淳祐中置，元因之，明初仍置。○西津鎮，在府西四十里，沙縣、順昌二水合流處也。五代時置鎮於此。又城東鼇灘口有東津鎮，〔三〕府西南十五里有羅源鎮，今府西門對岸有羅源鎮口，皆五代時王閩置。

黄墩關隘，府西二十五里，又府北五十里有麻州頭關隘，俱宋置。又陽門寨，在府南，宋元豐三年置。府境又有鹵水嶺、鵝鼻頭尖、湖頭、桐嶺諸砦，俱見上。今廢。○弓兵營，在府城西西水門外，宋嘉定五年置。又有中軍帳，在府城西北田坑村，爲憑高望遠之處。宋紹興初羣賊葉文等從間道入寇，郡守張嚳建此爲斥堠。其南有廣節、威果諸營，皆宋置，元廢。

房村口，府北五十里，與建寧府接界。自建寧而下者至此爲水陸會集之道，傍山臨溪，據險而守，足爲府境之保障。由此而南則支徑旁通，難於控禦矣，口蓋府北之鎖鑰也。今亦見建寧府黄孫寨。○南雅口，在府北六十五里，地勢高聳，下臨溪流。有閩越王廟。

劍浦驛。在城東，有劍浦遞運所，俱洪武初置。又茶洋驛，在府東南六十里。宋淳祐中置，名金沙驛，元至正間改今名，明朝因之。又王臺驛，在府西六十里。宋淳祐中置王臺站，以越王臺名也。元因之。明初改爲驛，正統中毁於寇，景泰中復置，成化十九年重修。亦曰王臺館。正德中羣賊鄧茂七等據王臺館，遂陷沙縣，即此。又有西芹税課局，洪武四年置於府西南二十里之西芹鋪，正統十三年毁於寇，成化三年移於王臺館。又大横驛，在府北四十里。明初置，正統間爲寇所毁，景泰中修。又北四十里爲建安縣之太平水驛也。○清風鋪，在府東南九十里。又十里爲武步鋪。正統末官軍追敗鄧茂七餘黨於武步及清風鋪，復截其舟二百於水口驛，通福州道是也。志云：府城東有明翠浮橋，舊曰明秀，用鐵絙維舟三十有八，架木其上。又城南、城西有東西兩浮橋。

將樂縣，府西二百二十里。東至順昌縣百里，西北至邵武府泰寧縣百二十里。漢建安縣地，三國吴永安三年析置將樂縣，屬建安郡，晉、宋以後因之，隋省。唐武德五年析邵武縣置將樂縣，屬撫州，七年省。垂拱四年復置，屬建州。元和三年省，五年又置。五代晉天福八年王延政升爲鏞州，開運三年南唐復爲將樂縣，仍屬建州。宋太平興國四年改屬南州，元屬延平路。至正四年以漳寇犯境，始築土城。十二年復因寇擾，圍以木栅。既而陳友定更加修築，東南臨溪，西北據山。明朝洪武初爲汀寇所毁，旋復修築，甃以磚石，周三十里有奇。

五馬山，縣治西南。五峰森立，如馬馳驟，城環其第五峰之巔。又西臺山，在縣治西，縣之主山也。巍然高峙，其上坦夷如臺。亦名鐘樓山，以形若鐘也。五代置鏞州，蓋以山名。又縣治後有鐘翠山。其相連者曰含雲山，即宋楊龜山讀書處。○封山，在縣北五里。其山高大，羣峰環拱，爲邑之鎮。其支隴曰龜山，狀如伏龜，蜿蜒於城左，即楊龜山先生歸休處也。志云：龜山在城北三里。

天階山，縣南十五里。石磴崩岁，高若升天。上有聖泉巖。山下有玉華、寶華、南華三洞，其中泉石羅列，奇詭萬端，縣稱三華。旁又有小玉華、靈源諸洞。○翠簾山，在縣南五里，蒼翠高聳，如垂簾狀。其巔亦曰天湖，三面峰環，中夷而曠，有龍窟潴水，故名。稍東曰虎頭巖，有石門自山下通山巔，明爽可居。縣南四十里又有雪裏山，接沙縣界。由山麓闢徑，盤折二十餘里。

九仙山，縣東二十餘里。崇岡疊嶂，如龍翔鳳翥，又如獅伏牛鬭，爲一邑最高處。夏無暑氣，冬月常雪。舊傳有九異人煉丹於此。又孔子山，在縣東南二十五里，層巒矗起，屹立溪濱。○百丈山，在府西北百八十里。一名羊角晶，又名鈎刀山。其山三面，南將樂，北邵武，西泰寧，皆懸崖絶壁，古木蒼藤，鬱然干雲。有越王較獵臺榭遺址。通志：「山接江西南豐縣界。」

藤嶺，縣西二里。嶺高峻，起伏縈迴。旁多藤蔓，故名。又湛嶺，在縣西十八里。下有蛟湖，亦名蛟湖嶺。嶺道僅里許，極險峻，俯臨大溪。又三崎嶺，在縣南二十里，陡峻三崎，頂有泉一泓。又亭嶺，在縣南三里。其頂崔嵬，難於行路。嶺半舊有亭，爲行人憩息之所。○五岐嶺，在縣東十五里，峻絶難躋，分爲五岐。又鐵場嶺，在縣南四十里。道險峻，凡五六里。志云：縣北七十里有張源嶺，嶺路盤曲凡十餘里。又縣東北百里有太靈峰，峰巒峭拔，樹木陰翳，人跡罕到。又有凌霄峰，在縣西南六十里，登峰頂可望建寧、歸化、順昌、泰寧四邑。

大溪，縣城南。其正源自汀州府清流縣流入境，别源自邵武州建寧、泰寧二縣界入縣境，至縣城西南金溪潭合流，縈紆迴繞，經縣前折而東，至順昌縣會邵武溪，又東入南平縣界，所謂西溪也。

龍池溪，在縣北。源出泰寧縣，流經張源嶺下流合諸溪澗水入大溪。又安福口溪，亦出泰寧及邵武縣界，至縣境合流，又南入於大溪。志云：縣南又有竹洲溪、莫溪，俱自泰寧縣界流入境；又有長溪，自汀州府寧化縣來；下流俱入大溪。○池湖溪，在縣南。源出汀州府歸化縣界，經鐵嶺下匯諸溪澗水入大溪。

將溪，縣西南五十里。其地有石牌場，溪源出焉，東北流有灘曰將溪灘，有洲曰橋洲，橋洲之西又有鼇洲，東北流入於大溪。其相近者曰望江溪，亦出石牌場，流入大溪。又水口溪，在縣南三十里，源出沙縣之黄源嶺，流入境，與諸溪合；又有漢村溪，出沙縣及順昌縣界，至縣南合流爲曹溪；又有小莫溪，亦出沙縣界；俱北流入大溪。○桃源溪，在縣南十里，亦曰桃源小溪。源出桃源漈，自漈而下，匯而爲潭，亦曰西湖，一名野水，引流爲溪，入於大溪。又瀨口溪，在縣東南三十五里，源出順昌縣界，有瀨口灘；〔四〕又黄坑口溪，亦自順昌縣界流入境；下流俱入於大溪。

萬安砦，縣北六十里。宋元豐元年置砦，并置營於此，元因之，明朝洪武二十三年改爲巡司。又有萬安稅課局，洪武六年置。○黄土寨，在縣南。宋慶元二年以其地接清流縣界，民頑俗悍，特置寨備之。元廢。洪武元年復置，十三年以與清流明溪砦密邇，遂省。志云：縣東四十餘里有瀨口關，宋紹定三年汀寇丘文直等嘗據此以拒王師，招捕使陳韡奪其關，賊遂降，關旋廢。今爲高灘隘。又東三十里曰交溪，又四十里而達於順昌縣。

高平苑，縣南六十里。寰宇記：「縣西鄉有樂野宫，東越王時宫也。高平苑亦東越王校獵之所。」大夫將軍校獵謂之大校，軍士校獵謂之子校，故將樂有大校、子校二村。後漢時此邑爲建安縣之校鄉，則其義也。相傳越王乘象輅曲蓋，大夫將軍自執平蓋，今有平蓋村。載鳥以鳴鉦鐃，故有鳴鐃山。自樂野至於遊臺之上，相去九十餘里，風俗至今好尚遊獵，職此故矣。

三華驛。在縣西。元置三華站，明初改爲驛。又白蓮馬驛，在縣西南六十里。宋爲將安館，元至治初改爲站，明初改爲驛。輿程記：「自驛陸行二十里而達汀州府歸化縣界之鐵嶺隘，水行六十五里至歸化縣之明溪驛。」

沙縣，府西南百二十里。東北至順昌縣百六十里，南至漳州府龍巖縣三百五里，西至永安縣百六十里。晉延平縣地，太元四年置戍於此，謂之沙戍，義熙中升爲沙村縣，屬建安郡。宋、齊因之，隋廢。唐武德四年復置沙縣，隸建州，尋省入建安。永徽六年復置，大曆十二年改屬汀州。南唐改屬劍州，宋屬南劍州，元屬延平路。今編户百十四里。

沙縣故城，縣東十里，對古銅場，即沙源地，唐初置縣治此。中和四年以舊地褊窄，徙鳳林岡，即今治也。光啓初羣盜王潮自南安引兵北還，至沙縣，泉州人張延魯等以其刺史貪暴，請潮留爲州將，潮因引兵圍泉州，尋陷之。縣舊無城，弘治四年始築磚城，北倚山，南臨溪，周十里有奇。

鳳岡山，縣治北，縣鎮山也。縣治西南又有鳳凰山，山形如鳳，多梧桐。其側有虎丘山，形如虎踞。又越王山，在縣東南十里，相傳越王嘗屯兵於此。山側有砦，俗呼越王寨。山之下有漈峽。其南曰武仙山，山高峻，頂夷曠，可容千人。山拱揖縣治，俗呼報衙山，一名天馬山。○淘金山，在縣西六里。上多奇石，頂平曠，可容千人。相傳邑未城時嘗屯軍於此，一名屯軍山。又居民嘗避寇於山上。下有泉自山巔飛流，清澈如鑒。上有洞天巖，石壁峭絶，倚險架閣，其旁泉石殊勝。山之東曰獅豸山。

七朵山，在縣城東南，太史溪濱。石壁峭立，竹木森聳如屏障然。宋李忠定名其峰曰朝陽、妙高、真隱、桂花、凝翠東峰、凝翠西峰，其最西一峰曰碧雲峰。俗亦謂之七峰山。○巖山，在縣東十里。頂有砦，昔人避兵處。其右稍平曰平山。又東曰聚峰山，羣峰環遶，奇秀可愛，上有二平石，平廣容數百人。又横山，在縣東南四十里，山勢横截，接尤溪縣界。又縣東四十里有金鳳山，磅礡巀嶭，入南平縣界。又有天台山，在縣東北四十里，又東北接順昌、南平之界。

陳山，縣西南二十里。山本尖聳，正統中草寇鄧茂七等嘯聚於此，屢犯建寧、延平。官軍進擊之，分兵伏後坪、後洋及沙灣之南，賊來戰，敗死。其黨復推鄧伯孫聚後洋，官軍進討平之。志云：鄧茂七砦於此，名陳山營，賊平，官兵夷平山。後洋，在漳州府寧洋縣界。又西南數里有吕峰山，盤踞數十里，高出雲漢。山頂舊有泉七泓，俗呼吕七塘潭。相近者曰虎頭山，高入雲際，勢如展旗，下視沙城，如在履舃。又有鐵壁山，蒼黑如鐵，奇峭如壁。志云：縣西南六十里有龍會山，與莘口漈相對，衆山環抱，如龍盤然，因名。又西南數里爲蓮峰頂山，卓起一峰，中分九派，溪流分注，絶頂有石最平曠。又西有莊山，亦高峻。頂平衍，爲村落。旁有真人峰。

將軍山，縣北五十里。山勢高峻。宋紹定三年山寇嘯聚其中，招捕使陳韡討平之，因名。○幼山，在縣西北百二十里。寰宇記：「山有孤峰，上聳約三十里，盤亘約三百里，巖洞泉石，種種奇勝。」山之脊曰黄竹崎。山下有龍峽。其旁峙者曰龍山。又有馬笠山，如人騎而笠，亦高出羣山之上。志云：縣北六十里有鷄槃山，俗呼馬岃頭，險絶可守，通將樂之隘也。

桐岡嶺，在縣東南十五里。上多梧桐，蜿蜒起伏，長數十里。一名黄泥，亦曰倒油，亦曰章坑嶺。又簹簹嶺，在縣東北四十里。上有羊角崎，二峰玉立雲表，俯視環邑諸山，如翠濤白浪。又三溪嶺，在縣北六十里。嶺峻而遠，路通將樂。下有潭最深。○龍泉峰，在縣東南十七里。脉自尤溪縣界，分三隴蜿蜒而來，至此崛起三峰。又蓮花三峰，在縣東北二十餘里。三峰疊聳，如蓮花之峙。

豪峰巖，縣西五十里。巖石峭拔，其上平廣，可容千餘人。又羅巖，在縣東三十餘里。巖石陡絶，有羅嶺通尤溪縣界。又蕉皮巖，在縣東南四十里。下有蕉皮洞，深廣可一里，清泉怪石，樹木蔭翳，四時如春。○雨林洞，在縣西南三十里。一名金盆洞，深廣容千人。又七仙洞，在縣東數里。洞有三，皆寬廣，其一尤深，杳不可測。

太史溪，在縣治南七峰山之北。舊名大溪，亦謂之沙溪，宋李忠定以太史謫官居此，因名。志云：溪源出汀州府寧化縣，歷新嶺入縣界，回旋合溪旁小水，流七十里抵大洲匯茂溪，衍迤澄曠，平流十里，所謂太史溪也。自茂溪宛折而南，而東，八十里出沙溪口合西溪，又東四十里而至建寧府城，爲往來通道。圖經：「太史溪中有洲，當縣治南，一名大洲，亦曰長洲，一名蚪洲，以形若潛蚪出水也。舊長數百丈，溪水至此中分，有居民千餘家，後洲漸落，猶長二三十丈，今不過萑葦之場耳。土人亦謂之金沙墩。溪之上流險巇如龍門，至大洲稍平緩。」通志：「大溪發源汀之寧化、連城及漳之龍巖縣界，至縣境會爲吉溪，引而東亦謂之東溪，有梅溪及陽鄉等十溪皆流合焉，經縣治東朝陽峰下會北鄉溪爲一，繞而南有洛溪及篔簹等十溪俱流合焉。」北鄉溪蓋即茂溪矣。

茂溪，在縣城東。出將樂縣界，繞北鄉寨亦謂之北鄉溪，又南流至此入於太史溪。一名半溪，一名東溪，水盛時可行小舟。志云：將樂縣界又有湧溪，順昌縣界又有庇口溪、黄沙溪，又南爲赤溪，又西北幼山下有幼溪，又北爲傑溪，皆流合茂溪而入大溪。又有黄沙溪，在縣西南。源出汀州府歸化縣，流入吉溪。○洛溪，在縣東南，源出尤溪縣，又有洛陽溪亦出焉，西北流合諸小溪水流入大溪。縣東北又有漁溪及篔簹溪，俱出南平縣界，下流入於大溪。

百丈漈，縣東北三十里。懸流百丈。有玉溪水出漈北玉山下，流經此，南入大溪。相近又有梅花漈，瀑流飛注巖石間，高數十丈，激沫如梅花。縣西七十里又有莘口銀河漈，亦飛流百丈，如銀河下注。下有石橋跨兩山間。志云：縣境以漈名者十餘計，下流皆入大溪。○蕉峽灘，在縣西南三十八里大溪中，最險，暴雨流濁，舟不可行。又橫石灘，在縣西三十餘里。一名黄龍灘。水底隱一巨石，横亘中流，轟濤掣浪，舟行者恒有覆溺之患。又大磯灘，在縣東八里，又東爲小磯灘，一名大姨、小姨灘，夾石激流，舟行艱險。縣東十六里爲雷霹靂灘，水流衝激，澎湃如雷。又有雷濺灘，在縣東三十五里，俗呼螺紋灘，灘港紆回若螺旋然。中流復有巨石横亘，舟行難於折旋。又牛穴灘，在縣東五十餘里。灘下石壁夾峙，潭匯其中，名漁溪潭。又東四里爲佛子灘，一名囝仔灘，中流有巨石，狀如蟾蜍，每遇暴漲，洄洑爲害，因繪佛像於石上，篙師以爲水候，諺曰「水浸佛肩，不敢行船，水浸佛足，舟行宜速」。又東至金沙灘而出沙溪口。志云：大灘上流之灘十有四，蕉峽、黄石爲險；下流之灘三十，霹靂、雷濺、佛子爲險也。

北鄉寨，縣北五十里。宋元豐二年建砦，元因之，明朝洪武八年改爲巡司。○洛陽口寨，在縣東南二十里。宋元豐三年置砦，設巡司。又於砦前置洛陽口鎮，元廢。又崇安鎮，在縣東三里。志云：縣東門外對岸有山洲，一名仙洲，一名崇安洲，溪旁三面皆阻水，唐崇安鎮置於此。

七峰驛。在縣南郭内，又縣東四十里有同爵驛，俱宋置，元因之，明初廢。又錢監，在縣北三里，亦宋置鑄錢處。〔五〕又縣西有青雲寨，正統中亂賊鄧茂七等旅拒處也。賊平砦廢。○翔鳳橋，在縣治南。宋紹聖四年初建浮橋，名平津，後徙廢不一。明朝洪武二十九年重建。正統十三年寇毁，景泰初復建浮橋。正德三年累石中流，凡十有三，搆木爲梁，甃以磚，復覆以屋，稱爲宏麗。又登瀛橋，在縣治東。一山介二水間，所謂山洲也，宋李忠定更名仙洲，建浮橋名曰登瀛。紹興二十九年郡守吴舜舉累石覆亭，邑人呼吴公橋。後再經修廢，永樂十六年設舟以濟。俗仍呼東門橋。

尤溪縣，府東南百五十里。東至福州府閩清縣百七十里，西南至泉州府德化縣三百二十五里，西北至漳州府龍巖縣三百六十五里。晉延平縣地，宋、齊時爲沙村縣地，唐初爲山峒地，開元二十八年置尤溪縣，隸福州。五代晉開運二年南唐取其地，爲制置鎮，明年改隸建州。明朝弘治四年築城，阻溪塹濠，周八里。嘉靖二年議者以城大難守，六年改築新城，周不及二里。編户百有九里。

伏獅山，縣治北，狀如伏獅，爲縣鎮山。又雙髻山，在縣北二十五里。兩峰並峙，峭拔千仞，如劍倚天外，一名雙峰山。圖經：「自雙峰南隴委蛇起伏，行三十里爲貴人峰，峰迴突聳，即伏獅山也。」志云：雙髻山北二十餘里有蓮花峰，上有天湖，水色紺碧，深不可量。○屏帷山，在縣治西。自貴人峰旁出，環抱城西如屏帷然。又仙山，在縣西十里。山勢峻絶，凌雙峰之巔，有石穴吞吐雲氣，深不可測。

應仙山，縣東北三十里。山秀麗，登絶頂俯視羣峰。舊名鷄心山。又九仙山，志云：在縣西南四十里，一名蓬萊山，巍然秀拔，人跡罕到。又西南二十里曰金樓山，翠聳雲中，狀如樓閣。又鸕鷀山，在縣南六十五里。其山三面，壁立千仞，鸕鷀灘環其下，即尤溪水所經也。一徑盤旋至山巔，如羊腸然。寇亂鄉人多避居於此。○仙靈山，在縣南九十里。巖石奇勝，得名者凡數處。又龍門山，在縣南七十里。高千餘丈，頂有石穴，泉極清澈。

分枝嶺，縣西南百七十里，與泉州府德化縣接界。嶺居二縣間，上有大樹，南北兩枝分二縣境。有關在其上，俗亦呼爲大關嶺。又馬軍嶺，在縣西南百餘里。昔人嘗屯兵禦寇於此，因名。相近有鐵山，嶺産鐵礦。志云：縣城西南有小王嶺，舊通泉、漳二府，嶺道艱阻，邑人朱紱别開坦道，嶺遂廢。又白沙嶺，在縣西南六十里。嶺高峻，多白沙。又縣西九十里有新嶺，宋熙寧中嘗開新道於此。又東嶺，在縣西十里，縈迴可五里，頂有瀑布懸流。○丹溪嶺，在縣北六十里。一名桃木嶺，界南平縣，縈迴可十五里。自趾至巔凡三疊，皆數百丈，回視數十里，川原隱隱，溝塍棋布。有丹溪繞流其下。又戴公嶺，在縣西北六十里，嶺道紆迴凡三十二折。其相近曰茶峰嶺，嶺下有百級嶺。

賴巖，縣西三十五里。其上怪石萬數，鉅者如屋，綿亘可三里，宛然一洞府也。洞口緣梯而上，石室聯屬，皆有竇如户。其中流泉石牖，可以聚居。宋紹熙初建寇葉亮犯縣，鄉民匿其間，保全者千餘人。又銅盤巖，在縣西十餘里。懸崖峻峭，竹樹蔭翳，鳥道縈紆，流泉濺沫如雨。巖下有潭廣可四五丈，鄉人資以灌溉。縣西南百二十里又有流溪巖，高百餘丈，無草木。其崖石皆鐵礦，鑿之可冶。○凌霄洞，在縣西五十里。山崖壁立，惟一竇可躋。宋紹興三十年寇亂，鄉人賴以免難。

尤溪，在城東。有二源，一出泉州府德化縣界，一出漳州府龍巖縣界，會於縣之西南而北流，縣境諸山澗水支分縷注，有湯泉等二十溪次第流匯焉，自城東益轉而北，亦曰湖頭溪，至縣北七十里尤口涵會於建溪。五代晉天福中閩主曦與建州王延政相攻，遣兵屯尤口，將襲建州，爲建州兵所敗，即今尤溪口矣。溪中諸灘，上流凡二十六，下流凡三十，櫛比以達於尤溪。

青印溪，在縣城南。溪中有青石如印，因名。源出縣西九十里沙縣接界之杉嶺，迤邐而東，有山坑、王衛等凡十有一溪次第流合焉，經縣前入湖頭溪。有潭，其水澄碧，深不可測。潭面東西闊十數丈，其上兩崖相逼，俗以爲虎可跳而過，名虎跳潭。

高才坂鎮。縣西百三十里。元置高才坂巡司，明朝因之。志云：縣後崇嶺上有牢城關。宋建炎二年范汝爲率其黨入寇，邑人以此嶺北接高源嶺，南抵小村嶺，沿山一帶易爲寇徑，因設關置砦以守之。既而賊黨自沙縣來犯，果欲從此突入，爲土兵所敗。小村嶺，近城東。

順昌縣，府西百二十里。西至將樂縣百里，東北至建寧府二百十里，西北至邵武府百八十里。本建安縣地，唐貞觀三年析置將水場，嗣聖四年於將水口置鵶科鎮，景福二年改爲永順場，尋升爲順昌縣，屬建州。南唐保大三年改屬劍州，宋以後因之。明朝正德初始築城，周四里有奇。編户五十八里。

龍山，縣南三里，勢若游龍。上有龍頭巖，登山巔可盡一邑之勝。其西南有大明山，孤峙峭立，日出則光先照，因名。其相屬者曰金龍山，頂甚平曠。○鳳山，在縣西二十里，五峰疊翠，高數百仞。縣西北二十三里有景靈山，與鳳山對峙。山高聳，常有雲霧蒙其上。左有耳殊巖，下有黄家洞，宋建炎間兵亂，邑人黄氏族數百指避其中。又高峰山，在縣西南二十五里，其峰拔出羣嶺。下有交溪，溪源出西南四十里沙縣界交槎嶺，流與縣西之瞿村小溪合，因名。下流入於順陽溪。又西五里有寶山，亦峭拔。

超華山，縣西北六十里。周圍甚廣，接邵武府界。頂有泉流，分五澗：東出者曰横溪，北出者曰李坑溪，南出者曰石橋澗，俱入順陽溪；西北出者二，入邵武溪。山之幽曠處有田園，居民數十家，中有嶺曰寶嶺。又梅仙山，在縣北七十里，接甌寧縣界。山巔平曠，廣袤數里，相傳山以梅福名。縣北三十里又有華陽山，三峰並列。山半有石門，高廣數丈。中峰頂又有巖曰仙水。○七臺山，在縣西七十八里，高峰峭壁，幾至千丈。其相望者曰鉢盂山。又幹山，在縣西五十里，周二十里。巔有石洞，容數百人。中有泉，清澈可鑒。又寨山，在縣南六十里。昔人嘗立寨於此，因名。

徘徊嶺，縣南十里。高五十丈，險峻鳥道，至嶺頭路乃平坦。尋小溪而入，徘徊掩映，謂之徊村，四面皆絶壁，有石井深不可測。一名亭龍嶺。或云徊村亦名回源洞，宋韓世忠討賊帥范汝爲於建州，汝爲竄死於此。徊村溪之水亦流入於順陽溪。

順陽溪，在縣西北六十里順陽鄉。縣以此名。源出建寧府建陽縣界，東南流至白芒畲始通小舟。縣西有沙溪，自邵武縣流入；西北有密溪，自甌寧縣流入；俱合於順陽溪。又有竹步等八溪，亦自甌寧等境流匯焉，經縣前與大溪合流而東，會於沙縣之沙溪。

西南溪，在縣治西，即將樂縣之大溪也，東流至此，又西溪流合焉。志云：西溪出邵武光澤縣，縈流至縣治西亦謂之礶砧溪，合順陽溪而會於大溪。西溪中有三灘，皆險峻。大溪中有五灘，三灘在上流，會西溪而東注，又有二灘，會於沙溪。志云：自縣治東至沙溪口凡六十里。○石溪在縣南二十里，相近又有碁溪，皆出沙縣界之桃源洞。志云：縣西南諸溪皆流匯於大溪。

仁壽鎮，縣西北百二十里。宋爲仁壽寨，元因之，明朝洪武初改置巡司。又洪武九年置仁壽税課局於此，十四年并置河泊所。○石湖寨，在縣西北三十里石湖嶺。相近地勢寛衺，可容千餘家。南唐保大中别將張彦成領兵置砦於此，故址猶存。

上洋口隘，縣東三十里，又東二十里曰下洋，又東三十里即王臺驛也。聞見録：「自上洋口而北出大歷口吉陽里，即建寧府甌寧縣界。」○原坑隘，在縣南三十里。山谿盤結，至爲險隘，南通沙縣，西南達汀州之歸化縣。

雙峰驛。在縣治西。宋置順興驛，明朝洪武初改今名。又富屯驛，在縣西北六十里，洪武初建。聞見録：「縣西北四十里有萬全橋，又西北二十里至富屯驛，又七十里至拿口驛，又西北八十里即邵武府。自萬全橋而北百四十里達甌寧之仁壽鄉，又北接建陽縣界。」通志：「萬全橋一名仁濟橋，元至順中建，後圮，近時重建。」○龍溪橋，在縣南。其地左負山，右臨澗，路轉山坳始與橋直。宋紹定二年寇至，官軍據橋爲險，與寇戰，寇敗走。橋久廢，今仍架木以通往來。

永安縣，府西南二百里。西至汀州府清流縣百四十里，南至漳州府寧洋縣百十里。本沙縣及尤溪縣地，景泰三年析沙縣新嶺以南、尤溪寶山以西地置縣。弘治四年築城，周五里。編户六十五里。

金星山，在縣城西。西北臨溪有石壁，巉巖如削，下爲潭，燕水所匯也。志云：治東一里有東山。又有三台山，三峰並立。○大秀山，在縣東北四十里，巍然秀拔於羣山之上。又龍會山，在縣東五十里。山極高峻，其巔羣峰簇聚，如龍會然。

栟櫚山，縣北二十里，多産栟櫚木。峰巒巖岫，高下相屬，其最著者爲天柱、射垜諸峰，獅子、觀音等巖，降仙、步雲諸臺，野雲洞、銅盤澗及天池諸勝。李忠定目爲小武夷。○斗山，在縣東南三十里。一名天斗山。山高峻，自頂凹下，廣可五里，狀若斗然。山陰有風穴、雲洞，磴路巘巇，人跡罕至。絶頂有峰曰合拿。

貢川山，在縣東北四十里，上有桃源洞、一線天諸勝。山峽斗絶，僅容趾陟，其巔田廬井井，故有桃源之目。正統間鄧茂七等作亂，敗官軍於沙縣，據貢川爲寨守之。茂七敗死，其黨鄧伯孫復嘯聚於此，官軍自沙縣進破其貢川、掛口、陳山諸寨，伯孫被擒是也。陳山，見沙縣。○石羅山，在縣東萬山中。突起七峰，次第排列，四面有洞，口狹而中廣。名勝志云：「山在斗山東南。」

黄田嶺，縣南六十里，接漳州府龍巖縣界。縣東百里又有鐵山嶺，産鐵礦。又有新嶺，在縣東北八十里，即沙縣分界處也。○黄楊巖，在縣北六十里，與汀州府歸化縣接界。上多小黄楊，因名。巖後亦名萬壽巖，又名鱗峰巖，四壁如削，周圍可十里，卓出羣山之上。上有三洞相聯，幽深不測。正統九年寇亂，居人避此，寇不能攻。又北二里有翠雲巖，亦名侍郎巖，峰巒甚勝，宋張驚、楊時、陳瓘讀書處也。亦接歸化縣界。又百丈巖，在縣北五十里。高約百丈，周圍三里。四面削壁，中有一徑陡絶。其巔常冒雲氣，與栟櫚山隔溪相望。溪僅通舟。亦名桃源洞。又縣東北二十七里有官砦巖，巖石峻絶，相傳舊爲官砦。志云：縣西有曹巖洞，空曠可容千人。

燕溪，在縣城西。二水分流，中隔一岡，宛如燕尾，因名。源有三：一西出汀州府寧化縣境，過清流縣下九龍潭而東，謂之龍溪；一西南出連城縣境，由吉山而東北流，又東至賴口與龍溪合流，至城西南一里謂之吉溪；一南出漳州府寧洋縣境，由掃溪口而北，歷張坡、車坂至縣治西合於吉溪，是謂燕水，東北流，會梅溪以下數溪入沙縣界，即沙溪上源矣。志云：梅溪亦曰大梅溪，出縣東，自塔下而西，東北會於燕溪。

九龍潭，在縣西，即龍溪之灘也。曰長龍，曰安龍，曰傷龍，曰馬龍，曰三悟龍，曰五白龍，曰興龍，曰暮龍，曰下長龍，乃溪水最險處。未至長龍，有鐵石磯，從清流縣來者必艤舟於此，厚縛竹葉，遮蔽船頭，别募土人持篙前立，遇龍處，水之高低常數丈，舟從高墜下，鑽入浪中，躍起即有巨石當頭，相去才尺許，土人以篙輕拄，即轉前灘，水既懸奔，又轉折於亂石之間，兩山夾峙，險隘陰翳，一瞬遲悞，便爲虀粉，天下之險，無踰於此矣。内六龍屬清流縣，下此又歷十一灘至沙縣界。正統中羣盗結寨於此，曰九龍山賊，官軍以計奪其寨，又敗賊於縣西高陽里。志云：縣西南五十里有安沙，舊傳聚沙成岸，水漲不崩，故曰「安」。或云出九龍至此始安也，縣名永安以此。高忠憲公云：「從延平至安沙一路，小舟僅可載兩人。至九龍十八灘，每過一灘，舟皆猿掛而上，盡九龍則陸行至汀州。」

安砂鎮，縣西九十里。舊爲浮流鎮巡司，宋元祐五年建爲浮流寨，明朝改巡司，景泰三年以浮流鎮爲縣治，徙巡司於此，改今名。邑城記「縣治舊爲沙縣之浮流口，當尤溪、將樂、清流盗賊出没之衝，唐李肅禦汀賊於此，力戰而死處也。正統末遭鄧茂七之亂，始議置縣。弘治中城始就，阻溪負山，不事濠塹，稱完固」云。又湖口巡司，在縣南六十里，接連城、龍巖二縣界，正統五年置。

黄楊砦，在縣北黄楊巖下。舊名巖前砦，宋嘉定十七年以其地險遠，置砦守禦。紹定四年增兵戍守。元至元中設巡司。明朝洪武初改爲黄楊砦巡司，十四年廢。又龍口砦巡司，在縣北。宋慶元四年置砦，設軍屯戍，元廢。又大陶寨，亦在縣北境。元至元中置，後廢。舊皆在沙縣境，後改今屬。○蓮花寨，在縣東五里。山形如蓮花，周圍壁削，一小徑可登，僅容側足。宋、元之季鄉人多避寇於此。明朝正統十三年沙、尤寇發，鄉民多賴以全濟。

蜂口隘。縣南四十里，又南二十里曰林田隘，爲路出寧洋縣之要隘。由此而前東、西、南三路俱可達寧洋，凡六十里而近。

大田縣，府西南四百里。東至尤溪縣百七十里，東南至泉州府德化縣二百里。本尤溪縣地，嘉靖十四年議以地界延、漳、泉三府之交，深阻嘗爲盜藪，乃割尤溪之十四都，益以永安、漳平、德化諸縣地置縣。明年築城，周不及四里。編户四十里。

雙髻山，在縣城北。高聳圓秀，雙峰並峙，爲縣主山。又北有五臺山，五峰突起天表，其兩峰尤爲傑出，自下望之縹緲入雲，亦有雙髻之稱。麓有潦曰龍源，懸流百仞，其下潴爲龍潭。○大仙山，在縣南。亦有雙峰插天，如仙人角髻立於雲外，縣之鎮山也。聞見録「大田東南二十里有仙峰山，接泉州府德化縣界」，即此山矣。又雪山在縣東南百里，高千仞，延袤十餘里，雪常凝其上。南接靈峰山，亦高勝。

銀瓶山，縣東三十里。瓶亦作「屏」。舊於此開辦銀課。〔六〕其山兼産銀、鐵。明初亦置銀冶鼓鑄，漸逋聚爲盜，景泰後罷冶，惟鐵冶尚存，奸民擅其利。相近有太素山，逶迤層累，冬多積雪，一望皓然。又東南有白鶴山，層巒疊嶂，高矗千仞，昂然如鶴立雲霄。志云：縣東有東屏山，蒼峭壁立，方正如屏。山背有嶺接尤溪縣界，後潦溪迤邐十五里，泉石甚佳，曰山後嶺。○大富山，在縣西六十里，接漳平縣界。上有泉，一鄉之田俱藉其灌溉。又大寶、小寶二山，在縣西北五十里，接永安縣界，産鐵礦最佳。

南臺山，縣南二百餘里。一名臺閣山，山勢高聳，上平如掌，有池不涸。相近有蓮花崎山，安仁巡司置於此。又有天湖崎山，其巔有湖。又南爲石筍崎山，頂有三五峰卓立如笋也。舊俱屬德化縣，後改今屬。

靈惠巖，縣東北九十里。巖壁峭拔，有洞可環坐千人。其泉曰聖泉，隨飲隨溢。舊名師姑巖，一名佛窟巖。山之陰即沙縣界。又東巖，亦在縣東北。懸崖阻峭，惟一徑可登，鄧茂七之亂，鄉人結砦於此以拒守。又郎官巖，在縣東。正統間官兵勦寇，駐師於此。志云：尤溪令李文兖所駐，因名。縣東北又有陳平嶺。嶺舊在永安縣界，西去永安八十里，元末陳友定開此嶺，路通尤溪，因名。又樵嶺，在縣東南興原，商旅往來處也。又南有柿模嶺，產鐵礦。○龍門洞，在縣東南。舊志：在尤溪縣南六十里，峻絶萬仞，四面無路，僅羊腸可通。一名滴水洞，中容二三百人。

縣前溪，在縣治南。源出德化縣界，環繞北出，縣境諸溪澗水悉流入焉，東北入尤溪縣境。亦謂之大溪，即尤溪之上源也。○東溪，在縣東北七十里，其初發處爲鷦溪，流經英果砦而西南出，會渡頭溪。又渡頭溪，源出縣西北永安縣境，東南流。二溪皆合小溪諸流以達大溪。

英果砦。縣東七十里。宋元豐三年置砦，設巡司，元至元二十年徙而西北，在縣陳平嶺相近，明朝洪武四年復還舊址。本屬尤溪，後改今屬。又安仁巡司，在縣南。正統中建，本屬德化縣，後改今屬。○石牌隘，在縣東南四十里，路通德化。又縣南四十里有大績隘，亦南出德化之徑道。又桃源隘，在縣西南百里，接漳州府漳平縣界。志云：舊有長安隘，在德化縣西北二百里，路出漳平，今亦屬縣界。

附見

延平衛。在府治東。洪武元年置。○將樂守禦千户所，在縣治南。洪武四年置。又永安守禦千户所，在縣治東。

景泰三年置。

校勘記

〔一〕十四年廢　「廢」，底本原作「置」。上文已云「元至大四年置」，此如何又置？職本作「廢」，是。今據改。

〔二〕益王昺由浙入閩　據宋史卷四七瀛國公紀，封益王者爲昰，非昺。

〔三〕又城東鑿灘口有東津鎮　「有」，底本原作「在」，今據職本、鄒本改。

〔四〕有瀨口灘　「灘」，底本原作「溪」，今據職本改。

〔五〕亦宋置鑄錢處　「亦」，底本原作「俱」，今據職本改。

〔六〕舊於此開辦銀課　「開」，底本原作「鬧」，今據鄒本改。

讀史方輿紀要卷九十八

福建四

汀州府，東至延平府五百二十里，東北至建寧府七百三十里，東南至漳州府六百三十里，南至廣東潮州府六百六十里，西至江西贛州府四百十里，西北至江西石城縣百九十里，北至邵武府五百五十里，自府治至布政司九百七十五里，至京師五千二百二十六里。

禹貢揚州地，周閩越地。秦屬閩中郡，漢屬會稽郡，三國吴屬建安郡，晉屬晉安郡，宋、齊、梁因之。陳屬閩州，隋屬泉州，大業初屬建安郡。唐爲福州地，開元二十四年置汀州，唐書：「是年開福、撫二州三峒置州，以長汀溪爲名，治新羅。大曆四年徙治白石。」天寶初曰臨汀郡，乾元初復曰汀州。五代時王閩仍曰汀州，南唐因之。宋亦曰汀州，元爲汀州路，明朝曰汀州府。領縣八。

府南通潮、廣，北達江右，山谷斗絶，稱爲奥壤。自唐始置郡，而擾馴未至。王潮入閩，則有事於汀州。宋室南遷，而汀州亦多叛亂。明朝正德中，尤溪賊爲亂，南、贛撫臣王守仁討平之。豈非以崇山複嶺，旁達諸境，不逞之徒，易爲淵藪，童牛之牿，不可已耶？

長汀縣，附郭。晉新羅縣地，屬晉安郡。唐開元中於新羅故城東置長汀縣，爲州治。大曆中遷白石鄉。宋治平中遷衣錦鄉，即今治也。編户五十一里。

新羅城，在府東南。晉置新羅縣，宋廢。志云：在今漳州府龍巖縣界。一云在上杭東北五十里，悮。唐開元後徙縣治長汀村，在上杭北十五里。一云去今府城二百二十里，亦悮。既又遷縣治東坊口，在今府東北五里，今名舊州城。大曆中遷白石村。郡志謂：大曆四年徙東坊口，後十年徙白石鄉。宋遷今治，即唐白石鄉矣。去舊治一二里，地勢平夷，方數十里，而臥龍山突起平地中，府城半壁，高掛其巔，鄞江繞於左，西溪抱於右，二水合流，繞出丁位，南走潮海，西下豫章，爲形勝之地。郡城相傳唐大曆中築，宋治平五年增拓，周五里有奇，環城爲濠。紹興中及隆興初皆嘗修築。紹熙間議易土城，甃以磚石，訖於嘉熙，功未及就。元時城益頹廢。明朝洪武四年復因舊址修築，嘉靖五年增修，北據臥龍山，南臨南溪。舊有門六，今五。城周六里有奇。

臥龍山，郡治後。府主山也，偃臥如龍。志云：府城四面皆平田，就中特起一山，高數十丈，廣五六里，北面峭壁矗起，其南派爲九支，形如九龍，蜿蜒蟠曲，一名九龍山，又名無境山。山之左支爲横岡嶺，右支爲西峰，俯臨津門。又東山，在郡治東，臥龍山首起於此。○南山，在府南三里，屹然如屏。巔爲朝斗巖，緣石捫蘿而上，俯視城市，盡歸目睫。山之東接拜相山，俯揖臥龍，如人拜相。山限有霹靂巖，宋元祐間迅雷震開，遂成巖洞。府南四里有圓珠山，當鄞江、西溪二水合流之口，形如珠圓，一名龍珠山，俗呼寶珠峰。

鷄籠山，府北五十里，高十五里。山形圓聳，上凌霄漢。又翠峰山，在府東北六十里。壁立千仞，煙雲出没，惟天色晴霽，亭午方見其頂。○七寶山，在府西。山下舊有上寶場，宋置，採銀、錫於此，後廢。通志：「場在縣治西。」又佛祖峰，在縣西三十里，俗名九礤。轉北二里許，樹木陰翳，石磴崎嶇，爲絶勝處。

雙峰，府東南二百里。峰巒雙聳，插入雲霄。○新路嶺，在府西六十里，一作「新樂嶺」，接江西瑞金縣界，貢水出焉。志云：嶺峭險壁立，砂礫崎嶇，行者病焉。嶺背即隸江西，此天所以限閩中也。又牛嶺，在縣西二十里，道出瑞金縣。其相接者曰白頭嶺，以常冒白雲名。

鄞江，在府城東。亦曰正溪，又名大溪，或謂之左溪。源出寧化縣界，流經府東北湘洪峽，又南至府東東莊嶺匯爲潭，分流爲二，又南至高灘角復合爲一，南流經上杭縣達潮州府大埔縣，會三河水入海，亦謂之汀水。志云：天下之水皆東，惟丁水獨南。南，丁位也，以水合丁爲文。又有東溪，出翠峰山下，有鄞坑水流合焉，至張家陂與正溪合，並爲鄞江之上流。高忠憲曰記云：「汀水之源在北，水俱南流，勢如壁立，過大姑絶險處，舟下一灘，則入白浪中，裹而復出，直至峰頭趨陸，則抵潮州矣。」

西溪，府城西。源出府西北，地名大原，流經杉嶺亦曰南拔溪，宋治平中築城塹濠，砌石陂引水入焉，下流分二派，皆入於正溪。又南溪，在府城南。溪源不一，引流而東至南口，亦會於正溪。又北溪，在府城北。源出西北之横坑，亦謂之横溪，東流合正溪。寰宇記「臨汀大溪有四，曰東溪，曰西溪，曰南拔溪，曰横溪，至府南高灘角合流爲一」，蓋以南溪爲南拔溪也。府東又有梓步、小湘等溪，亦流入正溪。

寅湖，府東二里，以方位名，周百步。中有小山，水溢不没。又辛湖，在府西一里，周七十步，亦以方位名也。○麻潭，在府東南。衆流皆會於此。山勢盤亘，過此折爲九曲。又磜角，在府東，高巖湍怒，溉田甚廣。又東有磜頭，峭壁數十仞，瀑聲如雷，亦有灌溉之利。志云：府南有五百灘。自汀抵潮，灘險有五百之數，今漁梁、鸕鷀、蛇王、九曲、王屋、紗帽諸灘是也。

古城寨，府西四十里。五代時王延政築此城以備江南兵，宋因置寨，爲戍守處。亦曰古城里。志云：舊城在府西南何田市，宋紹興中遷今所，明初置古城砦巡司。又西至江西瑞金縣五十里。○屯駐軍砦，在府南三里。宋建炎中羣寇擾亂，遣軍討捕，嘗駐於此。紹興十四年始創築，元廢。又何田市砦，在府西南五十里。宋時爲商旅輳集處，嘉定間創砦以彈壓之。今廢。志云：府北有汀關，宋置。景炎二年元兵破汀關，文天祥欲據城拒敵，汀守黄去疾有異志，天祥乃移軍漳州是也。今湮。

臨汀驛，在府治東。宋淳熙中建，至今因之。府東七十里有館前驛，元爲館前站，明初改驛。又三洲驛，在府西九十里。本三洲鋪，成化十八年建三洲公館，後改驛。○拔口場，在府西南八十里，宋置税務於此；又合同場，在府治東，宋置，尋榷鹽税於此；後皆廢。

九磜隘。府西北三十里。志云：府東五十餘里有大息、鎮明二隘，東南八十餘里有桃陽隘，府南百餘里有黄峰隘，西南九十里有長橋隘，五十餘里有分水、軀龍二隘，與石城、九磜爲九隘，皆爲戍守要地，而黄峰與古城尤爲險峻云。

寧化縣，府東北百八十里。西至江西石城縣九十里，西北至江西廣昌縣百九十里，北至邵武府建寧縣二百里。本建州沙縣地，唐開元二十四年開山峒置黄連縣，屬汀州，天寶元年改今名。編户五十一里。

黄連城，縣東五里。本黄連鎮，唐置黄連縣於此，以地産黄連而名，尋曰寧化。後唐同光元年王閩遷縣治於鎮西竹篠窩，北負翠華，南臨大溪，即今治也。縣境山峻水急，峰巒萬疊，至縣治則四圍平坦，形如大釜，旁挹嶂岫，下瞰溪湖，稱爲形勝。縣城相傳始遷時築，亦曰寧陽城，周不及一里。宋端平間展拓，周二里有奇。寶祐二年圮於水，開慶初嘗議修築，不果。明朝正統中屢被寇患，正德五年始築土城，九年甃以磚石，周四里有奇。

翠華山，縣北二里。其山四時蒼翠，縣主山也。又鳳凰山，在縣北三十里。崇岡峻壠，蜿蜒不絶，形如鳳翅。其地有靈隱洞，亦名洞源巖。又北曰陶峰山，峰巒峻聳，四面壁立。縣北六十里又有牙梳山，以形似名，險峻扼塞，嘯聚所憑。○南山，在縣西南十里。三峰相連，其中一峰特起，爲邑之望。流水環遶其下。

苦竹嶺，縣北九十里。嶺甚高，多産苦竹，常有雲氣蒙其上。又北有南橋嶺，以高拱如橋而名。志云：縣東北百里有城門嶂，山勢卓立如屏，元季寇亂，邑民多避兵於此。○西巖，在縣東北五十里。登石梯而上，石筍屹立如門，中可坐千人，泉石殊勝。有石室數處，皆幽異不一。其傍爲東巖，亦有數石室，争奇競秀。志云：縣南六十里有烏路峽，兩岸壁立，水勢潨洄，深不可測。又危石，在縣北六十里，突然一峰，四壁陡絶。

黄連洞，在縣東。亦曰黄連鎮，本名連城洞，唐置冶處。乾寧元年王潮據閩，黄連洞蠻圍汀州，潮遣將李承勳擊之，追破之於漿水口，閩地略定。漿水，見延平府將樂縣。胡氏曰：「黄連洞即潭飛漈。」似悮。又靈隱洞，在縣北百里。一名洞源巖。洞前重岡疊巘，小澗横截，巖石奇勝。

大溪，在縣城南。源分六派，其正西自贛之石城縣塹嶺來會，西南自長汀縣界狐棲嶺來會，西北自石城縣界長放坑來會，此大溪之上流也；其東北自建寧縣界臺田嶺來會，正北自苦竹嶺至縣北三十里之馬家渡來會，正東自熱水窑頭至縣東四十里劍潭來會，至縣東之東渡與上流三派合爲一溪，復折而東，至清流縣又東會劍江水抵福州入海。志云：大溪支流西南入長汀縣而爲正溪。一云溪源出縣北五十里石洞中，濆湧而出名萬玉泉，流爲小澗，溉田數千畝，又引而南爲正溪之上源。

蛟湖，縣北六十里，深不可測。又有柘湖，在縣東北。其水四時不涸，溉田甚溥，西去蛟湖密邇。又有羊鴉湖，在柘湖側，亦有灌溉之利。○龍門潭，在縣南。水深莫測，引流而東亦曰龍津，有龍門橋跨其上，流會於大溪。又神頭潭，在縣西南數里神頭嶺下，淵深清澈；縣東又有赤岡潭；皆引流入大溪。

潭飛漈，在縣南鄉。重岡復嶺，環布森列，登陟極難，漈居其上，坦然寬平，山環水合，有田有池，草茂林深，易於藏聚。宋紹定間汀、邵賊晏頭陀作亂，攻陷城邑，北犯建寧，監軍劉純等擊破其潭飛漈，又諭降連城七十二砦，賊遂平。一統志：「宋平賊後置南平寨於此，爲戍守要地。」又龍潭漈，在縣北三十里，相傳有龍潛焉，時至漲溢。縣西十餘里又有雷鳴漈，以聲如雷轟而名。○七孤龍，在縣南，北去烏路峽十五里。石峻路險，怒濤奔湍，逶迤七曲，舟行甚艱，蓋即正溪所經矣。

安遠砦，縣北百里，北至邵武府建寧縣八十里。舊名下土寨，宋慶元中置，元因之，有巡司戍守，明朝洪武初改今名。又南平砦，在縣南，近潭飛漈，宋紹定六年移黄土寨置於此。又北安砦，在縣東北七十里，宋紹定六年移苦竹砦置於此。今皆廢。○金錢隘，在縣東，入清流縣界。又石溪隘，在縣北，路出建寧、廣昌二縣。其相近者爲紫雲、巖塘、草橋等隘。又留西隘，在縣西，通石城縣；縣南又有木馬、竹篙二隘，通長汀及連城縣界；皆爲戍守要地。

石牛驛。縣南七十里，以傍有石牛而名。宋置，至今因之。輿程記：「由清流縣九龍驛舟行至驛九十里，又西南六十里而達長汀縣界之館前驛，往來必經之道也。」

上杭縣，府南百九十里。東南至漳州府龍巖縣百五十里，南至永定縣百十五里，西南至廣東程鄉縣三百十里，西至武平縣百里。本龍巖縣地，唐大曆四年置上杭場，宋淳化五年升爲上杭縣，割長汀縣南境隸焉，屬汀州。今編户四十五里。

上杭舊城，志云：唐析龍巖縣胡雷下保置上杭場，其地在今永定縣東四十餘里。南唐保大十三年徙場於藝梓保，在今永定縣東北六十里。宋升爲縣，至道二年徙治鼈沙，在今縣東北三十里，地名白沙里，舊曰鼈沙里。咸平二年又徙縣於語口市，東去鼈沙不及一里。天聖五年復徙鍾寮場，在今縣西北二十里。其地坑冶大興，商旅輻輳。乾道三年又徙郭坊，即今縣治。有城，相傳宋端平中創築，周不及一里，尋燬。淳祐中更築，復圮於水。寶祐間始營以磚石，元季復廢。至正中拓舊址築之，周不及三里。明初復圮。洪武十八年邑人鍾子仁作亂，縣令鄧致中築城禦賊，民賴以全。尋復廢。正統十四年屢被寇掠，景泰六年復事營築，成化八年工始畢。城周八里，有門七。志云：縣北十五里有舊州城，即汀州故城。詳見前。

金山，縣西北十里，邑主山也。巒嶂巑岏，蒼翠如畫。一名紫金山，宋康定間嘗採金，因名。上有三池，名曰「膽水」，上下二池有泉湧出，中一池則蓄上池之流。相傳宋時縣治密邇其地，水赤味苦，飲則傷人，惟浸生鐵可煉成鋼。後縣治既遷，其水遂變，不異常水。山側有百丈漈，高可百丈，懸流如線，自石罅出，舊名黄金坑。水陽有南寶山，望之如筆。又有巖曰寶興巖。山南五里即舊縣治之鍾寮場云。又靈蛇山，在金山西北，峭拔凌空。○七峰山，在縣城北三里。七峰岌嶪，翠麗可愛。一名七星山，爲邑後鎮。

泠洋山，縣東十五里，高出諸山，俯見縣治。下有水逆石而出，暑月尤冷。又亂石隔山，在縣東四十餘里，亂石巉巖，路出龍巖縣。志云：縣前溪南有横琴山，平廣延袤，狀若横琴，一名横琴岡。又袍山，在縣南五里，縣之前案也。亦曰掛袍山。又南曰美女峰，其峰有四，葱菁秀麗。又南爲三層嶺，嶺三級始至其脊，道出永定縣。○鐵嶂山，在縣西。石壁峭拔，勢若屏嶂。山之西産鐵礦。志云：縣西有展旗山，數峰連屬，迤邐若展旗然，縣之右鎮也。縣西北又有覆羅山，高聳特立，山頂端圓，若覆羅然。

茫蕩洋山，縣南百里，磅礴數百里，當上杭、永定兩縣之界。峰巒嶄絶，人跡罕至。西南通程鄉，東通漳州，姦民常據爲窟穴，急則逃入於廣。又羊厨山，在縣西南百餘里，盤亘百里。高巖怪石，千態萬狀，據汀、潮二州之界。○雙溪嶺，在縣北四十里。有二小溪環遶其下，與長汀縣分界。志云：縣西有大磜嶺，路通武平。又西有蜈蚣嶺，高聳，縈迴五里許。嶺路蜿蜒，若蜈蚣然。

大溪，縣城南，即鄞江下流也。自長汀縣匯衆溪流經縣北，與語口諸水會，至縣治南山下，過美女峰，縈迴三摺，環抱而出，又西折而南，經潭口直抵廣潮入海。志云：大溪中有蓮花石，波濤洶湧，行舟毫釐失措，即至覆没。其上羣石聳翠如蓮花，在縣南六十餘里。又縣西北三十餘里有觀音石，縣南又有烏虎石，皆在大溪中。○九曲溪，在縣東北三十里，縈迴九折，流合大溪。又黄潭溪，源出縣東龍巖縣界。安鄉溪，出縣東東安巖。南寶溪，出南寶山下。又有樊溪，出鍾寮埸東，與南寶溪合。埸西又有新田溪，亦流入南寶溪。縣北又有金山下溪。縣西又有水埔溪，出武平縣界。志云：縣境凡十餘溪，俱流入於大溪。

鹹水湖，在縣南三層嶺之北，有水一泓，味鹹不涸。縣東三十里大陂旁亦有此湖。又天井湖，在縣東南二十里，闊五十餘丈。志云：舊在縣東，後忽移而南，相去十五里。又縣城西北亦有二湖，名天井。○草鞋潭，在縣北二里，延袤數里，大溪所經。舟人云：「行竟此潭，可成草鞋一雙。」蓋狀其長也。又黄土潭，在縣北四十餘里，以潭旁土色皆黄而名。

大孤灘，縣南四十里。立石槎牙，舟難上下，行者必易載而渡。志云：縣境羣灘凡數十處：其近城者有馬尾灘，以灘水散流，若馬尾然也；又有逃船灘，在縣西，灘勢甚險，舟行至此，必避溪旁，多爲之備，然後敢過；又有大籠鈎灘，屈曲若籠鈎然；縣北四十餘里有目忌灘，水極湍急，舟人見之輒增畏忌；又北有鑊風灘，灘有二水，一直一横，浪滚如鑊。此數灘於羣灘中爲尤險。

梅溪砦，在縣東梅溪口。宋置，今廢。志云：砦西水口有獅子石，高數十丈。又石壁砦，在縣西，旁有石壁潭。元置寨，今廢。○九十九段隘，在縣西南六十里；其西有郭公楝隘，東南有寒陂隘；皆山間小徑，至爲險僻。寒陂之西曰銀子凹隘，又北曰鮮水溪隘，與河頭隘並稱險要。志云：河頭隘在縣南五十里，縣之險隘也。今有官兵戍守。

又瀨溪隘，在縣西四十里。防險說：「縣南來蘇里之王壽山，縣東勝永里之狗困嶺，與瀨溪隘之龍障山，俱爲險峻。」

小溪隘，在縣西南百里。志云：縣西南百二十里曰溪南三圖，與潮之大埔接壤，有上下二水，爲盜賊巢穴，盪平後立撫民館於小溪隘之西坪，諸巢可慮者惟此爲最。今有小城，設兵置守。圖經：「縣東北有羊蹄、桃排、采眉等隘，東有當風、蘆豐、板寮、大王、壩上、南坪等隘，南又有新長嶺、軍營、荷樹岡等隘，縣西有葫蘆、通橋等隘，西北有河溪、檀嶺等隘，皆控扼處也。」

平西驛。縣東三十餘里。成化六年置。又藍屋驛，在縣北七十里。成化十年徙清流縣玉華驛於此，改今名。輿程記：「自汀州府三洲驛水行九十里至藍屋驛，又南至縣。自縣南四十里至大孤市，又七十里過峰頭，又二十里爲石上鎮，屬廣東潮州府界。自石上又六十里即大埔縣。」○永興場，在縣東五十里；又縣南六十里有通利場；縣境又有金山、利濟、龍山、石門、語口等場，皆宋時採金及銅鐵處。

武平縣，府西南二百十里。西至江西安遠縣百四十五里，南至廣東程鄉縣二百十里，西北至江西會昌縣二百十里。亦龍巖縣地，唐開元二十四年置南安、武平二鎮，隸長汀縣。五代時王閩併南安爲武平場。南唐屬劍州之沙縣。宋淳化五年升爲武平縣，析長汀縣西南境隸焉，屬汀州。紹興間築城，周二里有奇。端平間增修，元時城圮。明朝成化中復築土城，弘治十四年甃以磚石，周三里。編户十九里。

靈洞山，縣西十里。山有大洞三十六，小洞二十八，泉石皆奇勝。又西有雙鷹山，雙峰高插雲漢。○梁野山，在縣東三十五里。一名梁山，高五十餘仞，分十二面，險峻疊出。絶頂有白蓮池。

黄公嶺，縣北百五十里，接長汀縣界，修阻二十餘里。上有泉自石中迸出，僅杯勺許，而羣飲不竭，俗呼聖公泉。又當峰嶺，在縣北七十里。鑿石爲路，長五里，接永平寨。上有泉。又石徑嶺，在縣西北。高峻多石，路通羊角水，接江西會昌縣界。又白鶴嶺，在縣西十里，江、廣往來要路也。○南安巖，在縣南八十里，形如獅子。中有二巖：南巖窈窕虚明，石室天成；東巖差隘，而石龕尤縝密，其中泉石，種種奇勝，俗呼龍穿洞。又有十二峰森立巖前，如拱如揖。又有緑水湖，亦在巖前。又南二十里有象洞，接潮州界，環抱紆迴，號九十九洞，宋時嘗於此置砦。

化龍溪，在縣治南。一名南安溪，源出縣東，流經此，又南合羣溪水入廣東程鄉縣界。又聚靈溪，在城東。源出靈洞山，由西門流入，遶城東出，合化龍溪。又魚溪，在縣北。源出當峰嶺，南會禾豐溪。合徑口小溪又南入化龍溪。禾豐溪，在縣東北。源亦出當峰嶺。又有千秋溪，源出梁野山，西流入化龍溪。志云：縣西北有濠坑溪，出江西安遠縣，下流亦入化龍溪。○露溪，在縣東北一里。一溪七灣，俗呼「露溪七渡」，引流而東，又北入長汀縣界曰大順嶺小溪，接七里河入於鄞江。又順明溪，出縣西大嶺下，西流至江西會昌縣入大溪。大溪即貢水上源也。又縣境諸溪皆有灘石之險。

象洞寨，縣東南百里。其地與潮、惠接界，相傳嘗産象於此。宋政和中置砦，嘉熙中改爲南尉司，元廢。明初復置，改爲巡司。又永平砦，在縣北六十餘里，地名帽磜。宋淳祐中置寨，明初改巡司。圖經云：「縣西南又有懸繩巡司，以懸繩峰而名。」正德間羣盗劉廷選嘯聚於此，事平因置巡司。今皆有兵戍守。又三摺溪寨，在縣東五里。宋置。志云：砦舊在溪西，爲汀、贛、梅三州界首。後梅州廢，止隸汀、贛二州。紹興初寇燬，因移寨於此。又有屯營庵，在縣東何屯岡下。舊傳五代時統軍使何姓者嘗屯駐於此，築小城，周圍二里許，故址猶存。

南安鎮。在縣南。唐置鎮，與武平俱屬長汀縣。五代時王閩改置武平場，南安遂廢。志云：南安、武平二鎮相拒蓋二百二十里。○蟠龍岡隘，在縣西南三十里，昔時羣賊嘯聚處也。其北有鄭家坪隘，蹊徑錯雜，與廣東大帽山接近。有掛坑嶂，諸巢窺伺爲害，設軍駐守。又水口隘，在縣東南，又東即象洞砦也；縣南曰鉢盂隘；皆南近大帽山，爲控禦要地。志云：縣東南又有處明隘，南近水口隘；縣東有金鷄隘、大嶺隘；東北爲檀嶺隘；北曰湖界隘；西曰碰頭隘；皆設險處，有民兵戍守。

清流縣，府東北二百十里。東北至歸化縣九十里，東南至連城縣百三十五里，西至寧化縣六十里。本長汀、寧化二縣地，宋元祐初析置今縣，以寧化之清流驛爲縣治，屬汀州。紹定中廢，元復置。舊有子城，相傳宋紹興間因寇亂築，周一里有奇。後廢。元末邑人陳友定起義兵，破羣賊，因山南之險，壘石爲城。明初復廢，惟南門城址猶存。今編户五十六里。

龍山，在縣治南。山脈自西蜿蜒而東，至此羣峰高聳，起伏如龍。元季陳友定於此壘城屯兵，名南砦山。其最高一峰謂之南極，巉屼拔出，頂上時有白雲，遥望如疋練。旁有銅鑼山、塔山，皆山之支峰矣。又屏山，在縣治北，屹然突立，蒼翠如屏。一名沙帽山。陳友定壘石屯兵，一名南寨山。志云：縣東三里有東華山，懸崖峭壁，前有斗臺，高聳入雲，登臺則景物皆在目中。又筆山，亦在縣東。層巒疊嶂，回環二十里。中聳三峰，一峰尤高。縣西又有西靈山，爲縣之右鎮。

豐山，縣南百二十里。其頂如磨，常有雲氣覆之。宋淳熙間有窮其巔者，積六日乃得至。其巔坦夷如砥，可坐千數人，而四圍峭絶，人迹難逮。○漁滄隔山，在縣西南，峰巒峭絶。其南又有楓隔山，以山多楓木而名。

鐵石山，縣東南九十里。山高多石，堅黑如鐵。有磯曰鐵石磯，洞曰鐵石洞。洞口有九龍廟，廟前有九大灘，大灘之内又有小灘，共十有八，凡舟行者必祈祐於廟。又東南十里即九龍灘矣。○玉華嶺，在縣東北六十里。上有玉華西洞，石峰拔地，蒼翠横空，玲瓏穿透，可容百餘人。玉華洞之西曰石燕洞，東曰靈龜洞，皆有三穴，最深幽。又東隘嶺，在縣南一里，接横口村，懸崖絶壁，有一夫當關之險。正德中縣令林湜因武平寇亂，守此以扼其險。又崆峽嶺，在縣東。山勢臨水，中通一道，至嶺絶高，陳友定爲關於此。

向陽嶺，在縣東。一名擊陽嶺，峻險壁立，直插霄漢。曰擊陽，狀其高也。又分水嶺，在縣東北四十里，相傳陳友定嘗屯兵於此。又縣南十里有横溪嶺，高五百丈，路通寧化縣。方域志：「縣西至硿頭嶺二十五里，南至百步嶺十五里，北至草鞋嶺六十五里，皆與寧化縣接界。」○灟湧巖，在縣東北七里。飛泉怪石，茂林修竹，爲一方之勝。又靈峰巖，在縣南二十五里，中有洞穴。又七峰巖，在縣南六十里。有七峰突峙，因名。

清溪，在縣城北。其上源即寧化縣之大溪也，流經縣西北高地嶺，縈迴五十里，澄清如練，南至縣治西南，繞城環抱三折，經漁滄潭下九龍灘，入延平府永安縣界。○半溪，在縣北。源出高地嶺，經縣東北五里，西南流合於清溪。又蕎溪，在縣北五十餘里。自寧化縣界流入，過玉華嶺南合清溪，謂之蕎口。又有青溪，亦出寧化縣界，流經高地嶺，合於蕎溪，謂之青口。志云：縣東又有芹溪，源出歸化縣。東南有羅口溪，出連城縣，亦謂之連城溪，經縣東六十里。今有芹口、羅口，即二水入清溪處也。又夢溪，在縣東南九十里，合山澗諸水流入九龍灘口。溪中有潭曰秋口潭。相傳溪上林木蓊蔚，行者如在夢中，因名。又三港溪，在縣西南五里。相傳有三小港，源皆出寧化縣，會流入於清溪。

九龍灘，縣東南百里。上六龍屬本縣，下三龍屬永安縣。九龍上下二十餘里，每龍兩崖石峽逼窄如關隘，僅可丈餘，而石龍橫絶水中，高可數丈。乘舟下龍，如在高山墜於平地。舟子欲下，必倚鐵石磯，人盡遵陸，空舟而行，雇土著篙師欄頭，庶可無恙。以縣境止有六龍，亦曰六龍灘。元季陳友定嘗開鑿之，以通汀州糧運。明朝成化十八年縣令張寀募工鑿去惡石，灘勢稍殺，然險峻猶爲七閩最。詳見前永安縣。○長空灘，在縣東，怪石縱横。中有大黄石，尖聳險峭，諺云「黄石蒙頭，十舵九愁」。下有長空潭，水色澄澈。又漁滄潭，在縣城東龍津橋南。三潭相屬如貫珠，清絶明瑩，深不可測。又黄栢洋，在縣東五十里。宋文天祥嘗引兵駐此。

鐵石鎮，縣東南九十里。正統六年議者以夢溪里山勢險阻，草寇不時出没，奏置巡司於鐵石山下，以爲警備。○金錢隘，在縣西北，路通寧化。又牙虎隘，在縣東，路通永安。其北曰炭山隘，路通永安縣安砂鎮。

九龍驛。在縣治南。元縣尉廳故址，明朝洪武十一年改爲布政分司署，而置驛於縣治東。成化十年移分司於九龍驛，改置驛於此。又税課局，在龍津橋西北。明初置，正統初革。

連城縣，府東南百七十里。東北至延平府永安縣二百五十里。本長汀縣地，唐置蓮城堡於此。宋紹興三年析置蓮城縣，屬汀州。元至正六年以討平草賊羅天麟於此，因改蓮爲連，取去草之意云。有城，宋紹興中築，後圮。端平中寇亂後復修築，淳祐中增葺。元末復燬。明朝正德四年築土城以禦寇，九年甃以磚瓦，十四年改營以磚石，周二里有奇。編户三十三里。

蓮峰山，縣東七里。峭壁巑峰，盤礴數十里。絶頂平廣，可容萬人。宋皇祐中邑人彭孫保聚於此，有城塞池塹，又有雲樓、宣武、西、南四門，外有石梯石巷，僅容一人。紹定間寇亂，邑人丘麟率民保此山，設寨固守，全活甚衆。志云：山一名東田石，頂有石泉，宋時官置三寨於其上。○蟠龍山，在縣北。脈自清流縣蜿蜒而來，入縣境羣峰連接，歷數十里至縣後，屹然拔起，高聳磅礴，爲縣主山。一名後龍山。旁有龍子岡。

白雲山，縣東南百里。崚嶒疊秀，高插霄漢，時有白雲覆頂，因名。又縣南八十里有雲山，峰巒峭聳，勢逼青蒼，時有雲出其上。又南有高貴人山，挺拔端重，秀出羣山之表。○大嶺山，在縣西南五十里，高峻層疊，有路西北入長汀縣界。又縣東北有上峽山，兩山夾立，路出其中。圖經：「縣東有冠豸山，四壁懸崖，惟一路可入。」成化中鄧茂七之亂，邑人多避難於此，賊攻月餘不能陷。

虎忙嶺，縣西百里，接長汀縣界。山嶺高峻，登陟甚難，言虎過此亦倉忙也。相接者曰野狐嶺，嶺多狐。又分水嶺，在縣西北九十里。嶺之水西入長汀，東入連城，因名。相近者曰彭地嶺，宋彭孫嘗屯兵於此。又陡嶺，在縣西南。有小大二路，沿山絶頂，綿亘六七里，以險阻陡峻而名。又垂珠嶺，在縣南百里，接上杭縣界。宋景炎二年元兵破汀關，丞相文天祥移兵屯漳州過此嶺，迴顧垂涕，居民哀之，表以此名。相近有遠水嶺，亦接上杭縣界。行人以重灘患陟，避水而登是嶺。志云：縣南有赤竹嶺，嶺多赤竹，亦接上杭。又有牛路嶺，盤旋十餘里，耕民販牛廣東，取路於此。縣東南曰横山嶺，盤迴十餘里，接龍巖縣界。又縣東曰猫兒嶺，接永安縣界。兩峰對立，狀若猫兒相顧。○石門巖，在縣東七里，兩石相峙，壁立萬仞。縣南又有七星岡，環列凡七，如星之布。

文溪，在縣治南。亦名清溪。源出縣南百里金鷄山，與長汀溁合流，至縣凡九折，而東達於清流縣界。亦謂之羅口溪，皆以縈迴曲折而名也。又莒溪，在縣南百餘里。源出龍巖縣東山中，流入長汀縣界入於鄞江。〔一〕又有蕭坊、新泉諸溪，皆在縣南，流入上杭縣界合於大溪。○楊梅灘，在縣西北六十里。其水出長汀縣，合虎忙嶺諸水，灘流險阨，上多楊梅，因名，下流入於文溪。縣西南又有長灘，曲折多險，下流入上杭縣之大溪。志云：縣西一里有蓮塘，泉水所瀦。縣東北又有蓮花潭，文溪下流也，舊以此名縣。

北團砦，縣西南六十里。宋置砦於縣北五十里，有巡司。後毁於兵，寄於縣市西，元末廢。明朝洪武十四年改置於縣東，十八年遷於縣南百里。隆慶四年羣賊嘯聚於縣南碧莒洲，尋討破之，因遷司於新泉隘，築城戍守。○秋家嵐隘，在縣東，道出永安縣，峰巒層疊，爲盜賊藪。自縣南而西有朗村、豐頭、新泉三隘，南接上杭，舊爲襟要。又廖天山隘，在縣東南，松杉參天，昔爲嘯聚處，因設隘防守。隘東數里又有横山隘，西數里有白嶺隘，又縣北有烏石隘，又西曰石固隘，皆爲戍守處。

金鷄場。在縣南金鷄山下。相近又有吕溪場。又郭家山場，在縣南三十里。又南有寶成場，宋置以開採銅鐵之利，尋廢。

歸化縣，府東三百里。東北至延平府將樂縣百七十里，南至延平府永安縣百五十里，西南至清流縣九十里。本清流縣之明溪鎮巡司，當將樂、沙溪、寧化三縣之交，成化六年以其地曠遠，民梗難治，乃析四縣地置今縣，即明溪巡司爲縣治。正德九年始築城，嘉靖三十九年以寇亂增修，周三里有奇。編户四十五里。

樓臺鼓角山，在縣治後。數峰連屬，中一峰高聳如樓臺，其餘峰圓者如鼓，長者如角，因名。縣之主山也。又南曰印誥山，山形高而平正。又娥眉山，在縣治前。羣峰連絡，中一峰正對縣門，若娥眉然。縣治蓋北向云。○五馬山，在縣西三十里。五峰周遭連屬，其中土地蕃衍，居民殷實，溪水遶流其下。又西北十餘里曰龍西山，奇峭壁立約千餘丈，中有聖水巖。

紫雲臺山，縣東南八十里。周圍二十里，高十里。其頂上平，有田塘水碓，民居四五百餘户，腴田數千畝。氣候多寒，夏月無暑，每日色嵐光互相掩映，則紫氣氤氳。亦謂之均山，以三峰連絡也。聞見録：「紫雲臺山路巉巖，有險足恃，奸人易以竊據，戍守最切。」○銀瓶浪盞山，在縣西南三十里。四峰連屬，中一峰圓尖如瓶，餘三峰圓小如盞，故名。又黄牛山，在縣西四十餘里。山頂高峻而寬平，宋紹定間有曾寡婦晏氏者倚山爲砦以拒賊，賊來攻不能陷，鄉人多挈家相依，於是析寨爲五，選少壯爲義丁，互相犄角，賊屢來攻皆敗去。

騰雲嶂，縣東南九十里。高約五百丈，周百里，其形如蓋。志云：縣西十里有五頂嶂，亦高聳。又西有仁壽峰，特起數百丈，雲興則雨至。○鐵嶺，在縣東三十里，置隘於此，道通將樂，爲縣襟要。亦曰鐵場嶺。又滴水巖，在縣北五里。其上有泉水下滴，亢旱不竭。西有洞闊約數十丈，洞内孔竅相通，凡數十里。下有流泉出爲滚溪諸水，泉石奇勝，甲於一邑。又聖隱巖，在縣東八十里。懸崖峭壁，樛木連陰。又東南爲黄楊巖，與永安縣接界。今詳見永安縣。

明溪，在縣東，亦曰明江。其上源出縣西二十五里伍通凹，流至城西南黃溪頭而始大，環抱治南，繞如腰帶，曰腰帶水，一名黃溪水；又東北流崖側，有大小二阜相對如明字，因曰明溪；經鐵嶺，入將樂縣界，曰湖地溪。○珩溪，在縣東南。上源接明溪，中有石沿渚夾峙里許，水從中出，謂之門檻石。又有瀚溪出縣東北龍湖澗，引而南，與明溪並流入沙溪，東合衆流入沙縣界，亦謂之黃沙溪。縣東三十里曰雷霆溪，自翰溪分流，沿渚十里，亂石巑岏，吼激如雷霆，亦流合於黃沙溪。又有布溪，亦在縣東南。志云：布溪接吉溪、沙溪之水，自縣東七十里巖前渡匯流而東入沙縣界。吉溪，即永安之龍溪也。

滾水，縣東十里。出滴水巖，分流並注入於明溪。志云：縣東十里有黃窠水，出將樂縣界，下流與珩溪水會。○石峽澗，在縣西南二里，流出山下合於腰帶水。

夏陽鎮，縣東八十里，亦曰夏陽墟。宋紹興間置明溪寨巡司，屬清流縣，在今縣治西。元末陳友定築城以障鄉里，周圍里許，謂之「子城」。明朝成化六年改置縣，遂遷巡司於此，易今名。又有黃楊巡司，在縣東七十里。宋紹興中置，尋廢。志云：縣後市空蕪山巔有平章寨，陳友定立柵屯兵於此，因名。故址尚存。○明溪驛，在縣西門外。宋元符中置驛，屬清流縣，明初因之，成化中屬今縣。輿程記：「自驛西南六十里至清流縣之玉華驛，又四十里即九龍驛矣。」一云明溪驛在縣西南十五里。

伍通隘。縣西二十五里，路出清流縣。縣西南五十里曰半隔隘，路達寧化。又有水口隘，在縣西北八十里，路通將樂縣。北百四十里曰下坊隘，路出邵武府建寧縣。○長平墟隘，在縣東北四十里，路出邵武府之泰寧縣及將樂縣。

又大嶺頭隘，在縣南二十里，路出永安縣，與縣東之鐵嶺隘，東南之紫雲臺隘，並爲戍守要地。志云：縣環境皆山，東鐵嶺，西伍通，南大嶺，北下坊，關隘之襟要也。而東南之紫雲臺隘，東北之長平隘，西南之半隔隘，西北之水口隘，並爲扃鑰之險。而紫雲臺一隘關係尤切，路通永安、沙縣及將樂、順昌諸處。聞見録云：「由紫雲臺而東北，其所出之道曰夏陽，曰鵝公，曰廖源山。自廖源至將樂不過八十里。又由鵝公山間道五十里至招杉隘，又三十里即順昌之源坑矣。」

永定縣，府東南三百里。北至上杭縣百十五里，西南至廣東大埔縣二百二十里。本永安縣地，僻居萬山中，往往恃險樂禍，正統、天順以來草寇時發。成化十四年渠魁鍾三嘯聚劫掠，事平，撫臣高明奏請立縣治於溪南田心，名曰永定。編户十九里。

卧龍山，縣治西北，蜿蜒如龍，縣之主山也。又龍門山，在縣東，峰巒連屬。山之西麓爲貴人峰，峭峻端重，爲邑之左鎮。又印匣山，在縣西。頂平坦若印匣然，鄉民嘗避兵於此，志以爲縣之右鎮也。又掛榜山，在縣南，横列如屏。○銅鼓山，在縣東北六十里，接上杭縣界。拔地突起，高百仞，廣數里，民居其下。左右有二湖，皆廣袤數丈，其一雖旱不涸，名銅鼓湖。名勝志：「山在縣西南四里。」似悮。

虎岡山，縣北五十餘里。兩山相合，林木陰翳，亦曰斧山，縈迴數里。縣北八十里又有黎袍山，蓊鬱蒼翠，遠望如畫。又縣東北七十里有蓮花山，峰巒聳峙，上有蓮花。○滿山紅山，在縣西南五十里，森聳雄麗，半入潮州府界。

稌山嶂，〔二〕縣北八十餘里。山勢峻突，綿亘百里，林木蘢葱，四時不改。上有石如馬，民謡云「石馬鳴則有兵」。

成化十四年草寇竊發，太監盧勝令軍士擊而碎之。嶂下有新村嶺，延袤十餘里。又有三峰縈紆起伏，南接卧龍山。○松栢嶂，在縣南。志云：與廣東饒平縣接界，疊巘巍峨，林木蓊蔚，昔人多避寇於此。又桃坑嶂，亦在縣南。山高林茂，產鐵，鄉民常罏冶於其下。

分水嶺，縣西北六十里。山勢崇峻，石徑險隘，水流南北兩分。一名猪槽凹，路出上杭縣。又緣嶺，在縣東百里。嶺脊有圓墩，亦曰圓嶺，接漳州府南靖縣界。又三層嶺，在縣東南五十里。岑岡三折，最爲險要。今有巡司。○雪竹峰，在縣南。陡嶺插天，爲邑之勝。相近爲水珠峰，兩山相向，奇秀特出，瀑布懸流，俗謂之「雙飛蝴蝶」。又縣北有雙髻峰，兩峰並聳如雙髻。縣北八十里有凉繖峰，岡巒崒嵂，亭亭若蓋。

楊梅崠，縣南四十餘里。高峻磅礴，盤亘數十里，多產楊梅。又牙梳崠，在縣西南七十里，水分南北，亦接上杭縣界。○伯公坳，在縣西南，徑路窄狹，道出潮州。又寒水凹，在縣西北，路出上杭。石徑巖險，行者病之。成化十七年縣令王環鑿石開道，行旅稱便。

大洲溪，在縣南。源出龍巖縣界之大池，西南流入境，過縣治西，折而南入廣東大埔縣界爲小靖溪。又有文溪，在縣東北六十里。縣東百餘里又有武溪，流合文溪而入大洲溪。縣北又有金沙溪，出分水嶺，亦南合大洲溪。志云：縣北有磨石灘，灘石錯立，水勢澎湃。縣南有箭灘，以水勢如箭也。又有羅灘，以湍流回繞而名。縣西又有樵灘，驚湍沸浪，言舟師至此顔色爲憔也。

豐稔溪，縣北九十里。源出龍巖縣界，流入境，與上杭縣黄潭溪合，又西南會跳魚溪。志云：跳魚溪出稌山嶂，合豐稔溪，經縣西境合永安之大溪。又有湯湖溪，出黎袍山，流合跳魚溪。○涵水湖，在縣西。今名龍安砦。湖水澄澈，縈迴環繞，中有土阜。又縣治西南有晏湖，周圍百餘丈，山溪之水潴而爲湖，有灌溉之利。

興化鎮，縣西六十里，亦曰興化鄉巡司。洪武五年置司於縣南之古鎮，尋徙虎岡山下，改爲太平巡司，天順六年以寇盜竊發，移置今所。又太平巡司，在縣東六十里，地名高坡。正統中以山寇擾亂，徙興化司爲太平司，後爲寇毁，景泰末徙置於此。又三層嶺巡司，在縣南三層嶺下。成化十四年置司。其地當閩、廣之交，盗賊出没，防禦最切。

博皮嶺隘，在縣東北，路通漳州龍巖縣，爲戍守要地。志云：縣北有斧岡、青坑、溪口等隘，自是而東爲布坑、長流、湖雷、上寨等隘，又縣東有鐵坑、望天坵、南溪、撫溪、洋竹、粤杳等隘。又岐嶺隘，在縣東南，又東南爲下洋、大溪、月流等隘，路出漳州平和縣。○竹箭隘，在縣南，路出廣東大埔縣。又東爲楊梅、新村、翁坑等隘，與三層嶺巡司相接，縣南境之要防也。又伯公凹隘，在縣西南，其東曰錦豐渡，爲南出之津要。縣西又有斗古岡隘，西北爲古樓岡、黄盤頭等隘。志云：縣境之隘凡二十有六，而岐嶺、博皮、竹箭尤爲險要。

藝梓堡。在縣東北。志云：唐置上杭場於縣東豐田里，南唐移於藝梓堡是也。今詳見上杭縣。又縣有興濟、端利、嘉興、浮流、錦豐五場，俱宋置，爲採鐵之所。

附見

汀州衛。在府治東。洪武四年建。○武平守禦千户所，在縣西南二十五里，洪武二十四年建，築城濬濠，周二里有奇，置兵屯守。又上杭守禦千户所，在縣治北，天順六年以溪南寇作亂，始調汀州衛後千户所守禦，成化二年遂置所於此，俱屬汀州衛。

邵武府，東至延平府二百五十里，南至汀州府五百五十里，西至江西建昌府三百六十里，北至江西廣信府四百十里，東北至建寧府二百八十里，自府治至布政司六百七十里，至京師四千八百三十里。

禹貢揚州地，周閩越地。秦屬閩中郡，漢屬會稽郡，三國吴屬建安郡，晉以後因之。隋屬撫州，大業初屬臨川郡。唐屬建州，五代時王閩因之。宋太平興國四年置邵武軍，元曰邵武路，明初爲邵武府。領縣四。

府山川蜿蜒，土田夷曠，居列郡之上遊，作全閩之西户。自江右而入閩中者，下三關，出樵川，勢如建瓴矣。明初取閩中亦道出於此，豈非攻守要地歟？

邵武縣，附郭。漢冶縣地，後漢末爲建安縣地，三國吴始於此置昭武鎮，永安三年升昭武縣，屬建安郡。晉太康初改曰邵武，避司馬昭諱也。太寧初改曰邵陽，劉宋初復曰邵武縣，仍屬建安郡。齊、梁因之。隋平陳，郡縣俱廢。開皇十二年復置邵武縣，屬撫州。唐武德七年改屬建州。五代晉天福初王閩又改爲昭武，開運二年屬於南唐，尋復曰邵武。宋爲邵武軍治。今編户百七十一里。

烏坂城，府治東三里。蕭子開建安記：「越王築六城以拒漢，烏坂其一也。」亦曰故縣城，北倚山麓，南濱大溪。志云：今府城宋置軍時所築，本土城，周十里有奇，後廢。元大德二年因故址壘以陶甓，惟西南隅縮舊城一里。至正二十四年復修築，甃以磚石。明朝洪武初修城濬濠，五年以後相繼營葺。永樂十四年大水圮城之半，尋復修築。

今城周七里有奇。

登高山，在城西。一名熙春山。有三峰，舊謂之靈泉三峰，嵯峨聳峙，下瞰城闉。成化十二年郡守馮孜上言：「府城東北臨大溪，西南穿小溪，東則三水合流而去，惟西南密邇熙春小山。宋時城郭東南北三面俱臨溪，西則跨熙春，遇水泛漲，人得趨避。元人建城不跨熙春，城濠南北與大溪接，遇水泛漲，溪入於濠，濠灌於城，永樂中嘗被其害。況熙春去城密邇，脱有賊寇憑據之，則城内虛實皆見，宜因宋城舊址爲便。」不果。山南有西塔山，一名金鰲峰，即三峰之一也。○樵嵐山，在城西北十里。一名金蓮峰，樵溪之水出焉。宋石正言、孫謂居此，亦名三諫山。相俗謂之鍾家岐。名勝志：「城北有萬峰山，以山據諸峰之會而名。」其相屬者曰蒼山，舊名米倉山，一曰石鼓山。相接者爲蓮花峰。又縣東北有泉山，山麓谷口僅容單騎，循澗而入，深邃夷曠，有田數頃，澗水曲折，山勢環抱，謂之蒙谷，爲近郊之勝。

鷄鳴山，府東二十里。宋開寶初盧絳叛入閩，人不知避，夜半忽山頂鷄鳴，人皆起，而賊適至，遂得免害，因以名山。又三臺山，在府東六十里，當邵武、建陽二縣界。自武夷盤礴而來，上有三級如臺，因名。亦名楊源山。府東百里又有龍山，山大而高，抵建陽書坊界。其東十里又有龍鬚山，山周三十里，接建陽、順昌二縣界。○白水山，在府東百二十里。山勢高聳，上有瀑布懸流，凡數十丈，狀如匹練。相對者曰九臺山，亦有瀑布泉。

七臺山，府東南百五十里，跨汀、延、邵三郡界，高二十餘里。上有七臺。又有洞曰百花洞，泉石皆奇勝。又寶山，在府東百六十里，舊産鐵礦。相接者曰東山，高亦百餘丈。○紗籠山，在城東數里，羣峰攢抱，中一峰獨高而直。

又雲巖山，在府東四十里，高出羣岫，俯瞰長川。上有巖，吞吐雲氣。又東四十里曰天池山，山高大而頂寬平。有池方廣數畝，冬夏不涸。

道峰山，府東南八十五里。亦曰道人峰，當邵武、將樂、泰寧三縣界，危峰峭拔，矗入霄漢。寰宇記：「道人峰負長溪，面樵水，秀峙數十里外。其險處名羅漢巖，下臨絕壑。山周圍蓋八十餘里，幽泉怪石，不可勝記。」○南午山，在府南三十里。山有三峰，俱當午位，與郡治相對。一名葉寮山。相近爲高嶓山。上有風洞，深不可測，時有風出其中。旁有嶺，路通泰寧縣。又殊山，在府南百十里。雙峰聳立，直插霄漢，亦名文筆山。其東爲小殊山，視殊山雖小而奇峻更勝。志云：府東南二十餘里有浮潭山，三峰秀峙。東南八十里曰凌雲山，高千三百餘丈，仰逼霄漢。又府南九十里曰潮魚山，亦有三峰鼎立。

天馬山，府西北七十里。山勢如馬，從空而下，一起一伏，周十五里。又龍湖山，在府西北百里。山勢峻拔，深谷盤迴。絕頂有湖，溉田三萬餘頃。一云山在府西五十里。又有象牙山，亦在府西北，接光澤縣界。○雲錦山，在府西南八十里，高峰環合凡三十有六。又府東南四十餘里有白鶴山，高峻如孤鶴沖天。一名天帝峰。

劉師嶺，府南百二十里，路出建昌府。鳥道嶔崎，綿亘六七里，人以爲病，戲名愁思。宋上官端義募衆甃路，行者便焉。又望州嶺，在府西北七十里，高聳望見府城。又府西百餘里有飛猿嶺，以高險得名。○僉嶺，在府東四十里，舊時夾道多松，亦名千松嶺；又天湖嶺，在府東南四十里；俱路出順昌。又府東五十里有分水嶺，嶺水分流，東達建陽，西入邵武。相近有洪家嶺，府東百餘里又有吴師嶺，皆路出建陽縣。府東百六十里又有三望坳，路通將樂縣。

紫雲溪，在府城北。源出光澤縣之西、北二溪，合流入境，會諸溪水東下經城北，其流益大，又東南至順昌縣之富屯，下流入順陽溪，俗名大溪。樵水入焉，亦名樵川。志云：大溪會衆水，東下一百二十里，至富屯，其中有灘五百餘，諺云「一灘高一丈，邵武在天上」。又樵溪，在府治北。發源樵嵐山，經城西而入城中，逶迤九曲，因名九曲溪，亦名秀水，出城北東流入紫雲溪。○將溪，在縣東。自建陽縣流入境，合諸谿澗水入紫雲溪。又洒溪，在縣東二十五里。其上源曰青雲溪，以相近有青雲山，溪經其下也。又有壺山溪，一名九里溪，源出分水嶺，亦曰分水溪，西流會洒溪而入紫雲溪曰洒口。府東四十五里有平洒溪，諸山澗水匯爲大湖，自高臨下，溉田數萬畝，東南流入紫雲溪。

大拿溪，府東八十里。源出建陽縣界，東北流至拿口亦曰拿口水，諸溪澗水皆流合焉。志云：府東百二十里有下黄溪，出建陽縣界；東南百五十里有桃溪，出將樂縣界；又有大竹溪，在府東南五十里；皆會諸溪澗水流入紫雲溪。○西峽溪，在府西七十里，自光澤縣界流入；又有三澗溪，在府西三十五里；石鼓溪，在府北二里，源出崇安縣桐木關；皆會諸溪澗水共入紫雲溪。志云：府城上下流會大溪者凡三十有二溪，溪皆有灘石，而大拿溪中有小湖操、大湖操、編孔灘，水石衝激，舟人病焉。

三溪，府南六十里。出將樂縣境，西北流三十里，又轉西南流入泰寧縣之大溪。又府西南百二十里有太和溪，源出殊山，流合三溪。西南百餘里又有將石溪，源出江西新城縣界，流至此亦西南流入於三溪。又有官坊溪，在府南百里。其地有官尖峰，溪源出焉，流合諸溪澗同入三溪。

水口鎮，府東百六十里。有水口巡司，宋爲水口寨，元因之，明朝洪武二年改巡司。○楊坊砦，在府東北五十里。

宋紹興二年置，元改巡司，明朝洪武十一年省。有税課局，元所置税課務也，明朝改今名。又拿口砦，在府東八十里。亦宋置砦，元改巡司，明初廢。其地與順昌縣接界。元時亦設税課務，今爲税課局。又同巡砦，在府南五十五里。亦宋置寨，元改巡司，明朝洪武十一年省。

黄土寨，府西南四十里，亦曰黄土關。有黄土嶺，路通江西廣昌、南豐二縣，亦戍守處。元置黄土砦巡司於此。至正十九年陳友諒遣其將鄧克明侵邵武，陳友定大破之於黄土，即此。宋志：「邵武縣有黄土等三鹽場，龍須銅場，寶積等三鐵場。」

樵川驛。在府城東。宋置於城内，元徙於城外紫雲溪北，明初移於此。又林墩馬驛，在府東五十里。宋置，元及明朝因之。又拿口驛，在府東八十里，接順昌縣界。志云：府東三十五里有樂野宫。建安記：「越王無諸畋獵縱樂處也。」又泰寧縣西隅亦有此宫，縣南爲高平苑，今皆爲民居。詳見將樂縣。○濟川橋，在府城西。俗名水北橋。宋嘉泰二年創建，嘉定初落成，因名嘉定橋。紹定三年毁，端平初重建，改名端平橋。淳祐十二年圮，咸淳中建，改名環碧。元至元末毁，大德六年重建，因亦名大德。元統二年毁，至正三年壘石爲址，凡十有三，架梁搆亭其上，亦曰至正橋。二十一年復燬，明朝洪武八年重建，改名樵溪橋。永樂四年毁，正統十年復議修建，成化四年橋成，名濟川橋。自是以時修治，長六十三丈有奇。又新屯橋，在府東四十五里。元至正中嘗建橋於此，壘石爲址而梁之，長六十餘丈，尋廢。

光澤縣，府西北七十五里。西南至泰寧縣百六十里，西北至江西鉛山縣百八十里，西至江西新城縣百四十里。本邵武縣地，唐武德七年以縣北鄉地置陽寧鎮，五代周廣順初南唐改爲財演鎮，並屬建州。宋太平興國六年升爲光澤縣，屬邵武軍，元因之。縣無城。今編户五十五里。

雲巖山，縣南一里。蒼翠秀拔，高入雲表。上有湖，天欲雨則湧沸如雷。○烏君山，在縣東北五里。山高二千餘丈。其相接者曰烏石嶺。括地志：「邵武有庸嶺，一名烏頭嶺。」是也。寰宇記云：「烏石嶺路峻極，不通牛馬。」一名烏珮山。上有雙石，皆高二十餘丈，屹然相向，名雙石笋。山跨邵武、建陽、鉛山三縣界。或以爲紫雲溪出此。又珠寮山，在烏君山南。同源異峰，是爲諸山之母，一名諸母岡。又縣東南有筆架山，三峰峻峙，中峰尤高。南望大溪，近不過十里；北爲旗山，疊嶂飛揚若旗。又北連珠寮山。

太和山，縣西北百二十里，與江西南城縣接界。山有鐵牛嶺，舊置關於此。相接者曰小和山，舊置大寺寨巡司於山上。又石螺山，在縣西八十里。兩山相合，大石犄角對峙於溪上，曰石門，僅通單騎。有石如獅子昂踞溪中。旁有石如螺。其水奔激，至水口入西溪。志云：縣北有交椅山，山形九巘，爲縣治斧扆。縣治西北七里曰青山，西連三千嵊，邑之賓山也。

杉嶺，縣西北九十里，爲福建、江西分界處。石山雄絶，蹊徑僅容單車，置關其上，曰杉關。洪武三年移大寺砦巡司於此，以扼關險。循嶺而南，十里爲豪居峰，高聳插雲，爲關藩障。詳見前重險杉關。○盤肩嶺，在縣東北百里。東抵江西弋陽縣，西抵貴溪縣，山高徑險，盤曲而登。又雲際嶺，在縣東北百四十里，接江西弋陽、鉛山二縣界，又有徑路通浙江江山縣。北溪出其下。

象牙峰，在縣西南，接邵武縣界。一峰屹立，旁有二十四峰，森秀如象牙，邑之來山也。邑志云：離象牙而東四十里至三千嵊，飛泉怪石，人不可登。又白雲峰，在縣西南二十五里。奇峰特峙，高入霄漢，晨昏有雲氣蒙其上，因名。○令仙巖，在縣北三十餘里，高二千餘丈。巖口有石穴，中深而方，清泉常滿，俗名石斗。巖後澗泉出自穴中，高數丈，名曰水漈。

杭川，在縣北。俗名大溪。源出縣西七十里極高嶺，東流合杉關、止馬諸水曰西溪；經雷公灘，以水石相激灘聲若雷也，又經縣西八里之搪石灘，怪石攢矗，飛流迅激，每遇水涸，則舟不能進，至縣西北杭溪、徐源諸水流合焉，曰杭川；經城西北一里之黃龍灘，東流南折，有晏公灘，至縣東二里北溪水流匯焉，是爲交溪；溪中有洲曰烏洲，一名月洲，浮交溪中，又東南流逾龍孔灘，復南流三十里入邵武縣界，〔三〕爲紫雲溪之上游。一云西溪水出縣西五十餘里管密山之洞光巖，逾雷公灘五十里至水口，石螺山水來會焉，合流爲大溪。

北溪，縣東北三里。源出雲際嶺，至縣北百里有昂山水合焉。南流四十里合沂洲水，又南三十里逾茶富渡，出大里峰，有漠溪流合焉。又南二十里流會西溪，所謂交溪也。

杉關，在杉嶺上。有杉關驛，元元統初建，明朝因之。志云：關之東有大寺寨巡司，宋置寨於縣北三十里，元至元二十五年遷於縣北六十里止馬市，明初遷於此，以備戍守。又嘗置杉嶺驛於關下，尋廢。餘見前。○鐵牛關，在縣北五十里，相傳唐廣明中置。聞見録：「光澤有鐵牛、火燒、雲際三關。雲際關通湖坊，係江西鉛山縣界，去崇安桐木關一百八十里。」又風掃隘，在縣西五十里頓筆山上。又宋志：「縣有太平銀場，新安鐵場。」

杭川驛。縣治西。宋置，熙寧中遷縣治南，明朝洪武六年遷今所。又稅課局，在縣西止馬市，宋初置稅課務於縣治東，明初改爲稅課局，宣德九年以縣官兼領，正統十一年改建於今所。

泰寧縣，府西南百四十里。西至建寧縣七十五里，東南至延平府將樂縣百二十里。晉綏成縣地，屬建安郡。唐初亦爲綏成縣地，後爲將樂縣地，乾符二年析置歸化鎮。南唐保大元年廢鎮爲場，中興元年升爲歸化縣，俱屬建州。宋太平興國五年改屬邵武軍，元祐初改今名。縣無城。今編户五十一里。

鑪峰山，在縣治西北，圓峙如鑪，邑之主山也。志云：縣南五里爲南谷，有曲澗層崖之勝。又十里爲齊雲巖，俯瞰大溪。右爲獅子巖，其高處爲百丈巖，巖跡峭削，鳥道縈紆，人迹罕到。其相近者又有甘露巖，石門天成，一徑如線，飛瀑千尺，垂巖而下，稱絶勝云。○鍾石山，在縣北十五里。形如覆鍾，周圍壁立。其上坦平，下臨清溪。高可百尺，緣崖爲徑。志云：縣東北數里有旗山，勢如展旗，延袤五里餘，與鑪峰山對峙。西麓有棲真巖，蓋縣之來山也。相近又有古靈山，圓下鋭上，高百餘丈。其東北一里有風石寨，北有神仙巖。

鳳棲山，縣西四十里。一名黄西山。峭石壁立，鳥道羊腸，縈紆以登。南麓有池廣數頃，甚深。兩旁崖石峭立，筏乃可渡。至則曠然平野，可居數百家。昔人嘗避地於此，今涸爲田。又有南會巖，三石鼎立。旁有數巖，俱有小逕可登，上有流泉竹木之勝。一名南會山。又有簾山，在縣西二十里。高廣十餘里，石崖壁立，林木蒼翠，宛如簾幙。縣西四十餘里又有蓬源山，高六七里，延袤十餘里。○薯山，在縣北三十里。其南有雞籠障，西曰龍門寨。又南石山，在縣東北三十里，石皆南向。上有寨，下有龍井，周圍峭壁。山南有石穴，人不可到。志云：縣西南三十里有蘭臺山。其北爲挽舟嶺，嵯峨千丈，延袤十有三里，必牽挽而後可登，如挽舟上灘然。南有二石對峙，曰三門嶺，亦曰三門寨。寨北有西巖，一名寶雲巖，亦曰彩雲巖。山蓋與建寧縣接界。

金鐃山，縣西七十里。亦名大歷山，一名大戈山，跨建寧、寧化、泰寧三縣界。有八十四面，周四百餘里。九域志：「越王無諸遊獵，遺金鐃於此，因名。」有石燕巖，深廣多泉石之勝。又有華蓋巖，石磴縈迴而上，上有池謂之仙塘。旁有黄楊坪，龍潭在焉，溉田可千畝，亦曰龍平潭。又有王仙峰及玉龍峰。志云：山以名勝稱者凡十有八處。又大坳山，在縣西六十里，延袤十里。峭石壁立，巖洞幽深，人迹罕到，可以避難。中有葛家崆巖、聖公巖、際礲巖，險僻可置寨。正統間沙寇作亂，居民多避於此。○天臺山，在縣西六十五里。四峰並聳，狀如寶蓋，高千餘丈，盤結三十餘里。上有池。池北有雙人石，以形似名也。又石仙山，在縣西南六十餘里。其南爲金雞嶂，一名雞籠山，以山大而圓也。西曰羅洋嶂，一名閻王嶂，山高林深，人迹罕至。志云：縣北十餘里有大洋嶂，特立高聳，上有池，前有三峰。其東又有小坑嶂，即縣治後山也。

陰山，縣東二十里。一名應山，盤礴十餘里，有雞籠寨。志云：縣南數里有鼓樓山，跨將樂縣界。山形方峻，若樓閣然。又有印山，在縣西南八十里。山北爲籐嶺，產籐，道出寧化縣。相近爲雲蓋山。山勢峭拔，雲氣常蒙其頂。上有龍泉瀑布。○五龍山，在縣北十五里，連邵武縣之道峰山。

大杉嶺，縣西北二十里，路通江西建昌府。多產杉木。吴越時遣兵屯戍於此。又九盤嶺，在縣西五十里，紆迴九曲。志云：縣西北六十里有茶花嶺，廣二十里。○峨眉峰，在縣北五十里。周圍數十里，高數千丈，類蜀之峨眉。

峰之左有三仙巖，泉石幽勝。巖前有三峰，狀如筆架。峰之西即建寧縣界。又七寶峰，在縣西六十餘里，高千丈，產金、銀、銅、錫、朱石、黄連、甘草之屬。世傳越王遊獵時憩此。宋爲銀場，後廢。奸民多盜鑿之，山遂崩陀。

大溪，在縣治南。其上源出寧化縣境，流經建寧縣曰濉江，東流入縣境，至縣西南三十里之梅口，邵武縣之三溪水合衆溪來會焉，爲雙溪渡，又東過縣治迤邐而南，至縣南五十里青洲渡，又東南合將樂縣界竹洲溪，而爲延平西溪之上源。志云：縣境遠近諸溪凡二十有八，皆流合於大溪。

二十四溪，縣西四十里。匯山豁之水東出，有石山夾岸錯立，崒嵂周密，凡二十四曲，西南至梅口入大溪。又鋪溪，在縣南五十里。源出寧化縣境爲柳洋水，北流二十里至合口灘入大溪。又瑞溪，在縣西二十里。出峨眉峰，流四十里入大溪。旁有瑞峰巖，因名。志云：縣有龍安溪，源出縣西南八十餘里君子峰，流二十里，有善溪流合焉，又北會鋪溪入於大溪。其善溪在縣西南六十里，導建寧縣境内之水，回環流合龍安溪。中有䲹潭，一名池潭，其深莫測，有旋渦，舟人病焉。○龍門溪，在縣北四十里。出大杉嶺，有鈷鉧潭流合焉，經縣東二十里，下流亦入大溪。

杉溪，縣北五十里出茶花嶺，經大杉嶺下至縣治北；又黄溪，在縣東南五里，出將樂縣界寶臺山，西北流經縣東一里，與杉溪合而匯爲河潭，亦名龍潭。潭之下有灘，狀如斗角，溪流至此，兩山環拱，乃折而西流，三十餘里達梅口會於濉江，而邑之衆水亦皆歸焉。梅口有灘曰大夾灘，亂石巉巖，兩旁石崖壁立，奔湍激浪，其聲若雷，舟楫至此最爲險阻。下流五里而爲雙溪渡。黄元實云：「諸溪之水皆從石山中流出，至此兩岸開豁，桑麻沃衍，梅川市在焉。溪東接道人峰水，西與濉陽水合，復折而東趨於劍津，平沙曠堤，雨漲則瀰，霜凋則夷，可舟航而不可輿梁，實汀、邵往來之衝。」

梅口寨。在縣西梅口保。宋紹定五年統領劉純分忠武軍於此，以鎮羅源筋竹之寇，後廢。又朱口寨，在縣東三十里。宋紹定中設，元改爲巡司，尋廢。又石門隘，在縣西五十里；又縣北四十里有澮子隘；五十里有茶花隘，以茶花嶺名；舊俱爲戍守處。宋志：「縣有螺潦金場，江源銀場。」○利涉橋，在縣治南，跨大溪上，石址木梁，釃水爲五道，宋、元以來歷代修建。又安泰橋，在縣東南五里，跨黄溪上。一名延福橋，洪武三十一年重建，後圮。萬曆初復建，改名迎恩橋，長四丈有奇。志云：橋東通邵武，南接建寧，往來孔道也。相近者又有隆興橋，長二十餘丈。

建寧縣，府西南二百四十五里。南至汀州府寧化縣百八十里，西至江西廣昌縣二百里，北至江西南豐縣百五十里。晉綏成縣地。唐垂拱中爲將樂縣及撫州臨川縣地。乾符二年置黄連鎮於此，五年鎮人陳巖以鎮兵禦黄巢，因表爲義寧軍。五代時南唐罷爲永安鎮，又改爲永安場。宋建隆元年南唐升爲建寧縣，屬建州。太平興國五年改屬邵武軍。咸淳二年始城之。明朝弘治四年因舊址改拓，正德十二年復營繕，周四里有奇。編户五十二里。

綏成廢縣，縣治西南三里。晉義熙中析邵武縣地置綏成縣，劉宋因之，屬建安郡。或云吴永安三年置綏安縣，義熙初改曰綏成。悮，晉志無綏安縣也。齊、梁仍爲綏成縣，隋廢。唐武德四年復置綏成縣，隸建州，貞觀三年省入邵武縣。垂拱四年以綏成故地屬將樂縣及江西臨川縣，乾符二年分故綏成地爲歸化、黄連二鎮，而以舊治爲黄連鎮。南唐曰永安鎮，宋建隆初升鎮爲建寧縣，移縣治於今所云。

鳳山，縣治西。山分三支，狀若翔鳳。又西有西山，形勢聳拔，上有戰坪，相傳南唐取建州，宋齊丘督戰其上。北連平山。山頂平坦，容百餘人。又縣治東有東山，一名何山，下有何潭，環繞縣治。〇金鐃山，在縣南二十里，接泰寧、寧化二縣界。在縣境者有東、西巖，屹然並峙。相傳舊有巨藤交亘成橋，可通往來，寇亂邑人多避兵於此，後藤絶而路隔。其跨縣南數里者曰長嶺山，曲折起伏，横亘數里。餘詳見泰寧縣。

望君樓山，縣西四十里。峰巒秀麗，層疊如樓閣，若人凝立而跂望。一名聖峰山。又嚴峰山，在縣西六十里，脈接江西廣昌縣，兩峰雙立，南北對峙。相近者曰雲蓋山，山勢高聳，時有雲氣覆之。石巖懸絶，瀉瀑如練。亦接廣昌縣。〇寶山，在縣東二十五里。厥土白壤，宜陶。藍溪經其下。有坪曰桐樹坪，地勢平夷，上多桐樹。又龍歸山，在縣東北四十里。山勢蜿蜒若龍，其木多漆。

百丈嶺，縣北三十里。嶺極高峻，乃江、閩分界處。鳥道懸絶，舊傳越王無諸嘗築臺於此。藍溪出焉，南流入濉江。又蟠湖嶺，在縣西北七十里，接江西南豐縣界。上有湖，瀦水不涸。東有大峰，高五百丈。又有小峰，高二百丈。

濉江，在縣治南。本名綏江，以綏成縣名，後訛綏爲濉也。俗名大溪。出寧化縣界中順山，經縣南五十里亦曰寧溪，又東北流至此曰濉江，東流七十里有金鼎灘，亂石險阻，湍水衝激，中有一石如鼎，又東北入泰寧縣界。志云：縣東南二里有洛陽溪，源出金鐃山，北流入大溪，中有灘曰金灘。又有都溪，出雲蓋山，東南流入濉江。縣境諸溪凡十有七，俱匯於濉江。〇桃源溪，在縣西南二十里金鐃山下。亦曰西源。衆山環秀，溪瀦其中，繞流三級，謂之陳家漈，亦曰三層漈。居民百餘家，擬於桃源。導流北入於濉江。又九流漈，在縣東北七十里，流爲楚溪，中有黄瀾灘，東入泰寧縣界會於大溪。

西安鎮，縣西四十里。宋置西安砦，在縣西六十里，元改爲巡司，明朝洪武三年遷於今所。○羅漢砦，在縣城北。宋乾道四年羣寇何白旗作亂，張浚請設兵置寨於此。又永平寨，在縣西六十餘里。舊名羅源筋竹，寇區也。宋紹定五年置寨。又軍口寨，在縣東南四十里，亦宋紹定五年置，元改巡司。縣東南五里又有將屯寨，亦宋置，爲屯戍處；相近有地名巢隔，相傳唐陳巖率民兵禦黄巢，使隔絶不能進，因名；後皆廢。

洛陽驛。縣東南二十五里；又有都溪驛，在縣西三十里；今俱廢。舊志：縣西熊家嶺有綏城驛，縣東有鳳山驛，縣治北有灘江驛，皆宋、元時置，明初廢。宋志：縣有龍門等三銀場。○鎮安橋，在城東，宋紹定初建，疊石爲址者凡七，自元以後屢經修建，長二十餘丈。

附見

邵武衛。府治東南。洪武初改元邵汀萬户府置。

校勘記

〔一〕流入長汀縣界入於鄞江　「鄞」，底本原作「勤」，本書同卷長汀縣下、明志卷四五並作「鄞」，今據改。

〔二〕稌山嶂　「稌」，底本原作「梌」，今據鄒本改。

〔三〕復南流三十里入邵武縣界　「十」，底本原作「千」，今據職本、鄒本改。

讀史方輿紀要卷九十九

福建五

泉州府，東至海百二十里，南至海百有三里，西南至漳州府二百七十里，西至汀州府五百五十里，西北至延平府五百五十里，東北至興化府百六十里，自府治至布政司四百十里，至京師七千五百五十五里。

禹貢揚州地，周閩越地。秦屬閩中郡，漢屬會稽郡，三國吴屬建安郡，晉屬晉安郡，宋、齊因之。梁天監中析置南安郡。治晉安縣。隋平陳，郡廢屬泉州，時泉州治閩縣。大業初屬建安郡。唐武德五年置豐州，治南安縣。貞觀初并入泉州，聖曆二年置武榮州，初治南安，旋治晉江。三年州廢，還屬泉州。久視元年復置，景雲二年改爲泉州。改故泉州爲閩州，而以武榮州爲泉州。天寶初曰清源郡，乾元初復曰泉州。五代時屬於王閩，後屬於南唐。石晉開運二年南唐得泉州地，三年南唐置清源節度使，以授留從效。宋仍曰泉州，亦曰清源郡。宋紀：「乾德初改清源軍曰平海軍。」元曰泉州路，福建行省嘗置於此。今詳見前福州府。明初曰泉州府。領縣七。

府倚山爲險，濱海稱雄，北奠吴會之藩籬，西連嶺粤之脣齒，一有不虞，不惟八閩數州同憂共患而已。蓋水陸異用，戰守殊趣，一隅之地，而千里之形在焉。論泉南者第謂其土膏民沃，華實所資，抑末矣。

晉江縣，附郭。晉爲晉安縣地，隋爲南安縣地，唐開元八年始析置晉江縣，爲泉州治。今編户百二十九里。

刺桐城，即府城，以昔時城下都植刺桐樹而名。志云：郡舊有衙城、子城、羅城、翼城，内外有濠，舟楫可通，城市歲久，類多堙廢。衙城在子城内，相傳留從效所築，子城則唐天祐中王審知所築也。羅城亦留從效所築。子城周三里有奇，羅城周二十三里有奇。宋太平興國二年陳洪進挈地歸朝，詔三城皆隳壞。宣和以後復葺舊址，嘉定四年始大加修治。紹定三年郡守游九功於羅城之南築翼城，甃石二里有奇。元至正十二年以四方盜起，監郡偰玉立議尋故址增築，乃拓羅城、翼城而一之，周三十里有奇。城在五代時名葫蘆城，以城不正方也。改築後象其形曰鯉魚城。明朝洪武初增修，天順至成化中復相繼修葺，弘治、嘉靖間亦時有營繕。萬曆三十二年地震城圮，益加葺治。城内有濠頗深廣，瀠洄三面，獨東北阻山麓無濠。濠本在城外，元末拓城，城南濠因入城中。城有門六，水門一，隆慶二年增爲三。周廣皆因元舊。

泉山，府城東北八里。一名清源山，一名北山，一名齊雲山。周圍四十里，横跨十餘里，高數千仞，郡之主山也。寰宇記：「泉山以山有孔泉而名。」朱買臣謂「東越王居保泉山」，即此。山多石泉，出石竅中，故曰孔泉。上多巖洞諸勝，其得名者凡三十六處，而尤著者曰清源洞。郡志：泉山上起三峰，俗名三台。中峰有清源洞，一名純陽洞，登其巔可盡一郡之勝。俗謂東歐王避漢兵處，悮也。其左右二峰俱高秀，層巖稠疊，達於郡治，有事時清源爲攻守要地矣。又鳳山，在泉山南。山回拱如飛舞。一名皇績山。嘉靖三十七年倭賊掠鳳山、清源山，犯南安。明年復由此入犯。〇雙陽山，在府北四十里，泉山來脈也。兩峰並峙，曰大陽、小陽。在南安縣則謂之朋山，在永春縣則謂之雙髻山，蓋山接三縣界，各以形似名。又五洋山，在府北五十里。高頂中有田千畝，宋時有五姓居此。今訛五爲「吴」。有小髻洞，可以避兵。山麓又有清水巖。

紫帽山，府西南五里。山高峻，常有紫雲覆其上，因名。中有甘泉，味最勝。志云：環山凡十二峰，而二峰尤高，左峰之陰有金粟洞，右峰之頂有凌霄塔，與泉山南北對峙，爲郡之案山。又獅山，在府南十里。一名峰山，相傳昔人置峰寨處。又南爲行輦山，俗曰下輦。〇羅裳山，在府南三十里。其東有玉髻峰。又南十里曰靈源山，蜿蜒數十里，高出東南諸峰。上有靈泉，大旱不竭。一名太平山，以山頂平正也。亦曰吴山。志云：山西北麓有吴明宫，亦曰吴明山，昔有吴氏隱於此，後人爲宫以祀之。又有石曰望江石，南瞰大海外如在眉睫。絶頂又有紫霞峰。

寶蓋山，府東南四十五里。一名大孤山。絶頂有石塔，宏壯突兀出於雲表，商船以爲抵岸之標。半山有虎岫巖，東南跨海。又有玉泉井在石塔下，隨海潮汐以爲盈縮。相近者曰金鞍山，亦名小孤山。〇金釵山，在府南三十里，兩峰延袤數百丈，如釵股然。今浯嶼水寨移置於此。有六勝塔，頗壯麗。相接者曰石湖山。

洋嶼，府西南十里。四圍田疇數百頃，嶼特起其中。又岱嶼，在府東南六十里，突起海中，介於石湖、北鎮兩山之間。志云：岱嶼相連者爲白嶼，聳出江中，爲洛陽、聖姑、北鎮、石湖諸港湍流分匯之處，而左右多沉沙，遷徙不常，屢爲商舶患。又烏嶼，在府東北二十里。四面潮水環繞，民居輻輳。舊有石路，潮至則没，行者病之，宋寶祐中始作橋以通往來，人以爲便。

彭湖嶼，在府東南海中。山形平衍，東西約十五里，南北約二十里，周圍小嶼頗多。自府城東出海，舟行三日可至。又有東、西二碇山，亦在海中。自東碇開洋一日夜可至。其海水號彭湖溝水，分東西流，西達漳、泉，東達吕宋。海防考：「隋開皇中嘗遣虎賁陳稜略彭湖地。其嶼屹立巨浸中，環島三十有六，如排衙。居民以苫茅爲廬舍，推年大者爲長，以畋漁爲業。地宜牧牛羊，散食山谷間，各剺耳爲記。」元志云：「三十六島，巨細相間，坡隴相望，有七澳居其間。大約有土無木，土瘠不宜禾稼，産胡麻、菉豆、山羊。尤多居人，煮海爲鹽，釀秫爲酒，〔一〕採魚蝦螺蛤以佐食。土商興販，以廣其利，貿易至者歲常數十艘，爲泉外府。至元末置巡司於此。」明初洪武五年湯信國經略海上，以島民叛服難信，議徙之於近郭。二十年，盡徙嶼民，廢巡司，而墟其地。繼而不逞者潛聚其中，倭奴往來停舶，取水亦必經此。嘉、隆以後海寇曾壹本等屢嘯聚爲寇，官兵大舉始討平之。萬曆二十年倭犯朝鮮，哨者云：「將侵雞籠、淡水。」雞籠密邇彭湖，於是議設兵戍險。二十五年增設遊兵，春冬汛守。四十五年倭入犯龍門港，遂有長戍之令，兼增衝鋒遊兵以厚其勢。其地環衍可二百餘里，三十六嶼之勝，蓋清漳、溫陵二郡之門户。但地斥鹵，水鹹澀，常燠多風，稼穡差艱耳。嶼之正中曰娘宫嶼。從西嶼入，二十里曰茶盤，又十里爲進嶼，即娘宫嶼矣。波平浪息，無淜奔激射之勢，其狀如湖，因曰彭湖。湖面寬轉可里許，深穩可泊，遇南北風，我舟汛守皆頓其中，夷人往往窺伺以爲窟穴。面爲案山，右爲西安，今各置小城列銃其中，以爲戍守，名曰銃城。又左爲風櫃，夷人嘗築銃城於此。山略高至七八尺，夷坳其中，上壘土，若雉堞。今毁其城，仍分軍戍守，與案山、西安相犄角。東爲蒔上澳、猪毋、落水，最當東南之衝，夷寇從東南來者遇風輒寄泊焉。由陸趨娘宫三十餘里，舊有舟師戍守，今更築銃城以防横突。又東向爲鑽管港、林投仔、龍門、青螺諸澳。龍門有原泉，舊爲居民聚落，萬曆三十五年倭流劫大金所，餘船突犯泊此嶼。西爲西嶼頭，正夷寇出入之道，有巢葉澳，泉甚冽可飲。稍北爲竹篙灣。又西爲蝟仔員。又西北爲丁字門、水吼門，非乘潮舟不得出入，今皆有水陸兵戍守。嶼北爲北山墩，有北太武。稍卑爲赤嵌。循港而進，越一澳區，爲鎮海港，壘城於此。又西北爲吉貝嶼。沿海諸山亂石森列，港道迂曲，非練熟舵梢不能駕舟也。又北太武與中墩稱兩太武，俱湖中最高處，便於瞭望。娘宮稍後二里有穩澳山，頗紆坦。自萬曆三十七年紅夷一舟闌入彭湖，久之乃去。天啓二年六月有高文律者乘戍兵單弱，以十餘船突擄彭島，遂因山爲城，環海爲池，破浪長驅，肆毒於漳、泉沿海一帶，要求互市，欲如粤東香山澳夷例。總兵俞咨皋者用間移紅夷於北港，乃得復彭湖。議於穩澳山開築城基，通用大石壘砌，高丈有七，厚丈有八，東西南共留三門，直北設銃臺一座，内蓋衙宇營房，鑿井一口，戍守於此，以控制娘宫。然議者謂彭湖爲漳、泉之門户，而北港即彭湖之唇齒，失北港則唇亡而齒寒，不特彭湖可慮，漳、泉亦可憂也。北港蓋在彭湖之東南，亦謂之臺灣，天啓以後皆爲紅夷所據。

海，府東南八十三里。府境羣川畢達於此。舊志：自城東海道正東行二日至高華嶼，又二日至鼊鼊嶼，又二日即琉球國也。海防考：「郡境濱海之地東則惠安，與興郡莆田接界，西則同安，與漳郡海澄接界，延袤三百餘里。今分設衛所以防門户，而邊海之佛堂、蚶江兩澳亦肘腋之虞也。」又有沙塘灣，在永寧衛城南。或謂之沙頭喬。

晉江，府城南德濟門外。其上源承永春、安溪、南安諸水匯爲黄龍江，東流至城西臨漳門外曰筍江。江岸有石高二丈許，卓立如筍，因名。岸傍一山俯瞰江流，有大盤石從山腰至麓，與江相接，長百二十餘丈，其穿伏於水底者尤不可測。宋初邑僧定諸建塔於盤石之上，因名山曰石塔山。筍江而下則爲浯江，流經德濟門外，復東流而北折，環城東南曰溜石江，又東行至法石、石頭、聖姑達於岱嶼入於海，亦謂之蚶江，蓋皆晉江之異名矣。舊志：晉江之名以晉南渡時衣冠避地者多沿江而居，故名。新唐書「晉江縣北一里有晉江，開元二十八年别駕趙頤貞鑿溝通舟楫至城下」，蓋引江爲别渠，非即晉江正流也。

洛陽江，府東北二十里。納境内諸山溪之水及惠安縣西北之水，流經府東入於海。羣山逶迤數百里，至江而盡。唐宣宗微時遊此，謂山川勝概，有類洛陽，江因以名。志云：縣境東北諸水注於康溪達於濠市溪，至於留公陂斗門。其别流爲長溪，受大帽等山十餘水，又别流爲惠安沙溪，受覆船等山八水俱至留公陂斗門，匯爲洛陽江而東入海。留公陂舊名豐谷陂，宋右史留元剛築以灌田，今俗呼陳三壩。洛，沈括曰：「義同落。」九域志作「樂洋」，然洛陽之稱，其來久矣。

天水淮，府城東南。其地曰高洋，田濱海，若鹹鹵，唐大和三年刺史趙棨鑿清渠作三十六涵，納筍、浯二水以灌田，凡百八十頃，取趙姓望名曰天水。方言謂淮爲圍，俗謂之下圍。後陳洪進改曰節度淮。宋守曹修睦亦嘗浚治，别營三涵，以便啓閉。志云：郡東南水門舊曰通淮，以洩城中潴水。先是城内廢河與外濠絶，距淮遠，宋治平三年夏潦水溢，屋廬崩壞。越二年守丁㻋穴城爲門以通淮，疏潢汙納之外河，自河注之江，江潮通河，便於舟楫，百貨貿遷皆至於市，因名門曰通淮。元季拓城，通淮門之地在城内，改建門曰南薰。嘉靖中改門名曰迎春。隆慶二年守萬慶重濬城内外溝河，立臨漳、南薰、通淮三水門，城中諸水皆引流入淮，合附近羣川達東山渡入於晉江。

東湖，城東一里。郡境諸湖此爲最大，唐時周四十頃，後漸堙塞。宋慶元六年郡守劉穎濬之，積土湖中爲四山，置斗門四於西南隅，引爲放生池。歲久浸廢。淳祐三年守顔頤仲復濬，又積土湖中爲三山，郡人因名湖曰七星湖。後復廢。明朝天啓五年重濬。一名萬婆湖，有萬婆祠。○龍湖，在府南百里。相接者曰虺湖，周可二十里。志云：府南七十里有横山，其溪澗之水匯流爲二湖，龍湖大而水緑，虺湖小而水赤。相傳舊與海通，湧沙介其間，遂別爲湖。又有龜湖，亦在府東南三十里，寶蓋山東北諸溪澗水所匯也。嘉靖三十七年倭寇由龜湖突犯安平，燔掠而去，即此。

煙浦埭，府東南二十里。志云：堰水曰埭。埭九十有四，煙浦最大。上承九十九溪之水，廣袤五六里，襟帶南鄉之境，出溜石六斗門入於晉江。宋時築埕三萬丈，斗門四，與陳埭斗門共爲尾閭洩水。治平二年以後屢壞屢修，紹興六年大加修治，今猶仍故址。又西南爲陳埭，本陳洪進所築，受西北吟嘯浦之水及羅裳山諸澗，西南出分爲衆港，從二斗門以入海。○七首塘，在府南二十里。境内之塘四十有一，七首爲最大。七首之中盈塘、砂塘最大。塘中有嶼，羣峰皆奇聳。唐志：「晉江縣東一里有尚書塘，溉田三百餘頃。」本名長稔塘，貞元五年刺史趙昌置，昌後爲尚書，民思之，因以名塘。其塘上接清源山諸坑及東湖之水，下流達於晉江。府北一里又有僕射塘，唐元和二年刺史馬總開濬，灌田數百頃，〔三〕總後贈僕射也。俗號白土塘。今皆廢爲田。

清洋陂，在府南。陂八十有二，洋陂最大，邑南諸洋俱受溉焉。自煙浦而西水之小者爲溪，大者爲浦，溪浦分流之際，則築土爲陂，以溉溪旁之田。自南安縣之九溪至府西南之高溪，凡三十六水，合流數百里而爲陂。自陂而下爲拱塘、蘇塘，縈迴復十餘里，所溉田千有八百頃。宋熙寧初築。淳熙七年累石爲埠，以防霖溢，且爲三垛以洩水。長一百八十丈，廣二丈有咫。修小陂於支流者五，爲斗門於下流者七。陂之南北增築長埠各三，倍其長之數焉。凡諸港、浦、埭、塘，皆古人填海而成之，所謂閩在岐海中也。

玉瀾浦，府南四十里。匯靈源山東南諸瀾之水，趨於海。又南四十里有植壁港，匯横山以南諸溪澗水而入海。沿植壁而南有陳坑港，匯井尾埭、烽火埭、西湖諸水趨於海。志云：濱海之港以十餘計。西南隅又有安海港，南安縣境諸溪亦由此入於海。

圍頭鎮，府南八十里，宋置寶蓋寨。志云：宋淳熙十三年於泉州城南十里置寶林寨，城東十五里置法石寨。嘉定十一年以海寇衝突，圍頭守臣真德秀移寶林兵戍圍頭，立寨曰寶蓋，而以法石爲重地是也。元砦廢。明初徙永春縣陳巖巡司置於此，改今名。有城，周不及一里，洪武二十年築。又烏潯巡司，在府東南九十里。舊置於安溪縣大西坑，尋徙置此。有小城，亦洪武二十年築。相近又有深滬巡司，元置於府南二十五里，曰港邊巡司，洪武二十年徙置於此，改今名，并築城戍守。又祥芝巡司，在府東五十里。舊置於東南五十里之石湖鎮，洪武二十年改徙今處，并築小城。

安海鎮，府南二十里。古名彎海。宋初始改爲安，曰安海市。西曰新市，東曰舊市。海船至州，遣吏榷税於此，號石井津。建炎四年置石井鎮。紹興二十六年海寇奄至，鎮官自鎮西偏循東北，築土城疊石爲門備之，後圮。元置石井鎮巡司於此。明初洪武二十年徙巡司於同安縣之東坑鎮，仍爲商民輳集處。嘉靖三十七年以倭亂甃石拓城，周五里有奇，爲門四，水關大小凡八，設官軍戍守。亦曰安平鎮。三十八年倭寇兩攻安平，四十三年復自仙遊來攻，皆不能陷。萬曆三十四年移府通判駐此，爲濱海要地。又府東南有石湖鎮，亦曰石湖澳，濱海扼要地也。宋熙寧初以石湖村爲晉江、南安、同安、惠安四縣陸路總要地，置砦戍守。後廢。萬曆中增築石城，并設戍兵。○萬安砦，在府東北洛陽橋傍，與惠安縣分界處。嘉靖中置。府南六十里有潘徑寨，洪武二十一年所置也。府東南又有吴山等十五寨，俱洪武中置，隸永寧衛。

晉安驛，府治西肅清門内。元曰清源站，明朝洪武九年改置驛，并設遞運所於其東，以驛兼領。志云：府治西南有清源驛，元置，尋廢。又府南二十里塘市有元置晉江税務，明朝洪武六年徙於城西南，更爲税課局，正統初省。十二年復置，嘉靖十六年廢。又有河泊所，洪武十四年置於城南門外，嘉靖間移置城内。○潯渼場，〔三〕在縣東南六十里，産鹽。元置管勾司，後改司令司，洪武初改爲場，二十五年又改設鹽課司。相近又有洒洲場，亦元置，明朝改。

洛陽橋，府東北二十里，跨洛陽江上。一名萬安橋。舊爲萬安渡，頗爲險，宋慶曆初郡人陳寵始甃石作沉橋。皇祐五年郡人王實等又倡爲石橋，未就。會蔡襄守郡，慨然成之，累址於淵，立石爲梁，釃水爲四十七道，長三百六十丈，廣丈有五尺。其後相繼修葺，爲往來通道。嘉靖三十七年官軍敗倭於此。○石筍橋，在府西臨漳門外，跨筍江上。宋皇祐初創浮橋，名履坦。嘉祐間重修，改曰濟民。元豐初修飾，曰通濟。紹興間改作石橋。慶元中又造二小石橋，相續以達臨漳門。明朝宣德、成化以後屢經修治。嘉靖三十七八年倭賊犯郡，往往嘯聚於此。四十年官兵斷橋拒倭，久之復修築。又順濟橋，在德濟門外。宋嘉定四年建。一名新橋。元至元中及明朝成化七年以後相繼修築，長百五十一丈。嘉靖三十八年官兵禦倭於此。又北爲車橋，亦是時屢被焚劫處。

安平橋，在府西南石井鎮。宋紹興中建，釃水爲三百六十二道，長八百餘丈。相近又有東洋橋，亦紹興中建，釃水二百四十二道，長四百三十二丈。又蘇埭橋，在府東南十里。宋紹興二十四年創建大橋四，計二十三間。又於田塍徑道造小橋百十四間，以通泥淖難行處，長二千三百餘丈。○鳳嶼盤光橋，在府東北二十里。舊爲石路，潮至不可行，宋寶祐中建橋百六十間，長四百餘丈。又府東南七十里有陳坑橋，宋淳熙初建，釃水百四十道，甃路八千餘丈。又普利大通橋，在府南三十餘里。宋紹興十二年建，凡百十間，長三百丈。又有玉瀾橋，在府東南四十里，跨海港千餘丈。已上諸橋，自宋以來歷代修築。

法石寺。府東五里。宋末蒲壽庚謀據郡降蒙古，少主至泉城北，不敢入城，駐蹕於法石寺，即此。

南安縣，府西十五里。北至永春縣百里，西北至興化府仙遊縣二百十里。漢冶縣地，三國吴置東安縣，屬建安郡。晉改曰晉安，屬晉安郡，宋、齊因之。梁爲南安郡治，隋廢郡，改縣曰南安，初屬泉州，後屬建安郡。唐初置豐州於此，貞觀初州廢，聖曆二年爲武榮州治，州尋徙治晉江，縣屬焉。景雲二年屬泉州，後因之。縣無城，嘉靖三十七年備倭患因甃石爲城，四十三年復修城濬濠。今城周四里有奇。編户四十八里。

九日山，縣西南二里。奥衍明秀，溪流演漾，峰巒映發，稱爲名勝。邑人九日登高於此，因名。山之岡脈接晉江縣界，峰巒泉石其得名者以數十計。又蓮花山，在縣西北三里，聳峙平原中。嶺開八石，如蓮花然。登其巔可盡一邑溪山之勝。縣東北又有九峰山，九峰突起，上有西華巖。○雄山，在縣南。山勢高大，諸峰皆出其下，故名。縣西南又有烏石山，與晉江紫帽山對峙，巖石奇勝，俗亦謂之烏山。志云：縣西南二十里有谷口山，峭拔森立，其中盤邃如谷。又南爲五峰山，有石室靈泉之勝。

大安山，縣西北十七里，地勢幽阻。上有棲真巖，巖穴中容數百人。下有泉，歲旱不竭。又大宇山，在縣西北二十三里。一名雞笄山。土肥泉甘，多產棗栗。下有翠屏峰、詹道巖諸勝。志云：縣西北數里有高田巖，山最高，上有田數十畝。○英茇山，在縣西五十里。山勢盤踞數十里，中峰尖而勢差伏，旁二峰兩翼簸張，如鷹振翼，一名鷹山。下有英洋溪，俗名英溪，與安溪縣接界。相近者爲九仰山，衆山九面環仰此山，因名。又囷山，在縣西六十里。秀鋭峭拔，其形如囷，航海者常望此山爲標準。又西二十里曰大帽山，廣袤千餘里，頂有巨石九層如帽，與同安縣接界。

海，在縣東南。志云：縣三面距山，惟東南一隅切附海口，有石井巡司及瀏潯、運河二澳頭，爲守禦之處。

黄龍江，在城南。亦曰黄龍溪。源自永春、安溪二縣，匯諸溪之水，一東南流，一東流，同達於縣西雙溪口並流而東，至九日山下爲金溪，又東遶縣治南爲黄龍江，遠近諸水皆流合焉，折而南匯爲筍江，即晉江上源也。○九溪，在縣西南二十五里。有柏峰山，溪流出焉，逶迤而東，分爲九派，匯爲龍潭，下流至晉江縣之安海鎮，過安平橋入海。志云：縣境諸水俱匯流入晉江縣界爲磁竈溪、葛洲溪，俱達清洋陂，至煙浦埭入海。

壽溪，縣南三十里有覆鼎山，溪源出焉，縈紆二十餘里，溉田三千餘畝；又桃林溪，在縣西二十里，自安溪縣流入界，留從效微時居此。下流俱入晉江縣界。又洪瀨溪，在縣北，路出永春、德化二縣，下流入於雙溪。

澳頭鎮，在縣西。有巡司，正統間置。又石井廢巡司，在縣西南下坊村。宋紹興十四年置，北距州城六十里，南去石井鎮十五里，元移置於晉江安海市。又連河巡司，在縣南。洪武初置，二十年徙同安之峰上，故址猶存。○都巡寨，在縣城東潘山下。宋紹興中置，東距郡城十里。元至順間徙於縣西北盧溪橋，改盧溪巡司。明朝洪武二十年徙於惠安縣之獺窟嶼。又塔口隘，在縣西北，接永春縣界。

康店驛。縣西南六十里。又汰口驛，在縣北。有汰口山，兩山並峙，溪流其間，宋時有僧建橋於此，曰汰口橋。以近卧龍山，亦名卧龍橋。尋置驛。志云：驛在劉店、鄭山之間，蓋道出尤溪，以避義江之險也。後廢。

同安縣，府西南百三十里。西至漳州府百五十里，西北至漳州府長泰縣八十里。漢冶縣地，晉析置同安縣，屬晉安郡，後廢。唐爲南安縣地，貞觀十九年置大同場。五代唐天成四年王閩置同安縣，屬泉州。今編户四十八里。

銀城，即今縣。宋紹興十五年創築，外環以濠，十八年城始就。二十五年朱子爲邑主簿，與監税曹沇備城西北，寇不能陷。其制東西廣而南北隘，如銀錠然，故曰銀城。又城南溪有二十，狀如魚，色若銅鼓，亦名銅魚城。慶元、紹定間相繼修濬。元至正十四年安溪山賊陷城，明年復修治，尋圮。明朝正統十四年沙、尤賊復陷城，景泰初因舊址增修，成化十八年重修。嘉靖三十七年倭奴來寇，復增築完固。明年積雨城壞，賊大至，官兵用木栅捍蔽禦却之。後復屢經修葺。周四里有奇。

大輪山，縣城東一里。羣峰自西北環列而來，如乘車張蓋躍馬奔輪之狀。西南一峰屹然倚空，名羅漢峰。外又有尊者巖、蒼翠岑諸勝。又東一里爲九躍山，山形蜿蜒，如龍之躍者凡九，因名。又葫蘆山，在城西北，平地特起，形若葫蘆。旁又有四小山，俗呼五蘆山。○三秀山，在縣北十里。三峰秀出，一名仙人掌，爲邑之北鎮。又縣北三十里有斗拱山，相近者曰吴淮山，皆高聳雲漢。又大尖山，在縣西北四十里，高數百丈，與安溪縣接界。

北辰山，縣東二十五里，高聳若拱北辰。上有巖，巖側有十二龍潭。又福船山，在縣東四十里。高秀甲於羣山，一名福泉，接南安縣界。又大羅山，在縣東北五十里。亦曰螺山，巖巒綿亘，亦與南安縣接界。○蓮花山，在縣西三十里。峰巒聳拔，狀若蓮花。一名金冠山，亦名夫人山。又西三十里有三重山，複嶺重岡，高聳千仞。其相接者曰文圃山，南濱大海，下多文士，因名。其山層巒疊嶂，深洞長谷，有龍池巖及雲嶽、雲峰諸勝，與漳州府海澄縣接界。又四里許曰夕陽山，以在西方最高，遥接落日而名。志云：縣西五里有西山，形如五虎，俗亦名五虎山。

五通嶺，縣東七十里。志云：宋幼主避蒙古兵至泉，聞蒲壽庚之亂，止郡城北法石寺，越城南下輦，今爲下輦舖，自下輦舖過縣東五都龍窟村，有三巨石連接水中，由此登舟，謂之御踏石，又至莊坡尾，是爲五通嶺。路旁二巨石夾峙，高四五丈，文信國題曰龍門。○浯洲嶼，在縣南四十里海中，以在丙方而名，周圍二里餘。稍東有白嶼，周圍四里許。縣東、西二溪之水合流經此兩嶼，又南經處嶼入於海。又嘉禾嶼，在縣西南七十里海中。舊嘗產嘉禾，因名。一名鷺嶼，一名厦門。廣袤五十餘里，五峰並立而無盡。巖居其中，最高者曰洪濟山，有巖嶺洞石之勝。其最著者有雲頂巖，亦曰留雲洞。又有嶺曰薜嶺，前後居民舊凡千餘家。

浯州嶼，縣東南大海中，陸行至縣九十里，水行五十里。嶼廣袤五十餘里。有山十數，最高者曰太武，狀若兜鍪，隔海望之若仙人倒地。又有海印巖、石門關諸勝。其地亦名五澳，實番人巢窟也。明初設浯澳水砦於此。嘉靖中倭自浙江舟山南行，泊浯嶼，福建大震。旁又有大擔嶼、小擔嶼，周圍皆數里。嘉靖二十七年賊攻沙頭壘，衝大擔外嶼，官軍擊却之，賊因流劫北茭、羅浮諸處。又有列嶼，廣二十里。上有大小山數十，其高者曰吴山、牧山、樓山、湖山，而吴山爲最。牧山前有軍營山，後有馬砦，有草湖，昔嘗置場牧馬於此。〇大登嶼，在縣東南海中，又南有小登嶼，皆廣六七里。其西有鼓浪嶼及夾嶼，舊皆有民居，洪武二十年悉遷入内地，成化以後漸復舊土。

海，縣南八十里，與海澄縣接界。志云：縣三面距海，而金門、厦門尤爲險要。今既設兵戍守，又於圍頭諸處分布營哨，相爲應援，所以嚴門户之防也。其澳頭若列嶼、五通、劉五店、神泉諸處，亦爲防禦之要，而厦門港、塔頭澳其最著者。

東溪，縣城東。源出大羅山，東南流，有曾溪出縣東北三十里曾嶺下，流合焉，繞流至縣城南與西溪會。其西溪自安溪縣流入縣西北界，與竹山坑等水合，西折而南，經城西又繞流至縣南與東溪合，東流五十里入於海。〇苧溪，在縣西三十里。出蓮花峰，東南流，縣南有小同溪出南安縣南界洪巖山，流合焉，又南入海。又沙溪，在縣西北五十里。源出長泰縣，流入境，有三重山水流合焉，下流入海。縣東四十里又有蓮溪。其地有鴻漸山，頗高秀，亦接南安縣界，溪源出焉，合縣境諸溪，南折而東流入海。

洪前鹽泉，在縣東東山浮洋中，海潮所不到。每風日晴明輒有小泉自沙土中出，鄉人取而淋之，可煎成鹽。

高浦鎮，在縣南高浦村，有巡司。志云：本置於縣西積倉坂尾，後移此。相近爲塔頭巡司，舊置於晉江縣之石湖鎮，後移此。又田浦巡司，在縣東南浯洲嶼。舊置於安溪縣源口渡，後移此。又有官澳巡司，舊置於德化縣東北之東西團，後徙於浯洲嶼，改今名。又有峰上巡司，本置於南安縣界之蓮河，後亦移於浯洲嶼。相近者爲陳坑巡司，亦自晉江縣石井鎮移於浯洲嶼。又南爲列嶼巡司，舊置於澳頭，後亦移此。以上七巡司，郡志云：俱洪武二十年改徙，各築城爲守禦。又有苧溪巡司，在縣西四十里，正統元年置。○石鼓寨，在縣西南。志云：宋靖康間築以禦山寇，故址尚存。又有煖湯、東山、後溪、大尾洲等寨，俱宋靖康、紹興中置，後皆廢。

浯嶼寨，在縣東南，水砦也。志云：洪武初江夏侯周德興置砦，與福州之烽火、興化之南日爲三寨，景泰間復增漳州之銅山，福州之小埕，共爲五寨。寨置於浯洲嶼太武山下，實控泉州南境，外扼大、小擔二嶼之險，内絶海門、月港與賊接濟之奸。成化中或倡孤島無援之説，移入厦門内港，仍曰浯嶼寨。山谿崎嶇，賊輕舟入淺，我舟大難以轉舒，每失事機。舊浯嶼棄而不守，番船得據爲窟穴。嘉靖四十二年議復置於浯嶼，增兵戍守。近志云：浯嶼寨今移於晉江縣之金釵山。○劉五店澳頭寨，在縣東。又東有牛嶺等寨。志云：縣西又有青崎山等砦，西南有下崎等寨，其屬於官者十四，而民間自爲戍守者不可勝計，皆倭患時置。又鎮南關，在縣南。舊爲鴻店亭，後置關於此，爲海濱扼要之地。

大輪驛。在縣治西。宋時爲大同驛，在城東朝天門外，元移今所，更名同安，明朝洪武九年改今名。又深青驛，在縣西五十里。宋名魚孚驛，在安民舖側，元移今所，更今名，明朝因之。又浯洲場，在縣東南，洪武二十五年設鹽課司。又河泊所，在縣西南，亦洪武初置。○石菌舖，在縣南海濱，爲烽堠之所。嘉靖四十年倭賊自漳州府長泰縣突犯同安，鄉兵襲擊之，賊竄石菌海濱是也。其地與潘徑、陳坑皆相近，有戍兵哨守。又王倉坪，在縣東南。嘉靖中倭賊自興化府仙遊縣突趨同安，參將戚繼光追至王倉坪，倭奔漳州，即此。

惠安縣，府東北五十里。西北至興化府仙遊縣百餘里。唐晉江縣地，宋太平興國六年析置惠安縣，屬泉州，元因之。明朝嘉靖三十一年始議築城禦倭，三十三年城成。三十七年倭寇攻城不能陷，明年復修築，未幾又增城濬濠，四十一年及隆慶元年以後屢經葺治。城周五里有奇。編户三十五里。

螺山，在縣治北，形如螺髻。舊名羅峰，云羅隱嘗寓此。縣城南又有樓山迴拱縣治，一名留山，亦曰城樓山。○大帽山，在縣西北四十里。屹立千仞，雄峭盤鬱，絶頂廣百餘丈，有泉泓然。其西南曰三髻山，絶頂拔起三峰如髻。有仙人橋横跨兩崖，崖甚深杳。又有靈湫，亦深廣。志云：縣北二十里有東平山，一名北山。羣山連屬，東有平原三四里，復起一峰，因名。又東南數里曰卧龍山，盤曲回復，中起一峰，如龍首之昂聳。又南曰龍盤山，山勢蟠繞如龍，與螺山相峙。

九峰山，縣南二十五里。羣峰争雄，其數有九。又城山，在縣西南三十餘里，東連大海，西接長江，延袤如城。志云：縣西數里有盤龍山，七峰聳起，盤曲重疊，因名。○錦田山，在縣南四十里。下有腴田萬頃，五代時豪民黄氏居山下，亦曰黄田山。志云：縣南有青山，山面大海。王閩將張梱嘗立寨於此，以禦海寇。又縣南濱海有鴨山。嘉靖中倭攻惠安，不克引去，知縣林咸擊之於鴨山，伏發敗死。今有鴨山埭。

崑崙山，縣東北三十里，勢高聳，望之若祥雲。南有伏虎巖，清泉石室，最爲幽勝。又南爲靈鷲山，一名烏石山。又五公山，在縣東二十七里，相傳蕭梁時有五僧隱此。一名下江山，以南唐保大中江盈家於山之東麓也。○松洋山，在縣東南三十餘里，高大甲於縣境諸山，爲一方巨鎮。山北有洞，亦曰松洋洞，洞口僅容一人，中寬廣，容二三百人，宋、元之季民嘗避難於此。又靈瑞山，在縣南三十里，横列縣治之陽，若屏嶂然。中有孤峰特起，曰靈瑞巖。麓有龍泉，一名龍泉山。志云：山北十里有峰崎山。又北三里爲輞川山，有居民數千家。

覆船山，縣西二十五里，以形似名。一名報劬山，唐陳嘏葬親山下，因更名。有巖石諸勝。又南爲鶴堂山，下瞰洛陽江。

獺窟山，縣南五十里大海中。宋開禧間僧道詢運石成橋七百七十間，直渡海門，約五里，潮平則没，半落則通人行，至今籍其利。亦曰獺窟嶼，有巡司。又大岞山，在縣東南海中。山頂有洞，由小石門入丈餘，折而右轉，巨石如屏，可蔽内外，容數百人，一人持戟守門，千百人攻之不可入。明初居人避倭亂於此，寇不能攻。嘉靖三十八年倭寇犯郡，繼而自祥芝、石湖、烏潯分道出海，參將王麟追敗之於此。○浄山，亦在縣東南海中。一名尖山，圓浄尖秀，下瞰東溟，上多怪石，如水嚙射狀。最高而哨拔者三峰，登之可以觀日出。又小岞山，在浄山東十里，北對黄崎山，南控大岞山，邑境諸山之東趨於海者至此三山而止。志云：黄崎山在縣東南三十里，三面環海，鹵氣吹盪，不生草木。宋時産鐵礦，置爐煮鍊於此，今廢。亦名揚旗山，以遠望勢如立旗也。又有圭峰，在縣東北四十里，與黄崎山對峙於海門。又東北海中有樂嶼，舊有民居，明初遷於内地。○岱嶼，在縣南大海中，舟楫必經之地，常有戈船守此。

海，縣東南兩岸至海皆四十五里，北自樂嶼，南屬岱嶼，並海壖，凡百餘里。支海穿達，上接溪港，不可悉計。又東與興化府莆田縣接界。邑志：縣西北跨山，東南皆際海。永樂間島夷爲患，始築沿海五城，曰崇武，曰獺窟，曰小岞，曰黄崎，曰峰尾，以爲屏障。今皆有兵戍守。

洛陽江，縣西三十里，與晉江縣分界。縣境山溪之水多匯流於此而入海，亦曰洛陽港。志云：縣西有沙溪，出三髻山，合西南諸溪亦曰白巖溪，入洛陽江。○峰崎港，在縣東五十里。縣境驛坂諸溪發源大帽以東等山，匯流入峰崎港以達海。又前林港，在縣東南四十里。縣南有金山等溪，發源九峰諸山，下流會羣溪，東至東井埭出前林港以入海。縣東北四十里又有添崎港，其上流爲證果、真如等溪，悉由此入海。

龍津溪，在縣城南。源出東平山，繞流經城西北數里之太白峰，即蓮花山也，至龍津陂繞縣治前樓山之陰，又東達下謝溪入王孫走馬埭，匯輞川港接於海。輞川即峰崎港。志云：縣城有上、下水關通蓮花山下之水入龍津溪。西曰玉蓮關，水門二；東曰龍津關，水門三。縣境羣溪以數十計，龍津溪則貫串城市間也。○馬山埭，在縣西南二十五里馬山下，埭以山名。志云：縣南爲馬山埭，其上流爲下曾、黄坑等溪，俱在縣西二十餘里，南流由埭以入海。又傅埭，在縣東北。其上流爲西充溪，匯東北諸溪水出傅埭以入海。志云：西充溪在縣東北四十里。

輞川鎮，縣東北十里，阻山負海，民居繁密。嘉靖三十七年縣屢被倭患，因議城之。四十一年城始就，周四里，與縣城相犄角。又峰尾鎮，在縣東北四十餘里。舊名沙格巡司，在縣東四十里，洪武二十年江夏侯周德興改置於烽尾村，築城爲守。又小岞巡司，在縣東南小岞山下。本名小兜巡司，即今崇武所也，後徙置於此，改今名。又黄崎巡司，在黄崎山下。本置於德化縣東北清泰里，曰清泰巡司，後改徙於此。縣南又有獺窟巡司，在獺窟山下。本南安縣之蘆溪巡司，後改徙焉。諸司皆有城，俱洪武二十年築。又塗嶺廢巡司，在縣北二十里塗嶺山北。元元統二年置，明朝洪武二十年廢，故址猶存。

白水寨，縣北五十里白水舖南，一名陳同寨。其地甚峻，元末寇亂，鄉人築壘爲寨。正統十三年鄰境盜起，復藉此控禦。邑人呼爲寨嶺。又東坑寨，在縣西北。志云：日曝嶺距縣三十五里，又西五里即東坑也。路入仙遊，地亦險仄，元季兵亂，邑人避難於此，築寨自衛。今與白水寨俱爲北境保障。○虎窟砦，在縣西南山谷中。崇山夾峙，狹徑僅通。正統末置砦以禦沙、汀之寇，遇亂輒爲戍守處。又青山寨，在縣東南四十餘里。洪武二十一年置，隸崇武千户所。

錦田驛。縣治西南一里。舊名皇華驛，在城東，宋太平興國中建，元元貞間遷今所，更名龍山驛，兼置龍山站，洪武八年改今名。又西爲遞運所，以驛兼領。又河泊所，在縣東三十里輞川澳。洪武十六年設，後爲海潮漂圮，正德中重設。又惠安場鹽課司，在縣東南三十八里。元設管勾司，尋爲司令司，明朝洪武十五年爲轉運分司署，二十五年改置今司，轄廣運等倉埕凡八所，屬鹽運分司。○瓊田延壽橋，在縣東五里。宋建，爲梁百二十九間，長二里許。自元以來增修。爲縣南諸溪匯流處，東出輞川入海。

安溪縣，府西百五里。西南至漳州府二百三十里，西北至漳州府漳平縣二百四十里，東北至永春縣百里。唐南安縣地，咸通五年置小溪場。五代周顯德二年南唐置清溪縣，屬泉州。宋因之，宣和三年改爲安溪縣。今編户十六里。

清溪城，即今縣，故小溪場也。南唐保大十三年詹敦仁監場事，請於清源節度留從效曰：「小溪西距漳、汀，東濱溟海，地廣二百餘里。三峰玉峙，一水環通，黄龍内顧以騰驤，朱鳳後翔而飛翥。土之所宜，桑麻穀粟；地之所產，麞麂禽魚。民樂畊蠶，冶有銀鐵。税有竹林之征，險有溪山之固。地實富饒，足以置縣。」從之，名縣曰清溪。宋曰安溪。舊無城，嘉靖三十九年倭自仙遊、永春突犯，四十一年始議築城，四十四年城始完固，周三里有奇。

鳳山，縣治北。縣之主山也，以形似名。一名鳳髻山，又名展旗山。治南曰黄龍山，與鳳山對峙。一名南山，亦曰登高山。下有黄龍津，龍津橋跨其上，亦名龍津山。○黄蘖山，在縣南十五里。一名午山，亦曰南山，爲邑中衆山之宗。深林邃谷，饒笋、蕨、稜、稻。山半有五峰巖，亦曰頭陀巖。又南二十餘里曰浪來山，謂山勢如浪也。山半爲閬苑巖，一名閬山。志云：縣西南二十餘里有龍塘山，嶺曰龍門嶺，石壁夾峙。舊有龍門驛，道出同安縣。

翠屏山，縣北五十里，高出羣峰之上，亦曰大尖山。其東爲小尖山。又陳五郎山，在縣北三十里，最高，晴明可以望海。又覆鼎山，在縣北八十里，以形似名，北接永春縣界。嘉靖二十六年賊陳日暉據山陰，出没大爲民患，尋討平之。○後洋山，在縣西北五十里，最高，下爲平疇，一名大洋山。又西北六十餘里有朝天山，以勢若插天而名。上有天寧巖。又西北曰鐵礦山，産鐵。志云：縣西北八十里有佛耳山，其山峭絶而高大，可耕可廬，一名佛天山。又西北二十里有石鼓山。其相接者曰石梯嶺，巨石盤回，凡五十餘級。

磨鎗嶺，縣西百里。山嶺險巇，路通漳州府長泰縣。志云：自嶺而西南爲銀場，即龍溪縣界也。又九龍崗，在縣西北九十里。嘉靖二十六年盗陳日暉據覆鼎山、大小尖、白葉坂、九龍諸崗爲寇，出没泉、漳、汀之交，亘百數十里，官兵尋破之於白葉坂口，遂追擒之。白葉坂與九龍相近也。○古陵坡，在縣東。正統十三年鄧茂七由德化、永春、安溪寇泉州，知府熊尚逆戰於古陵坡，敗死。或曰坡在南安縣境内，近泉州城南。

藍溪，在縣治南。源出縣西北九十里北巖諸山，東南流合羣山溪之水，至縣西南五里澳下渡始通小舟，又東至龍津橋而流益大，溪色深碧，故曰藍溪，又東南流入南安縣界，至珠淵渡達雙溪口爲黄龍江之上源。志云：溪自縣治西而東，下流接南安界，羣灘錯列凡十餘處，爲行舟之阻。溪之别派則一出縣西九十里九峰山，逆流而東北入龍溪縣之九龍江；一出縣西北七十餘里之同發山，逆流而西北入長泰縣。

湖頭溪，在縣治西北。源出覆鼎諸山，引而南，諸山溪水皆會焉。至縣北三十餘里有馬上灘、淵灘，當溪阻石數百丈，水從石罅中出，正統間始鑿石通舟楫。又有下湖溪，出銅鈸山，即同發山也。又有龍潭溪，出縣西北五十里天馬諸山，合諸山水並流匯湖頭溪，歷數灘至縣治西北爲吴浦渡，會於藍溪。藍溪蓋衆水之宗矣。

源口渡鎮。縣西北五十里。舊有巡司，後廢。正統五年復置渡，即龍潭溪渡處。○白葉坂寨，在縣西北八十里。嘉靖二十六年以山寇出没置，圍以石城，撥軍戍守。寨在崇山密林間，嵐氣最甚，尋廢。又縣境有東嶺等隘十有一，俱正德以後置。志云：縣西八十里有大深隘，弘治四年賊温文盛立寨山上，正德十年建爲隘，路出漳平。又打鼓隘，在縣西北五十里打鼓嶺下。正德十六年建。嘉靖三年賊新大總嘯聚於此。又桃舟隘，在縣西北百里，西通長泰，北接永春，盜賊往來之衝也。又縣東南數里有故大寨，縣北鳳山之半有故縣後寨，皆唐季遺址，後廢。

永春縣，府西北百二十里。東至興化府仙遊縣百十里，南至安溪縣九十里，西北至德化縣五十里。本南安縣地，唐長慶二年析爲桃林場，五代唐長興四年王閩置桃源縣，晉天福初閩又改爲永春縣，仍屬泉州。縣無城，嘉靖初始建西南北三門，以禦漳、汀之寇。三十九年爲倭所毁，尋砌石爲垣。明年又爲賊陷，因築城，周不及三里。四十一年城始就，賊來犯，不能入。今編户十四里。

大鵬山，縣城北。形如飛鵬，乘翅絶頂，三峰秀出雲表。稍西南爲大羽山，重岡疊嶂，若鳥張翼，下趨平處，結爲縣治，縣之主山也。縣東南三里曰花石山，嘉靖二年官兵拒賊於此。○雙髻山，在縣北十里，聳結二峰若雙髻。一名朋山。上有仙人池。又北數里曰高鎮山，形勢高聳，遠出衆峰之上，爲一邑巨鎮。又北爲高嶺山，亦高壓衆峰，其頂平夷。志云：縣東北十餘里有齊雲山，高接霄漢。又有三貫山，三峰秀拔，勢貫雲表。

雲居山，縣西二十里，卓立嵯峨，若趨若伏，雲常居之。其東爲東山，俗呼高峰㞮。又周山，在縣西南二十里，形勢雄壯，綿亘三十餘里。又西南五里爲達理山，峭拔蒼翠。亦名筆架山。茂林清泉，六月如秋。○陳巖山，在縣西二十六里。中峰尖聳，東西二峰屹立，謂之三臺。昔有蕭姓者開路於山左，通龍巖、尤溪二縣，憑虚架石，下瞰深澗，過者股粟。相接者曰洪步山，長亘數里，高聳凌空，巍然獨秀，若步武狀。又鷄母岫山，在縣西北六十里，嘉靖初官兵敗汀、漳賊於此。山之東南十餘里曰河澗山，盤迴起伏凡九十九峰，一名大池巖。相近又有礦山，産鐵。志云：縣西北二十餘里曰高麗山，屹立如屏。絶頂有道場寨，可容萬人。

蓬萊山，縣東北二十里，迴環秀麗，勝若蓬萊。相對者曰錦繡山，亦高勝。本名鬼岫，宋光宗改今名。又天竺山，在縣東北三十里，極高峻，接南安、仙遊二縣界。又東北有四臺山，四面各有一山，樂山居中，亦曰五臺。志曰：樂山周圍四十里，昔時嘗聞音樂聲，因名。○苦竹嶺，在縣東，接仙遊縣界。嘉靖四十一年倭自仙遊來犯，義兵拒却之於此。

桃溪，縣治南。其源出縣西北六十餘里之雪山。山高峻，多積雪，接德化縣界。遶流而南出，經羣山間曰仙華、陳巖、埔兜等溪。又東折爲洑溪、磁竈等溪，至石鼓溪始通舟楫。流經縣治爲縣前溪，後曲折流爲留灣溪。又東南出歷馬甲、鍾山、山門、南澗、滑石等灘，皆險崖激浪。至縣東十五里之西涵灘，則桃溪咽喉也。宋開寶三年令林滂以馬甲諸灘險阻，鑿之以通舟楫。自西涵而下，出南安縣水江村合於雙溪，即晉江上源也。志云：溪自雪山下至西涵，出水江村，凡九十餘里，舟楫通行。自石鼓至水江村凡三十里。其衆水之會於桃溪者先後凡十四支。又有桃溪山，在縣西北二十餘里。舊經云：「桃溪之水蓋以山名。」

黄田溪，縣西北百五十里。有岱山，北接德化縣界，溪源出焉，南流有碧溪諸水出羣山中，先後來會，入安溪縣界。又洞口溪，在縣西北五十里，亦合諸溪水入安溪縣界，下流合於藍溪。○小姑水，在縣西二十三里，流經縣西南二十里西向山，分流東南注，至南安縣北塔口村，下流合東關水，即桃溪別名也。

南峰寨，縣西北百五十里，相近有占仔、碧溪等寨。志云：碧溪寨，宋紹興二十年州將陳敏討捕山寇，以其地控漳、泉、汀、建之衝，因置寨，復置丘店寨，後皆廢。又有蝴蝶、金雞等砦，俱據山爲險。又石鼓寨，在縣西北五十里。相近有陳坑寨及山中上、下二寨、龜洋、馬頭寨。縣西二十餘里曰陳巖寨，因山以名。又西北爲道場寨。○仙亭寨，在縣西南二十餘里後頭山上，寨容百人。又縣西二十里石壁山西有銀瓶砦，險峻壁，中有清泉，元末所建。

雙魚寨，縣治南留灣山上。山亦名雙魚山，砦因以名。又王山寨，在縣治東北懸鍾山後。又陳占仔寨，在縣東南石谷山，相傳昔劇盜陳占仔據此，鱗石巉巖，恃以爲險。縣東十里又有湖安山砦，山上有屯田百畝，即占仔砦門户也。相傳賊將昔屯此。又縣西北二十五里曰白鶴砦，在白鶴山頂。峭削壁立，崖石環障，清泉四出，縱横各一里許。亦元末建，正統十四年修築。鄉人避兵於此，賊不能陷。又有石壁、覆船等山寨，與白鶴相近。志云：縣共有二十七寨，皆多事時戍守處。

樟坑隘，縣西北百六十里三台山下，路通漳平縣。又有任田隘，在縣西北岱山下，路出尤溪。又西北東山下有吴畲隘，路出德化、尤溪及延平縣。又白巖山下有上畲隘，亦出德化、尤溪縣。西百五十里東湖山下曰白山嶺隘，路通安溪縣。自任田以下四隘，皆嘉靖二年置，以備汀、漳之寇。○蘆地隘，在縣西北五十里新犁山下，亦嘉靖二年建。又縣西北二十里有山中隘，其南有許平隘，宋開慶元年築，今廢。

上達隘。縣西南二十餘里白芒坑山後，相近有高平隘，路出安溪打鼓嶺，俱嘉靖初築以拒賊。○白隔隘，在縣東北三十里，路出仙遊。其相近有梅坑、石獅山等隘。縣北十餘里又有塔嶺隘。東北十餘里曰苦竹隘。志云：縣城東南有泥門隘。東十餘里有東關隘。縣西北二十五里又有蘇坑、英山隘，久廢，嘉靖初復置。縣境之隘凡二十有二，其因嘉靖初寇亂而置者蓋十有九云。

德化縣，府西北百八十五里。東至興化府仙遊縣百三十里，西北至延平府尤溪縣二百四十里，北至福州府永福縣二百五十里，西南至安溪縣二百二十里。本唐福州永泰縣地，貞元中析置歸德場。五代唐長興二年王閩升爲德化縣，屬長樂府。漢乾祐二年南唐改隸清源軍，又割尤溪縣二鄉益之。宋仍屬泉州。舊無城，嘉靖三十六年創築，周四里有奇。三十九年改築以禦倭，縮四之一。四十三年城東爲水所毁，尋復葺治。今編户十三里。

龍潯山，縣治東北。山勢峭拔數千仞，蜿蜒如龍，縣主山也。宋紹興初令吴崇年鑿山築寨以禦寇。其西有大旗山，峰巒迴顧，環拱縣治，勢如展旗。又治南一里有雙魚山，兩峰並聳，爲縣之案山。○瓊山，在縣治西南。一名囷山，以圓秀如高廩也。相近者曰雪山，峰巒峻拔，高聳雲際，冬時積雪，數日不消。又西南有斤山，一名蓋竹根山，高五里，廣十里，峰巒尖秀如卓筆然。縣北三里又有繡屏山，層崖峭壁，高秀若屏。志云：縣西四里爲五華山，一名根山，上有五峰，狀如蓮花。縣南三里有鳳翥山，一名高舉，又名鷂山，高秀出諸峰之上。舊有浮圖，今廢。又南曰羅城山，一名豪城山。山形如覆釜，四圍峭峽，頂上平坦，舊爲寨基。

戴雲山，縣西北五十里，高聳霄漢，雄跨十里，常有雲氣覆之。巔有池深不可測，分爲九派，下注九溪：一曰張巖，二曰盧地，水皆北流；三曰雙芹，四曰馬槽場，五曰上洋，六曰上雲，七曰中興坑，水皆東流；八曰東埔，九曰李山，水皆南流，灌注縣境。又西里許曰太湖山，盤踞數里，形勢峻拔，四面崔嵬，上有奇峰羅列十二。山巔平廣，數丈内有池丈餘，影涵太虚，一碧如鏡，因名太湖，俗曰龍湖，又名青草湖。山形如船，亦名飛船山。○大帽山，在縣北七十里。脈自九仙山來，綿亘數十里，卓起大峰，狀若大帽。志云：九仙山在縣西北百里，廣袤峻拔，甲於諸峰，俗傳嘗有九仙隱此。又蓮花山，在縣西北八十里，五峰攢簇，高聳峻峭。又西北有鍾山，四面俱石壁，峭峻形如覆鍾，中有巖洞澗壑之勝。縣西北百餘里爲鷄髻寨山，地甚險阻，峰如鷄髻，中有石門隘。

虎頭山，縣西百五十里。有古寨，周圍七里餘。其中泉石如畫，外極高峻，避兵者依之，萬夫莫敵。相近又有一山，亦甚高峻，但乏水。昔有避賊於其上者，賊欲久圍以困之，有一女子取酒浣衣以示賊，賊疑有水，因解圍去，俗呼酒曇寨山。又西有金雞山，山陰有金雞寨。又西有大尖山，峭峽奇險，聳峙尖削，有泉出其頂。

均山，縣東北百八十里。山勢峭拔，延廣數十里。相近者曰飛仙山，兩峰角立，懸崖峭壁，瀑布飛流，高數千仞。縣東二百里又有九座山，其山重巒疊嶂，道路險巇。○劇頭嶺，在縣東南二十里，與永春縣接界。又縣西北百九十里有官田嶺，接尤溪縣界，亦曰尤嶺。嶺下有躍龍寨，宋元符中建。志云：縣西五十里有湖嶺，最高峻。其水分西南二流，皆入於湹溪。

湹溪，在縣北，即戴雲山水也。九溪之北流者凡二，合爲赤水，西溪東流，迤邐爲上湧、下湧、山茶、曾坂、百葉、湖頭、李田、湧口等溪，益折而東北，距縣百八十里曰九寶溪，又東北七八十里爲螺潭，入永福縣界。其五溪之東流者，二溪合爲龍潭，爲左溪，合於九寶溪。其上洋之水過涵口，至縣東北百七十里之石獅渡。上雲之水爲漿溪，過焦口亦入石獅渡。中興坑之水爲林翰坑，會於縣前溪。其二溪之南流者合流爲白泉、石山、蘇溪、塗坂等溪，經城西爲西門溪，折而東流爲縣前溪，回環曲折，俗謂之腰帶水，總名曰湹溪。又東北爲十二翰溪，與上洋、上溪二水會於石獅渡，東北與張巖、盧溪、雙芹、馬槽四水同入永福界爲大樟溪，即九溪之下流也。境内山溪之水皆分流環注，並入於湹溪。

丁溪，在縣南。源出瓊山，匯九漈諸溪，經歐山溪、大坑溪而匯於縣前之湹溪。相傳溪本南流，不與湹會，宋元符中大雷雨，水流迴轉，縱横若丁字，因名。又寨前溪，在縣西。源出湖嶺，南流者入李山溪，西流者自尤溪轉入永福合大樟溪。志云：縣西南百八十里有下平溪，入尤溪縣之大溪。

官井關，縣東北二百六十里；又湯尾關，在縣東百里，其地有湯嶺隘，亦曰湯尾寨；又巖市關，在縣西北百八十里；平盧關，在縣東北百四十里，其地又有石門隘；俱宋、元間置，以防山蹊支路鹽丁出没沙、尤諸縣間也。今仍舊。○蘇坑隘，在縣東南；又有劇頭、蓋福洋、上潒等隘；俱通永春及仙遊縣。又油竹隘，在縣西北二百六十里之大官嶺，路通尤溪。其東北曰蛇嶺隘，道出永福。志云：縣北百里有龍牀、赤嶺等隘，俱通尤溪。其西爲伏虎隘，元至元十三年以地接延、汀二郡，撥軍戍守，今廢。又焦嶺隘，在縣西北百八十里，路亦出尤溪。其地即小尤中團也，嘉靖三年官軍殲汀、漳賊於此。

高鎮。在縣東北百四十里。舊有巡司，萬曆末革。志云：縣有三縣巡司寨，在縣西三十里五店村。宋祥符間以左嶺爲五州所輻輳，因置寨於此，管德化、永春、安溪三縣，元豐三年移此，元廢。○上𡙇驛，在縣北，宋置。志云：自宋以前郡城西北取延、建路，道南安澄口驛、永春桃源驛、德化龍潯驛、上𡙇驛，抵尤溪縣，逶迤經西芹至延平，蓋以避大義江之險。然山嶺高峻，卒不可行，自宋以來西北之驛道遂廢。

附見

泉州衛，府治西。洪武元年置。

永寧衛。府東南六十里。宋乾道八年置水澳寨，元爲永寧寨，洪武二十年改建今衛。二十七年以衛瀕海，乃築城以備倭，周不及五里。領守禦千户所五。

守禦福泉千户所，〔四〕府東南八十里，北距衛城二十里。洪武二十年置。有城，周不及四里，後以時修築。領潘徑寨。海防考：「所西南接深滬巡司，與圍頭、峰上諸處，並爲番舶停留避風之門户，哨守最切。福泉、深滬有備，寇不能犯矣。」

守禦中左千户所，在同安縣西南五十里。本名嘉禾嶼，爲厦門海濱，洪武二十七年移永寧衛中左所官兵於此。築城戍守，周二里有奇。永樂、正統以後不時修築。轄縣西南東澳、伍通二砦。天啓二年紅夷突犯，總兵徐一鳴據城守拒，賊敗却。海防考：「所西有白石頭澳，嘉靖三十八年官軍敗賊於此。」今爲島夷出没之所，有兵戍守。

守禦金門千户所，在同安縣東南五十里。本浯州嶼，洪武二十年置。築城周三里有奇。轄縣東劉五店等五砦、縣西洪山等三砦。海防考：「所東有官澳巡司，相近又有料羅、烏沙諸處，皆番舶入犯之徑。其控扼要害則在官澳、金門。」

守禦高浦千户所，在同安縣西南六十里。洪武二十三年徙永寧衛中右所官兵戍此，更今名。築城周不及三里。轄縣西高浦、大圓堂、馬鑾等三砦。海防考：「所西有松嶼，與海澄縣之月港相接，爲濱海要衝。」

守禦崇武千户所。在惠安縣南七十里，西去府城八十里。宋元豐二年以海寇猖獗，置小兜巡司，巡徼晉江、同安、南安、惠安四縣沿海地。元仍置巡司，明初因之。洪武二十年江夏侯周德興經略沿海地方，設立城池，移司於小岞，而置千户所於此。城周四里有奇，後不時修築。嘉靖三十七年倭賊來犯，官軍禦之，賊不能陷。已上俱屬永寧衛。

漳州府，東北至泉州府二百七十里，東南至海二百里，西南至廣東潮州府五百有五里，西北至汀州府六百三十里，北至延平府七百三十五里，自府治至布政司七百里，至京師七千五百二十五里。

禹貢揚州地，周閩越地。秦屬閩中郡，漢屬會稽郡，後漢因之。晉屬晉安郡，宋、齊仍舊，梁屬南安郡。隋屬泉州，大業中屬建安郡。唐初仍屬泉州，今福州也。垂拱二年始置漳州，以漳水爲名，治漳浦縣。志云：州境自隋以來地荒人稀，未霑王化。儀鳳三年寇陳謙等連結諸蠻，侵軼潮州。翊府左郎將陳元光討平之，始開屯列戍於漳水北，且耕且守。尋請於泉、潮間建一州以抗嶺表，從之，即屯所爲州云。天寶初曰漳浦郡，開元二十二年州改隸嶺南，至是還隸福建。十年又隸嶺南，上元初復隸福建。乾元初復爲漳州。是年州徙治龍溪。志云：貞元二年徙。五代晉開運三年南唐改曰南州，以刺史董思安父名章，請改也。宋仍曰漳州。亦曰漳浦郡。元曰漳州路，明初曰漳州府。今領縣十。

府雄據海濱，噤喉嶺表，山川清秀，原野坦平，爲閩越之南屏，控島夷之北户。志云：福、興、泉爲八閩之籓籬，而漳南又爲兩廣之唇齒，備禦不可不早矣。

龍溪縣，附郭。本晉安縣地，梁天監中析置龍溪縣，屬南安郡。隋屬建安郡。唐屬泉州，開元二十九年改屬漳州，乾元二年始爲州治。今編户百有二里。

漳州城，即今府城。唐遷郡治此，未有城，宋築土爲子城，周四里。咸平二年環城濬濠，祥符六年加濬西濠，又於西南隅鑿水門通潮汐。其外城僅樹木栅，周十五里。紹興中郡守張成大毁子城，并撤外城，三面築以土，獨南面阻溪爲固，而子城之濠皆在城内。嘉定四年以石甃城東面，紹定三年復甃西南北三面，城周十七里有奇，皆建樓櫓，浚河隍。淳祐九年增修。元至正二十六年陳友定使其屬縮城三面，惟南面仍舊，周十二里有奇，浚東西城濠，南臨大溪，北依山溝，隍有陸門四，南面爲東西水關二。明初因舊城修飾，正統七年以後屢經葺治，規制一因舊址。

蘭水廢縣，

在府南。舊志云：梁所置也，屬南安郡。隋屬泉州，開皇十二年并入龍溪縣。

紫芝山，

在城西北隅。脈自天寶山來，蜿蜒起伏三十餘里，至此一峰聳拔。一名望高山。南麓爲登高山，郡城繞焉。頂有威鎮亭，洪武中建。山之東爲日華、萬松諸峰，禪月、隆壽等山。其西爲净安峰、騰龍、起鳳諸山。志云：騰龍山本名龍亭山，在城西南隅，平地特起，奇石攢湊，俯瞰溪流，相傳昔有龍騰溪中，因建亭溪上而名。其相峙者曰起鳳山，本名高亭山，與日華諸峰綿亘連絡，繞城内外，皆紫芝之支隴也。又城南隔溪曰丹霞山，一名南山。又六里曰南巖山，峰巒奇秀，延袤數里，怪石錯列，其最著者曰石獅巖、寶月巖、玉泉巖、羅漢峰、白鹿泉諸勝。○名第山，在城南十里。本名天城山，以唐元和中郡人周匡物初登進士賜名。又城西南十里有員山，前後望之，分十二面，因名。山有琵琶坂，上爲石池。

天寶山，

府西三十里。五峰峭立，周百餘里，郡之望山也。宋大中祥符中山下溪産大珠，入貢，因名。上有寶巖洞、芙蓉城、百丈泉諸勝。山之北接玳瑁嶺，高百丈，亘三十餘里，接長泰縣界，爲郡北之屏障，俗曰大帽山。其枕天寶西麓者曰新嶺，石磴盤迴十餘里，路通安溪、龍巖、漳平三縣，舊設亭障其上。舊志「元末有蔡公者於山腰開新嶺，一名蔡公嶺，通道龍巖、安溪」，即此。又西爲揭鴻嶺，極高峻，在郡西北四十里。輿地志：「即古葵岡嶺，東南之揭，二越之基也。」漢、唐時西北向長安，由安溪、大田以行，今故道廢。其下有唐屯軍營故址，上有營頭亭，相傳唐陳元光屯兵處。

文山，府東二十里，北臨大溪，三面通潮，或謂之觀音巖。其右爲水頭山，聳拔奇秀，濱於大溪。逾溪以北曰鶴鳴山，一名石壁山。又分岐而北者曰岐山。名山記：「鶴鳴、岐山，連峙二峰，延袤十里，聳秀於龍江之上，巖壑類皆奇勝。中有千人洞，洞口狹而暗，中甚寬朗，容千人。」黄巢之亂，居民多避難於此。○鳳凰山，在府東二十五里。志云：在岐山右側，與文山對峙。中有萬松嶺，舊名馬岐，即郡之孔道也。元末陳友定破漳人於此，郡城遂下。又龍潦山，在府東南二十五里。有龍潭，飛泉百尺。旁爲扆翠山，雙峰如削，俗名魚刺山，一名朝天鯉魚山。

銅鉢山，府北二十里。山勢綿亘十餘里，内一峰中窪而外圓，其形如鉢。又北十里爲天公山，山高秀，有瀑布泉。志云：府北四十里有石蠔山，尖聳千仞，頂石多粘蠣殼，因名。南下小山纍纍，蓋天寶山來脈也。又龍山，在府北十里，産茶。○鼎山，在府東北二十五里。山高大，圓如覆鼎。絶頂有臍，俗呼鼎臍山。上有龍泰巖，以巖接龍溪、長泰二縣交也。一名侯作巖。又仰盂山，在府東四十里。高廣峭拔，頂凹如盂。上有田池，又有仰盂巖。又白石山，在縣東六十里。一名鸛石山，中有石硿容千餘人。

華峰嶺，府北五十里。一名龍頭嶺，高千餘丈，累磴鑿石以梯行人。北溪之流經其下，灘瀨巃惡，怪石巉巖，有三硿二花之名。船楫不通，上下皆當逾嶺。溪傍有石狀如龍頭，因名。○九龍嶺，在府南三十里。兩山夾峙，中縈石磴，凡十餘里，路通潮州。嶺下有木綿庵，宋鄭虎臣誅賈似道於此。舊志：府北三十里又有九龍山，北有九龍水、金溪水。

海，府東南六十里。舊志：府去海二百里，今海澄縣東北即濱大海，與龍溪接境也。志云：興、泉之境皆兩面瀕海，惟府境與會城皆三面瀕海，故防禦最切，而彭湖嶼實漳、泉二郡之外衛也。

九龍江，府東北四十里。一名北溪，亦曰龍溪。源出汀州府上杭、連城二縣及延平府沙縣界，東南流合寧洋、龍巖、漳平之水而下華峰，又合長泰諸水過香洲渡，歷峽中，出峽爲柳營江，與南溪會流入海。梁大同間有九龍遊戲江上，因名縣曰龍溪，并以名江也。又南溪，在府城南。溪有二源，本曰雙溪，自南靖縣合流，東經員山之北曰康仙渡，又東北繞郡城南有三台洲，又東爲方壺洲，水勢微折而南，復曲而抱城東，過文山爲西埔渡，又東會於北溪。或以爲即古之蘭水，梁所取以名縣者。其上流或曰西溪，以在郡城西也。亦曰南門溪，以繞城南門也。

柳營江，府東四十里，上有虎渡橋。志云：九龍江水自華峰而來，注九江山下爲漫潭，兩山如壁，流十餘里，漫而不湍，淵而不測，即梁時龍躍處，南流經香州渡，又南經蓬萊峽，出兩峽間，亘虎渡橋，爲東偏要害。丁氏古譜云：「六朝以來戍閩者屯兵於龍溪，阻江爲界，插柳爲營。江當梅溪之交，兩山插峙，波濤激湧，西岸盡屬蠻僚。唐總章間諸衛將軍陳政戍閩，征没。子元光代領其衆，陰遣人沿溪而北，就上溪緩處結筏連坡，從間道襲擊之，遂建寨柳江之西，以爲進取，恩威並濟，土黎歸附，因轄其地爲唐化里，柳營之名，自六朝時始也。」宋紹熙間郡守趙伯逷始作浮梁於下流以度。嘉定七年太守莊夏易以板橋，豐石爲址，釃爲十五道而屋之，名通濟橋。嘉熙元年圮於火，太守李詔易梁以石而不屋，越四年乃成，長二百丈，址高十丈，釃水亦十五道。淳祐初又燬於兵。明朝洪武三十年復搆，正統、天順、成化以後屢經修建。舊志：唐末王潮下泉、福，嘗宿重兵以守之，故有柳營之號。元末陳友定攻漳州，度柳營江，敗漳人於馬岐山，遂下漳州，使人鑿山道，城守自固。又陳讓記云：「江南橋梁，虎渡第一。昔欲爲橋，有虎負子渡江，息於中流，探之有石如阜，循其脈沈石絶江，隱然若梁，乃因壘址爲橋，故名虎渡，即柳營江橋也。」又南與南溪合流，謂之福河，俗曰福滸。又東爲錦江，中有許茂、烏礁、紫泥等洲，江流經此，分爲南北，南流至海澄縣界，北流歷白石、青礁石、美鎮，東與南流合，納浮官水入海。

天宮溪，府西北七十里。源出龍巖縣天宮山，流至此爲漫潭之上流，亦曰天宮大瀨。中有石漈高丈餘，其水傾瀉溪中，自成音節，俗謂之更鼓水。志云：府東北有藋溪，自連城縣來，經龍巖縣東北百里入寧洋縣界，縈紆三百里，又南入境，流入九龍江。○西湖，在城西。有泉甘美，可辟瘴癘，今堙。一云城東舊有東湖，周千餘畝，今亦廢。

蒲葵關，在府西南。一統志：「關在龍溪縣二十一都，漢初南越所置關也。」或云在漳浦縣西南七十里，唐時爲閩中、嶺南之通道。○海口鎮，在府東南。宋置，以收海道商税。又府西黄林保有巡簡寨，宋置，亦曰龍溪龍巖漳浦長泰四縣同巡簡寨，元廢。又縣南有中栅寨，亦宋置，元廢。

高安砦，在府西北。元至元十八年州人陳桂龍據此，乘高爲險，人莫敢進。元將高興以計焚其山，桂龍遁入畲洞。○石美堡，在府東七十里覆舟山下。嘉靖三十六年建，有土城，萬曆四十年增修。又府東四十里有玉洲土城，府北十里有長橋土城，俱嘉靖中土人築以禦寇。

福河堡，府東南四十五里福河濱。嘉靖中鄉人以福河係各港之要害，築土城以防倭寇，尋置官兵戍守，亦爲福河把截所。又福河上十里有鎮門土堡，在鎮門河濱。河即南溪下流也，又東會九龍江。志云：鎮門港外通大海，內透城河，實爲郡城門户。萬曆末築二小城，夾港南北對峙，設兵戍守，與福河堡及海澄縣相爲形援。○柳營江巡司，在府東二十里柳營江之西。洪武三年設柳營江掣制所，隸福建都轉運鹽使司，十四年改批驗鹽引所，正統九年改爲巡司。縣東四十里又有柳營江把截所。志云：縣北百餘里有新嶺把截所，以新嶺爲名。

丹霞驛，府治西。唐時城東有漳浦驛，後廢。宋淳祐中建驛於城東朝天門外，元至正間移府治東，明朝洪武三年徙於此，九年改清漳驛，尋復舊。舊有遞運所，後以驛兼領。又甘棠驛，在府南五十里，接海澄縣界。元至正二十五年置，明朝因之。又江東馬驛，在府東四十里。宋爲通源驛，元至正二十二年改今名，明朝仍舊。舊有遞運所，洪武二十三年革。志云：府北二十五里有香州税課局，元商税務也。明初改爲税課局，宣德中省。正統十二年復設，成化十年圮於水，嘉靖四年革。香，一作「鄉」。

江東橋。在府東，即虎渡橋也，江東驛置於此。又東四十里即泉州府同安縣之深青驛，爲往來襟要。詳見上柳營江。又薛公橋，在城南通津門外。宋紹熙中始作浮橋，嘉定初郡守薛揚祖累石爲址七而梁之，長二十六丈，因名。橋西地下潦，至田皆沮洳。五年郡守趙汝讜濬上流沙坂爲港，復建乾橋一十七間於橋南以殺水勢，又爲小橋二十四間於乾橋南，接以石堤二十二丈，直抵南岸，以便行人。其西南一帶舊有土堤障水，紹興中改築石堤。後橋堤不時崩圮，相繼增修。萬曆二十七年大水爲害，郡守韓擢議於東門外建文昌橋，長九十八丈，爲梁二十八間，尋圮。

三十年還修舊橋，四十一年并修新橋，俱爲民利。又流岡橋，在府東十五里，長百二十餘丈，上有亭四百六十餘間，亦跨南溪上。

漳浦縣，府南百里。西至南靖縣百三十里，南至廣東潮州府三百十里，西南至廣東程鄉縣二百十里。本龍溪縣地，唐垂拱二年析置漳浦縣爲州治，開元四年徙於今所。乾元二年州治龍溪，縣屬焉。宋、元因之。今編户五十二里。

漳浦故城，縣南八十里。唐初置縣於此，爲漳州治，在梁山之下，地名雲霄。其南漳水出焉，因名漳浦。開元四年州民俞共訥等以地多瘴，請徙李澳川，從之，即今縣治。舊志：唐垂拱中陳元光開屯漳水北，詔即屯所雲霄地爲漳州治。丁氏記謂州治梁山西嶺盤陀之險。一統志云：「今雲霄驛即故漳州治。」或曰驛在水南，蓋與故城相對耳。後遷今所。唐末有城，宋初僅立三門，尋增爲四。淳祐三年始議築城禦寇，未果。元至正十二年創築石城，濬濠環之。明朝正德五年以後屢經修築，嘉靖六年并濬城濠，嗣是亦相繼營葺。今城周不及七里。

綏安城，縣西南百里。晉義熙九年置縣，屬義安郡。宋因之，齊嘗爲義安郡治。梁、陳復舊。隋開皇十二年并綏安入龍溪縣。義安郡，即潮州也。○懷恩廢縣，在縣西南二百里。唐垂拱二年置懷恩縣，屬漳州，開元二十二年廢爲懷恩鎮。又赤湖城，在縣東四十里。元末李志甫作亂，巨族曾仁禮率衆築城以禦之，後圮。正德中寇亂，居民復修完之，周六里有奇。又西林城，在縣南七十里。元季有石城，後圮，正德五年修復。

梁山，縣西南三十里，峰巒盤結，爲郡之望。其旁阜爲大尖、婆髻等山。志云：東南五里有峰山，自梁山發脈而來，挺然獨秀，下臨鹿溪，與隔溪拓港山對峙，爲邑水口。一名鼇峰山。其在縣東南十五里者曰良山，高數百丈，東峰距海，西接南靖、詔安及廣東大埔縣地。〔五〕又東南三十五里曰鼓雷山，斷岸千尺，下瞰大江，潮至怒濤急浪，其聲如鼓如雷也。又盡梁山之南境爲碁山，在縣西南百五十里。又南爲潮天馬山，頗高聳。餘見前名山。

好景山，縣西北一里。縣治枕其麓。一名石虎山，以山巔有石如虎也。又西北二十里爲摩頂山，山高而圓潔，頂平坦，爲縣境諸山之宗。又後到山，在縣北十七里。蜿蜒秀峙，遠望如蛾眉。東有白鶴嶺。又東爲羅山，羣山羅列，如拱揖然。支爲東羅巖。其北爲慈恩嶺，盤折崔嵬，下瞰深谷。○海雲山，在縣東二十里，壁立端重。上有沃田、清泉。山半有海雲巖。其相接者曰馬鞍山。又竈山，在縣東五十里。疊障高大，周環四十餘里，以中有仙人丹竈而名，怪石林立。山陽有田數十畝，可耕。志云：縣東六十里有香山，山有五峰，如馬馳鳳翥。相峙者爲臺山，高數十仞，平坦如臺，近觀與諸山齊峙，海舟望之，則迥出羣山之上。又東有燈火山，距海里許，海行者或見山上有光如燈，因名。

大帽山，縣東北八十里。山大而峻，四面林木蓊鬱，頂有黄茅，形若戴帽，一名戴帽山。巖石泉壑，種種奇勝。北行爲海澄縣，東北行爲鎮海衛，皆此山發脈也。志云：大帽北麓爲磁竈山，產茶。山與大江相對。其東爲虎嶺，路通鎮海，山林深阻，舊多虎患，弘治中患息，好事者改爲鱗山嶺。又東即燈火山之西麓。○太武山，在縣東北百里。一名太母山。山高千仞，周迴亘百餘里，屹立海上，端重聳峭。其南十里爲鎮海衛，東望大海，汪洋無際，陟其巔漳、泉二郡盡在目中。有小石城，相傳南粵王建德避漢兵嘗保此，亦名建德城，似悞。又有延壽塔，高數仞，海中歸舶，望以爲標。

雲霄山，縣西南八十里，以高聳雲漢而名。舊志：山形端重，一作「大臣山」，亦名大神山。其據漳水北岸與大臣相對者曰將軍山，山形挺拔，如大將據幃幄中也。宋蔡如松云：「古閩越王號力騶等爲吞漢將軍，使之南據險要以拒漢，因名邑。」志云：唐戍將陳元光征蠻時據此，因名也。

盤陀嶺，縣南三十里。志云：在梁山西，路出潮州，漢蒲葵關路也，爲郡境之要隘。唐儀鳳中戍將陳元光開拓柳營江以西地，追桀寇於盤陀之下盡殲之。永隆二年元光移鎮漳浦以拒潮賊，阻盤陀諸山爲塞，漸開西北諸山洞，拓地千里，因請置州是也。宋曰葵岡嶺。又登雲嶺，在縣東北鎮海衛城西南，俗曰大嶺。

魚腸嶼，縣東南三十里海中，相近爲竹嶼，居民數百家，歲獲魚鹽之利。又石城嶼，在縣東南四十餘里海中，亂石叢雜，望若城壁。傍曰菜嶼，生紫菜。又爲將軍嶼，亦以陳元光駐兵處而名。盤石疊聳，舟船不通，濱海者多乘筏以取海蛇。又縣東五十餘里有大桑、小桑嶼，地宜桑，居民皆業漁，在井尾港內。港口又有大澂、小澂嶼，皆聚沙所成。

海，縣東南八十里，又縣東北距海百二十里。志云：縣境去海爲近，通潮大小港不一處，而斗米、井尾、虎頭等澳則防禦要衝也。

漳江，縣南八十里。其上流曰西林溪，出平和縣界，南流過雲霄鎮城北，亦名雲霄溪，又南流而東納梁山以南諸溪水，至鼓雷山南、銅山所北入於海。志云：溪水自西林而出，海水自銅山海門而入，清濁合而成章，故曰漳水。又縣東五十里有黄如江，源出縣北二十里龜山下，合諸小溪過縣東五十里會竈山水，又東出大坑佛潭橋爲白石夾港，由井尾澳入海。俗曰鴻儒江，近設鴻江營以此名也。通典：「黄如江在縣東南百里。」

南溪，在縣城南，即李澳川也。源出盤陀嶺，北流爲九曲溪，又東北有北溪流合焉。其源引羅山白鶴嶺之水，合西湖、東門溪而會南溪，至城東南五里爲鹿溪，邑中諸水皆會焉，又東由陸鼇所虎頭澳而入海。志云：李澳川傍舊有李姓者居此，因名，引流灌田凡千餘頃。郡志：縣東北六十里有石埠江，流至太武山東斗米澳入海。○綏安溪，在縣南四十里，東流合李澳川入海。志云：縣有綏安等五溪，皆有灌溉之利。又縣西南有湧源溪，兩泉湧出，東北相對，一微煖，一極熱，合流而入縣前溪。縣前溪即南溪矣。

西湖，縣西門外。宋嘉定八年開，周五百十五丈，後廢。萬曆三年復濬。又鑑湖，在縣東五十里，周二百里，水清如鑑。舊志：縣西二十里有蠟湖，本名淡溪，忽有蛇魚，因名。郡國志：「蠟湖之水隨潮盈縮，今堙。」

古雷鎮，縣東南鼓雷山下。古，亦作「鼓」。有巡司，洪武二十年置，初屬南靖縣，正統六年改今屬，有城戍守。又後葛巡司，在縣東南五十五里，亦洪武二十年建，有小城。縣南盤陀嶺下又有盤陀巡司，正統六年置，以地接潮、廣，〔六〕山林深邃，爲草寇出没之衝也。亦有城。○青山巡司，在縣東四十里；又井尾巡司，在縣東百里：皆有城，與古雷司同時置。

雲霄鎮，在縣南，即漳浦故縣之地。元置雲霄驛，明朝因之。成化十年爲漳水所圮，尋復建。正德初鄉民以寇亂築土城，旋燬。嘉靖五年修砌以石，三十九年爲賊所陷。隆慶六年增築完固，又設防海館於城内，以督捕通判駐此，爲戍守要地。○埔尾堡，在縣南，去雲霄九里。初爲土堡，後稍緣以山石。正德二年山寇環攻不能陷。嘉靖三十六年倭寇力攻旬餘，竟敗去，因更增拓砌以磚石。相近又有前塗堡，亦土堡，嘉靖三十七年倭亂砌以石。志云：縣境有洋下等堡數十處，而縣東南之西山堡則負山帶海，殊爲險固。縣東五十餘里有佛潭橋堡，砌石爲之，雉堞雄壯，後漸廢。又縣東有井尾、大徑等把截所，東南有埠頭把截所，南有吴田、北岐、港口等把截所。

臨漳驛。縣治西北，馬驛也。宋置，曰仙雲驛，元曰臨漳，明朝因之。又雲霄驛，見上雲霄鎮。○東溪橋，在縣東門外。宋慶元四年建，元至正三年累石重修，長三十丈。又五鳳橋，在縣南門外。宋淳祐中累石爲址，跨以石梁，長三十丈；又建乾橋一百四十間，長二百丈。明朝洪武四年重修。又鹿溪橋，在縣東南鹿溪上。舊名魚腹渡。宋慶元四年累石爲址，上跨石梁，釃水三十六道，長五十丈。後圮。洪武七年重建。

龍巖縣，府西北三百五十里。北至延平府沙縣三百五里，東北至延平府尤溪縣三百六十五里，西北至汀州府上杭縣一百五里。本晉新羅縣之苦草鎮，唐開元二十四年置龍巖縣，屬汀州。志云：是年置新羅縣於此，天寶初更名也。大曆十二年改屬漳州，宋、元因之。今編户二十四里。

趙公城，在縣治西。志云：縣初無城，唐時編竹爲限，尋築土墻，宋紹定三年令趙性夫於大對山巔築土城，可容千餘家，以避寇，謂之西砦，亦曰官寨。淳祐九年令趙宗揆甃以石，俗號趙公城。元至元間令黄士龍又即砦麓築土城，縣治仍在城東，寇至輒毁。至正十七年築城包縣治，與舊城爲上下二城。二十一年議以二城難守，乃聯築爲一，鑿濠環之。二十四年以城西逼高山，不利守禦，因拓而大之，并闢城濠。明朝洪武八年修濬，正統中爲賊所燬。成化八年因舊址修築，更闢西北隅，十四年城始就。正德以後不時營葺。今城周六里有奇。

北砦山，縣治後，縣主山也。一名後山。員聳如覆釜，亦名覆釜山。又治西爲大對山，故西砦在其上，一名官砦山。治南曰清高山，積石奇怪，勢高氣清。又南曰登高山，屹峙城南，形如堰月，下瞰龍津。○龍巖山，在縣東四里。志云：城東有翠屏山，其麓有前後二石峰，石趾爲大小二洞，虛中如室，壁有雙龍紋，縣以此名。宋末文天祥嘗駐師巖下。又虎嶺山在城西，縣西南二里又有烏石山，其對峙者曰東山，皆環列郭下。

東寶山，縣東五里。志云：山麓舊産銀砂，因名。上有龍井洞。中爲翠屏山，亦曰翠屏峰，峰下即龍巖也。左爲凉傘峰。三山連絡，亦曰三台山。腰有嶺，通漳平縣。又觀音座山，在縣東三十里，當龍川水門，高數仞，勢極險阻。其東北曰傅溪山，圓秀回峙，如屏障然。○鐵猫兒山，在縣東北四十里鐵石洋，特起圓阜，如猫内顧，龍川諸水經其下，爲縣之水口山。又高第山，在縣東百里。有高第嶺，地高而危，層巒聳翠。其相近爲迷雲嶺，接漳平界。

紫金山，縣西十里。五峰秀削，壁立千仞，朝旭含輝，夕陽倒影，土石皆紫若金。上有天然池，下有赤水巖。又赤巖山，在縣西四十里，以巖石皆赤而名。相近爲石鍾巖，奇勝不一。又雙髻山，在縣西五十里，最高勝。相近又有九曲嶺。○奇邁山，在縣南二十里。一名九峰岐，嵯峨拱峙，森如列戟。又縣南六十里爲上方山，行旅所經也。其南二十里曰倒嶺，盤曲峻絶，嶺凹有文信國駐師故壘。嘉靖初於嶺上建棲雲亭，今爲防禦之所。

天宫山，縣北五十里。高聳深邃，上有瀑布泉，飛瀉數十丈，下流爲天宫溪。又九侯山，在縣北三十里。高入雲漢，廣袤數十里，九峰列峙，尊若公侯，因名。或訛爲九猴山，云形若猿猴也。一名筋山，舊志云：支麓盤據如筋絡然。又有壽山，在縣北四十里。高平方正，形如展軸，左畔峰巒錯列。舊名孝山，後改今名。○大陶嶺，在縣北，盤踞數十里，與汀州沙縣接界。又東北爲均嶺，爲沙縣、汀州兩分處。其水南北分流，南入九龍溪，北流入於尤溪。又有黄土嶺，與沙縣接界，以土色名。其水北流入延平。志云：縣西北二百餘里有莒林嶺。其水兩流，一入龍溪，一入長汀，趨廣東程鄉縣。

鴈石嶺，縣東北三十里。嶺北有鴈石渡，即龍川所經也。地險仄，爲戍守處。又縣東二十里有皞林嶺，與鴈石相對。舊名惱林，後改今名。長林陰翳，歲暮多萑蒲之警，隸鴈石巡司巡守。○三峰嶺，在縣東百里，嶺半有隘。

龍川，在縣城南。受汀州上杭及延平大田諸溪水，合大、小池，歷龍門硿至縣西會羅溪、筋溪諸水，環繞城南，至縣南三里匯爲石鼓潭，又東經觀音座山下匯爲甕口潭，潭形中廣而口狹，因名也；稍東南合傅溪水，循石峽而下，石峻水激，險怪萬狀，謂之傅軍灘，舊不通舟楫，後闢成港，可引小舟；過鴈石渡而達漳平縣境，爲九龍江之上流。○羅橋溪，在縣西二里。源出縣西南七十里大、小池，合流經此，上有羅橋，至縣南三里石鼓潭而會龍川。又曹溪，在縣西南五里。自汀州府永定縣來，至城南登高山下會龍川。又有小溪，源出縣西南七十餘里之茶峒，清淺幽折，流經縣治入於龍川。

鴈石關，縣東北鴈石山下。有巡司，正統十一年置。志云：縣北三十餘里有黄坑、水槽、東坑、蕭阬等隘，東北百里有三峰嶺、廖天山二隘，西五十里有九曲嶺隘，南有倒嶺隘，俱戍守處也。○大池砦，在縣西南，又縣西有大池巡司寨及虎頭嶺巡司寨，俱宋所置。今故址猶存。

適中驛。縣南六十五里上方山下。嘉靖十一年建。志云：縣城南有登龍驛，西有駐車驛，俱宋置。今廢。○龍門硿橋，在縣西十里，道通上杭。又迎龍橋，在縣西五里。兩山夾溪而下，橋跨其上，亦名龍門，與城南龍津橋東西對峙，道出汀、潮。志云：迎龍橋舊名虎渡橋，以跨虎嶺山麓也。俗呼西橋，一名筋橋，與龍津橋俱跨龍溪上，長各數丈，歷代修圮不一。

長泰縣，府東三十七里。東至泉州府同安縣百二十里，北至泉州府安溪縣百六十里，西北至漳平縣二百二十里。本泉州南安縣地，唐乾符三年始置武德場，以便輸納。文德初改場曰武勝，又改曰武安。南唐保大元年升爲縣，改曰長泰，屬泉州。宋太平興國五年改今屬。縣故無城，周爲土墻，宋紹定間寇燬。端平中始築土城，元至正十七年增拓，明初砌以石，漸圮。正德十年列栅爲守，十三年復因故址營築，嘉靖三十五年增修，萬曆二年以後不時繕葺。今城周五里有奇。編户十二里。

良岡山，縣西北五十里，縣之鎮山也。下爲良岡嶺，高危險峻，亘十餘里。志云：山上有龍鬚泉湧流不竭，瀑布出焉。其脊大石層列。山麓逶迤而南，圓峰特起，縣治枕焉，曰羅侯山。又東瞰大溪，曰新寨山，舊設泰安寨，宋有寨官，因名。山之西曰水晶山，山形如覆釜，嘗産水晶，與羅侯山俱峙城内，縣城蓋負山瀕溪也。○天柱山，在縣東五十里。山最高，巖洞泉石，種種絶勝。絶頂曰紫玉峰，環眺千里如襟帶間。

吴田山，縣東北五十里。山雄峻，少樹木。高處有田十餘頃，流水成渠，可引以溉田。一名曷山。志云：縣北迤東四十里有鼓鳴山，高聳爲邑之望。下有洞，風吹則成鼓聲，因名。又縣東北八十里曰内方山，出銀礦。萬曆二十七年中使奉命開採，商徒蝟集，奸宄乘機攘奪，防禦至切，尋禁不復採。○董奉山，在縣北五十里，聳秀如卓筆然，相傳仙人董奉嘗遊此。相近有待詔山，亦聳秀而奇麗。

朝天嶺，縣東南三十里。高峻特起，旁接羣峰，舊爲入京之道，因名。有巡司。又桐嶺，在縣東北七十里。多林木，亦名白桐林。上有觀音巖。下有隘，接同安縣界。志云：縣東北又有磨鎗嶺，接安溪縣界，亦有隘。○黎壁嶺，在縣西北六十餘里，崖壁斗絶。其相接者曰大鷓鴣嶺，以形似名。

龍津溪，縣城東南。導源安溪界，流經縣東北，諸溪澗水次第流匯焉，分合回環，至雙溪口入龍溪縣，至華峰嶺下而合九龍江。或謂之長泰溪。○馬洋溪，在縣東北四十里。源有二，出山谷間，灘途險惡，合流入龍溪縣界。又有高層溪，源亦出安溪界，經縣西北大鷓鴣嶺下，有灘，亦入龍溪縣，俱注於九龍江。

朝天鎮，在縣東南朝天嶺下。亦曰朝天嶺巡司，正統五年設。嶺巖險，多盜賊。萬曆十八年移於縣東北六十餘里之溪口，亦曰溪口巡司，察白桐、磨鎗等隘出入非常。志云：縣有巡簡坪，在磨鎗嶺上，舊設巡司，因名。又朝天驛，舊在縣治東北，今廢。○石高寨，在縣東十里。宋置。昔人嘗保此以避賊。又縣東南三十餘里有天成寨，縣城東有泰安寨。

林口隘。縣北五十里，又縣西北有鷓鴣、下翁等隘，縣東北有上寧、磨鎗、白桐等隘，縣東南爲朝天嶺隘，俱有民兵戍守。○西安橋，在縣城西。萬曆二年建，長四十餘丈。又城東有東津橋，東南里許有朝京橋，皆長數十丈，跨龍津溪上。宋置。今廢爲渡。志云：縣西南一里有南津橋，亦宋置，今廢。

南靖縣，府西四十里。西至龍巖縣三百二十里，南至廣東程鄉縣百五十里，北至漳平縣二百二十里。本漳浦、龍溪、龍巖三縣地，元至治中以地險遠，難於控禦，割置南勝縣，至正十六年改今名。今編户十七里。

南勝城，志云：舊址有二，初置於縣西南九圍礬山之東，元順帝至元三年畲寇李勝等作亂，事平，乃徙治於小溪琯山之陽。至正中又徙雙溪，改名南靖，始築土城，西南瀕溪，東北濬濠爲固。明初因之，正統十七年爲鄧寇所陷。嘉靖六年葺以石，二十八年增修，四十年又爲賊所陷，明年復陷於賊。四十四年改築城於大帽山麓，南去舊城里許。萬曆二十二年以新城秏敝，復營舊城，仍徙治焉。城周三里有奇。

歐寮山，縣北一里。一名大帽山，又名三鳳山。志云：山後有五峰峙立，端嚴峭拔，周百餘里。又縣西北五里有寶珠山，其並峙者左曰鏡山，右曰磨石山，寶珠夾兩山間，形圓如珠，下有溪流迴繞。縣西二十五里又有紫荆山，五峰聳翠，中有龍潭。○湖山，在縣前雙溪之南。山下有湖。又有鼓旗山，縣治南案山也。內山圓如鼓，外山展如旗，俗呼扳旗山。

峽口山，縣東十五里。兩山相夾如門，雙溪出其中。又圓山，在縣東南十五里。崇圓峻拔，左郡右邑，爲接境處。又東南曰西天山，一名獅山，列嶂如翠屏，爲郡之西扆。又東即三平山。志云：縣南五十里有天馬山，一名鵝頭山，皆以形似名。相近爲橄欖湖山，形尖而厚，形如橄欖。下有湖。連峙者曰林壁山，出水晶。一名榜眼尖，以明初李貞居其下也。又虎頭山，在縣南九十里崎溪上，形如虎頭。

浮山，縣北八十里，接龍巖縣界。山當往來之路，與上下山不相連屬，如浮空然。亦曰浮丘。又南十里有金山，山下侈上鋭，形若金字。中有峰突起，俗呼鵝髻山。○朝天嶺，在縣西北百餘里。山最高聳，四時雲霧接天，當漳平、龍巖兩縣界。又峰蒼嶺，在縣東北十六里。峰高入雲，四時蒼翠。峰蒼澗出其下，南流入雙溪。

雙溪，縣治前。一曰大溪，出縣西南平和縣界，入縣境與諸溪合，至縣前；一曰小溪，出西北龍巖縣界，經縣北，亦與諸溪合流，至縣前合大溪，東流出峽口入龍溪縣界，即南溪上源也。○深渡溪，在縣西北五十里。自龍巖縣界歷龜洋入小溪。又三團溪，在縣西南百三十里。源出汀州府上杭縣境，歷山城水寨至西場寨而入大溪。

海子潭，縣西三里。深渡、湧口二溪匯流於此，磨石、寶珠兩峰對峙如壁，潭瀦其間，淵深不測，引流東出，水口若門。志云：湧口溪自縣北金山南流經海子潭。

古雷鎮。在縣西。元爲古雷巡司，今廢。志云：縣南有小溪巡司，元設。洪武二十年江夏侯周德興移建於漳浦縣古雷山以備倭寇。正統五年小溪草寇竊發，復設於此。今爲平和縣界。又九龍嶺巡司，在縣南百餘里。正統五年建，亦曰九龍寨。志云：龍溪之海門，漳浦之梟尾，南靖之九龍，皆爲海防險要。○和溪巡司，在縣北百七十里，接龍巖縣界。又永豐巡司，在縣北百九十里，地名韓婆徑。正統五年與和溪同置巡司，景泰二年改今名，以在永豐里也。弘治中兼設韓婆徑隘，爲戍守處。又縣西有水尾寨隘，亦弘治中置。又平南驛，在縣北百七十餘里，成化六年設。有平南橋，爲往來津要。

漳平縣，府西北三百里。東至泉州府安溪縣二百四十里，西至龍巖縣一百二十里，北至延平府永安縣一百二十里，東北至延平府尤溪縣二百九十里。本龍巖縣地，成化三年縣民林廷琥等以地險遠，賦税不供，請别置縣，從之。七年置今縣，治九龍溪北。縣居漳上流千山中，地稍平衍，因曰漳平。初無城，弘治四年立木柵以禦寇，正德九年始以磚石甃築，嘉靖以後相繼增修。城周三里有奇。編户二十四里。

龍亭山，治西一里。山半清泉一脈，可以溉田。頂容二百餘人，鄉人嘗置寨以避寇，亦曰龍亭寨山。登其巔則衆山皆在目中，最爲高曠。又西北曰古漈山，山勢雄峻，縣西諸山之宗也。○仙帽山，在縣西北十里。一名西霧山，連接羣峰，透迤盤結，而此山特巍峨秀麗，相傳鄉人嘗避寇於此，寇將迫，忽雲霧四合，寇迷不能進，因名。又北曰九仙山，九峰疊聳，雄敞峻絶。山後朱仙洞，石室幽邃，六月生寒。一名九星山。縣北二十里又有石鼓山，與仙帽並聳，俱爲縣北之屏障。志云：凌雲山亦在縣北二十里，峭特而秀，山半地勢平夷，土人居之。又北爲賴家山，高聳而頂平，民居其上。

三尖山，縣南三十里。崇峰聳峙，林木蒼翠。縣界四十里曰覆鼎山，林木深邃，多産寶物，山頂特出，如覆鼎然。又南數十里曰大壯山，宏壯爲羣山冠。○銀瓶山，在縣東十里。層峰疊翠，其狀如瓶。又北有小都山，山高泉冷，上有巖，盛夏可以避暑。相近者曰鉛山，舊産鉛，閩人多採爲利。旁有數峰相接。又石門隔山，在縣東二十里。兩山夾峙，其狀如門。又東十餘里爲雲峰山，雄峻屹立，常有雲氣浮其上。中有寶臺巖。

碧靈山，縣西北五十里。亦曰碧凌山，黛色青蒼，高凌霄漢。上有寨場，下有巖。又西曰天柱山，雄峙高聳，與龍巖縣接界。自山而西北曰巖頭山，舊産銅，民採以爲利。志云：縣東北有雙髻山，一名螺髻，與尤溪縣接境。

象湖山，縣東南六十里，接平和縣界。山深地僻，爲嘯聚之藪。正德中象湖賊作亂，南、贛撫臣王守仁討平之。志云：近山有湖，泉混泥深，視若田然，僅半畝許，蓋藪澤所鍾也。相傳曾有象過此，陷不能起，因名。

三重嶺，縣南二十里。上有三峰疊出，高下相因，崇峻險僻，人迹罕到。又朝天嶺，在縣東北，最高峻，有徑道達延平，使者按部亦時經此。○百家畲洞，在縣南五十里，界龍溪、安溪、南靖、龍巖、漳平五縣間，縣正當其北，爲要衝。萬山環抱，四面阻塞，洞口陡隘，僅通人行，中寬廣，容百家，畬田播種，足以自給，四方亡命者逋聚其間，憑村爲亂。宣德、正統間烏合跳梁，官兵勦捕，數載始平。

九龍溪，縣治南。自龍巖縣鴈石嶺東流，亦曰鴈雲溪；又東歷縣境，縈繞縣南，匯諸川水爲深潭大湍，亦曰漳平上溪；下流入龍溪縣界，經華峰嶺，水石巉險，凡十餘里，東南流爲柳營江之上游。又九房溪，在縣西北。源出汀州府連城縣，流經寧洋縣境合徐溪。又有羅溪，源出永安縣，流入境，徐溪來合焉，又南會九龍溪。○溪南溪，在縣東北，源出安溪縣界，流入境，歷縣東華口；又有下折溪在縣南三十里，亦流至華口；俱會於九龍溪。

三清湖，縣北十餘里，地名魚龍津。自高山發源，湧爲石湖，瀑布而下，疊聯三潭，因名。志云：湖與九仙山相近。又有白鶴湖，在縣南三十里。山巔峻絶，湧泉成湖，瀑布而下，爲第二宫、第三宫。一名三溪林。又鼈池，在縣北寧洋縣界，周二十餘里，不溢不涸，有溉田之利。

歸化鎮，縣南三十里，有巡司；又溪南巡司，在縣東二十里；俱明初置。○桃源店，在縣北三十里寧洋縣界。元曰聚賢和睦等處巡司，屬龍巖縣，明初因之，尋徙而南，以村爲名。洪武十四年寇燬，十八年重置司署。二十年江夏侯周德興以地非衝要，遷於漳浦縣金石寨。二十五年復還故址，成化中改今屬。

三峰隘。縣北十餘里。又北有華口、安井、赤坑口等隘。又禾頭隘，在縣北二十餘里。其相近者有白泉隘。又長塔隘，在縣東北二十五里。又東有卓安、石門隔、南坑村、石錐嶺等隘。又縣南三十餘里有朝天嶺、下馬坑、香樹嶺等隘。

平和縣，府西南二百五里。西南至廣東饒平縣百里，北至汀州府永定縣二百五十里，東北至南靖縣七十里。本漳浦、南靖二縣地，正德十四年南、贛撫臣王守仁討平象湖賊，上言：「河頭之地，北與蘆溪、流恩山岡接境，西北與漳平象湖山接境，而平和等鄉又與廣東饒平縣大𥁕、箭灌等鄉接境，皆窮險賊巢，與所屬縣治相距五日程，往往相誘出劫，宜設縣控制。」於是析置今縣，并築縣城，萬曆三年以後屢經修治，城周三里有奇。編户十二里。

長盧山，縣北十里，縣之主山也。其近城北者曰卓鳳山，形如飛鳳。城東曰東山。西數里曰樓宅山，以形如樓閣也。樓宅之東曰岑山，與東山遥對。迤南曰天馬山，如天馬馳驟，雙峰矗起，爲縣治案山。○象湖山，在縣西北，接漳平縣界。郡志云：在岑山之西。又五牙山，在縣西南。九峰聳立，如牙筂然。産礬石，一名礬山。南勝縣初置於此。又琯山，在縣東。元移南勝縣於琯山之陽，即此。琯，亦作「官」。今山麓居人甚盛，稱爲樂土。

三平山，在縣東南。巖谷深邃，結曲崎危，登者必歷三險三平，乃至其巔。有峰巖泉石諸勝。又大峰山，亦在縣東南，縣之鎮山也。一名大峰崎山，高峻巉巖，石峰凡十有七。自山麓至巔可五十餘里，登陟一望，遠近城邑悉在目前。商舶渡海，以此山爲表。山多峰巖洞壑，最勝者爲山北之靈通巖。志云：漳浦、詔安、海澄、鎮海衛諸山脈，皆發於此。

蘆溪山，在縣西北。山勢雄壯。又北爲流恩山。正德中王守仁撫南、贛，敗信豐、龍南等賊，賊走象湖山，擊敗之。

賊復入流恩山岡等巢，尋遯去。守仁又攻何塘洞山砦及長富村等處，二十餘巢皆平之。信豐等皆江西贛州府屬縣。

河頭溪，在縣治東南，源出大峰山。志云：大峰山泉潰四注，畫地成川，自正西出者其下爲麤溪，西經縣治曰河頭溪，清瀨可掬，西流至廣東大埔縣三河壩合蘆溪，出赤水巖下潮陽入海。志云：蘆溪出蘆溪山，南流至三河壩合頭溪。

高山溪，縣東北。亦出大峰山，曰高山水，歷大、小坪，合羣溪之水爲溪口溪，流入南靖縣會爲大溪，土人呼爲高坑石神溪，或以爲即石塍溪也。舊志：溪源發江西、閩、廣之交，下流入海。水最惡，飲之則病瘴，徒涉者則足黑，謂之烏脚溪。昔時自閩入粵皆載水自隨，以是水有毒也。通典云：「石塍溪在漳浦西北百五十里。」今溪在大峰山東，或水性變異，而舊蹟尚存云。○河上溪，在縣東南，亦出大峰山。或云大峰之支麓有旗山，水源出焉，流爲西林溪，又南爲雲霄溪，即漳浦縣漳江之上源也。縣南又有徐坑溪，南流爲合溪，亦名雙溪，又東南經葛布嶺有魚鼓溪、馬溪流入焉，下流爲詔安縣之東溪。

蘆溪鎮。在縣北，漳汀巡司置於此。志云：縣境大峰山南有龍峰頭堡，又東有溪口堡，路當平和、南靖、漳浦之交，居民輻輳。嘉靖間寇亂，居民累土爲城，因溪爲池，寇不敢犯。又東北二里許有西山堡，亦嘉靖間土人築以禦寇處。○高磜隘，在縣東北。又有朱公畬、曹充、赤珠、三萊洲、茶寮等隘。縣南又有半地、三角等隘。

詔安縣，府南二百里。東北至漳浦縣百三十里，西至廣東饒平縣百七十里。本漳浦縣南詔地，宋爲南詔場。元至正中右丞羅良命屯官陳君用砌石爲城，以防不虞。明朝弘治中廣寇爲患，調漳州衛官軍戍守。正德十四年設捕盜通判駐焉，督平和、饒平二縣，尋廢。嘉靖九年析置今縣。編户二十二里。

南詔城，即今縣治。宋南詔場也，後爲沿邊巡檢寨，亦曰臨海砦。元至正十四年汀、漳盗起，因築城爲備。東臨溪，西南北倚山，城周三里有奇。明初爲南詔把截所，正統十四年鄧寇猖獗，漳寇乘之，攻圍八月不能陷。弘治十七年廣寇突入城中，四出刼掠，乃議調漳州衛後所官軍置南詔守禦千户所，始拓城西偏而廣之，砌以石，周七里有奇。嘉靖九年設縣，遂爲縣城。自是屢經修築。三十七年增築城垣，濬河四周，半通海潮。四十二年仍築外城，周六里有奇。又築西關城，周三百餘丈，稱爲完固。

良峰山，縣西一里。聳拔奇秀，縣之主山也。縣東北十五里曰九上落山。其山九上九下，舊爲通道所經，剽掠者往往伏匿於崖谷間。嘉靖二十四年道移而東，寇患始少。○赤坑山，在縣西三十餘里，攢聚若五星。又點燈山，在縣北三十里。夜常有騰光，因名。

九侯山，縣北二十五里。九峰並列，有石門可通車馬，中多泉石之勝。其相接者曰烏山，峰頭巨石嵯峨，半插天表，北接雲霄鎮，東聯檬仔林山，爲邑後障。一名火焰山，以山形尖聳也。又厚廣山，在縣東北二十里。一名和廣山，峷嶉聳秀，與初稽、九侯諸山形勝聯絡。志云：初稽山，在縣北二十五里。○金溪山，在縣西北四十里。俗曰金鷄山，與六峒諸山相接。舊有銀坑，正德初議開採，不果。萬曆中復議開，商賈雜遝，姦宄欲乘機爲變，尋奉旨封閉，又以南詔所官兵更番戍守，然盗礦者隱匿猶故也。又龜山，在縣西南二十五里。上有巨壑，蛟龍潛焉。又有石洞。

山之右有漳潮分界巡司。又大南山，在縣南十五里。兩峰鋭秀，俗名大尖、小尖。自山而西，綿亘數十里，若巨屏森立，接於龜山。

橡仔林山，縣東北五十里。山勢巃嵸，崖石林立。有石屋數十處，可容百人，稱十八洞。嘉靖末附山劇寇嘯聚谷中，出没靡常，大爲民害，久之稍息。然箐林峭險，姦慝恒伏匿焉。志云：山勢與九侯諸山連絡，爲邑之鎮山。自梁山踰盤陀嶺而南，此山羣峰插天，居然競勝。支麓爲葵岡山，在縣東四十五里，綿亘數里，中有兩小山相峙，稱相見嶺。有古關隘，累石而成。宋爲沿海道巡海所。近以上湖、後港諸村豪黠劫掠，撥浙兵守之。縣東六十里又有餘甘嶺山，盤亘曠邈，爲漳浦、詔安接壤處。舊時路出山巔，崎嶇不便。萬曆二十五年縣令夏宏改由山腰，甚爲民便。

漸山，縣東五十里。高峭千仞，頂分二峰，中有潭深不可測。其相望者爲雙岐山，〔七〕以兩峰相岐而名。志云：山在縣東三十五里，與厚廣山相連。又玄鍾山，在縣東南三十里，距玄鍾所十里，濱海。漳船出洋，舊皆發於此。原設公館，主簿鎮焉。後設縣，鎮廢。以其地屢爲倭寇所憑，發船移於海澄。志云：玄鍾之北又有梅嶺，爲戍守處。嘉靖四十四年戚繼光敗賊吴平於此。○大帽山，在縣東，負海，最奇聳。宋末丞相陸秀夫、陳宜中扶帝昺泊舟於此。又川陵山，亦在海濱，半入海。俗傳帝昺南渡，將都南澳，築此爲東京，地遂陷爲海。今城堞尚存。自山巔向海莫窮其際。其峰青聳秀麗，號爲蘇尖，一名倉陵，亦號東山，北去銅山所十里。相接者爲虎岡山。又有揭榜山，亦曰東湖山，山下有小湖也。又甘山，在海中，遠望山巔若小髻然。天將颶風驟雨，則形狀變幻不一。中有井水獨甘淡，因名。又虎仔嶼、南村嶼、崎嶼、犬眠嶼，皆在川陵山南大海中。

海，在縣東南。海防考：「縣咫尺即海，控引潮、粤，最爲險要，而玄鍾所之勝澳，則縣之門户也。由海口西出半日程爲饒平之南澳山，砥柱海中，周圍二百餘里，與玄鍾所對峙。其山之遠者曰黄芒山，長三十里，逋逃之民居焉，伏險竊發，爲信地要害。又有蠟嶼山，長二十里。相近爲洋嶼，中多平田，漳、潮民雜處耕佃樵牧於此。遞南入潮之澄海、潮陽縣界。」郡志：詔安之海有三派：一由銅山所之大京門入縣東百浦、走馬溪止；一由玄鍾所北港門入，經漸山匯梅洲、上湖止；一由玄鍾所南港入，經赤石灣，繞縣治至甲洲止。其從南澳入者則潮之黄岡，廣之南海矣。

東溪，在縣城東。源出平和縣大峰山，入縣境，回環流，諸溪澗水悉匯入焉，經縣南五里爲横嶺渡，又南入於海。○港頭溪，在縣西。匯諸溪水，出龜山西象頭渡入海。又大陂溪，在縣東十四里。由西北馬洋山東南流至大陂南，繞梅州村復抵漸山而入海。又走馬溪，在縣東南。内有東澳，爲海口藏風之處，寇船往來嘗舶此，俗呼爲賊澳，距玄鍾所二十里。嘉靖三十九年倭賊自廣東突入走馬溪，勢甚張，官軍與戰，沉其數艘，賊敗遁，官兵追至廣東南澳大洋而還。

金石鎮，在縣東南海中。元設，在今寧洋縣境，明朝洪武二十年徙置於此，有城。又洪淡巡司，亦在縣南海中，地名北埔。元置於縣東五十里之沔洲，明朝洪武二十年移今所。又東沉赤山巡司，在縣西二十五里。元置，在今南靖縣境，洪武二十年移於縣南海中，正德十五年徙此，改曰漳潮分界巡司，俱有小城戍守。○岑頭城，在縣東。又縣東四十餘里有梅洲土城。志云：縣東有甲洲土城，嘉靖二十五年築；相近有上湖土城，嘉靖二十四年築；皆爲戍守處。

白葉堡，縣西百餘里。有白葉洞，賊巢也。嘉靖中羣賊嘯聚於此，出没潮、廣間，二十七年官軍四面會討，平之，因置今堡。有白葉洞水，下流入東溪。志云：縣西二十里有分水關，又二十里即廣東饒平縣之黄岡驛。又有老虎關及半砂嶺關、牛掌等隘，俱接饒平縣境。縣北又有龍過關，接平和縣境。

南詔驛。在縣城内。宋爲臨水驛，在北關外，洪武初重建，改今名。○東溪橋，在縣東門外，長七十丈。嘉靖二十八年創建木橋，隆慶五年重修，改曰通濟橋。萬曆二十四年易以石，仍曰東溪橋。又有洋尾橋，在縣東五里。亦曰廣南橋。初設渡船，萬曆七年創建石橋，凡百有餘丈。又平寨橋，在縣南五里，亦萬曆間改渡爲橋；又安濟橋，在縣西十五里，嘉靖十六年建；長各二十餘丈。志云：縣南有陳平渡，在海中，設把截所於此。

海澄縣，府東南五十里。東至泉州府同安縣百四十里。本龍溪縣濱海地，正德間土民以番市起寇，嘉靖二十七年始議設縣，不果。三十年建靖海館於此。三十五年爲海寇焚掠，因築土堡爲防禦計。未幾倭入寇，姦民乘機盤踞，撫臣譚倫招撫之，更設海防屯駐於此。四十三年巨寇伏誅，明年議割龍溪并漳浦地置縣，事聞，賜名海澄。隆慶初始設縣治，五年改營縣城，明年訖功，周三里有奇。編户四十三里。

儒山，縣西南二里，縣之主山也。圓秀突起，俗呼蔡前山。又席帽山，在縣南七里。高聳圓秀，狀如冠帽。其西爲常春山，秀鋭崒嵂，拱揖縣治。其東爲鴻江山。又東北爲鹿石山，雄峭壁立，爲縣東屏障。○虎甲山，在縣西一里。俗名美山，巉巖盤踞。又西曰龍頭山。兩山之間有一峰突出，盤回昂聳，狀如獅子，曰陳坑山。又西南曰石壁山，最高峻，上有巖。

大隴山，縣西南十里。蜿蜒巍峨，特聳二峰，形若筆架。又南岐鋪頭山，在縣西南十五里。南漢之水自椽潯而下，大海之水自浮宫而入，至此會合，倒流紆延，而分繞於邑内。亦名倒港山。○漸山，在縣西。聳起高峰，雄大尖秀，雞籠、南岐諸山擁峙水口，山下人民輻輳。

雲蓋山，在縣東南。有石室容數百人。巖嶺巉峻，雲氣嘗覆其頂。又龍門嶺，在縣東。上有石高十餘丈，宋末文天祥奉少帝南奔，道經此，題跡猶存。又雲嶽嶺，在縣東，與同安縣接界。○圭嶼，在縣東海口中央，狀如龜浮水面，俗呼龜嶼，亦曰雞嶼。隆慶六年議移海門、濠門二巡司，築城其上，以壯形勝。城成復廢。今爲戍守要地。又嵩嶼，在縣東；又有長嶼；皆三面臨海，居民各數百家。志云：宋末少帝浮舟海上，遇誕辰，羣臣搆行殿，嵩呼行禮，故嶼以嵩名。今遺址猶存。縣東北又有浯嶼，在同安界海中，林木蒼翠。官軍備倭者置水砦於此，後遷砦於嘉禾嶼，此地遂爲盜藪。詳見同安縣。又胡、使二嶼，在海門上下，延袤數里。先是居民憑海爲非，正統初移其民而虚其地。郡志：胡嶼故名荆嶼，上多荆木。使嶼故名粱嶼。今呼爲海門南、北山。〔八〕海中又有丹霞嶼，亦曰赤嶼。

海，在縣東北。自縣以西北諸水悉由此入海，曰港口江，亦曰港口大溪。潮汐吞吐，黏天浴日，浩然大觀也。一名圭海，蓋以圭嶼而名。聞見録「港口有大泥諸險。又自圭嶼以西有紫泥洲，西接烏礁、許茂諸洲。又西北數里即柳營江，合諸溪處也，謂之三汊河。河口之地謂之澳頭，即福河北岸，自郡東抵省會之通道，海舟登泊最易，防禦爲切。由海門東出，水程二日即彭湖島，漳之汛守，歲凡再至」云。

月港，在縣城西，南接南溪，東北通海潮，其形如月。志云：正德中土民私出月港航海貿易，諸番遂爲亂階。嘉靖九年於縣東北十餘里海滄澳置安邊館，委通判一員駐守。二十七年議設縣治於月港，尋增建靖海館，以通判往來巡緝。既而倭賊入犯，仍據月港爲巢，於是築土堡，跨溪爲橋，築垣其上。未幾復爲寇據。隆慶五年濱月港爲縣城，而安邊館仍爲守禦處。又普賢港，在縣西。志云：上通九十九坑之水達於海。○南溪，在縣西南六里。源出平和縣三平山，經馬口受漸水、橡潯諸水，下流至浮宫入於海。此縣境之南溪也。

海門鎮，縣東十餘里，有巡司。舊置海門社於縣東北海門山，正統六年以地險民悍，時爲寇患，設巡司控禦之。七年徙其民於内地，并移巡司於青浦社，即此。又濠門巡司，在縣東嵩嶼上。洪武初設於海滄洋，二十一年移於此。又島尾巡司，在縣東南。明初置，本屬漳浦縣，後改今屬。○九都堡，在縣城西，今學宫餉館設於此。志云：隆慶初設縣，分八、九都爲二堡，八都堡即今縣治也。時又於八都堡南築草板堡，四年改營縣城，草坂堡并入城内，而九都堡仍舊。

港口堡。在縣北。又有珠浦、廣林、虎渡等堡，在縣西南。相近又有嶼上、田尾二堡。縣東北又有長嶼、何山、石囷等堡。○石馬鎮，在縣北十五里，北達郡城之津要，有兵戍守。又西五里即龍溪縣之福河堡。又安邊館，在縣東北海濱。嘉靖九年置。四十三年寇吴平巢於此，都督戚繼光討逐之，殲其餘黨。今有兵戍守。

寧洋縣，府北四百里。東至延平府大田縣百八十里，北至延平府永安縣百四十里，西北至汀州府連城縣二百五十里，南至漳平縣百二十里，西南至龍巖縣二百里。志云：龍巖縣東北境有東西洋，界於漳平、永安、大田、連城四縣之間，溪洞深邃，鳥道險峻，經二百餘年鞠爲寇穴，至正統間亂無寧歲，乃置巡司控制之。其地四山環列，中寬平。嘉靖四十一年饒寇掠境，山賊廖選等聚衆爲亂，官兵不能制。四十四年賊平。隆慶元年置縣，以巡司爲縣治，割龍巖及大田、永安地益之，名曰寧洋，并築城甃以磚石。萬曆以後屢經修葺，城周不及二里。編户十一里。

金鳳山，縣治北，縣之鎮山也。圓峰特起，麓有平陸，結爲縣治。又北有玉岡山，自百種畲分爲嶺兜、員當諸山，由穿石隔、赤洋埔達於城北。又縣西北五十里爲馬家山，亦曰馬峰山，頂尖秀，爲衆山之望。志云：自馬家山逶迤而南，由駱駝崎歷蓋竹溪、百種畲，過鼓樓隔至謝田崎，轉折而東結爲金鳳山。又天負山，在縣北。其山極高，頂平坦，可容萬人。上有古井。志云：縣東北二十五里有虎山，縣西北三十里有百刻嶺，俱北出延平府永安縣之道。

香寮山，在縣南。上有紫雲洞，可容數萬人。正統中鄧茂七據此爲亂，官軍討平之。山之絶頂有天臺，臺有龍潭，石窟如釜。又賴家山，在縣東。上有虎符巖，最高勝。自山而西，由巖坑、石兜轉至縣南爲麒麟山。又城南三里有天柱山，以圓峻得名。○殺狐嶺，在縣西北。鳥道險峻，人迹稀少，嘗爲寇巢，名龍頭寨。嘉靖四十四年官兵會討山寇曾東田等於此，數月不克，忽有大狐自嶺上坑飛下，官軍殺之，三日而賊滅，因以「殺狐」爲名。

東西洋，在縣城東南。有三源：自縣東北諸山谿南流者曰南溪，自縣北流會南溪者曰北溪，自縣西北合諸山溪水流會南、北二溪者曰西溪。三流合而繞縣郭，激盪生濤，湍瀨迅險，謂之東西洋，亦曰前後洋。正統中鄧茂七等嘯聚於此。南流經漳平縣境爲九龍江之上源。又徐溪，在縣西四里。志云：出縣西郭家山，又有大坑溪、小溪俱流合焉，南入漳平縣境合九龍江。

坑源隘。縣北四十里，又北二十里至延平府永安縣之林田隘。林田，北出之要會也。○寧濟橋，在縣城南。萬曆五年建，長十八丈，尋圮。九年重建。

附見

漳州衛，府治西。洪武三年建。屬所二：曰守禦龍巖中中千户所，在龍巖縣治西北，成化七年調漳州衛中所、鎮海衛後所官軍守禦，隸漳州衛；又南詔守禦千户所，在詔安縣治東，弘治十七年寇入南詔城劫掠，明年調漳州衛後所官軍守禦，改屬漳州衛。

鎮海衛。在漳浦縣東北九十五里。本名岐島，有城壘，洪武二十年置衛，并築城以備倭，城周四里有奇。領所三。志云：衛城東南十餘里有東鎮嶼、南鎮嶼。西南數里有鴻儒嶼。南鎮嶼西曰連進嶼，一名大嶼。衛東南又有將軍礁，一名雞心淵，水底石骨，内接烏鼻頭山，外連東鎮嶼，里許，長則没，退則見，亦名浮沉洲。又有半洋洲，東接龜嶺，西接南鎮，晴明時見白浪長百丈，名白玉礁。龜嶺在衛城東南，如神龜出海，因名也。島嶼綿亘海濱，爲衛城拱衛。

守禦六鼇千户所，在漳浦縣東南。志云：縣東丹竈山南有鐵竈坑。南行三十餘里，平沙漠漠，三面皆海，惟正北可以陸行，所城憑焉。如巨鼇戴山，舊名青山，亦曰鼇山。山腰居民鱗次相疊，初置青山巡司，洪武二十年建所，築城周二里有奇。城北曰大澳山，一名羅崎山，土色純赤。東爲對面山。又東北爲虎頭山，與古雷山對峙，商船魚舟皆經此。城東南又有鳥嘴、雞心等山。又有横嶼，在海中，長亘里許。又有雙洲，俗名洲門，自廣入海船艦必經之道也。

守禦銅山千户所，在詔安縣東。其地舊名東山，爲民間牧藪。洪武二十年置所，築城周三里有奇。嘉靖三十六年增修以禦倭，三面環海爲濠，惟西面行二十里始踰陳平渡。本屬漳浦縣，嘉靖十三年始改今屬。志云：所舊置於井尾澳，景泰間始移於西門澳，北自金石以接浯嶼，南自梅嶺以達廣東，皆屬哨守。有西門澳水寨，五水寨之一也。城中有山曰古樓，南對川陵山，山右爲白沙山。又城西爲瞭望山，又西爲東嶺山，西二里曰水寨大山。其在海中曰烏石平山，列屏如黛，周圍數里。又有大、小甘山。以嶼名者曰東門嶼，流浪衝激，俗呼大驚門。下有沙島。積石疊起者爲鐵汀嶼，五墩聚立者曰五嶼，川陵山東曰雞心嶼，沙灣環帶曰南嶼。水寨旁爲後澳港，海舟避風處也。其相近者又有井仔灣、鼊殼澳及沙洲諸處。

守禦玄鍾千户所。在詔安縣南，東北接銅山所，西南抵潮州界，自澳口至南澳約三十餘里。洪武二十年置所，築城周三里有奇。嘉靖四十二年爲倭所陷，隆慶六年重修。城内有果老山，四面八山，連環相向。一名古老山。城東有東山。海中有内嶼、外嶼，又有蛤洲、獭洲、敏洲、紅洲、卧岡洲、陳洲。澳上爲南山墩。城外市曰卸石灣市，漁舟艤附，居民貿易處也。海防考：「鎮海衛及所屬三所，皆列海濱。賊自粤趨閩則南澳、雲蓋寺、走馬溪乃其始發之地，哨守最切者銅山、玄鍾二水寨而已。銅山有把總駐守，而玄鍾隸焉，故止稱一水砦。嘉靖中最爲賊衝。」

附考

琉球，琉球之地，在泉州府東海島中，亦在福州府之東北。漢、魏以來不通中華。隋大業三年令羽騎尉朱寬入海，訪求異俗，始至其國，言語不通，掠一人以歸。明年復令寬慰撫琉球，不從，寬取其布甲而還。適倭使來朝，見之曰：「此夷邪久國人所用也。」六年遣虎賁郎將陳稜等自義安泛海擊之，東行至高華嶼，又東行二日至鼊嶼，又一日至其都，琉球王歡斯渴利兜戰敗，稜等乘勝拔其柵，殺其王，虜男女數千人而還，自是歷唐至宋未嘗朝貢。元至正二十七年遣使招諭琉球，不至。其國所轄有古米、馬齒、太平等山，東北有硫黄、葉壁、七島諸山，並隔海外，不相屬。明朝洪武五年遣行人楊載賫詔往諭，其國率先歸附。太祖獎其忠順，賜符印章服及閩人之善操舟者三十六姓，又許其遣子及陪臣之子來學於國學。其國分爲三，曰中山王察度，山南王承宗，山北王帕尼芝，〔九〕皆遣使朝貢。自永樂以來，其國王嗣立皆受册封。後惟中山朝貢不絶，其山南、山北二王俱爲所併。嘉靖三十五年倭寇琉球，世子尚元邀擊殲之。萬曆三十七年薩摩州倭侵琉球，虜其王尚寧。四十年復國。至今其王相仍，皆稱尚氏。貢道自閩縣以達於京師。朝廷遣使去以孟夏，來以季秋，乘風便也。自福州梅花所開洋，七晝夜可至。自泉州彭湖島開洋，五晝夜可至。望見古米山，即其境。東去三百里爲葉壁山，又東即日本，恒與貿易假貸。近國那霸首里並有馬市。又有雞籠山島野夷，隔雞籠、淡水洋，亦謂之東番。萬曆四十四年倭夷脅取其地，久之始復國。四夷考：「琉球之地僅海外一岡磧，無大聚落。所居曰婆羅檀閣，無城郭，壍柵三重，環以流水，樹棘爲藩而已。」元史志載：「自彭湖而東，水漸低，近琉球者謂之落漈。」漈者，水趨下不回也。嘉靖五年給事中陳侃使琉球，首辨其妄。國别號大琉球，西南則暹羅，東北則日本。從長樂广石出海，隱隱一小山浮雲，即小琉球也。更南則東番諸山。其人盛聚落而無君長，習鏢弩，少舟楫，自昔不通中國。又東隅有夷，鳥語鬼形，殆非人類。或云即昆舍那國云。

呂宋。在東南海中小國也。產黄金。永樂三年朝貢，嘉靖中始復至，與漳、泉民相市易，民流寓其地多至數萬。萬曆中同安人張嶷謬奏：「海有機易山，與福建近，地產金，可採取。」三十六年詔遣中貴人委官勘視，呂宋人疑諸流寓人爲患，悉坑殺之。嶷尋以首禍誅，貿易至今不絶。漳郡志云「東洋有呂宋、蘇禄諸國，西洋有暹羅、占城諸國。今東、西洋商船載在令甲者，東洋則呂宋、屋同、沙瑶、玳瑁、宿霧、文來、南旺、大港、吶嗶嘽、磨荖英、筆架山、密鴈、中邦、以寧、麻里、呂米、六合、高藥、武運、福河、崙岸塘、呂蓬，西洋有下港、暹羅、舊港、交趾、柬埔寨、〔一〇〕丁機宜、順塔、占城、麻六甲、順化、大泥、烏汀、礁林、新州、啞齊、交嚁吧、哪彭西寧、陸坤、占陂、高趾洲、籬木、高提、里鄰、吉連單、柔佛、吉寧、邦日、隸安、丁義里、遲悶、蘇禄、班隘，又有雞籠、淡水，不係東、西洋船數，而紅毛海夷饒財寶，於東、西洋别爲種落，往往舟船彭湖，構姦民爲販鬻，議者謂當與日本特嚴防禁，杜其亂階」云。○俱藍國，自古不通中國，元至元十九年入貢。海外諸番，此爲最遠，自泉州至其境約十萬里。

校勘記

〔一〕醸秫爲酒　「秫」，底本原作「秣」，今據鄒本改。

〔二〕灌田數百頃　「灌」，底本原作「淮」，今據職本改。

〔三〕潯渼場　「潯」，底本原作「浸」，今據職本、鄒本改。

〔四〕守禦福泉千户所　「泉」，底本原作「全」，今據鄒本及明志卷四五改。

〔五〕西接南靖詔安及廣東大埔縣地　「南靖、詔安」，底本原作「南詔、靖安」，今據鄒本乙正。南靖、詔安二縣見本書同卷。

〔六〕以地接潮廣　「潮」，底本原作「湖」，今據職本、鄒本改。

〔七〕其相望者爲雙岐山　「其」，底本原作「甚」，今據職本、鄒本改。

〔八〕今呼爲海門南北山　「呼」，底本原作「故」，今據職本改。

〔九〕山南王承宗山北王帕尼芝　「山南王」、「山北王」，底本原作「南山王」、「北山王」，今據鄒本及明史卷三二三琉球傳、明羅日褧咸賓録卷二乙正。

〔一〇〕柬埔寨　「柬」，底本原作「東」，今據鄒本改。

廣東方輿紀要敘

廣東在南服最爲完固，地皆沃衍，耕耨以時，魚鹽之饒，市舶之利，資用易足也。誠於無事時修完險阻，積穀訓兵，有事則越橫浦以狥豫章，出湟谿以問南郡，東略七閩通揚、越之舟車，西極兩江用僮、傜之弓矢，且也放乎南海，風帆頃刻擊楫江津，揚舲淮渚，無不可爲也，豈坐老於重山巨浸間哉？或曰廣東以守則有餘，以攻則不足也。昔者任囂謂尉佗曰：「南海僻遠，東西數千里，此亦一州主也，可以立國。」佗用其言，而有國者數十年。五代時劉巖承父兄之業，擅有嶺南，享國者亦且四世。此善守之明驗也。盧循、徐道覆自嶺南圖江東而敗，蕭勃自嶺南圖豫章而敗，歐陽紇未越嶺南而敗，王仲宣欲以嶺南復陳而敗，文天祥、張世傑欲以嶺南存宋而敗，此議戰而不議守之過矣。余曰：戰與守各以其時耳。當守而不知守，以一隅之地，而冀爭雄於天下，其至於覆亡也，宜也。當戰而不知戰，使數郡以外盡爲他人之幅員，而猶冀人之不爲我患，其可得乎？從來有事於一方者，必當審天下之大勢，不審天下之勢而漫應之，戰與守雖異，而其至於敗亡則一也。尉佗受任囂之命，即移檄告橫浦、陽山、湟谿關曰：「盜兵且至，急絶道聚兵自守。」夫劉、項相爭，中國擾亂，此可戰之時也，而佗乃聚兵自守者，佗新尉南海，衆心未一，欲先固根本而後從事於外耳。漢既定天下，急封吴芮以長沙，所以塞嶺南之口也，佗遂不敢與抗。及吕后亂政，佗始自尊爲帝，發兵攻長沙邊邑，敗數縣而去。吕后亡而佗兵亦罷矣，佗亦智矣哉！夫佗固未嘗一日而忘用兵也。觀其初行尉事，即擊并桂林、象郡，其後地益斥，東西且萬餘里，使當可乘之時，其遂無意於中國哉？劉巖據嶺南不能爲北出計者，以湖南扼其吭也。及湖南覆敗，此嶺南得志之時矣，乃僅西取昭、桂，北并郴、連，爲固圉計者，劉晟非遠略之主也。嗟夫盧循、徐道覆海上逋逃耳，一旦陷番禺，陷始興，晉力未能討也。及循犯長沙而北，道覆犯南康、廬陵、豫章而北，順流長驅，直指建康，建康幾殆。其終於無成者，以盧循畏葸，不盡用道覆之謀耳，非廣州之不足用也。唐末黄巢轉輾殘掠，竄入廣南，既而北還，擾荆湖，禍江、淮，殘汝、洛，陷長安，陵寢陸沉，乘輿播越，廣南非其厲階乎？蕭勃、歐陽紇本皆庸才，舉措周章，適以自斃。王仲宣内無根本之固，外無强大之援，倉卒舉事，旋以潰散。宋之末造，奔亡不給，假息無途，豈能與全盛之敵抗哉？夫時勢所在，得人以乘之，則起於草澤可以轉移六合也。時勢既去，則關河雖險，不遑保矣，何必嶺海之間能亡人國哉？且不聞陳霸先之初起乎？霸先之初，不過始興相耳。乘侯景之亂，起兵北伐，克平大憝，卒成帝業，惟其時也。否則牂牁、灕水、横浦、桂陽並會番禺，而南越亡矣。拔昭、賀，克英、韶，進屯雙女山，而南漢亡矣。豈有力足以定中原，而獨置嶺南於度外者？明初王師至東莞，何真遂以迎降也。蓋嶺南當中原多故時，進不能以有爲，退猶可以自立。及紛紜既定，必難久存矣。善乎徐道覆之言曰：「本住嶺外，豈欲以此傳之子孫哉？」夫嶺外之不可以傳子孫也，道覆且能知之也，然則守誠不易言也。又吾聞嶺南之勢，在於嶺北。徐道覆謂盧循：「劉裕若自將屯豫章，遣諸將率鋭師過嶺，恐君不能當也。」高駢以黄巢在廣南，請遣兵于郴州守險，又分兵於循、潮邀遮，而身帥重兵於大庾嶺趨廣州；潘美伐南漢，先拔郴州，又拔道州：蓋所以奪其上游也。至於大海在南，上接三江，東西便利。劉裕方與盧循相持於豫章、潯陽間，水師已自海道襲番禺，傾其巢穴矣。唐咸通中安南爲南詔所陷，諸道兵屯聚嶺南，江西、湖南餽運皆泝湘江、灕水而至，勞費艱阻。潤州人陳磻石者請自福建運米泛海，不一月至廣州，軍食以足。近時島倭爲患，往往由浙、閩海道闌入嶺南，故嶺南之海防頗密。夫吾以全軍下桂陽，略長沙，則當以奇兵出海道，越閩、浙問江、淮矣。或又曰下桂陽何如出南康？夫以南康較桂陽更爲艱阻，出豫章而泝江、沱，何如越長沙而震漢、沔？相時而動，固有以矣。若夫假道桂州，浮湘而下，又踰嶺之西道也。或後或先，用奇用正，時哉時哉，又可得而隃度之哉。

讀史方輿紀要卷一百

廣東一

禹貢揚州徼外地，三代時爲蠻夷國，或謂之雕題。題，額也。禮王制：「南方曰雕題。」又山海經有離耳、雕題之國，楚離騷有玄國之南裔，或曰今海南瓊州府是其地。後爲百越地，亦曰揚越，國策：「吴起爲楚悼王南攻揚越。」史記起本傳作「南平百越」。孔氏曰：「越在揚州南境，故曰揚越。」其在天文則牽牛、婺女之分野。秦并天下，置南海等郡，亦謂之南越。秦本紀：「始皇三十三年略取陸梁地，爲南海、桂林、象郡以適遣戍。三十四年又謫人築南越地，又設南海尉以董之，所謂東南一尉也。」孔氏曰：「嶺南之人多處山陸，其性强梁，故曰陸梁。」史記南越，班固作「南粵」，粵即越也。今人多以兩廣爲粵，閩、浙爲越矣。秦末趙佗王其地，漢元鼎六年討平之，尋置交阯刺史。後漢因之。漢刺史無常治。王範交廣春秋：「漢初交州治嬴𨻶，元封五年移治蒼梧廣信縣，建安十五年復徙番禺。」沈約曰：「漢交阯刺史治龍編。建安八年改曰交州，治廣信。十六年徙治番禺。三國吴黄武五年析置廣州，治番禺，而交州還治龍編。其後以交州并入廣州。永安七年仍置廣州，治番禺。」廣信，今廣西蒼梧縣。嬴𨻶、龍編，今俱見安南境内。三國吴分交州立廣州，詳見上。晉因之。宋又分置越州，泰始七年置，治臨漳，即今廉州府治合浦縣。齊、梁因之。梁大同以後置州益多，無復古制。隋亦屬揚州部。大業末屬蕭銑，

唐討平之。貞觀初置嶺南道，治廣州，開元中曰嶺南節度。咸通二年分爲嶺南東道。五代時屬於
南漢。宋淳化四年爲廣南路，至道三年分爲廣南東路。元置廣東道及海北海南道宣慰等
司，廣東道治廣州，海南海北道治雷州。隸江西行省。明洪武九年改置廣東等處承宣布政使司，領
府十，直隸州一，屬州七，屬縣七十六，總爲里四千二十八，夏秋二稅大約一百一萬七千七百七十二石有奇。
而諸司衛所參列其中。今仍爲廣東布政使司。

廣州府，屬州一，縣十五。

南海縣，附郭。番禺縣，附郭。順德縣，東莞縣，新安縣，三水縣，增
城縣，龍門縣，香山縣，新會縣，新寧縣，從化縣，清遠
縣。

連州，領縣二。

陽山縣，連山縣。

肇慶府，屬州一，縣十。

高要縣，附郭。高明縣，四會縣，廣寧縣，新興縣，陽春縣，陽
江縣，恩平縣。

德慶州，領縣二。

封川縣，開建縣。

直隸羅定州，屬縣二。

東安縣，西寧縣。

韶州府，屬縣六。

曲江縣，附郭。英德縣，樂昌縣，仁化縣，乳源縣，翁源縣。

南雄府，屬縣二。

保昌縣，附郭。始興縣。

惠州府，屬縣十。

歸善縣，附郭。博羅縣，長寧縣，永安縣，海豐縣，龍川縣，長樂縣，興寧縣，河源縣，和平縣。

潮州府，屬縣十一。

海陽縣，附郭。潮陽縣，揭陽縣，程鄉縣，饒平縣，惠來縣，大埔縣，平遠縣，普寧縣，澄海縣，鎮平縣。

高州府，屬州一，縣五。

茂名縣，附郭。電白縣，信宜縣。

化州，領縣二。

吴川縣，　石城縣。

雷州府，屬縣三。

海康縣，附郭。遂溪縣，　徐聞縣。

廉州府，屬州一，縣二。

合浦縣。附郭。

欽州，領縣一。

靈山縣。

瓊州府，屬州三，縣十。

瓊山縣，附郭。澄邁縣，　臨高縣，　定安縣，　文昌縣，　會同縣，　樂會縣。

儋州，領縣一。

昌化縣。

萬州，領縣一。

陵水縣。

崖州，領縣一。

感恩縣。

東連七閩，

惠、潮二府與福建之汀、漳接境，山谿相錯，伏莽之患常多。

南濱大海，

自潮州府之東南與福建之漳州海洋接，自廉州府欽州之西南與交阯海洋接，東西相距二千四百餘里，而瓊州一府峙大海中，尤爲險遠。

西距安南，

安南自廉州府欽州分界，由海道以入交州，則欽州、海陽其必出之途也。

北據五嶺。

五嶺之首曰大庾嶺，在南雄府北六十里，與江西分險。綿亘而西爲騎田嶺、都龐嶺，與湖廣分險。秦王翦降百越，以謫戍五萬人守五嶺。淮南子曰：「始皇使尉屠睢發卒五十萬爲五軍，一軍塞鐔城之嶺，見湖廣黔陽縣。一軍守九疑之塞，九疑，見湖廣名山。一軍處番禺之都，一軍守南野之界，即江西南安府。一軍結餘干之水。」見江西饒州府。或謂此爲五嶺，非也。漢書張耳傳：「秦有五嶺之戍。」裴淵廣州記：五嶺，大庾、始安、臨賀、桂陽、揭陽也。鄧德明南康記：「南康大庾嶺一，桂陽騎田嶺二，見湖廣郴州。九真都龐嶺三，見湖廣藍山縣。臨賀萌渚嶺四，見湖廣江華縣。始安越城嶺五。」見廣西興安縣。水經注：「最東曰大庾嶺，在南康；第二曰騎田嶺，在桂陽郴縣；第三曰都龐嶺，在南平縣；第四曰萌渚嶺，在馮乘縣；第五曰越城嶺，在始安縣。」鄧氏以都龐在九真者誤也。杜佑亦曰：「塞上嶺一也，即大庾嶺。今詳見江西重險大庾。騎田嶺二也，都龐嶺三也，曰在湖廣永明縣，與水經注不同。萌渚嶺四也，越城嶺五也。」周去非則曰：〔二〕「五嶺之說，舊以爲皆指山名，考之乃入嶺之途五耳，非必山也。自福建入廣東之循、梅，一也；自江西之南安入南雄，二也；自湖廣之郴入連，三也；自道州入廣西之賀縣，四也；自全州入靜江，五也。」今大庾嶺實爲北面之巨鎮云。

其名山則有羅浮。

羅浮山，在廣州府增城縣東北三十里，惠州府博羅縣西北五十里。其山袤直五百里，高三千六百丈，峰巒四百三十有二，嶺十五，洞壑七十有二，谿澗瀑布之屬九百八十有九，蓋宇內之名山，東粵之重鎮也。五代周顯德六年，南漢主劉鋹建天華宮於山中。在山之西，即朱沙洞也。宋開寶初鋹又鑿增江水口欲通舟道入山，不果。蘇軾曰：「鋹於無事時以羅浮爲宴遊之所，有急則爲逋逃藪也。」嶺南志：「羅山之脈來自大庾，浮山乃蓬萊之一島，來自海中，與羅山合，故曰羅浮。名山記「羅浮山有洞，周五里，道書以爲朱明洞天，十大洞天之一也。潛通勾曲，上有分水嶼，謂之泉源福地。」山經：「五嶺擁從，衡嶽如君，而羅浮傑出，爲之佐命。」又舊圖經：「羅浮山西距番禺二百里，上有桂樹、神湖。」山海經云「桂林八樹在番禺之東」，即此山也。一名博羅山，俗傳堯時浮山自會稽浮海而至，傅於羅山云。元史：「至正元年羅浮山崩，二十七處壞民居，堙田澗，山水湧溢，溺死百餘人。」其瑰奇靈異，游歷所不能遍。大約峯之秀者爲飛雲、玉鵝、麻姑、會真、會仙、錦繡、玳瑁之屬，洞之幽者爲夜樂、石臼、朱明、黄龍、朱陵、黄猿、水簾、蝴蝶之屬，而石樓、鐵橋之勝，尤爲傑出」云。宋鄒師正羅浮指掌圖略：「遊羅浮者始自龍華祠，至明月戒壇登山，歷錫杖泉、羅漢巖、伏虎巖，一十餘里而至大、小石樓。二樓相去五里，皆高出雲表，重巖四柱如樓。有石門，方廣可容几席。俯視滄海，夜半見日初出。其山岸周迴五里。澗水消長，應海潮盈縮之候。又上爲鐵橋峯，即羅、浮二山相接處也。中有石如梁，湍水出焉，分東西流注於潭，又南流注於淵，一名神湖，道書所謂泉源福地也。又有上界三峯，上接鐵橋，高三十仞，不可上。其下逶迤有匯水，與潮汐應，曰瑶池。第三峯頂又有青羊巖。其下曰夜樂洞，昔人常聞仙樂於此。洞在神湖東。洞中有犀牛潭、瀑布泉。泉從上界三峯側懸流下注三十餘仞。又有鳳凰谷及鳳浴潭，皆在夜樂洞中。鐵橋相接者曰瑶石臺，高五百六十丈有奇。梁大同中僧景泰者建連雲塔於其上，亦名飛雲塔，在浮山上。鐵橋之左曰王鵝峯，一名鵝嶺。右曰聚霞峯。羅山之西爲麻姑峯，有麻姑壇。相近者爲雙髻峯。下有羅陽溪，羅浮諸峯之水西匯於此。羅山之西南曰飛來峯，下爲梅花村。又黄龍洞，在聚霞峯之東。本名金沙洞，兩峯相疊，一水中流，南漢主鋹欲作天華宮，夢金龍起於宮前，因改今名，并建宮於此。今呼爲西天華。其後有鳳凰崗、雲母溪。自麻姑峯而西南有觀源洞，一名麻姑洞。其西北有幽居洞、滴水巖。幽居洞後又有長壽觀，南漢時亦建天華宮於此。今呼爲南天華。又北爲君子巖，巖側有通天巖、雲峰巖。其下曰蝴蝶洞。前曰水簾洞。又有天漢橋，其下爲流杯池。又南爲朱明洞，道書所謂第七洞，朱明曜真之天也。其東有青霞谷。又有野人洞，一名王子洞。又天漢橋東有會仙橋。橋東有明福觀，南漢所建，亦名九天觀。相近有小水簾洞。又東北有蛇穴，舊傳穴通眉州。又東數里至蓬萊洞、鴉髻峰。上爲劉仙壇，高百丈許。下臨羅陽溪。山之東西有香臺、會真、櫻桃、抛毬、刀子、錦繡、黄猿、鉢盂、致雲、大旗、小旗、雲母、雞籠諸峰，又有金沙、石臼、朱陵、太和、歐陽、赤水、白雲及風洞、雲洞、雨洞、白角、大慈寺，古老、白芒古洞及桄榔、大坑諸洞，奇巘秀岑，湍流怪石，不可名狀矣。

其大川則有西江，

西江即廣西黔、鬱、桂三江之水。自梧州府東流入肇慶府界，歷德慶州封川縣西而賀江流入焉，賀江，見廣西賀縣。經縣南，又東至州城南，亦曰南江，亦名晉康水；又東繞府城，而東南流出羚羊峽入廣州府順德縣界，亦謂之龍江；又東流至府城西北，會北江之水，又流至府城南而會東江之水，並流而入於海。漢伐南越，灕水、牂牁之師並會於番禺，即是道也。南齊書：「西、南二江，川源深遠，别置都護，專征討之任。」西江實兼南江之名矣。梁大同十一年交阯李賁作亂，命楊瞟爲交州刺史討之，又命定州刺史定州，謂之二江，悞也。今廣西鬱林州。蕭勃會瞟於西江。太清末陳霸先爲西江都護，起兵討侯景。隋、唐以後，嶺南用兵恒以西江爲要害。宋皇祐四年儂智高陷邕州，沿江東下，濱江州郡悉被殘破，遂圍廣州，官軍拒却之。明初廖永忠等定廣州，復奉詔引兵趨廣西，由肇慶泝西江而上抵梧州是也。今西粵往來，百斛巨舟可方行無礙者，惟西江耳。詳見川瀆盤江。

北江，東江附。

北江即湟水、湞水合流之水也。湟水出湖廣寧遠縣九疑山，流入廣州府界，通志：「湟水俗呼湞江，以出於郴州黄岑山，亦名黄水。」悮。經連州陽山縣東，西南流經州城東，又折而東南入韶州府英德縣界，又南流入廣州府清遠縣境，至縣東南與湞水合，亦曰洽水，亦曰洭水，亦曰洸水，其合湞水之處亦曰洭口，亦曰洸口。漢元鼎五年伐南越，伏波將軍路博德引兵出桂陽，下湟水。陳大建二年廣州刺史歐陽紇以州叛，陳將章昭達將兵討之，兼行至始興，紇聞昭達奄至，出頓洭口，多聚沙石，盛以竹籠，置於水栅之外，用遏舟艦，昭達居上流，裝艦造拍，乘流突進，紇衆大敗，遂擒之。宋開寶三年，潘美克南漢之郴州，劉鋹懼，遣其臣邵廷琄屯洸口是也。湞水出南雄府北大庾嶺，東南流，復折而西南，經府城南，又西南經始興縣西而入韶州府界，經府城東；有武水出湖廣臨武縣之西山，流經郴州宜章縣南而入韶州府樂昌縣境，又東南流至府城東南而合湞水，亦曰曲江，亦曰相江，亦曰始興江；又南流經英德縣西出湞陽峽入廣州府清遠縣界，經縣東，又南則湟水流會焉；又南流經三水縣西，至府西北三十餘里，逶迤而下會於西江。漢伐南越，樓船將軍楊僕引兵出豫章，下湞水是也。今自庾嶺而南取水道，由始興江口可以徑抵廣州，且東達惠、潮，西届潯、梧矣。又有東江，源出江西安遠縣界，流入惠州府龍川縣境，至縣南爲龍江，又西南流經河源縣南爲槎江，南流至府城東北，折而西過博羅縣南，〔三〕又西南流入廣州府東莞縣境，經縣北，又經增城縣南，而至府之南境會西江以入海，亦謂之三江口，以東、西、北三江爲名也。南史：「宋元嘉十年徙謝靈運於廣州。或告靈運令人買兵器，結健兒，欲於三江口篡取之，不果，靈運因棄市，即此三江口也。」三江周匝三垂，南則濱大海云。

海。

海環廣東南界，倚爲險固，然攻守之計，亦莫切於海。晉義熙七年，劉裕與盧循相持於豫章，而遣别將孫處等由海道徑擣廣州，傾其巢穴，循以敗亡。唐乾元初，廣州奏大食、波斯圍州城，掠倉庫，焚廬舍，浮海而去。咸通二年安南陷於南詔，諸道兵赴援，皆屯聚嶺南，用潤州人陳磻石議，自福建運米泛海至廣州，軍食始足。宋末車駕自閩入越，既而蒙古將張弘範將兵由潮陽入海，追宋少帝於崖山，宋亡。明初命廖永忠由福州海道取廣東，永忠奄至東莞，何真迎降，而廣州亦下。洪武、永樂間倭夷入犯廣東，屢爲所擾。嘉靖中倭寇閩、浙，滋蔓亦及於廣東。議者謂廣東海防當分三路。三路者，左爲惠、潮，右爲高、雷、廉，而廣州爲中。惠、潮二郡皆與福建接壤，而潮尤當其衝，柘林、南澳皆要區也。由柘林而西爲大城、海門、靖海、蓬洲諸所，又西接甲子門、碣石、平海諸衛所，皆爲南面之蔽。儻柘林、南澳失守，是無潮也；平海、碣石失守，是無惠也。海防考：「惠、潮之備以柘林爲最要，柘林乃南澳海道之門户，據三路上游，番船自福趨廣悉由此入。其去惠、潮水寨遠幾百里，水寨爲惠、潮之衝，而柘林又爲水寨之衝，慎固之防，不可不豫，而大城所聲援差近，備尤不可或疏也。若夫中路之備則在屯門、雞棲、佛堂門、冷水、角老、萬山、虎頭門等澳，而南頭澳在虎頭門之東，爲省會門户，海寇往往窺伺於此，爲闌入之途，則東莞、大鵬之戍守宜切也。又西則峽門、望門、大小横琴山、零丁洋、仙女澳、九竈山、九星洋諸處，而浪白澳在香山澳之南，爲番船等候接濟之所，則香山所之戍守宜切也。又西爲崖門、寨門海、萬斛山、硇洲等處，而望峒澳在崖門之西，爲番船停留避風之門户，則廣海衛及新寧、海朗二所之戍守宜切也。若西路三郡去倭島似遠，而安南、占城、暹羅、滿剌諸番風帆易達，高州之南神電衛所轄一帶海澳若蓮頭港、汾洲山、兩家灘、廣州灣皆府之南翰也。雷州凸出海中，三面受敵，其遂溪、湛川、潿洲、樂民等四十餘隘，固爲門户之險，而海安、海康、黑石、清道并徐聞、錦囊諸隘，亦所以合防海澳者也。至於廉州之境，尤爲全廣重輕，故兵符特劄於靈山，達堡增屯於衛北，海寇之驚，峒、僚之擾，外夷之侵，有兼憂焉。永樂七年倭嘗陷廉州矣，而瓊州又廉之外户也，五指腹心，盡爲黎據，所設城邑，類皆濱海，備倭之制若白沙、石䃁、埴頭、文昌與海安、海康對峙，番島飄風突來，防禦甚艱，此西路所當加意者也。又濱海諸邑，爲盜賊淵藪者，如增城、東莞之茶窖、十字窖，番禺之三曹、波羅海，南海之仰船岡、茅窖，順德之黄頭涌，香山、新會之白水、分水等處，往往歲集凶徒，以小艇出没，珠禁弛則糾黨盜珠，珠禁嚴則誘倭行劫，此又當詰奸禁宄，以消其萌矣。海道考：「廣州海舶遈諸番出虎頭門始入大洋，分東西二路，東洋差近，西洋差遠。宋於中路置巡海水師營壘，今爲東莞縣南頭城。東南海路二百里至屯門山，水皆淺，日可行五十里。乃順帆風西行一日，至九州石，又南二日至象石。若用東風西南行，七日至九乳螺洲，又西南行三日至占不勞山，西去占城二百里。又南二日至陵山，其山峻而方，有泉下繞如帶，即占城地也。陸行至賓童國一月程，東去麻逸國二日程。水行一日至東西竺崑崙洋，又一日行至古笡國，其王號笡屈，即真臘也。又半日行至奔陀浪洲，即丹眉流國。又二日至軍突弄山，又五日至海硤，南北百里，北岸則羅越國，即暹羅也，南岸則佛逝國，占城屬國也。又東水行四五日至訶陵國，今爪哇也，爲南海中最大洲。又西出硤，三日至葛葛僧祇國，即佛逝西北隅之别島，國人多鈔暴，乘船者多畏之，疑即昔之婆利國，今佛朗機也。其北岸則阿羅國，一名阿羅陀，今滿剌加也。阿羅西則阿谷羅國，一名阿羅單。又從葛葛僧祇四五日行至婆露國，一名阿魯。又六日行至婆那國，一名須文達那，即今蘇門荅剌國也。又西至伽藍洲，一名翠藍嶼。又北四日行至師子國，其地在西洋之西北岸，距南天竺大岸百里。自伽藍洲行二十日至榜葛剌國，即西天竺也，一曰西印度，海口有察地岡，番商於此抽分云。天竺之西千五百里曰注輦國，宋大中祥符八年其貢使言：「從本國舟行七十七日歷那勿丹山、娑里西蘭山至古羅國，又行七十一日歷加八山、占不勞山、舟寶龍山至三佛齊國，又行十八日渡蠻山水口，歷天竺山至賓頭狠山之西王母塚，距舟所將百里，又行二十日度羊山、九畏山至廣州之琵琶洲，離本國凡千一百五十日」云。〔三〕又雷州控入海水路，從州東至海三十里，渡海抵化州吴川縣之硇洲，入廣州通閩、浙。從州南陸行一百七十四里至遞角場抵海南，泛海一程可至瓊州。從州西陸行一百五十里泛海水路至安南諸番國。又瓊州東至海一百二十里，直通大洋，故諸番船雖東洋琉球等國被風漂多至瓊州也。」

其重險則有梅關。

梅關，在南雄府北六十里大庾嶺上，東北去江西南安府二十五里，雄傑險固，爲南北之噤要。亦謂之横浦關，自秦戍五嶺，漢武遣軍下横浦關，常爲天下必争之處。有驛路在石壁間，相傳唐開元中張九齡所鑿，宋嘉祐中復修廣之。舊時嶺上多梅，故庾嶺亦曰梅嶺，關曰梅關。今梅廢而關名如故，有官軍戍守。詳見江西重險大庾嶺。

按廣東之地介於嶺、海間，北負雄、韶，足以臨吴、楚；東肩潮、惠，可以制甌閩；西固高、廉，扼交、邕之噤吭；南環瓊島，控黎夷之門户。而廣州一郡，屹爲中樞，山川綿邈，環拱千里，足爲都會矣。肇慶接壤梧州，指臂相倚，谿峒傜、僮，藉以控制，若四郊多事，鼓棹西江，不過六七百里而徑達番禺，此上游之險也。連州北通郴、永，可以直走湖南，且西與平樂之賀縣連界，由此縱横南北，似爲徑易。雖南雄密邇大庾，由嶺南下可以捷走韶州然。由連指韶，潘美之師實奪劉鋹之魄，兵固無常勢矣。潮州東接漳州，海寇窺伺必假途於此，而柘林寨其首衝也。廉、欽及高、雷二郡，與粤西皆犬牙相錯，肘腋之防，不惟一族，不特爲交阯障蔽也。利害之機，安危之繫，有近而不察忽不及防者，特籌粤東，而僅斤斤於番舶之恣擾，礦冶之奸頑，抑末矣。

校勘記

〔一〕周去非則曰　底本原作「縣周志非則曰」，敷本、鄒本同，職本「志」作「去」。周去非爲宋人，著有嶺外代答一書，此所引五嶺之説，見該書卷一。職本作「周去非」，是。今據改。然周去非之前何以又冠一「縣」字？今細檢職本原文，發現「周去非」之前原有一段越城嶺之注文，後顧祖禹將此段注文删去，而末句「詳見廣西興安縣」删改未盡，遺一「縣」字，抄書者但知據本實録，亦未審文義是否通順，遂綴成「縣周去非則曰」之奇文。據此，知「縣」字實賸，當删無疑。

〔二〕博羅縣　「博」，底本原作「慱」，今據鄒本及明志卷四五改。

〔三〕宋大中祥符八年至凡千一百五十日云　此段文字係引自宋史卷四八九注輦國傳，兩相對照，本書多有訛脱：一是「至古羅國」上宋史有「至占賓國。又行六十一晝夜，歷伊麻羅里山」十七字，本書全脱；二是「賓頭狠山」宋史「狠」作「狼」；三是「之西王母塚」宋史作「望東、西王母塚」；四是「九畏山」宋史「畏」作「星」。

讀史方輿紀要卷一百一

廣東二

廣州府，東至惠州府三百六十里，南至海百里，西至肇慶府二百三十里，北至韶州府七百二十里，自府治至京師七千八百三十五里。

禹貢揚州南境，春秋時爲揚越地。裴淵廣州記：「六國時廣州屬楚。」秦置南海郡，後趙佗據其地。圖經云：「尉佗僭據，改南海爲南武，自稱南武王。」謬。漢元鼎六年討平之，仍爲南海郡。後漢建安中嘗徙交州治此，三國吴始於此置廣州，交、廣析置，詳見前。晉、宋以後因之，並治南海郡。梁置廣州都督府，陳因之。隋平陳廢南海郡，置廣州總管府，志云：初治始興，開皇二十年還治南海。仁壽初改爲番州，避太子廣諱也。大業初復曰南海郡。唐武德四年平蕭銑，仍置廣州，初爲總管府，七年改都督府。開元二十三年置經略軍於城內，又以廣州刺史兼五府經略使。天寶初仍曰南海郡，乾元初復故，乾寧二年兼置清海軍節度使。天復初屬於劉隱。五代梁貞明三年，劉巖僭號，改爲興王府。宋開寶四年平南漢，仍曰廣州。亦曰南海郡、清海軍節度，祥興元年升爲祥興府，既又改爲翔龍府。元爲廣州路，明初改廣州府。領州一，縣十五。今因之。

府連山北峙，鉅海東環，所謂包山帶海，險阻之地也。封域綿邈，田壤沃饒，五嶺以南，此爲都會。秦末任囂謂趙陀曰：「番禺負山險，阻南海，東西數千里，〔二〕可以立國。」陀因此霸有南越也。晉義熙中盧循保據於此，分兵北出，江左震動。既而與劉裕相持於潯陽，裕密遣孫處等自海道至番禺，傾其巢穴，循敗無所歸，因以覆滅。使裕計不早，循猶得阻險爲奸，其爲東南患，豈有已哉？陳蕭勃、歐陽紇等後先據廣州，而皆不克振者，羽翼未成，本根先撥也。唐置嶺南經略使，爲五管之樞要。乾符末黄巢假息於廣州，而毒螫遍於天下。天復初劉隱代有廣州，恣睢南服且數十年。宋之末造，冀保此一隅，爲一成一旅之資，而卒摧於强敵者，事勢已去，非智計所能逮也。明初分道取廣東，廖永忠以海道之師自福州先至廣州，廣州既下，而嶺南郡縣亦望風款服矣。蓋州不特爲廣東之根本，亦制廣西之肘腋也。

南海縣，附郭，在府治西偏。本秦南海郡番禺縣地，隋開皇十年析置今縣，尋以番禺縣并入，爲廣州治。五代改曰常康，宋開寶五年復故。舊治府城北芝蘭湖南，明初遷入郭内。今編户三百五十里。

番禺縣，附郭，在府治東偏。秦置縣，爲南海郡治，以番、禺二山爲名。二漢因之，晉、宋以後皆爲南海郡治，隋并入南海縣。唐初復置，仍爲廣州治。宋開寶五年廢入南海縣，皇祐三年復置，在州城東紫泥巷。元至正中始徙治東城内，今因之。編户一百三十九里。

廣州城，今府城也。通歷：「楚伐揚越，自是南海事楚。」有楚亭。舊圖經：「廣州州城始築自越人公師隅，號曰南武。」吳越春秋：「闔閭子孫避越嶺外，築南武城。後楚滅越，越王子孫避入始興，令師隅修吳故南武城是也。」秦以任囂爲南海尉，初居瀧口西岸，俗名萬人城，在今城西二十七里。既乃入治番山隅，因楚亭之舊，其治在今城東二百步，俗謂之任囂城。又相傳南海人高固爲楚威王相，時有五羊銜穀萃於楚亭，遂增築南武城，周十里，號五羊城。及趙佗代囂，益廣囂所築城，亦在今治東，今謂之趙佗城。漢平南越，改築番禺縣城於郡南六十里，爲南海郡治，今龍灣、古霸之間是也。號佗故城曰越城。後漢建安十五年步騭爲交州刺史，以越城就圮，乃廓番山之北爲番禺城，後又遷州治於此，自是不改。城冢記：「郡南城建安二十二年步騭遷州時築，規制尚隘。唐廣明間爲黄巢所焚。天祐間清海節度劉隱更築，鑿平禺山以益之，始稱壯麗。宋慶曆四年經略使魏瓘增築子城，周五里。皇祐四年儂智高寇廣州，不能陷。命瓘再知廣州。瓘復環城濬池，築東西南三門甕城。熙寧三年經略使吕居簡議修東城，未果。轉運使王靖成之，袤四里，合於子城。明年經略使程師孟築西城，周十有三里。紹興二十二年經略使方滋修中城及東西二城以禦寇。嘉定三年經略使陳峴以城南闤闠稠密，無所捍蔽，乃增築兩翅以衛民居，東長九十丈，西五十丈，謂之雁翅城。紹定二年經略方大琮增修，端平二年、開慶元年皆嘗葺治。景炎二年蒙古攻廣州，州將張鎮孫以城降。明年蒙古毁天下城隍，廣州子城及兩翅城無恙。明洪武三年復因舊壘修葺。十三年永嘉侯朱亮祖等以舊城抵隘，乃改築府城，連三城爲一，東北包粵王臺山，北連馬鞍至於白雲山之麓，岡阜相連不斷。又建五層樓於北城上，高八丈，名鎮海樓，稱爲雄勝。成化二年、弘治十六年、嘉靖十三年皆嘗修築，萬曆以來亦相繼營繕。有門七，惟東南曰定海，西南曰歸德，餘各以方位爲名。北枕山阜，三面環濠，城周二十一里有奇。」

熙安廢縣，在府東。本番禺縣地，宋元嘉中析置熙安縣，屬南海郡，梁廢。又懷化廢縣，在府東北。晉義熙中置，屬南海郡，宋因之，梁廢。又東有綏寧廢縣，亦宋元嘉中置，屬南海郡，梁廢。○咸寧廢縣，在府西北。廣記：「五代梁貞明四年南漢析南海縣置咸寧、常康二縣，宋開寶五年復省入南海縣。」宋志云：「南漢改南海曰常康，開寶五年復故。」今存以俟考。

陸賈城，府西十四里。志云：賈使南越時築。一云趙佗館賈於此。○盧循城，在府南十里，遺址隱然，往往有斷磚敗瓦。南越志：「河南之洲狀如方壺，乃循舊居。晉義熙七年沈田子破循，焚其巢穴，即此地也。」

越秀山，府治北。一名越王山，聳拔二十餘丈，上有越王臺故址，尉佗因山築臺，因名。俗呼觀音山。折而西北爲歌舞岡，一名越井岡，相傳井亦尉佗所鑿。南漢時號曰玉龍泉，有九竅，亦名九眼井。○番山，在番禺縣治東南一里，山北一里曰禺山，縣因以名。舊時二山連屬如長城，南漢劉龑鑿平之，就番山積石曰朝元洞，後改曰清虛洞。禺山之陽又有西竺山，今皆爲官民居址。志云：南海縣治西南一里有坡山，在闤闠中，高僅三四丈。其陽有穗石洞，舊傳即五羊銜穗處。

蓆帽山，在府城北，有南漢郊壇遺址。山高二十餘丈，周六里，下爲蘭湖。南越志：「番禺北有芝蘭湖，並注南海。」今湮。又馬鞍山，在府北六里。南越志：「秦始皇時望氣者言南海有五色氣，遂發人鑿此山，其鑿處形類馬鞍。」一云馬援嘗駐兵於此，因名。或謂之馬逕。宋乾德四年潘美伐南漢，南漢主劉鋹以宋師既逼，遣郭崇岳等屯馬逕，既而爲美所據。郡志：馬鞍山自北而西有鳳凰、鴻鵠二嶺，自北而東有松柏、麒麟、望州諸嶺，蓋道出羣山間爲陘，訛陘爲逕也。

雙女山，府西十里，俗名鳳山。宋潘美伐南漢，次瀧頭，劉鋹遣使請和，美挾鋹使速渡諸險，至馬逕，砦於雙女山下，去廣城十里。南遊記：「今府西十七里有花田，平疇彌望，皆種素馨，相傳南漢宮人死多葬此。一名白田。其地有雙女山，即潘美駐師處。」

白雲山，府北十五里。山高聳，上多白雲，有九龍泉流爲大、小水簾洞。又北爲虎頭巖，巖麓有寶象峰。折而西南五里曰棲霞山，一名景泰雲峰山。景泰，六朝時僧名也。下有太霞、玉虹諸洞，又有滴水巖、聚龍岡，其東北六里爲蒲澗，皆白雲之勝也。郡志：府境名山曰白雲。又亂石山，在府東北二十里。山高險，與白雲山相連。一名白雲後洞，亦曰紫雲洞。

石門山，府西北二十里。兩山對峙如門，據南北往來之衝。漢元鼎六年樓船將軍楊僕伐南越，將精卒先陷尋陿，破石門，得粵舡粟，因推而前挫粵鋒是也。郡國志：「呂嘉拒漢，積石江中爲門，因名石門。」宋德祐三年，元阿里海涯遣降將梁雄飛徇廣東，廣東帥徐直諒聞益王昰立於福州，〔三〕遣將拒之於石門，爲元兵所敗。○大橋山，在番禺縣西北十八里，形如象鼻，下臨大澗。

抱旗山，府西南四十里，以形似名，爲郡之前案，江水環遶，上有古烽堠。其南爲南山峽，屹立江濱。志云：抱旗山北八里有青螺嶂，嶂高五百丈，一名白鹿岡，沙灣水出其下。又石壁山，在番禺縣南二十里，脈自抱旗山來。又縣南二里有萬松山，與盧循城相近。○三山，在府南二十七里。三峰並起，競秀淩空。舊有三山寨，明初廖永忠擒邵宗愚於此。今爲桂華堡。又秀蘿山，亦在府南二十七里。山阜奇秀，草木森鬱。

靈洲山，府西六十五里。其山平原彌望，一名靈峰山。唐十道志嶺南道名山之一也。南越志：「肅連山西有靈洲。」郡志：肅連山在南海縣西十五里。縣西十九里有潯岡，形如巨屏。又西爲靈洲山。○黄麠山，在府西五十里。其東南有二巖，後有石室通明，可容數十人，元末居民嘗避寇於此。志云：府西百里有旗峰山，山半出泉，冬夏不竭。府南十里又有碧雲山，形如獅子，元末鄉民黎復震築堡於其上以避寇。又浮丘山，志云：在府城西一里，相傳浮丘丈人得道處。羅浮記：「浮丘即羅山，朱明之門户。先在水中，若浮丘然。今去海數里，所見惟一盤石耳。」

西樵山，府西百二十里，高數百仞，勢若游龍，盤踞四十餘里。峰巒大者七十有二，互相連屬，内顧若羅城。其極高峻者曰大科峰。峰之南曰雷壇峰、寶峰。又折而東南曰大觀峰，下有九曜巖、九龍巖。其南曰紫姑峰，下爲小雲谷、烏利巖。自大科峰而西巖石層疊，水簾千尺，折流而北曰龍泉，曰寶鴨池。其下曰瀉錢坑，曰雙魚坡。又折而東北曰碧雲峰。又數百步則小科峰、紫雲峰也，亦高峻。其陰有觀翠巖，石壁中懸泉一線，亦名水簾。其下爲金銀池，諸山之泉出焉，注於百會泉以達碧江。轉而北曰官山，上有翳門關。又西北曰鎮頭岡，曰紫竹峰，綿延至於蘭谷，尤爲峭拔。峰之外爲壁山，下有通潮井。又數折而出曰黄旗岡。又有黄龍洞，居人皆以種茶爲業。志云：西樵山半地平，可爲民居，峰巒迴合，千態萬狀，不可殫述也。又名勝志：「府西百七十里有三洲山，聳拔千仞，峰巒數十，西跨高明，南連新會，爲郡之鎮山。」

金鷄嶺，府東北四十里，一名飛鳳嶺。其山峻險，中藏羣峰，下枕茭塘，接洋海。正統末鄉民立鎮於此以避寇。○戙旗岡，在府東南十里。又十里曰盧堠石，相傳吴隱之與盧循戰處，一名南箕臺。又四十里曰冠岡，多林木。其東有相對岡，以兩岡相峙，大江中流而名。

海，府南百里。志云：府東八十里出古斗村，又東南二百里至南海衛，又南六十里出虎頭門，又南一百五里抵南頭城，皆切近海洋。由此東歷閩、粵，南達島夷。海防考「府南有濠鏡澳，寇自虎頭門入犯，往往駐泊於此，爲腹心之疾」云。名勝志：「府西南百四十里海中有兩峰並列，其形如目，名海目山。」

西江，府西北五十里。其上流爲潯、鬱二江，合賀江而東過肇慶府入府界，與湞水會。湞水即北江也。又東南流至城南而會於東江，亦謂之三江。江中有海珠石，是曰珠江，一名沉珠浦。相傳昔賈胡挾珠經此，珠忽躍入江中，今有石屹峙江心。南漢創慈渡寺於其上，亦名海珠寺。宋末經略張鎮孫與蒙古將塔出戰於海珠寺，敗績，蒙古復陷廣州。又東過瀝窖堡，北去城十餘里，亦謂之東衝。孫處襲盧循之番禺，至東衝焚舟艦而前，即日攻拔之是也。又分流經西朗，凡十餘里，謂之蜆江，俗呼白蜆殼江，匯於府東南八十里南海廟前，志所稱扶胥之口、黄木之灣也。一名扶胥鎮。海隅出日，水中見之，是爲波羅江，合諸水入於南海。詳見大川及川瀆盤江。

北江，府西北三十里，即湞水、湟水合流而南出者也。自三水縣流入境，會西江，出石門而東南流，會於東江。詳見大川。又東江，在府東南二十五里。自惠州府博羅縣西流，歷東莞、增城縣而西至府東南會西江入海。或謂之南江。附詳見大川北江。

越溪，府東北三里，東流與東江會。志云：府東二十里有蒲澗，出白雲山中。中產菖蒲，一寸九節，相傳安期生服此得仙。其水甘冷，一名甘溪，曲折流注越秀山麓：左爲菊湖，今堙；右爲越溪。又東北與東溪合注於東江。今府城東北五里有甘溪池，亦謂之韸韸水。王象之云：「韸韸水即蒲澗水也。」吴刺史陸胤以海水鹹鹵，因導蒲澗以給民用。唐節度盧鈞加鑿之，始可通舟。南漢更爲疏闢，作甘泉苑。郡志：宋末於越秀山左堰越溪溉田。今堰廢，其水悉入於城濠。○沙灣，在府南三十五里，源出青螺嶂，又有韋衝水流會焉，俱注於西江。

扶南水，府西南十六里。一名扶溪，民居環錯，多菱芡之利。又西南四里爲大通港，其東有平陸、松林、竹浦諸水，俱匯流入於海。

西澳，在城南，宋景德間經略使高紳所開。志云：城中舊有六渠，迴環貫串，皆匯流於西澳，亦謂之南濠。其後屢經修濬。嘉定三年陳峴復疏鑿之以通舟楫，又於西南雁翅城濠口築兩閘以防溢涸。後皆因故址疏築。明初改築城垣於東門北城下，置小水關，疏城渠之水；復於濠南改甃水閘，廣狹僅六尺許，皆用鐵石爲柱，以間阻内外，蓋去海日遠，舟楫不通久矣。又有清水濠，在舊子城東，古東澳也，穴城而達於海，後亦注於南濠。又有東濠，在府城東，明洪武三年開濬。其西濠則在城西四里，亦因舊址修濬。時東、南二濠與西濠分流入江，嘉靖五年引東、南二濠之水皆流匯於西濠，合西江以入海。

琵琶洲，府東南三十里江中。上有三阜，形如琵琶，閩、浙舟楫入廣者多泊於此。又荔支洲，在府西七里。舊圖經云：「洲廣四十里，袤五十里，亦曰荔支灣。」南漢主劉龑建昌華苑於洲上，今湮爲民居。又拾翠洲，在府西南三十里。古有津亭，今建華節亭於其上。○沉香浦，在府西二十里江濱。相傳吴隱之任還，妻劉氏獨賫沉香，隱之見而投於浦，因名。舊有亭，今廢。又貪泉，在石門山西，一名石門水。俗傳登大庾嶺則清穢之氣分，飲石門水則潔白之質變，晉吴隱之刺廣州，獨取而酌之，以廉潔稱。

金利砦，府西十五里。宋、元時置砦於此，明洪武三年改置巡司。又縣西鹽步堡有神安巡司，舊爲泌冲寨，亦洪武三年改。又西有三江巡司，在側水村，本名三江砦；又西有黄鼎巡司，在西隆堡，舊爲黄鼎寨；俱洪武三年改。○五斗口巡司，在縣南平洲堡。景泰三年置，嘉靖五年移置於磨刀石。縣西南龍江堡又有江浦巡司，舊爲鼎安寨，亦洪武三年改。

鹿步堡，在番禺縣東。舊置砦於此，洪武三年改設巡司。其相近有車陂、烏涌二堡。又沙灣寨巡司，在縣南三十里，舊置砦，今亦爲白沙堡；又茭塘巡司，在縣南迳口堡，舊置砦；俱洪武三年改設。○獅嶺巡司，在縣北擢桂堡，舊爲巴由砦；又縣北何嶺堡有慕德里巡司，舊置砦；俱洪武三年改設。志云：府東南有白墳、神頭等營，俱有官兵戍守。

朝亭，府西五里。水經注：「趙陀因岡作臺，北面朝漢，圓基千步，直峭百丈，頂上三畝，複道環回，朔望升拜，名曰朝臺。」後爲西侯津亭，因名曰朝亭也。宋泰始四年叛將劉思道還攻廣州，刺史羊希遣兵禦之於朝亭，敗績。梁太清末廣州刺史元景仲附侯景，西江督護陳霸先等討之，聲言朝廷已遣軍頓朝亭，即此。

茅滘埠，在南海縣西南，又有戙州、岡埠、石門等埠，又番禺縣有波羅、石岡、獵德、烏涌、車陂等埠，向皆設水兵巡守江路。又南海把截所五：曰西廟，曰第二橋，曰戙舡澳，曰石門，曰長橋。番禺把截所五：曰雙橋，曰流水，曰相對岡，曰官渡頭，曰波羅廟。

五羊驛。在府城南。又府西北八十里有官窑驛。又西北四十里爲三水縣之西南驛。又胥江驛，在府西北。又番禺縣北茅田村有溢湖驛。○烏石驛，在府東百里。又東六十里爲增城縣之增江驛。

順德縣，府西南八十里，東南至香山縣百里。本南海縣南境東涌、馬寧、西琳三都濱海地，景泰三年始析其地置縣，治大良堡。天順九年始築磚城。編户百六十五里。

五山，縣東北二里。有五峰，一曰拱北，二曰華蓋，三曰安東，四曰登俊，五曰迎暉，環列如星。又神步山，在縣東二里。縣北二里又有雲梯山。西二里有金榜山，以山形横峙也。縣南四里又有鐘鼓山，下有巖，爲近郊之勝。

龍穴山，縣西北四十里。山高秀，東有獨岡。縣北五十三里又有西琳山，三峰特起。又縣東北三十里有都寧山，中有黄媪洞，相傳五代時有黄媪者避地於此。其南又有桃岡，俗呼桃村。皆幽勝。

龍江，縣西北四十里，即西江水也。流入縣界，經龍穴山陽謂之龍江，又東入南海縣境會於北江。○龍滘水，出縣西南三十里龍頭山，南流入於南海。

碧鑑海，縣西南一里。自粤江分流至此，曲折環合，其色澄碧，因名。又三漕海，在縣北三十二里，又北八里曰庚流海，縣西二十里曰錦里海，八十里曰洪濛海，皆小川也。志云：縣北四十二里有疊石海，東接新會；西南七十里曰石頭海，西通香山，皆自北而南注於南海。

都寧砦，縣南百里。其北有獅嶺。志云：宋祥興帝赴海時，有蘇由義者奪港得出，得趙氏後，更名旦，集衆千餘人圖恢復，都於由義所居之西山。逾月旦卒，由義葬之於山北，土人呼其地曰都寧，言趙王所都冀安寧也。明洪武三年置都寧巡司於此。○馬岡巡司，在縣南三十里。本馬岡村，有小灣堡，洪武三年置巡司。又南有馬寧巡司，本馬寧砦，亦洪武三年改置。志云：縣西有江村巡司，縣南百餘里又有紫泥堡巡司，俱洪武三年所置。

鶴沖堡，在縣南。明正統十四年賊黄蕭養據此作亂，官軍討平之。又古樓堡，在縣西南八里。○黄涌頭營，亦在縣南，四面環海，設兵戍守。所轄有仰舡岡、三灑沙等哨，接新會縣界。

伏波橋。縣南二里。志云：橋西南五里有鄉名石楄，南越相吕嘉故鄉也。嘉聞漢兵分道南下，於其地築石甕、金斗二城，及兵敗，遂遁於此。伏波將軍路博德遣兵窮追，編橋渡兵，橋因以伏波名。石楄，即石甕之訛也。

東莞縣，府東南二百五十里。東北至惠州府博羅縣百七十里。本番禺縣地，晉咸和六年析置寶安縣，又分南海郡置東官郡治焉。宋、齊以後因之，隋平陳郡廢，縣屬廣州，大業初仍屬南海郡。唐復屬廣州，至德二載改寶安縣曰東莞。五代因之。宋開寶五年省入增城縣，六年復置。今城周十四里。編户一百八十三里。

寶安廢縣，縣南二百五十里。本東官鹽場，三國吴甘露二年置司鹽都尉於此。晉改置縣，並立東官郡，亦曰東官城。隋郡廢而縣如故。唐至德二載移縣於到涌，即今縣治也。明洪武三年改築新城。其廢縣亦曰城子岡，地平曠，千户所置於此。

安懷廢縣，在縣東南。亦晉咸和中置，屬東官郡，宋因之。齊志「東官郡治懷安」，即此。梁、陳間縣廢。

道家山，在縣治西，城址環其西南麓。又金牛山，在縣西五里。山勢岧嶤，下瞰海水，一名海月巖。○飛鵝山，在縣西南十里，屬靖康場，流水環遶，狀若飛鵝。又十里曰大嶺山，奇突聳峭，下視羣山如蟻垤然。其陽有瀑布泉，灌田二十餘里。又石鼓山，在縣西南二十里，上有石如鼓。南越志：「土有亂則鼓鳴，昔盧循來寇時隱然有聲。」

黄嶺山，縣南三十五里，俗名旂嶺，縣治朝山也。唐十道志：「嶺南名山之一曰黄嶺。」其山峰巒秀拔，狀如卓筆，逶迤而西，作展旗狀。下有簾泉。又縣南四十五里有彭峒山，上有水簾。○神山，在縣東三十里。其陽爲鼓鎮峽，下有龍潭，即龍江所經也。舊有浮橋。又石涌山，在縣東五十里。水中石如湧出，因名。居民多種香木於上。又東十里爲寶山。昔嘗置場煎銀於此，名石甕場，久廢。山巔有潭，懸流下注，居民引以灌田。

虎頭山，縣西南五十五里大海中。有大虎、上虎二山，俗號虎頭門。志云：即秀山也。宋景炎二年元將劉深攻帝於淺灣，張世傑戰不利，奉帝退保秀山。明初廖永忠下東莞，次虎頭關。今外國來入貢及出使外國者，皆取道於此。○武山，在縣南五十餘里大海中。山勢突起，有武勇狀，每潮汐消長，高低可辨。宋余靖嘗候潮於此。

曹幕山，縣西北八十里。其南有石門崦峒，高廣横列如城府。林陰蓊蔚，大者合抱，農隙採山如織，百材於此取辦。志云：山廣袤數百里，介於東莞、新會、高要、新興之間。

銅嶺，在縣東二十里榴花村。宋末邑人熊飛結集義勇，與元將姚文虎力戰，斬之，遂與新會令曾逢龍復廣州是也。又太平嶺，在縣東南，形若豎旂。從山麓而上，連頓九阜，至山頂則平曠，一名九頓嶺，道出大鵬所。○蓮花峰，在縣東北六里。九峰峻竦，狀如蓮花。一名三角山，其上有池。

三門海，縣西南六十里海中。有三洲，潮自東南來，至此分爲三道，既而復合，因曰三門。舊志：縣境海道之備有南頭、屯門、雞棲、佛堂門、十字門、冷水、角老、萬山、伶仃洋等澳，皆有哨兵戍守。又縣西南有烏猪海洋。吴惠日記：「正統六年奉詔使占城，發東莞，次日過烏猪洋，又次日過七州洋，瞭見銅鼓山；次至獨猪洋，見大周山；次至交阯洋，有巨洲横截海中，怪石廉利，爲舟楫患；次日至占城外羅陽校杯墅口，明日入其國門。」舊志：占城西去廣州二千五百里，海行殆難以里道記也。

東江，在縣北。自博羅縣流入境，又西入增城縣界，至南海縣入於西江。舊有東江隄，宋元祐初築以防衝齧，紹興中復修治，淳祐三年復增修之。元至正二年滛潦崩潰，尋復營葺。一名福隆隄，在縣東七十里。

龍潭，縣東南四十五里。志云：深溪山在縣東南二十五里，有瀑水飛流，又十里而匯爲龍潭。其水西北出，居民引以灌溉。又虎頭潭，在縣東百里，接惠州府界。有山險絶，形如虎頭，下有潭，潭傍僅有線道。山内有田可畊，常爲寇盜所據。昔於山前置砦，今廢。志云：縣東北黄曹村有織女湖，湖傍有小山。又縣東南百里有雙女湖。

福永鎮，在縣西南。有福永巡司，舊爲屯門固戍寨，洪武三年改置巡司，三十一年遷於福永村，因改今名。又白沙巡司，在縣西南百十里白沙村，近三門海口。舊爲白沙砦，洪武三年改置巡司。○京山巡司，在縣東北。舊爲茶園寨，洪武三年置巡司，十九年遷於京山村，因改今名。又中堂巡司，在縣西麻涌村。舊爲中堂砦，亦洪武三年改置。

武山砦，在縣南。又縣東有虎頭寨。志云：縣境有把截所三：曰南岡頭，曰沙潭，曰蘆荻角。又有企石營，亦在縣南。

城西驛。在縣城西，水驛也。縣東北又有黄家山水驛。又鐵岡水驛，在縣東。

新安縣，府東南二百六十里。東北至東莞縣七十里。本東莞縣地，隆慶六年析置新安縣，治城子岡。編户二十里。

梧桐山，縣東四十里。山勢峭拔，多產梧桐，因名。又杯渡山，在縣東南百二十里，下濱海。舊名屯門山，上有滴水巖及虎跑井。紀事云：「東莞南頭城，古之屯門鎮，乃中路也。」一云南頭城東南海路二百里至屯門鎮兵以防海寇，天寶二載海賊吴令光作亂，南海郡守劉巨麟以屯門鎮兵討平之。宋亦置營壘於此。又梅蔚山，在縣南百里大海中。行朝録：「宋景炎二年正月南狩幸此。」今有石殿遺址。又西南八十里大海中有官富山，山之東有官富場。行朝録：「景炎二年四月帝舟次於官富場。」是也。舊志：官富山在東莞縣西南二百八十里。

大奚山，縣南三百餘里大海中，環三十六嶼，週迴三百餘里，民居以漁鹽爲生。宋史：「慶元三年提舉鹽茶徐安國以捕私鹽致亂，知廣州錢之望遣兵殲之，遂墟其地，後生息漸繁。」明初有萬姓者統其衆，今亦呼爲老萬山。

佛堂門海，縣南二百里，潮汐相通。志云：牂牁水經官富山西南入海，分爲二門，佛堂門海在其左，急水門海在其右。凡潮自東南大洋西流，經官富山而入急水門。番船至此無漂泊之恐，故曰佛堂。自急水角經官富場，又西南二百里曰合連海。水通東南大洋，連深澳、桑洲、零丁諸山，而匯合於此，故曰合連。

合蘭洲，縣南百九十里。志云：縣南百餘里有大步海，中有媚珠池，南漢時採珠於此。又南八十里爲合蘭洲，在靖康場海中，與龍穴洲相比，相傳有龍出没其間。又有泉出龍穴洲石罅間，番船回者皆汲以過海。近志：縣西北八十里爲大步海，又西北八十里爲合蘭洲。似悞。

官富鎮。即官富場也。宋景炎二年蒙古將塔出等以步兵追二王於嶺南，其别將唆都由泉州取道泛海，期會於廣之富場，謂此。今有官富巡司。志云：本官富砦，洪武三年改。○缺口鎮，在縣西南缺口村，近合連海口，洪武四年置巡司於此。

三水縣，府北百二十里。西北至清遠縣百三十里，西南至肇慶府百三十里。本南海縣之北境、高安縣之東境地，嘉靖五年析置今縣，治白塔岡。有磚城。編户五十一里。

大潭山，縣北三十里。石壁數仞，飛瀑如練，下注二潭，左曰龍湫，右曰天生塘，方廣二畝許，居民引水溉田。○堯山，在縣南四十里，俗呼大堯山。水經注：「山盤紆數百里，有赭巖疊起，冠以青林。」郡國志：「山高四千丈，自番禺迄交阯俱見之。」今高約百仞，亦名凌山。

盧嶺，縣西北四十里，與四會縣接界。又金帽嶺，在縣東北一里。俗呼城隍嶺，有連珠峰，縣之鎮山也。又縣東五里曰象岡，一名雲秀山。又二里曰石頂峰，上有古烟墩，爲縣治之水口。○白塔岡，在縣東南一里，岡下水中有浮沉石。又二里爲崑都山，即古三水鎮也。宋置斥堠於此，廣州參謀劉領擒海鹽盜綦毋謹和尚於三水鎮是也。鎮廢。志云：縣治東一里有魁岡，下有鹿峒水，出縣東六里鹿峒中流經魁岡入於湞水。縣西一里又有七星岡。其西爲青岡，濱大江。又西有横石、將軍二嶺。

北江，縣西二里。亦曰湞水，亦曰洭水。自清遠縣流入境，南流會於陶水，又南入南海縣界合於西江。○陶水，在縣南。源出堯山，西北流注於洭水。又有翁水，出縣東北利山湖，亦西南流注於洭水。三水合流，縣因以三水名。志云：縣南有金洲岡，水中突起，方圓約二百餘丈，高五十餘丈，一名金鐘。水繞其傍，又十里過雙寶入南海縣界，俗呼新生水，三水之餘派也。

蘆包水，縣北四十里。志云：縣北三十五里有龍坡山，一名花山，又北五里則蘆包水出焉。其水秋冬皆涸，夏始溢，北出一里合於胥江，南出南海縣境，至官窑驛合於大江。胥江亦即北江之異名矣。又北六里有鴨埠水，亦流合北江。舊多盜賊，劫掠商船。志云：縣西南十里有西南滘，商旅之舟多泊於此。

三水鎮。在縣西南一里，隔江青岡之傍，即三水口也。有三水巡司。又縣西有横石巡司，與肇慶府高要縣接界。近志云：嘉靖三十年高要縣古耶巡司移置此。○胥江巡司，在縣北五十里。又西南巡司在縣東南十二里，地名楊梅堡。舊有西南寨，洪武三年改置巡司，并置驛於此。○巖石營，在縣北六十五里，又縣北四十里有鴨埠水驛，又縣南有界牌石營，俱有官兵戍守。

增城縣，府東百九十里。南至東莞縣百里，東至惠州府博羅縣百四十里。本秦番禺縣地，後漢析置增城縣，屬南海郡。梁改屬東官郡，尋爲郡治。隋平陳，郡廢，縣屬廣州。唐因之，宋仍屬廣州。今城周四里有奇。編户一百八十三里。

增城舊縣，縣東北五十里。漢置縣治此，唐時移置於縣東九岡村，後又移今治。元末嘗築土城，明永樂元年始甃以磚石，成化五年復增拓之。

羅浮山，縣東百三十里，與博羅縣接界，回環高聳，爲廣、惠二郡之望。詳見名山。○猊山，在縣東南二十里。志云：山産娑婆羅竹，圍三四尺，性堅韌，土人取以爲弓。

白水山，縣西四十里，屹若羣屏。上有瀑泉百餘丈，懸注如練。又峨眉山，在縣西南七十里。山秀而長。下爲烏石岡，狀若覆鍾，色如墨，堪以眺遠。岡下有烏石村。○陳峒山，在縣北二百五十里。脈自庾嶺而來，勢如卓旗。山側有小阜突出，增江源於此。

望雲嶺，縣北百七十里。下有九淋水，雖天時晴霽，亦有雲氣覆其上。又雲母嶺，在縣西二十里，産雲母石。○景星巖，在縣北五十里。平野中孤石挺起，峰秀入雲，連石相接，無異棟宇，中有樓閣寶蓋之狀。又浮碇岡，在縣城東五里。其石赤，與羅浮相望。舊經云：「浮山自海上浮來，合於羅山，此岡若浮山之碇。」又東五里爲百家山，上多竹，可容百家。

東江，在縣南，與東莞縣分界，西流入番禺縣境。

增江，在縣城東。源出陳峒山，東南流經此，又南合於防水。志云：防水出縣南十五里流防山，流合增江。縣南三十五里有牛潭，增江支流入焉，其正流西南出入於東江。

烏石鎮。在縣南東洲村。舊爲烏石砦，洪武初改置巡司。又茅田巡司，在縣西，洪武四年置。志云：縣北百里有蓮花寨，宋置。○增江驛，在縣城東。又縣南有東州驛，縣西六十里有烏石驛。

龍門縣，府東北三百十里。本增城及博羅二縣地，舊置龍門巡司於此，弘治九年徙司於黄沙坳，而置今縣於舊司治。有城，弘治十六年增築。編户十七里。

虎獅山，縣西五十里，形若虎獅對峙。上有飛泉，下注蛟穴，流至縣東五里爲白沙水，引流可以溉田。又西十里爲陳峒山，與增城縣接界。〔三〕

天嶺山，縣南八十里，高千仞，爲一邑之望。一名指天嶺。又東澗山，在縣南百八十里，有層崖疊巘、潄石飛泉之勝。又南十里曰岑曙山，中有西雲、會仙二洞，飛泉出焉。

西林水，在縣西。一名九淋水，源出縣西七十里鐵岡大山，流經城西，諸溪澗水皆流合焉，東南流入增城縣界，經望雲嶺下，迤邐二百餘里流合於增江。○路溪水，在縣東六十五里。源出縣東北鐵坑山，西南流會於西林水，可通舟楫。又鵝溪水，在縣南百餘里。源出博羅縣界，居民引以溉田，亦流入於增江。

上龍門鎮。在縣北。舊置長沙巡司，洪武四年改今名。

香山縣，府南百五十里。東至東莞縣三百里。唐爲東莞縣之香山鎮，宋因之，紹興二十二年升爲香山縣，仍割南海、番禺、新會三縣濱海地益之。舊有土垣，號曰鐵城。明洪武二十六年始營磚城，弘治間於城外築子城，正德間修築，周三里有奇。編户三十六里。

仁山，在縣治北。有六阜環列，謂之七星峰。其北一阜曰壽山，東南曰豐山，西曰武山，洪武初築城平其三阜。又城北一里有插笏山，瀕於海，舊名獺窟山。○大北山，在縣城東一里，蓮峰聳其前，金鼓角山峙其後。其與蓮峰對峙者爲石岐山，在縣西北一里。又西二里水中有長洲山。

筆架山，縣南一里，三峰屹立。又南二十里曰湖洲山，山下有湖，久之成洲，因名。俗呼爲文筆山。○北臺山，在縣南四十里，又南二十里曰南臺山，兩山相對如臺。志云：北臺相近者有壽星塘山，塘廣數畝，在山之北。野史：宋端宗崩於舟中，葬壽星塘。今塘側有陵迹五處，蓋遺臣馬南寶所築疑塚也。其地亦名墳頭岡，在山之西。又梅花水出焉，下流入海。宋端宗太后全氏崩，葬於梅花坡上，亦即此水傍矣。又香爐山，在縣南六十里，有瀑布懸流。志云：縣以此山名也。

長江山，縣東南三十里。衆水皆導源於此，因名。紫馬嶺在其東，相合山在其西。又東南十里曰三洲山，三山並立海中，一名大圜山。又東南二十里曰烏巖山，宋末士人多避亂於此。○石門山，在縣西十里，中有洞，宋末嘗拒元兵於此。又黄楊山，在縣西南七十里。其陽有赤坎岡，宋亡，張世傑葬於此。

浮虛山，縣北七十里海中。相傳山嘗與波上下，山海經「南海有浮石之山」，疑即此。又石甑山，在縣南百六十里，土人呼爲南山。志云：縣南百里海中有金星門，兩峰相對，蠻蜑多漁於此，相聚爲寇。又南百里有大、小横琴山，其下即井澳也。又三竈山，在縣南三百里海中。周回三百里，林木葱翠，有三石如竈。舊多居民，洪武中以通番寇入犯，遂虛其地。成化以後有官軍駐守。廣記：「三竈山有田三百餘頃，極膏腴。元時海寇劉進據此。明洪武初奸民吳進添通番爲亂，二十六年討平之，禁民不得居止耕種，設官兵防守。正德中豪民漸侵𡁱其地。」

海，在城外。宋阮泳縣治記「香山環海孤嶼」，是也。今縣西北接浮虛山者曰石岐海，中多洲潭蘆葦，泥濘久之成田，他邑民多耕種其中，攘奪爲害。縣西二十里曰象角頭海。又西三十里曰疊石海，中多魚蟹之利。西南七十里曰分流海，東注東洲門，合大洋。又三竈山東曰烏沙海，向爲番夷窺伺處，成化中番船復自此侵擾，因歲令官軍駐守三竈山。

井澳，在縣南海中横琴山下。宋景炎二年張世傑奉帝至井澳，颶風大作，舟敗幾溺，軍士死者過半，即此。番禺客記：「井澳海濱有湖居里，里中馬南寶者嘗以其家爲端宗行宫。及帝崩碙州，殯於南寶家，然後葬於厓山。繼又起兵於井澳，與蒙古戰，不勝死之。」志云：縣有浪白澳，爲海道戍守處。○零丁洋，在縣東百七十里。宋末文天祥爲元兵所敗，被執嘗經此，有「零丁洋裏歎零丁」之句。又九星洋，在縣西南。宋建炎二年元將劉深襲井澳，帝至謝女峽，復入海至九星洋，欲往占城，不果。一統志：「海中有九曜山，羅列如九星，洋因以名。」又謝女峽，一名仙女澳，亦在縣境。

香山鎮，在縣北大欖村。舊爲香山砦，洪武二年改置巡司。又小黄圃巡司，在縣北百二十里。弘治九年置。○金斗場，在縣南百五十里，地名濠潭，即宋金斗鹽場也。今廢。

象角頭營。在縣西。志云：縣有鎮頭角、南襌佛、縣港口及浮虚、大埔洋等營，俱有官軍戍守。又把截所四：曰石岐，在縣西；東洲門，在縣東；乾務，在縣南；大人嶺，在縣北。

新會縣，府西南二百三十里。西北至肇慶府高明縣九十里，西至肇慶府恩平縣百十里。漢番禺縣地，晉末置盆允縣，元熙二年置新會郡治焉。宋、齊因之。隋平陳郡廢，置新會縣，并置封州治焉。開皇十一年改爲允州，後又改曰岡州，大業初州廢，縣屬南海郡。唐武德四年復置岡州，仍治新會縣。貞觀十三年州廢，縣屬廣州。是年仍置岡州。天寶初曰義寧郡，乾元初復曰岡州。貞元末州廢，縣仍屬廣州。宋因之。今城周三里有奇。編户二百三十八里。

盆允廢縣，在縣東。晉末分番禺縣置盆允縣，屬南海郡，尋爲新會郡治。齊、梁因之。隋平陳改置新會縣，廢縣入焉。城邑考：「新會縣舊無城，元末始築土垣禦寇，旋廢。洪武二十四年改築土城，三十年甃以磚石。天順六年復築子城，周爲濠塹，時稱完固。正德十一年又復營築焉。」

新夷廢縣，在縣西四十五里。三國吴析番禺置平夷縣，屬南海郡。晉太康初改曰新夷，元熙中改屬新會郡。宋、齊因之。隋初廢入新會縣。又宋元廢縣，在縣東北。沈約志云：「元嘉九年割南海、新會、新寧三郡界上新民立宋安、新熙、永昌、始成、招集五縣，二十七年改宋安爲宋元，皆屬新會郡。」齊廢宋安縣，餘皆如故。梁、陳間改新熙爲新建，始成曰熙潭，招集曰懷集，又以廢宋安縣改置化召縣，隋開皇十年悉并入新會縣。

義寧廢縣，縣西北九十里。本新夷縣地，宋置義寧縣，屬新會郡。齊、梁因之。隋屬岡州，大業初屬南海郡。唐武德四年復屬岡州，貞觀十三年改屬廣州，旋復故。宋開寶五年廢入新會，六年復置。太平興國初改曰信安縣，熙寧五年省爲鎮，入新興縣。元祐初復爲縣，紹聖元年又改爲鎮。後復爲縣，還隸廣州。建炎初廢。

封平廢縣，縣西七十里。晉末置，屬新寧郡。宋屬新會郡，齊、梁因之。隋大業初廢入義寧縣。唐武德四年復置封平縣，屬岡州。貞觀十三年省。又封樂廢縣，在縣西北。沈約宋志：「元嘉十二年以盆允、新夷二縣界歸化民置，屬新會郡。」齊、梁因之。隋大業初廢入新會縣。唐復置，屬岡州。貞觀十三年廢，旋復置。開元初又廢。○始康廢縣，在縣西南。劉宋元嘉中置，屬新會郡。齊、梁因之，隋開皇十年廢入封平縣。又有初賓廢縣，亦在縣西。劉宋時置，屬新會郡，齊、梁仍舊，隋開皇十年省入義寧縣。

桂山，縣北二里，俗呼圭峰。唐僧一行至此，有黄雲覆之，因名黄雲山。上多松竹，瀑泉出焉。又北八里曰渌屏山，周迴八十餘里，環繞縣治。一名緑護屏。屏南有潭，謂之聖池。○大雲山，在縣西三里。形如盤龍，浮江旋遶。又西五里曰龍山，上有九穴，俗呼龍窟。其下紫水出焉，南流入海。

仙湧山，縣西北六十里，地名羅坑。本無山，一夕風雷震吼，湧出數峰。又西北五里曰崑山、崙山，二山相連，俗合呼爲崑崙山。崑山巔有天井，崙山巔有白龍池。○金岡山，在縣西八十里。唐志：「岡州以金岡而名。」其地産金，下有淘金坑。傍皆沃壤，延袤八十里，今皆爲民田，不復有金坑矣。西北有石洞，曰金山巖，深廣皆二丈。巖頂飛瀑如練，有盤石可坐數十人。舊爲鄉人遊賞處，今爲盜藪，俗呼鬼子窟。

曹幕山，縣西北二十里。上有傜人，墾山爲畬。今詳見東莞縣。○茂山，縣西南三十里，一名天臺山。志云：縣西三十里有將軍山，山勢雄峻，其脈蜿蜒而南，至此突起數峰，東盡於海。又西南二十里有石逕山，石岩如屋，容數十人。

厓山，縣南百里大海中，延袤八十餘里，高四十二丈，與奇石山相對立，如兩扉，潮汐所出入也。亦曰厓門山。故有鎮戍。宋末帝昺立於硇州，張世傑以厓山爲天險，可扼以自固，乃奉帝移駐於此，遣人入山伐木，造行宫及軍屋三千餘間。未幾元將張弘範來攻，或謂世傑曰：「北兵以舟師塞海口，則我不能進退，盍往據之，幸而勝，國之福也，不勝猶可西走。」世傑爲必死計，不聽，結大舶千餘，作一字陣碇水中以拒元軍。厓山北淺，舟膠不可進，弘範由山東轉而南，入大洋，與世傑師相遇，薄之，且出騎兵斷官軍汲路，又以舟師據海口，世傑遂困。既而元將李恒自廣州來會，守厓山北，與弘範合擊，宋軍遂潰。陸秀夫負帝沉海，楊太后及諸嬪御從死者以萬數，宋遂亡。志云：厓山對峙有湯瓶嘴山，以形似名，最高峻，文禽異木，多出其中。又南有雙壁山，高百餘丈。又南十里曰九曲山。

海，縣南二十一里。一名熊海，以傍有鼠熊、馬鞍熊、東熊、長熊四山也，統名曰熊子山。熊音那。三足鼈曰熊，山形似之，其下皆曰熊海。東逕香山縣爲小梁海，西經蜆岡，自北而東至厓山爲厓門海，通謂之南海。海防考：「濱海有望峒澳，係廣海衛軍巡哨。」

西江，在縣東北。志云：江水至番禺西，分流至縣東爲江門。江門又分爲二水，左逕石鮆至東莞縣虎頭門入於海，右逕縣瀶入於熊海。○鑼鼓潭，在縣西四十里。山溪之水匯流經此，水石衝激，聲如鑼鼓，南流入海。

沙村鎮，在縣南長沙村，有沙村巡司。志云：舊置司於長珠大神岡，洪武三年改置於此。又縣東潮蓮村有潮蓮巡司。舊置砦，洪武二年改。又藥逕巡司，在曹幕山藥逕口。舊置砦，亦洪武二年改。○沙岡巡司，在縣西。舊爲樂里砦，置於余村，洪武二十年徙於沙岡村，改置巡司。又松柏巡司，嘉靖中增設，在縣西松栢山，舊爲賊巢；又縣西河村有牛肚灣巡司，舊置砦；俱洪武二年創設巡司。又西有大瓦巡司，亦洪武初置。

利逕營，在縣西北，近崑崙、曹幕二山，通高明、新興，山嶺險阻多賊。相近又有汾水江營。又赤水口營，在縣西，有五坑、垌檢、蜆凹山賊。又西爲蜆岡營，有羅漢山浪賊。○鬼子窟營，在縣西，防鬼子窟、良金、雲永山賊。又西有五坑逕營，防甜水坑、良金、雲永三山賊，徑道多岐，接新寧、恩平二縣界。

長沙塘營。在縣西南，有北臘、山船、金坑、雷公巖、斬頭等山賊。又西有遊魚山營，防石巖頭、良金二山賊。相近爲金釵營，防牛仔蘭、北臘、王坑、王牯嶺、羅漢等山浪賊，通新寧、恩平二縣界。又有寨壕逕營，亦防羅漢、大山諸賊，接新興、高明、恩平、新寧諸縣界。○臨江臺堡，在縣東南，濱海；又東爲良村營，俱接順德縣界。〔四〕志云：縣有白虎頭、官來逕等關五。又有把截所八：曰長沙，在縣南海濱；曰企官，曰雙烟整，曰潭濬，曰企頭，曰横山，皆在縣西南濱海；曰仰船岡，在縣東南；曰寨門，在縣西，亦濱海。

新寧縣，府西南三百二十里。西北至肇慶府陽江縣百二十里。本新會縣地，自元季以來諸傜煽亂，屢征不服，明弘治十一年討平之，因析置今縣。初築磚城，正德六年改築，周三里有奇。編户六十里。

三台山，縣北一里。一名上坑山，縣之主山也。迤東一里曰連珠山，有三岡如連珠。其西曰寶鴨山，與三臺並峙。○百峰山，在縣東五十里。峰巒百計，獸多獐鹿，木多松梧，蠻僚之所出没也。其相連者曰古兜山。其地水陸四達，蠻僚結砦於此。有峰曰湯瓶嘴。

大隆山，縣西南百二十里。有傜寨，舊爲盜藪。又縣南百六十里曰龍溪山，山險峻，上有石室。○上川山，在縣南二百三十里海中。山多香蠟材木，居民煮鹽者多取木於此。又下川山，在縣南三百里海中，亦有香蠟竹藤之利。一統志：「上川石山，下川土山，居民舊以貿海爲業。」下川相近者曰海晏村，洪武四年海寇鍾福泉等挾倭船寇海晏，下川官兵追討，至陽江平之，於是徙二山居民入内地，遂爲荒壤。其後生齒漸衆，然豪貴奪其利，民日益貧矣。

海，在縣南。志云：縣西七里有紫霞山，其下爲紫霞海。又有矬洞水，源出大隆山，山南爲大牌海；又南二百里逕銅鼓山，衆水合焉，風濤觸石，如銅鼓聲，是爲銅鼓海；至上川山左右爲大、小金門，又西南二百里爲番舶往來之衙，是曰寨門海。

半塘水，在縣南。源出縣西北馮村坑，流入海。○雷公潭，在縣西一里。源出百峰山，有龍潛焉，龍興則風雷迅烈，下流亦注於海。

城岡峒，在縣西南七十里城岡堡，有巡司。又望高巡司，在縣南。舊爲褥州巡司，洪武二十七年以其地立廣海衛，移司於望高村，因改今名。○那銀堡，在縣西南九十里。又河木堡，在縣西南百二十里河木逕，南去廣海衛十五里。

倉步營，縣東四十里，東北至新會縣之赤水口營三十里。相近者又有水流逕營，志云：舊防新寧上朗、張邊、恩平交逕等山賊。○甘村營，在縣東南，接順德縣界。志云：營去倉步營三十里，去城岡堡二十里。似悮。

石鼓寨。縣東三十里石鼓山上，猺寨也。縣北八里有石人猺寨，在石人山上。志云：縣境諸猺寨，大者如石鼓、茅舍、苔村、石人、烮峒、横嶺、蓮塘、洋公逕、倉下、那西、東瓜、冲上峒、萬羅岡、雞頭、懷寧等寨。嘉靖三十年討叛猺，一自南海抵新會壁山砦，一自石門抵苦草逕。又分左右翼，一略百鋒十二寨，一略石鼓十五寨。傍午移兵攻黄沙泥、倉下寨，夜進茅舍、梅樹峒等寨。賊突圍走牛角烮，又進剿盈峒、大塘諸寨，又克那西、上橋諸砦，又分兵自牛眠沙進剿苔村、懷寧諸砦。賊平，乃設更鼓、那西、三合、水金、雞頭諸營。

從化縣，府東北三百四十二里。西北至韶州府英德縣百八十里。本增城縣地。弘治元年峒僚譚觀福恃險爲亂，討平之。三年析置今縣，治横潭。七年改治馬場田。築城，十一年甃以磚石，嘉靖中重修，周三里有奇。編户十八里。

龍潭山，縣北二十里。上有龍湫。又雲臺山，在縣東北二十里。山巔平衍如臺，常有雲氣覆之。傍有洞穴，容數十人。又北山，在縣東北八十里，三峰峻拔。山半有蘭和谷。下爲龍潭，上有瀑布懸流注於其中。又五指山，在縣東北九十里。五峰相連，如筆格然。

圍腦山，縣西十三里。其上有仰天湖。又西爲三將軍山。又蜈蚣山，在縣西五十里。麓有鐵場坑，相傳舊嘗於此煮鐵。縣西北四十里又有百丈帶山，上有泉，注爲流杯池。○石鼓樓山，在縣南三里。其石層疊，下有潭。又鷓鴣山，在縣南四十里。其脈自庚嶺而來，有峰高百餘丈，傍一峰差小，俗呼爲大、小鷓鴣。舊志云「山在增城縣西南九十里」，蓋本增城地也。又武臺山，在縣南五十里，亦有兩峰相對。

流溪，在縣南。源出韶州府乳源縣流溪山，流經縣前合於曲水，又西流至南海縣石門山入於北江。○曲水，在縣東。有三源，一出增城縣界監瀵山，一出縣東六十三里之中心山，一出縣東概洞，流五十里至白芒潭，又五十里抵縣前與流溪水合。水甚清淺，不通舟楫。

犂塘水，在城西。源出縣東三十里獅子嶺，有石磕水流會焉，曲折流五十里，至縣西三里之風門嶺合於流溪。志云：風門嶺多積水之窌，山半有水盂，積水常不竭。

流溪鎮。在縣北石潭村。舊置砦，洪武三年改設巡司。志云：縣有上塘營，防十八山、苦菜塘、松子寨等處巢峒。志云：縣境有山傜巢穴凡三十五處。

清遠縣，府北二百五十里。西南至肇慶府四會縣百七十里，東北至韶州府英德縣二百七十里。漢南海郡中宿縣地，梁析置清遠縣，爲清遠郡治。隋平陳郡廢，縣屬廣州，大業初屬南海郡。唐仍屬廣州，宋因之。城邑考：「元至正中築土城，明洪武二十二年始砌磚城，天順七年爲傜賊所陷，成化中修築，以後又嘗增修。城周八里有奇。」編户十七里。

中宿廢縣，縣東北六十里。漢置縣，屬南海郡，後漢因之。三國吴改屬始興郡，仍曰中宿縣，宋、齊因之。梁析置清遠縣，又改置政賓縣，移東官郡治焉。隋平陳郡廢，縣屬廣州。唐武德六年并入清遠縣。志云：今縣東十二里有中宿山，中宿縣以此名。

峽山，舊東三十里。一名中宿峽，崇山挺峙，中通江流。舊記：「黄帝二庶子，曰禺陽，曰禺號，南採阮俞之竹，爲黄鍾之管。今山上小竹，節間長九寸，圓徑三分，疑此山即阮俞也。」亦曰禺山，亦曰二禺，有兩峰穹窿對峙，束隘江流，故曰峽也。道家以爲第十九福地。有和光洞，甚深窈。又有幖幡嶺，在山頂南。唐大曆間哥舒晃叛廣州，命將討平之，還見二幡於山頂，蓋二禺神之所賜云。又觀亭山，在縣東三十五里。一名觀峽山，或云即峽山之支麓也。或謂之尋峽。姚氏云「漢樓船將軍楊僕出尋峽，峽去始興三百里，近連口」，即此峽矣。〇觀音山，在縣東二百五十里，高出諸山，峰巒層疊。

大羅山，縣西二百五十里。其脈自陽山來，西抵廣西梧州府懷集縣界，傜、僚多居其間。中有龍潭，賊巢也，嘉靖三十六年討平之。又溱源山，在縣西百二十五里。連山交枕，絶峰壁竦，溱水出焉。俗訛爲秦王山，溱水亦曰秦王水。〇迴岐山，在縣西南八十里。古名觀岐，高聳數十仞，逶迤環抱，有迴顧縣治之狀。下有岐水，迴岐驛設於此。又臨漢峽，在縣西北五十里，兩崖壁立，延袤九十里。

湞水，在縣東北。源出大庾嶺，逕韶州府英德縣界，又南過廢中宿縣，至縣東會於洭水。漢楊僕下湞水是也。經縣南八十里有黄巢磯，相傳黄巢嘗覆舟於此。又南入三水縣界。

洭水，在縣東，自英德縣流入界。漢志注：中宿縣有洭浦。是也。又東南流四十二里，至縣東與湞水合。或謂之湟水，或謂之洸水。漢路博德下湟水，即此。又洭水合湞水之處謂之洭口。陳大建二年廣州刺史歐陽紇以州叛，陳將章昭達破之於洭口。亦謂之洸口。宋乾德二年潘美克南漢之郴州，劉鋹懼，使邵廷琄屯洸口是也。志云：湞水亦曰洌水，湟水曰滙江。今縣東有滙江鄉及滙江巡司。

溱水，在縣南。源出溱源山，東流合於湞水。水經云「溱水源出湖廣臨武縣西南境，經曲江縣西北流合武水，山海經謂之肄水，又南合湞水，又西南逕中宿縣會一里水，其扼處名爲觀峽，春水洊至，〔五〕鼓怒沸騰，流木淪没，必無出者，稱爲至險」，蓋訛今之湞水爲溱水，而又以今之溱水爲湞水矣。

横石寨，在縣東，洪武二年改置横石磯巡司。其相近有高田營、金斗角營，皆設兵戍守。又滙江砦，亦在縣東，洪武二年改置滙江巡司。其相近者有鼓樓岡、黄峒水二營，俱爲戍守處。○濱江砦，在縣西北；又有迴岐砦，在縣西南，近迴岐山；洪武二年俱改置巡司。

楓坑營，在縣西南，接三水縣界，西防四會之傜。其相近有塘角、蚊蟲石、大廟峽、黄流寨、石角、河村等營。又龍鎮營，在縣北；相近有石川逕口、鴨春逕、三木坑等營；皆僻在萬山中，接英德、陽山二縣黎峒賊寨。○清遠峽營，在縣東峽山下，亦曰峽口營。又南有正江口、頭巾灘、山塘、大燕水等營。又西南有界排營。志云：縣境江道北接英德，南達三水，多盜賊及黎、傜、水蛋之患，因設金斗角、高田、黄峒水及峽口諸營，撥兵防戍。又有鑼鼓灘、板潭、禾雲、合頭、白泡潭、丫磯水等營，皆近江道。縣西北又有老虎峒、黄栢逕、黄岡逕、秦王逕等營，則西北一帶山徑防衛處也。

獨石砦，在縣境。志云：縣有獨石、黄田、田心洋子、蓮梗、雙石、水西、亂滘、白灣、牛挨石、羊坑、雷坑、石閣、老虎峒、桃枝、横石、企石、三木坑等十七寨，又有三坑等傜巢一百有六。

安遠驛。在縣城西。縣東北九十里爲横石磯驛，縣西南八十里爲迴岐驛。志云：縣東又有官莊驛。

附見

廣州左衛，在府治北；又有廣州右衛，在左衛之西；俱洪武八年建。又廣州前衛，在府治西；其北爲廣州後衛；俱洪武二十三年建。

南海衛，在東莞縣治南。洪武十四年建。○東莞守禦千户所，在縣南東莞縣舊城内。洪武二十七年置。有磚城，周三里有奇，環城爲池。一名南頭城。備倭指揮亦駐於此。又大鵬守禦千户所，在東莞縣東三百五十里，以相近有大鵬嶺而名。嶺脈自羅浮來，狀如飛鵬也。洪武二十七年置所。有城，周二里有奇，環城爲池。俱隸南海衛。

廣海衛，在新會縣南一百五十里。舊爲㟴州巡司，洪武二十七年改建衛。有城，三十年甃以磚石，周五里有奇。環城有池。○香山守禦千户所，在縣治東。洪武二十六年建，隸都司，二十八年改隸廣海衛。又新會守禦千户所，在縣治東，洪武十七年建；又新寧守禦千户所，在縣城内，嘉靖十年建；俱隸廣海衛。

清遠衛。在縣治東。洪武二十二年建。

增城守禦千户所。在縣治南。洪武二十七年建，直隸都司。又從化守禦千户所，在縣城内。嘉靖十四年建，隸南海衛。

連州，府西北五百六十里。東北至湖廣郴州三百五十里，西北至湖廣道州五百五十五里，東至韶州府四百里，西至廣西賀縣二百六十七里。

春秋時楚地，秦爲長沙郡之南境，兩漢屬桂陽郡，三國吴改屬始興郡，晉因之。宋泰始中置宋安郡，泰豫初省入廣興郡。齊仍屬始興郡，梁置陽山郡。隋平陳郡廢，改置連州，大業初改爲熙平郡。唐武德四年復曰連州，天寶初改爲連山郡，乾元初復故。五代時屬湖南，漢乾祐三年入於南漢。宋仍爲連州。亦曰連山郡。元至元十七年曰連州路，屬湖南道。十九年降爲州，隸廣東道。以州治桂陽縣省入。明洪武初省，十四年復置州，編户十七里。屬廣州府。領縣二。今因之。

州北接九疑，西通桂嶺，控郴、永之噤喉，爲廣州之肩背。漢平南越，一軍出湟水。宋伐南漢，自連州進克韶州。明初陸仲亨以贛州之師由韶州出連州，擣肇慶以西。蓋介五嶺之口，爲四出之途，嶺南形勝，斯爲最矣。

桂陽廢縣，今州治。漢置縣，屬桂陽郡。元鼎四年伏波將軍路博德將軍屯桂陽，待使者，既又出桂陽下湟水，即此也。後漢亦曰桂陽縣。孫吴屬始興郡，晉因之。宋泰始中分屬宋安郡，尋還屬始興。齊仍屬始興郡，梁爲陽山郡治。隋爲連州治，唐、宋因之。元省縣入州。輿地志云：「連州桂陽縣，漢屬桂陽郡，因謂之小桂。」西魏圍江陵，王琳自廣州入援，將兵自小桂北下，至蒸城。蒸城，見湖廣衡陽縣。姚思廉曰：「小桂，嶺名。」或即今之桂陽山。城邑考：「桂陽城，劉宋元徽中湘州刺史鄧魯創築。宋皇祐四年因舊址增拓，元祐、紹興及寶慶中皆嘗增修。明洪武二十八年復甃以磚石，正德四年修葺。有門三。城周三里有奇。」

岡溪廢縣，在州西北。沈約宋志：泰始六年立岡溪縣，割始興之桂陽、陽山、含洭四縣立宋安郡，屬湘州。〔六〕泰豫元年縣與郡俱廢。

順山，州東四里。劉禹錫記：「邑東之望曰順山，由順以降，無名而相依者以萬數，回環鬱繞，疊高争秀，西北朝拱於九疑，乃州之第一山也。」又東一里曰巾山，一名翠巾峰，平地聳起，凡百餘丈，崔嵬冠於羣峰，其木多楠柘之屬。九疑，見湖廣名山。

桂陽山，州西北二十五里。上有石洞，廣三百一十步，藤蘿蔽之。洞内之泉流出，東入於韶州。舊縣名桂陽，以此。又西北五里曰白鶴山，石峰四面如掌，相傳有陳真人者騎白鶴上升而名。○方山，在州北二十八里。志云：山遠與九疑對峙，凡數百里。其東南有水出焉，下流達於湟水。又北十二里曰北山，上有磨崖。志云：州南五里有白羅山，峭拔壁立。

冠峰，州北十三里，高聳冠於羣山。或曰以山形如冠也。又北里許有五峰，狀如芙蓉，亦名芙蓉峰。或曰即蓮花峰也。宋潘美破南漢之兵於此。又圭峰，在州西北十里。衆山環繞，惟此峰端立如執圭。○天際嶺，在州西北十五里。一名崑湖山，以下瞰崑湖而名。連延而西，入連山縣界。又秀巖，在州西北五里。山有懸石，如滴翠乳。一名大雲巖。

楞伽峽，州東十五里。雙崖壁立，垂石飛瀑，下注深潭，即湟水所經也。唐顯慶四年，連州山水暴出，漂七百餘家，即峽中水矣。宋嘉泰二年厓崩，水壅，谿谷倒注，舟楫不通，田廬墊溺，患及城邑，州刺史楊榕等疏鑿之，三載底平。葉適記曰：「湟水會流而東南出，束兩崖間，湍怒激躍，勢傾百里，舟行必踰峽，始可無患是也。」下有貞女石，相傳貞女化石處，亦名貞女峽。

湟水，在城東。自陽山縣流入界，又南入韶州府英德縣境。劉禹錫曰：「城下之浸曰湟水，由湟之外交流而合輸者以百數。」是也。今詳見大川北江。

桂水，州東北十五里。志云：源出湖廣宜章縣黄岑山，南流入境，俗名奉化水，流合五溪水。寰宇記：「五溪者，滄浪水、崑湖水、横溪水、葉腐溪水、相思水也。」一云五溪源出方山，五派合流，注於湟水。

盧溪水，州西北二十里。源出湖廣藍山縣，有盧龍水流合焉，亦名上、下盧水，經州西二十五里匯爲龍潭，東流歷楞伽峽注於湟水。○雙溪水，在州西南三里。其上流爲樂簪溪，古名斟水：一出連山縣界，亦名獲水；逕縣西九里合高良水，又東爲雙溪水，注於湟水。又連口水，舊志云：源出桂陽縣西北百十里石塘村，亦曰漣水，東南流注於洭水。或謂之鬱連水。

雞籠關。州西三十七里，有兵戍守。志云：自州界接四會縣境，有傜賊山寨一十有二。

陽山縣，州東北二百里。北至湖廣宜章縣百三十里，東至韶州府樂昌縣百八十里。漢置縣，屬桂陽郡。後漢改曰陰山縣，三國吴省入含洭縣。晉復置陽山縣，屬始興郡。宋、齊因之。梁屬陽山郡，隋屬連州，唐、宋因之。元屬桂陽州。明洪武二年屬韶州府，十四年改今屬。城周二里有奇。編户六里。

陽山故城，在縣南，漢縣治此。唐神龍初移縣治於洭水北，即今縣治。城邑考：「縣舊無城，天順七年始營磚城，成化以後屢經修築，有池環之。」

宣樂廢縣，縣南百里。梁置梁樂縣，并置梁樂郡。隋平陳郡廢，縣屬連州，開皇十八年改爲宣樂縣，大業末廢。又游安廢縣，在縣西南，亦梁、陳間置，隋屬連州，大業末廢。

賢令山，縣北二里。唐韓愈爲陽山令，嘗讀書於此，有讀書巖，山以愈名也。又縣東北二里有石崖山，上有石壁如板。○陽賢山，在縣西南十里。高出衆山，日光先照，故名。有兩峰上聳，亦名丫髻山。

寶源山，縣東三十里。山産黑鉛，居民嘗採取之。弘治九年奸徒相結爲盜，始禁不復採。又銅沙山，在縣西南七十里，舊嘗産銅。○同官峽，在縣西北七十里。脈自連山縣黄連山來，有峽水，東流注於湟水。志云：峽今夷爲同官村。

洭水，在縣東，即湟水也。亦曰洽水。自湖廣寧遠縣界東南流入縣境，復折而西南入連州界。志云：同官峽水東流合湟水，又流過城南爲陽溪水，又南十里曰龍坂灘，灘側温泉，四時不竭，又南十五里爲龍宫灘。韓愈云：「陽山天下之窮處也。水則江流悍急，横波之石，廉利侔劍戟，舟上下失勢，破碎淪溺者往往有之。」

斟水，縣東二里。其地有東巖，水源出焉，南流四里爲潮泉。泉源消長，與潮汐同候也。俗亦謂之桃江。又有兩溪水，源出韶州府乳源縣，流經縣東之蓮塘，合斟水入於洭水。

湟谿關，在縣西北。秦置。漢武伐南越，兵出桂陽下湟水，即此。新唐書陽山縣有秦湟谿關。郡國志：陽山縣理，洭水之南即其故墟，本南越置關之邑，故關在縣西北四十里茂溪口云。

陽山關，在縣北，當騎田嶺路。秦始皇二十六年既定南越，遂於此置關。史記：「尉陀移檄湟溪、陽山關曰：『盜兵且至，急絶道聚兵自守。』」是也。姚氏曰：「縣去騎田嶺不過百餘里，嶺即郴州之黄岑山也。」

星子鎮，在縣北，有巡司。西北有朱岡巡司，縣東有西岸巡司，俱洪武二年置。○白芒營，在縣西。與連山縣相近爲高灘營，接白芒、老鵶坑諸險路，置兵戍守。又西有飯甑營，接稍陀、白水諸路，通廣西懷集縣石角山傜。又有大崀營，亦在縣西，地名青洄，接懷集縣黄潭山諸路，并防汾水、凹山賊。相近又有琵琶逕營，接黄潭諸山，防茶坑、南北西水山賊。有江頭圳營，亦接南、北西水險路，俱置兵防守。

馬丁民營，在縣西南橋下山，接廣西懷集縣界，防古嶺山賊。旁又有馬丁兵營。又李峒營，在縣西南烏石峒，通四會、清遠大羅等山險路，防大羅、焦坑、黄沙坑諸賊。相近有梅花逕營，地名白竹莨，亦防大羅山賊。○牛仔營，在縣東，接乳源縣界，防企山、滑峒坑諸賊。

石盤閘。在縣東南，地名大橋，路通英德縣界，防杉木角賊。其北有大青藍閘，相近爲天堂嶺，通乳源縣莽山險路。

東有小青藍閘，接雷峒、大橋諸處，亦防天堂嶺賊。又高橋閘，亦在縣東南，地名神下坪，亦接莽山界，防黄沙坑傜賊。又長塘閘，在縣東北，地名大東，山路通湖廣宜章縣。○旱塘閘，在縣西，地名坑塘，路接廣西懷集縣界，防清油、草塘賊路。又佛子逕閘，在縣西南，地名牛皮巖，與李峒營相接。又黄栢逕閘，在縣南，地名老虎坑；相近有沙涌閘，地名魚水，與梅花逕營相接；俱防大羅山賊。

連山縣，州西二百七十里。北至湖廣寧遠縣二百十里，西至廣西賀縣百五十里。漢桂陽縣地，梁析置廣德縣，屬陽山郡。隋改縣曰廣澤，屬連州。仁壽初改曰連山，大業初屬熙平郡。唐復屬連州，宋因之。紹興六年廢爲鎮，十八年復故。明洪武二年屬韶州府，是年省入陽山。十四年復置，屬連州。城周二里。編户二里。

連山故城，在縣西北。志云：縣在前代遷徙無常，洪武初因唐神龍間舊址置縣於西北程山下。天順三年爲傜賊所破。六年賊平，議者以縣在萬山中，道塗險遠，且多瘴癘，乃相度雞籠關内小水坪，水土平衍，堪徙縣治，因築今城，環城爲池。

熙平廢縣，在縣西。三國吴置尚安縣，屬始安郡。晉太康初改曰熙平縣，宋因之。齊置齊樂郡，梁、陳仍舊。隋平陳廢郡，縣屬連州，大業末廢。又有武化廢縣，在縣西南。亦梁置，隋屬連州，大業末廢。

長逕山，縣東九里，中有長逕通往來。夏瑜記云「山在城東四里，高數百丈，周二十里。脈自州東巾子山來，山勢中斷，若蜂腰然。有逕路，連民出入必由此。西通懷、賀，北抵錦田。路多石壁懸崖，可徒行，不容車騎。春夏山水瀑漲，所過衝薄蕩齧，雖歲加葺治，而圮壞不免。天順初廣右峒蠻越境寇掠，據縣爲巢，路益崩壞。六年寇平，知縣孔鏞脩復縣治。以山當出入通衢，不容蓁塞，乃重闢之，鑿其阻險，補其傾缺，於是民無攀援之患」云。

天梯山，縣北百五十里，高險無草木，行者難若升天。又上葉山，在縣西北百六十里。山險峻，爲傜、獞窟穴。又崑湖山，在縣東北二百里，下瞰崑湖，湖水渟泓，羣山四擁，稱爲奥區。一名天際嶺。東南至州城十五里。

黄連山，縣西百五十里。峰巒連絡，多草木，與廣西接界。又巍峨山，在縣南四十里，高險不可登。○連營峒，在縣西。

梁峒水，縣東南十九里，有上吉水流合焉；又縣南六里有横水；俱東南流合於湟水。○大龍水，在縣北十六里大龍山下，下流亦入於湟水。

白沙營。在縣東，地名茅鋪岡，防雞籠關、臺子岡諸山賊。臺子岡即長逕山路之險也。又黄南營，在縣南，防沙田峒、黄南、梅水界巢賊，向係樂昌縣民壯戍守。相近有沙坊營，係仁化縣民壯戍守。○大眼營，在縣西，地名上章峒，防草峒、大小眼及賀縣上下均峒、鹹石等山賊。又拳石營，在縣西北，地名三禾峒，防大沖、倒水及湖廣界蕉花、石角等處賊巢。

附見

連州守禦千户所。在州治西。洪武二十八年建，隸清遠衛。

肇慶府，東至廣州府二百三十里，西南至高州府七百七十里，西至廣西梧州府四百里，北至廣州府連州五百二十里，自府治至布政司見上，至京師七千四百二里。

禹貢揚州南境，春秋時爲南越地。秦爲南海郡地，漢初爲南越國地，武帝平南越爲蒼梧、合浦二郡地。三國吴及晉屬蒼梧郡。劉宋分屬南海郡，又置綏建郡，治四會縣。梁增置高要郡。治高要縣。隋平陳郡廢，改置端州，大業初又改爲信安郡。唐武德四年復曰端州，天寶初曰高要郡，乾元初復故。五代時屬於南漢。宋初仍曰端州，亦曰高要郡。元符三年升興慶軍節度，重和元年又升爲肇慶府。以徽宗潛邸也。又賜軍額曰肇慶。元曰肇慶路。明洪武初復爲府。領州一，縣十。今因之。

府帶山控江，延袤數千里，據廣州之上游，當賀、梧之津要。漢武帝自巴、蜀發夜郎兵下牂牁江會番禺，即今西江路也。梁大同中交阯李賁作亂，以楊瞟爲交州刺史討之，命定州今梧州府。刺史蕭勃會瞟於西江。蕭子顯曰：「西江川源深遠，宋、齊以來皆别置督護專征討之任。」陳霸先爲西江督護、高要太守是也。李吉甫曰：「端州當西江口，入廣西之要道。」明初廖永忠等奉命平廣西，亦由肇慶泝西江而上，抵梧州。蓋郡爲兩粤之要膂，東西有事，此其必争之所也。

高要縣，附郭。漢縣，屬蒼梧郡，後漢及晉因之。劉宋改屬南海郡，齊因之。梁爲高要郡治，唐、宋以來州郡皆治此。

今編户九十八里。

高要城，即今府治。漢置縣治此。宋皇祐中始築州城，環土爲垣。政和三年改築石城。明洪武元年復增拓之，天順、嘉靖間皆嘗修築。有門四。城周四里有奇。

平興廢縣，府東南八十里。劉宋置，爲宋隆郡治。沈約志：「元嘉十八年以交州流寓立昌國、義懷、綏寧、新建四縣，爲宋熙郡。二十七年改置宋隆郡，領平興、初寧、建寧、招興、崇化、熙穆、崇德等縣。孝建中復改爲宋熙郡。」齊時亦曰宋隆郡。隋平陳郡廢，以平興縣屬端州，諸縣悉并入焉。唐因之。宋并平興入高要縣。一統志：「府東南三十里有廢崇州，宋元嘉中置，尋廢。」悮。郡志以爲宋隆郡故址。又云：平興廢郡今爲黄村都，成化十一年割入高明縣，去高明城五十里。

博林廢縣，在縣西南。梁置，屬新寧郡，并置撫納縣。隋屬新州，大業初以撫納縣并入博林縣，屬信安郡。唐屬端州，貞觀十三年省。

石室山，府北六里。一名圓屋山，亦名高星山，或謂之定山。山有石室，自生風煙，南北有二門，中可容百餘人，號爲「神仙下都」。其前有浦，曰高星浦。傍有聳石，廣六十餘丈，高二百餘仞，謂之崧臺。又有七星巖，連屬曲折，列峙如北斗。巖之中亦爲石室，容數百人。又有斗魁臺，唐初所築。巖之左爲石洞，穹窿宏敞，前後二門，頂開中霤，巨石覆其上，春夏間潦水泛溢，島嶼平没，惟此高聳特出水中。又東逾瀝湖半里許曰屏風巖。又里許爲閬風巖。從石室而西半里則爲天柱巖。又里許爲蟾蜍巖。又半里許爲仙掌巖。西北二里曰阿陂巖，延袤凡數十里，瀝湖環流其下，可通舟楫。又有北山，亦名北嶺，在縣北十里。高千仞，盤亘百餘里，爲府治之後山。峰巒聯屬，若屏障然。其中一峰屹立雄偉，名將軍嶺，蓋即石室之支阜也。又府東北十里曰獅子岡，在七星巖之東，中峰嵯峨，陵阜盤鬱。

銅鼓山，府南二十里。高千仞，周三十餘里，府治之案山也。山有赤石如鼓，叩之有聲，因名。又南三十里爲神符巖，有南北二巖相向，南大北小，皆奇勝。小巖口又有龍井，四時不涸。○雲從山，在府南三十里。高百丈，周五十餘里。峰巒疊巘，秀出天表。新宅水經其下。

高峽山，府東三十里。高百餘仞，周十里，與爛柯山對峙。江流至此夾束而出，一名高要峽。漢以此名縣。相傳山有靈羊，每出鳴，風雨隨至，亦名靈羊峽。靈，一作「羚」。三國初，吴交州刺史步騭取南海，劉表大將衡毅、錢博等逆戰於峽口，兵敗毅死之，即此處也。水中有亞婆頂、釣魚臺，皆最湍急處。○爛柯山，在府東南四十六里。一名柯斧山，舊傳王質觀碁處。亦名端山，峽之對山也。高數百仞，周五十里，其上狸人所居。江水經此謂之端溪。隔溪有二巖，石可爲硯。吴録曰：「端山有五色石，石上多香木。」硯史云：「巖有四，曰下巖、上巖、半邊巖、後礫巖。穿峒深入，不論四時，皆患水浸。治平中貢硯，取水月餘方及石。自仁廟以前，賜史院官硯多是。其後歲貢惟上巖耳。」一統志：「硯石凡三種，巖石爲上，西坑次之，後磨又次之。」

頂湖山，府東北四十里。山高千餘仞，周數百里，爲一方巨鎮，盤鬱森聳，攀援莫上。山頂有湖，四時不竭。又東北十里曰九坑山，高五百餘仞，周五十餘里，出泉九派。舊有茶園四十四所，傜人居之。○勞山，在府東北百里。高數百仞，周三十里。山徑險狹，樵人憚勞，因名。

湘峽山，府西三十餘里。高數十仞，周八里，羣峰列峙，江經其中，形類瀟湘。其東五里爲小湘峽。宋皇祐四年儂智高犯端州，州守李寶臣曰「若得兵數千人伏小湘峽，扼至險以擊驕兵，可必勝也」，即此。志云：府西有小湘、大湘二水，俱流至峽中入江。○望夫山，在府西六十里。高百仞，周百里，屹然際天。郡國志：古端州有望夫山。又騰豺山，在府西百里。亦曰騰豺嶺。山勢險峻，有異獸。或謂之騰猿，亦曰騰豻。

王侯峰，府東南七里。高數百仞，周三十五里。志云：「宋元豐中郡守王泊葬其下，峰因以名。又金洲岡，在府東南九十里。巨石峻峋，高數十仞，周數百丈，屹立江流。又十里爲羅鬱岡，亦橫屹江面，潦漲時漩渦頗險，亦西江捍門也。又白猪岡，在府西南五十里。高百丈，周三十里。岡有石如猪，因名。又府西一里有三臺岡，三岡鼎峙，狀若三星。府西北一里又有龍頂岡，高五丈，周二里，林木蓊蔚，軍民環居其下。

大江，在府城南。一名西江，亦曰西水。元和志：「端州當西江口，入廣西要道。」今自廣西三江而來，經封川、德慶繞郡城而東南，入廣州府境注於海。每淫雨則江漲暴至，且爲羚羊峽所束，郊原皆溢。諺曰「水浸釣魚臺，上下不通來」。釣魚臺者，峽中山也。峽江旋束，溢爲渦塘，皆有漁人恣取之，併多得蟹，西水退盡，蟹亦蜕殼，諺云「西水漫漫，魚蟹滿盤」是也。詳見大川西江。

新江，府南六里。源出新興縣亂山中，北流百四十里入於大江，謂之新江口。又新宅水，出羅定州東安縣之苟逕山，縈迴曲折，北流注於新江。又博峒水，由東安縣之書山縈繞而東，北出凡八十餘里注於新江。又有孔洞水，在縣南五十里，亦北合新江水。府南又有示峒水，源出高明縣老香山，北流七十里亦入新江。

蒼梧水，府東南六十里。一名典水，源出爛柯山，初爲瀑布，東流屈曲二十里入大江。又貝水，在府東八十里。自四會縣南入界，一名鴉雀水，又名安南水，亦名飛水，流入大江。又清岐水，在府東九十里。自四會縣綏江分流入境，一名古武水，南流入大江。自昔設關隘於此，爲屯兵用武之地，因名。○古婪水，在府東北七十里。源亦出四會縣界，南流入大江。

宋崇水，府東南九十里，西北流至府東南二十五里宋崇渡口入大江，有鸕鷀峽水注焉。本名宋隆，以故郡爲名，唐諱隆曰崇。志云：鸕鷀峽水，源出高明縣老香山，經府東金雞營，亦名金雞水，其下流分二派，一合宋崇水，一合都含水，入大江。洪武中潦決泛浸高明，永樂中修塞，正統三年復伐石隄防，高明始無水患。又復源水，在府東南九十里。自大江分流，而西南還合大江，因名。○都堰水，在府西七十里，源出德慶州界大朝山，流入境；又有筭峒水亦出大朝山，流經府西五十里；皆注於大江。

瀝湖，府北五里。北山諸澗之水匯爲黄塘、上欖塘，又石室諸巖之水皆流合焉。春夏潦漲，極目浩淼，多蒲魚菱芡之利。湖水環流經巖後，東爲小渠，謂之後瀝水，繞北山石子灘三十里，出靈羊峽入江。又有新瀝水，萬曆中守臣王泮分引瀝湖，經城東一里石頭江出大江以洩漲潦。○東洲沙，在靈羊峽口之東，江中有居民數千家。

禄步鎮，府西七十里。舊爲禄步寨，明初改置巡司，洪武二十一年自禄步上村遷於下村水口。又府東七十里有横查巡司，洪武二年置，嘉靖三十六年遷於横查水口。又古耶巡司，在府東九十里。本古耶寨，在府東百五十里，明洪武四年改置巡司，嘉靖二十五年移置於此，崇禎二年以横查巡司并入。

金雞坪營，在府東四十里雲頭山，與高明縣九曲逕相接。嘉靖二十五年置。又貝水營，在府東七十里，近大河。

嘉靖十一年置。○白泥營，在府西百三十里。弘治六年設。相近又有雲初營，正德五年設。又府西九十里有霧逕營，嘉靖二十四年設。又蔡逕營，在州南百十里。嘉靖十六年設。又南有白泥埠，二十八年所設也。又苛逕營，在府南百里。嘉靖五年設。

崧臺驛，在城西。又新村驛，在府西百二十里。舊置於德慶州之站灣，洪武五年移置於悦城水口，即此驛也。輿程記：「新村驛而西爲悦城鎮，又西爲三洲哥，共百里而達德慶州，此爲西達梧州之道。自崧臺驛而南九十里爲新興縣之腰鼓驛，又五十里至新興縣，爲南達高州之道。」○河泊所，舊在府東二里。明初置，萬曆中革。

林田山砦。在府西，傜寨也。又府西百餘里有大臺山傜寨，府東南有花頂山諸傜寨。志云：高要縣傜山凡九是也。

高明縣，府東南六十里。西南至新興縣七十里，東南至新會縣九十里。本高要縣地，明初設高明巡司於此。正統末山寇鄧宗遠等屢作亂，成化十一年督臣吴琮等請改置今縣，從之。十六年築磚城，環城爲濠。正德以後屢經修築。周三里有奇。編户十八里。

清泰廢縣，縣東二十里。本高要縣地，蕭梁置梁泰縣，爲梁泰郡治。隋平陳郡廢，改縣爲清泰，大業初省縣入平興縣。唐武德七年復置，貞觀十二年省。舊志云：在府東七十里，今爲清泰都。

慶林山，在治北一里。一名春富山，上有石巖，多林木。又五龍山，在縣東北十里。五山奔伏如五龍，中有一阜圓如珠。又東北十五里爲鶴山，高五百餘丈。與此相接有靈雲山，在縣東北三十里。尖峰插漢，上有石泉，麓有三峰，一名三台山。○朋峰山，在縣西北二十五里。頂平，高三百餘丈，周五里，兩峰並峙，形如朋字。其相接者爲官逕山。志云：脈自老香山來，東西連綿，中有通逕二十里，爲入郡之道。又表山，在縣西二十里。高百餘丈，廣三十里，高出衆山之表。稍南有蟾蜍逕，舊爲官軍防戍處。

千歲山，縣西南三十五里。形勢突兀，高百餘丈，周十餘里。又縣西五十里曰文儲山，與千歲山相接，高三百餘丈，周百五十里，羣峰岐嶒。有飛泉匯而成淵，名曰聖潭。○歌樂山，在縣西二十五里。高三百餘丈，周二十里。峰巒聳秀，四時風聲如音樂然。又粟砦山，郡志云：在縣西南四十里，高數百仞，周百里。中有石壁，飛瀑下流成潭，一名武陵溪。又西南十里爲雲宿山，高百餘丈，周五十里，接新興縣界。

老香山，縣西北六十里。高七百丈，延袤五十餘里。多産香木，傜人結巢其上。南接新興縣界。舊志：山一名通利山，以山多嘉木美竹，爲民利云。○鹿峒山，在縣西南二十里。高二百餘丈，延袤四十餘里，拱向縣治，羅列如屏。趙陀嘗獲白鹿於此，名白鹿臺。又縣南三十里爲龍峒山，泉石甚勝，亦名龍岡。

皂幕山，縣南四十里，即曹幕山也。連新會縣界，與藥逕山相接，高千餘丈，延袤二百餘里。舊志謂之奢山，山有丹砂，蠻語訛砂爲奢也，在縣東南百七十里。似悮。○雲峋嶺，在縣東南四十里，接新會縣界。其東麓與南海縣大茶嶺相接，出鉛礦。又石船逕，在縣西南七十里，路達新興。舊爲傜賊出來要害，設兵防戍。志云：縣西北十五里有平頭逕，即鷓鴣峽也。老香山之水流經此，入高要縣界爲金雞水。

倉步水，在城南。一名滄江，亦名滄溪。源出老香山，東流二十里有雲宿水流合焉，又東二十里合文儲、歌樂諸溪，又東南流，遠近大小諸溪次第流入焉，至縣東南七十里入於大江。郡志：倉步水至縣東四十里名泥濬水，又東五里名三洲水，又五里至龍攬灣名都含水，府境東南諸水皆附倉步水入江。一統志謂之鈎源水。

清泰水，縣東南十五里。源出皂幕山，東流三十里合黄沙、羅漢諸水，又北流十餘里合倉步水。舊以此名縣。一名獅子水，以水中有石如獅也。俗謂之楊梅水。○官棠水，在縣東四十里。志云：府東百二十里有官棠山，官棠水出焉，亦名灑濬水，入縣境合倉步水。舊通大江，元至正中泛溢爲害，因築塞之。

范州水，縣東三十里。源出靈雲山，接府東南百十里之北港水，匯牛圍水入倉步水。元至正初北港水自羅鬱港引大江入境，鄉民病潦因塞之。萬曆九年淫潦爲患，乃復疏濬，謂之騰蛟港。

太平鎮，縣東五里。舊爲高明砦，洪武初改置巡司。弘治中置高明縣，因遷司於太平都，改曰太平巡司。尋遷都含海口，又遷山臺寺。萬曆十年遷於石奇海濱。○都含海口營，在縣東四十里，近大江。嘉靖二十三年置。又長圳營，在縣東五十里，近大江。嘉靖二十六年置，防中圍、石子洲一帶江賊。又縣西南五十里有長崗營，嘉靖二十六年設。縣西四十里又有勑塘營，嘉靖二十九年設。近志：縣有山臺、長崗、鷄籠、赤水四營。

古道逕營。在縣北，接高要縣界。志云：縣南三十里有赤水逕營、藥逕營，俱嘉靖三十四年設。又雞籠逕營，在赤、藥二逕之間，萬曆十一年設。○赤麻逕，在縣東南三十里，爲新會賊往來門户。又凰凹徑，在縣南三十五里。大下逕，在縣西三十五里。石船逕，在縣西南七十里，近麥板村，當新興西山盜賊往來之路。又錢窟逕，在縣西七十里。官逕，在縣北五里。已上諸逕向皆設官兵戍守。

四會縣，府北百三十里。東至廣州府三水縣九十里，東北至廣州府清遠縣百七十里，西北至廣寧縣百八十里。秦置四會縣，屬桂林郡，漢屬南海郡，後漢因之，晉仍屬南海郡。宋元嘉十三年置綏建郡，齊、梁因之。隋平陳郡廢，縣屬番州，大業初屬南海郡。唐武德五年置南綏州，貞觀八年改爲湞州，十三年州廢，縣屬廣州。宋開寶五年省縣入南海，旋復置，熙寧五年改屬端州。元屬肇慶路，明改府，縣屬焉。今城周三里有奇。編户三十里。

南綏州城，即今縣。宋置綏建郡，隋廢。唐置南綏州，貞觀中廢。一統志：「府西六十里有廢南綏州。」悮也。城邑考：「縣舊無城，洪武二十四年始立栅爲城，天順三年始築磚城，正德以後屢經營治。」

樂昌廢縣，在縣北。劉宋置縣，爲樂昌郡治，兼領始昌、宋元、樂山、義立、安樂等縣。齊移郡治始昌，以樂昌縣并入。隋郡廢，又并始昌等縣入四會縣。寰宇記：「縣西北五十里有化成廢縣，地名岡谷，劉宋元嘉中分四會縣地置，尋廢。」今沈約志不載。

金岡山，縣北一里。縣之主山也。一名金山，又名金雞山。志云：縣南十里有千歲嶺，三峰突兀，形如筆架，爲縣治之案山。○倉岡山，在縣西三里。林巒高聳而深杳，南漢嘗建倉貯兵儲於其上，因名。其西南一面俯瞰綏江。又廣正山，在縣西南一十里。一名真山，絶頂有三池。

扶盧山，縣東四十里。高百丈，周四十里。上有池，四時澄澈。其高處謂之龍子嶺。志云：縣東三十里有六士山，以六峰聳列而名。○百僚山，在縣北五十里。形勢高聳，有崇岡疊巘，四面拱合如百僚然。又北十里爲白馬山，山勢如馬奔馳也。

相對岡，縣東南十里。兩山屹峙，爲縣治噤喉。其相近者爲尖山嶺，高聳而尖秀。○豸嶺岡，在縣西北十里。嘉靖中鄉人立砦其上。又縣北四十里有塌岡，天順中西寇流劫，鄉人屯此爲寨。

綏江，縣南一里。一名滑水，又名綏建水。其上源即廣西懷集縣懷溪諸水也，流三百餘里入縣界，從峽中迴繞而下，漫流至縣前，江面空闊，古綏建郡以此名，環遶而東，十五里至陶冶山下分爲二派，一由高步出清溪入西江，一由金釵灣出南津入北江，是爲三江之會。舊志：四會縣，以縣東有古津水、湞江水，西有綏水，北有龍江，四水俱會而名。

龍江，縣北百里。源出石港潭，灘石隘險，至金溪始漫流可通小舟，經縣東北二里出金岡山下，會於綏江。

南津鎮，縣東南六十里，有巡司。志云：南津巡司舊置於縣東七十餘里黄岡村，洪武十七年移置於南津水口是也。又金溪巡司，在縣北五十里。洪武初置。

大坑營。在縣北五十餘里，又北有大逕營，俱嘉靖十一年設。又東北曰青草營，嘉靖二十年設。又沙田營，在縣東北三十餘里。亦嘉靖二十年設。又鵮爪營，在縣東北五十里。嘉靖二十九年設。近志云：縣有太平、雙江等營。○深坑山寨，在縣北，傜寨也。志云：自縣而北接清遠縣界，西北接懷集縣界，遠近傜山以數十計。

廣寧縣，府西北二百九十里。東南至四會縣百八十里，西至廣西懷集縣二百二十里。本四會縣地，嘉靖三十七年平大羅山賊，因析置廣寧縣，治大圃村。創建磚城，萬曆以後皆嘗營繕，城周不及二里。編户十二里。

新招廢縣，在縣西新招村。沈約宋志：「本四會縣之官細鄉，元嘉十三年分置新招縣，爲綏建郡治。」齊、梁因之，隋郡縣俱省。唐武德五年復置新招縣，屬南綏州，貞觀初省。○化蒙廢縣，在縣東南。沈約志：「本四會縣之古蒙鄉，元嘉十三年置化蒙縣，屬綏建郡。」齊、梁因之。隋平陳，改屬廣州，大業初屬南海郡。唐屬南綏州，貞觀十三年改屬廣州，宋省。志云：化蒙廢縣在今太平東都鄉水口。

化穆廢縣，縣東南五十里。劉宋置，屬綏建郡。齊、梁因之，隋廢。唐復置，屬南綏州，貞觀十三年廢。○化注廢縣，在縣西四十里。亦劉宋置，屬綏建郡。齊、梁因之，隋廢。唐初復置，屬南綏州，貞觀初廢。又威成廢縣，在縣西南。蕭齊時置，爲晉康郡治。梁、陳因之。隋廢郡，縣屬化州，大業初省入化蒙縣。唐武德五年於懷集縣置威州，貞觀初縣省。

福星山，在縣治北。圓秀如覆釜，城跨其上。又樂安山，在縣西三里。高八十丈，周二十餘里。又縣南三里有獅子山，上有巖，稱奇勝。又南七里曰三台山，三峰鼎峙，爲邑案山。○石澗山，在縣南三十里。高百丈，周十里。泉出竇中，聲聞數里，南流五里入於綏江。

夾山，縣北四十里。兩山夾峙，水從中出，旁山連延，多竹木。又北十里曰圓嶺山，高三百餘丈，橫亘十五里。有九十九坑，皆相似，行者失道，三日乃得出。○銀坑坪山，在縣東北六十里。山險僻，舊爲賊巢。又東北二十里爲烏坭坑山，路通清遠，頗險仄。志云：縣東北百里有梅峒山，亦賊巢也，相近者曰葵峒山，設縣後皆爲樂土。

花山，縣西北八十里。昔時猺賊險巢也，今有兵營。又西北二十里爲赤坑山，道出懷集縣。舊亦爲盜賊淵藪，今爲往來通道。○石燕山，在縣東百二十里。高百餘丈，周十里。巉巖窟穴，中有大洞，秋燕多蟄焉。其東麓爲龍岡，蜿蜒數十里，接清遠縣之大羅山。昔時盜賊盤踞，嘉靖三十六年官兵討平之。

高望山，府西五十里。山高險，俯視羣山，林木蒼秀，澗泉澄澈。又西二十里爲三宿山，高百餘丈，周三十里，上有三峯如列宿。一名三足山。又森洞山，在縣東百里。山洞巖險，林木森秀。其相近者爲膺峒山。舊皆爲傜賊淵藪，今平。志云：縣西三十里有烏石山，在扶溪上，周十餘里。○潭圍山，在縣東南六十里。連山險峻，至此稍平，縣治初建於此，尋移今治。旁爲春水山，多材木，春水出焉，西流三十里入於綏江。

綏江，縣西四十里。廣西懷集縣境諸水匯流入縣界，縣境羣川亦次第流合焉，東南入四會縣境。

扶溪水，縣東十里。源出清遠縣羅山岡，西流數十里受梅峒、葵洞諸水，遶縣南流，諸溪澗水多流匯焉，南流入於綏江。○羅源水，在縣東南百三十里。源出大羅山麓，西南流十餘里，有石港潭水注之，經四會縣界合龍江而注於綏江。

顧水，縣東北四十里。源出清遠縣，西流入境，南流至顧水口入綏江。上流有美材巨木，商人從水口作巨筏而下，貨於南海。○新招水，在縣西五十里，源出高望山；又程村水，在縣西南百里，源出高要縣界；其下流皆合於綏江。

扶溪鎮，在縣南。有巡司，本屬四會縣，後改今屬。志云：司置於太平都東鄉水口，後移縣南扶洛口，萬曆十一年改置於官埠。○黄沙營，在縣東南百二十里，一名南綏營；又南有古竈營；俱嘉靖十二年設。又黄桐營，在縣西南。嘉靖十一年設。

企岡營。縣北八十里，相接者曰花山營，俱嘉靖三十九年設，防顧水一帶及營後螺殼賊巢，最爲險要。縣西北百八十里又有得勝營，萬曆四年設，當懷集、開建諸賊巢要路。○峽逕營，在縣東北。舊屬四會縣，後改今屬。縣境又有塘角、逍遥等砦及官埠、扶羅、程村三水哨。

新興縣，府南百四十里。東北至高明縣七十里，西北至羅定州東安縣百二十里，西南至陽春縣二百二十里。漢合浦郡臨允縣地，晉初析置新寧縣，屬蒼梧郡。永和七年分立新寧郡，改縣爲新興。宋、齊因之。梁兼置新州。隋郡廢州存，大業初州廢，縣屬信安郡。唐武德四年復置新州，仍治新興縣，天寶初曰新興郡，乾元初復故。宋仍曰新州，亦曰新興郡。元至元十六年升爲新州路，十九年復降爲州。明初州廢，縣改今屬。城周不及四里。編户五十五里。

新州城，今縣治。志云：東晉置新寧郡，治南興縣，蕭齊治博林縣，梁新州及郡俱治此，隋、唐以來皆爲新州治。城邑考：「縣舊無城，宋建炎四年始用磚石修築子城。紹興十四年州守黄濟拓而大之，遶城植竻竹，號曰竹城。竹有芒刺，羔豚不能入，亦曰竻竹城。明洪武十三年增築土城於竹城内。天順七年爲賊所破，賊平改築磚城，環城爲濠。弘治以後屢經修築。」

臨允廢縣，縣南七十里。漢縣，屬合浦郡。後漢因之。三國吴改屬蒼梧郡。晉亦曰臨允縣，永和中屬新寧郡。宋、齊仍舊，隋廢。○索盧廢縣，在縣南三十里。梁初置，屬新寧郡。隋屬新州，大業初廢。唐武德四年復置，仍屬新州，乾元後以索盧縣省入。又單牃廢縣，志云：在縣東二十五里。晉末置，宋屬新寧郡，齊、梁因之，隋廢。唐武德四年復置，仍屬新州，貞觀中廢。

新昌廢縣，縣東十餘里。唐武德四年析新興縣置，屬新州，貞觀中廢。郡志：縣西去新興縣治數十步，蓋皆爲新州郭内縣也。又南興廢縣，在縣東北。亦晉末置，宋屬新寧郡，齊、梁因之，隋廢。

雲斛山，縣北十五里。高百餘仞，周五十餘里。山谷幽深，常有雲氣。又北十里爲雲塢山，高廣與雲斛相埒。志云：縣北六里爲端峰山，高五十餘仞，周八里，屹然端正，爲縣主山。○宜路山，在縣西北二十里。高七十餘仞，周四十餘里，平岡坡陀，路經其上。其相近有小温峰，高三百餘仞，周三十餘里，崢嶸接天。下有小温村。又鶴山，在縣西八十里。高百餘仞，周五十里，形勢崛起。上多松。又老香山，在縣東北五十里，與高要、高明接界。

新寧山，縣西南二十里。高二百餘仞，周二十五里。山勢高聳，爲一邑之鎮。又錦山，在縣西南三十里。高百餘仞，周五十餘里。其上花木如錦。又儀峒山，在縣西南八十里，縣西南百里又有贊峒山，俱高三百餘仞，周五十里。其間千崖萬壑，深杳莫測，傜人據險爲巢。○佐隍山，在縣西七里。高三百餘仞，周三十餘里，環繞縣右。其並峙者曰寶蓋山。又碧岡山，在縣西二十里，其相近者又有雲幹山，俱高聳盤回，皆二三十里。稍南三十里曰索山，亦高峻。

大羅山，縣東二十里。高八十餘仞，周二十里。山狀如屏，羣峰羅列其下。其並峙者曰思防山，以山形峭拔，登者嘗防跕危而名。稍南曰羅陳山，山亦高廣，居民多羅、陳二姓。○碧雲山，在縣東三十里。高百仞，周六十餘里。其旁相接者有嵐岡山，又有通利山，皆高廣。志云：通利山一名利山，多竹木，爲民利，即老香山之南麓也。

天露山，縣東南七十里。險峻插天，頂有巨石。泉出其旁，注爲龍潭。又雙官山，在縣東南五十里。高百餘仞，周三十餘里。數峰相連，有五峰嵬然秀出，因名。○龍山，在縣南三十里。高二百餘仞，周五十餘里，蜿蜒如龍蟠。

又南十里曰筆架山，高三百餘仞，周百里，以形似名。志云：縣南二十里有霍山，山高大，下多霍姓者，因名。

雲宿山，縣東八十里。高百餘仞，周百四十餘里。傜賊嘗結巢於此。一名雲岫山。成化初按察副使毛吉追賊，至此遇害。又縣東七十里有獨鶴山，俗呼獨鶴尖，下有獨鶴驛，與恩平縣接界。又鳳華山，在縣東六十里。高四十餘仞，周二十餘里。山勢軒翥如鳳，亦接恩平縣界。又曹幕山，在縣東百十里，接高明、新會縣界。聳翠參天，中通一線，左右岡隴如帳幕然，一名皂幕山。

望州嶺，縣東五里。高七十餘仞，周十餘里，登其巔，恩平、陽江、高、雷之境皆見。又東五里有十里峰，高亦百餘仞，周二十里，峰巒嵯峨，草木葱鬱。○圓嶺，在縣東南四十里。高百餘仞，周五十里。或訛爲賢嶺。又大面嶺，在縣東南五十里。高二百餘仞，周四十餘里，路通高明縣。又東南五十里爲府君嶺，路通高要縣。志云：縣西南百二十里爲冬瓜嶺，高二百餘仞，路通陽春、羅定、東安，形如冬瓜。又蟠龍岡，在縣西南二里。高三十餘仞，蟠旋如龍。

新江，在縣城東北十里。其上流合諸溪澗水匯流而北出，曲折百四十里，至府南新江口入大江。○盧溪水，在縣南。發源李峒嶺，經盧村，過龍山，繞縣城東門，北流合錦山水。又錦山水，〔七〕在縣西南七十四里。源出大嶺，西流至河頭與天塘水合，又北十里與藍坑水合，又北五十里至山口，即二十四山路口也，又北二十里至洞口，南去縣五里，與盧溪水合，爲新江之上流。凡商賈往高、雷，必拖舟至河頭乃登陸。

天露水，在縣東南。源出天露山，流至城東門合盧溪水。又縣南有清溪水，出筆架山；思龍水，出龍山；俱流會盧溪水。○夾岡水，出縣北一里之夾岡，合錦山水，流十里至洞口合盧溪水。又縣東有通利水，流合縣東八里之索水，注於盧溪，並匯於新江。

立將鎮，縣西南八十里，有立將巡司。志云：縣北四十里舊有羅苛巡司，今改屬東安縣；又縣東八十里有四合巡司；俱洪武初置。又有廢福緣巡司，在縣南三十里。洪武元年置，十五年廢。

東營，縣東三里，又縣西二里有西營，俱嘉靖二十五年置。又通利營，在縣東十二里。嘉靖二十八年置。白鴣營，在縣東四十里。亦嘉靖二十五年置。○高村營，在縣東六十里。嘉靖四年置。相近又有蘆村營，嘉靖二十八年置。又平安岡營，在縣東南八十五里；縣東南九十里又有石子營；俱嘉靖四年置。

張公腦營，縣西南五十里。嘉靖三十年置。又西南二十里有第八營，嘉靖元年置。又茶崗營，在縣南二十里。嘉靖四年置。裏峒營，在縣南四十里。嘉靖二十七年置。○良峒營，舊志云：在縣西北三十里，嘉靖三十七年設。又伯岡營，在縣南七十里。嘉靖三十九年設。又下洋營，在縣西，爲二十四山要地，置兵巡戍山口、河頭諸處。兵防考：縣境增置茅田逕、腰古、東利、迴龍四營，後又添設冷水營，守縣西北雙橋諸處；藍坑營，守縣西南天塘諸處。

黄三坑砦，在縣西，傜巢也。志云：縣四境諸傜山凡數十處，而黄三坑、鐵場、石人背等山巢，皆在縣西。嘉靖三十七年督臣王鈁以德慶、瀧水、陽春、高要、高明、新興、恩平連界，黄三坑、鐵場、石人背、山棗坪諸賊巢盤據萬山中，巖谷險峻，林箐叢密，賊首盤永賢等恃險肆惡，乃議征勦。一軍由瀧水江沙田登陸，進勦山棗坪等巢；一軍由高要南岸登陸，進勦鐵場諸巢；一軍亦由南岸登陸，進勦石人背諸巢。賊大窘，奔集雲浮山，復追破之。雲浮山，在東安縣界。

新昌驛。在縣治東。郡志云：即廢新昌縣治。似悮。又腰古驛，在縣北五十里。舊無城，弘治八年以傜賊劫掠，乃築城戍守。又獨鶴驛，在縣東七十里，隆慶四年亦築石城戍守。

陽春縣，府西南三百四十里。東北至新興縣二百二十里，東南至陽江縣百四十里，西南至高州府二百里。漢合浦郡高涼縣地，梁始置陽春縣及陽春郡。隋平陳郡廢，縣屬高州。唐武德四年乃置春州，天寶初曰南陵郡，乾元初復爲春州。宋熙寧六年州廢，縣屬恩州。元因之。明初改今屬。城周三里有奇。編户二十四里。

廢春州，即今縣。一云唐初置春州在今縣北八十里順陽都，後移今治。似悮。城邑考：「春州城，唐武德四年創築，宋皇祐二年增修，元季廢壞。明洪武三十年因舊址加築，天順以後屢經營繕。」

銅陵廢縣，縣北八十里。漢合浦郡臨允縣地，劉宋置龍潭縣，屬新寧郡。齊因之。梁、陳間改曰銅陵。隋屬端州。唐武德四年置勤州，五年州廢，縣屬春州。萬歲通天二年復置，長安中復廢。開元十八年仍置，州治富林縣，乾元初還治銅陵。五代因之。宋初州廢，縣屬春州，熙寧六年併入陽春縣。○富林廢縣，在縣北百里。本銅陵縣地，唐武德四年置縣，屬勤州，後與州俱廢。開元十八年復以富林峒置縣，爲勤州治。乾元初州徙治銅陵，縣屬焉。宋開寶五年省入銅陵。

流南廢縣，縣西北三十五里。梁置流南縣，屬新興郡。隋屬新州，開皇十八年改曰南流縣，大業初廢。又西城廢縣，在縣西南七十里。亦梁置，屬新興郡，隋大業初廢入銅陵縣。○羅水廢縣，在縣西南九十里。唐天寶末分陽春縣置，屬春州。宋省。

磁石山，縣東南三里。一峰特起，四面平陂。産磁石。又射木山，在縣東南十五里。高百餘丈，周數十里，巍峨蓊蔚，爲縣治案山。一名雲靈山，雲幕其上，則雨立至。○鐵坑山，在縣東二十里。高七十餘丈，周三十里。山勢盤旋，古木森蔽。産鐵。又天馬山，在縣東三十里。高百餘丈，周七十里。一峰插天，羣山拱伏，形如天馬。

羅湖山，縣西南五十里，上有天湖，最清澈；其相近者曰旗鼓山，皆高廣。又丫髻山，在縣東南百三十里。一名白水山，高二百餘丈，周四百餘里。有天池龍井，飛泉瀑布，古木陰森，奇勝不一。其相接者曰木欄山，亦秀麗。又十里曰羅黄山。山高廣，瀑布懸流，落而成川。下多羅、黄二姓。○珠環山，在縣東南九十里。羣峰相連，如珠纍纍。高六十丈，周五十餘里，與陽江縣接界。

崆峒巖，縣西南十五里。石壁穹窿，深廣數十丈。又石角巖，在縣北十六里。高五十餘丈，周三十餘里，舊名石脚巖。有石穴，泉從中出。又北十里爲銅石巖，亦曰峒石，深廣數丈。又雲霖巖，在縣北八十里。巖穴深邃，遇警鄉人多趨避於此。又北三十里有牛厄嶺，與新興縣分界。志云：縣西北百二十里爲響石巖，巖穴圓敞，其東北接新興縣界之冬瓜嶺。○石窟巖，在縣西北百三十里。有上下二巖：上巖軒敞，陸路可抵雷、廉；下巖水從中出，可通小舟，石壁奇絶。又寶帶巖，在縣西北百四十里。俗呼大巖，僮田環之。巖高朗，可容千人。

涼織岡，縣北十里。高五十丈，周數十里，盤旋宛曲，爲縣主山。○將軍岡，在縣東北八十里。高三十餘丈，周四十五里，岡巒起伏，宛如波浪。唐姜晦貶州司馬，嘗提兵陟岡禦獠賊，或名。又鉛坑岡，在縣北百二十里。高五十餘丈，周二十里。岡之西南出鉛鐵砂礦。

漠陽江，在縣西。源出縣西北百里東安縣界之雲浮山，自山巔東下，經新興縣界，過故富林縣前，南流爲漠陽江，又東南流入陽江縣界。

博學水，縣西北百二十里，源出霜山；又縣北八十里有古勤州水，源出狼狂山；縣北七十里又有雲霖水，源出盤龍諸嶺；皆合於博學水，東南流入漠陽江。志云：雲霖水繞舊銅陵縣之雲霖寨，南入漠陽江是也。○羅鳳水，出縣北五十里白木嶺，曲折流經龍江灣，亦名江腰河，西流入漠陽江。又那烏水，出縣東北五十餘里之大峒，西南流十里至那烏石，又西流經石壁北入漠陽江。又高遼水，出城東北二十餘里之臺嶺，曲折流經留村灣入漠陽江。

麻陳水，縣西南百五十里。源出高州府電白縣東嶺諸山，下流百餘里合羅水。志云：縣西四十里有羅水，自羅黄山東流合麻陳水，又北流五里，經大沙灣入漠陽江。○木栅水，在縣西北百三十里。一名甘婪水，源出丫髻諸山，東流穿巖底，過廢富林縣入漠陽江。郡國志：「蠻語以穴爲甘，以穿爲婪。」又石緑水，出縣西三十里石緑山，流五六里合渡口水入漠陽江。又有輪水，出縣南五十里之穀岡，流十五里，經南留灣入陽江縣界。

北瀧水，縣北十里。東北諸溪澗之水匯而西南流，入漠陽江。又博麻水，在縣城東北。源出射木山，流二十里，合麻黄水入北瀧河。

古良鎮，縣西二十里。有巡司，洪武初置，建文四年廢，永樂初復置。志云：今司移置於那烏石，在縣北四十里。

又北十里曰潭葛石，有石峰數十，自那烏西達於水次。

牛厄曲營，縣北百二十里。嘉靖二十四年置，防新興黄三坑、恩平君子山等賊。又巖面營，在縣北百五十里。亦嘉靖二十四年置，防瀧水、四賀等山傜賊。又灣口營，在縣西六十里；鳳凰營，在縣西南九十里；俱嘉靖十二年置。又鴨鬬營，在縣城内。嘉靖三十年置。邑志：縣城外有東營、西營，城西八十里有狼營。正德間龐峒、羅陳、合水、黄稿、木欄等山傜猖獗，邑令黄寬招廣西狼兵二百餘家，分三營屯守。又上、下魚跳寨，在縣東北百五十里，接新興縣藍坑營界，萬曆中添設官兵戍守。

北塞巡，在縣西南。相近有蕉林巡。又曹峒巡閘及白水巡閘、蟠龍巡閘，皆在縣東北，設鄉兵戍守。志云：縣北四十里有石壁寨，羣峰數十，攢簇水次，昔人避亂，築石寨於其上。又縣北二十五里有高岡寨，因岡以名。○横石山砦，在縣西，傜寨也。志云：縣四境傜山以數十計。

樂安驛。縣南九十里，接陽江縣界。隆慶五年築城，萬曆四年以後屢經修葺。

陽江縣，府西南四百四十里。西北至陽春縣百四十里，東北至恩平縣百三十里，西至高州府電白縣二百二十里。漢高凉縣地，隋海安縣地，蕭銑時置陽江縣，唐武德四年縣屬高州，貞觀二十三年改屬恩州，尋爲恩州治。天寶初曰恩平郡，乾元初復曰恩州。大順二年州移治恩平，縣仍屬焉。宋爲恩州治，慶曆八年曰南恩州，以别於河北之恩州也。元曰南恩路，尋復爲州。明初州廢，縣改今屬。城周五里有奇。編户五十里。

高凉廢縣，縣西三十里。漢置縣，屬合浦郡。其舊治在今高州高凉山下。三國吴爲高凉郡治，又析置安寧縣屬焉。晉移郡治安寧，而以高凉爲屬縣。宋省高凉入安寧，齊仍舊。梁復改安寧爲高凉縣，兼置高州治焉。隋平陳郡廢，仍爲高州治。唐武德五年改縣曰西平，貞觀二十三年改置恩州治焉。尋移治陽江，以縣省入。城邑攷：「陽江城，宋紹聖五年始築土城，元大德間種竻竹於城外以爲障蔽。明洪武三年改營磚城，環城濬濠。天順以後屢經修濬。」

西平廢縣，在縣西北。三國吴析高凉縣置西平縣，屬高興郡，晉因之，宋省。唐改高凉縣曰西平，仍舊名也。○杜陵廢縣，在縣西百二十里。梁置縣，并置杜陵郡治焉。隋平陳郡廢，開皇十八年改縣曰杜原，屬高州。唐復曰杜陵縣，貞觀中改屬恩州。宋開寶三年省。

廣化廢縣，在縣西北。三國吴析高凉縣地置廣化縣，爲高興郡治，晉因之，後并郡入高凉。宋元嘉九年復析置宋康郡，治廣化縣，齊、梁因之。隋平陳，廢郡爲宋康縣，屬高州。開皇十八年又改曰義康，大業二年省入杜原縣。又永寧廢縣，亦在縣西。梁置永寧郡，隋廢爲縣，屬高州，大業二年亦省入杜原。

東山，縣東一里。山高數仞，怪石林立，爲近城勝概。上有石塔。又縣治東有鼉山，與東山岡脈相接。又東二里曰王母岡，高百餘丈，周十餘里。志云：縣北一里有北山，縣治後山也。○大坑山，在縣東南十里。有泉北流，溉田數百畝。

北甘山，縣北二十里。高三百餘丈，周六十餘里，上有傜寨。稍東爲鳳凰山，壁立千仞，有瀑布懸流。志云：自鳳皇山而北爲石龍、塹峒諸山。其南爲隨峒、翼峒、官山諸山，延綿環繞，羣傜錯居，周百餘里。○馬銜山，在縣東北五十里。其南有金花嶺，攀躋而上，高百餘仞，衆山環列，莫計遠近。頂有巨石，泉流石隙，如馬受勒，山因以名。其泉下注爲上中下三龍潭，皆清澈深杳。自山而北爲合溝、合門、秀石、三龍諸山，皆山傜盤據處也。

羅琴山，縣西二十五里。高三百餘丈，周八十餘里，衆峰攢列，四面相似。志云：山東面爲羅琴，西爲磨刀，南曰射龍，北曰茶水，皆險峻，中各有傜。上有龍潭，四時不涸。又郎官山，在縣西六十里。又西有箭幹、鹿圍諸山，皆高峻。又有虎頭山，在縣西百二十里，近太平驛。○望夫山，在縣西百六十里，周四百餘里，接電白縣界。稍南爲鐵帽頂山，最高峻，巖洞紆回，狼傜恃爲天險。相近者曰雞籠山，舊嘗調神電衛軍駐守。又梅峒山，在望夫山北。高二百餘丈，周二百里。上多梅。接陽春縣界。

石坑山，縣西北六十里。數峰相接，傜居其中，接陽春縣界，恃爲藩翰。志云：石坑東北爲烏石山，爲兩霖山，爲羅嶺，爲盤龍山。又有珠環山，亦與陽春縣接界。

石鶴山，縣東南三十里。其東爲那湖、香爐、蘇峒、南坑諸山，皆險峻，爲傜所據。又琨山，在縣東五十里。高三百餘丈，周四十里，有峰如卓玉。又紫蘿山，在縣東南九十里。高四百餘丈，周六十餘里。一名烟蘿山，亦名端靈山，接新寧縣界。○北津山，在縣南三十里，其對峙者爲南津山，夾峙海口，自東隄海而西，延袤數里。二山之間有獨石，高十餘丈，周四十餘里。山出海口二里，其下淵深不測。志云：北津山外捍奔潮，内衛村陌，邑之外藩也。又有銀坑山，在南津山側。高三十餘丈，周二十里。有十八井，相傳宋南恩州知州余久大鼓冶於此。稍西有馬母山，在大海中，去縣五十里。

海陵山，縣西南七十里大海中。周三百里，列爲數峰，高三百餘丈。舊名羅洲，又名羅島。其中峰名草黄山。其東爲平章山，下有平章港，受海陵漲潦以達於海。宋末張世傑敗於厓山，將西趨占城，復謀入廣，回舟艤此，颶風大作，世傑取瓣香登舵樓祝天，赴海死處也。明洪武四年官兵追敗海寇鍾福全於海陵山，即此。郡志：海陵西南爲馬鞍山，下爲䑸船澳，西北爲鶴洲山，海陵巡司置於此。又西北爲麻龍渡山，四面皆大海也。○三汲山，在縣東南大海中。又東有小鑊、中鑊、大鑊三山，皆在大洋中，相去數十里。大鑊高二百餘丈，望之如覆釜，因名。

高嶺，縣北六十里。有石洞，洞門迂曲，僅容一人，内寬廣容千人。泉出其下，響如鳴珂。昔人避賊於此，賊不敢犯。其中又有一洞，石壁峭削，不可上下，鄉人名爲鐵城。志云：縣北四十里有麒麟岡，八所軍屯在焉。○斜嶺，在縣東九十里。昔爲官道所經，蹊徑險惡，盜賊藏聚，正德九年改營通道，避險就平，人以爲便。又退前嶺，在縣西五十里，以兩山聳拔，行者難前而名。或作「退錢嶺」，以地廣人希，商賈經此多被劫掠也。又縣西百三十里有王公嶺，地名西山逕。舊纍石不通，緣崖艱苦，萬曆四十八年參將王楊德始闢嶺路，行者便之，因名。又丞相嶺，在縣西南六十里。高百丈，周十里。宋丞相留正，紹興中嘗爲陽江尉，遊憩於此，因名。

望海岡，縣南六里。高百仞，周四五里，爲縣治之案山。又峽岡，在縣東南二百里。高二百五十丈，周三十里。兩岡對峙。

海，在縣西南。宋白曰：「恩州濱海，地蒸濕，當海南五郡泛海之路。自廣泛海行數日方登陸，人憚海波，多由新州陸路」云。海防考：「由縣南雙魚城歷海陵山，過北津港至海朗城，爲縣之門户。由大澳而東北，即新寧縣界，中有柳渡、三洲、大金門、上下川，俱倭寇停泊處，春汛秋防，皆有水師哨守。志云：縣南北津外名曰鎮海，自此東屈而北，可達新會、東莞、廣州，西轉而南，達高、雷、廉、瓊，商運咸取道焉。

漠陽江，在縣城西。自陽春縣東南流，歷受衆水，其勢始大，入縣界，至縣西北三十餘里麻橋岐分二派：東流至縣北十餘里激爲龍淵，亦名龍濤水，至城西亦名鼍江，亦曰恩江，南流二十五里匯爲石潭；其西流隨地得名，亦曰黄江，亦曰牛馬海，亦曰蛟龍環，又東南流合於石潭，至縣南北津港入於海。志云：港在北津山之陽，陽春、陽江衆水皆由此達海。每潮起洶湧而入，遇風則其聲砰擊如雷。舟楫往來，重防陰磧，蓋東南大海港口皆亂石，舟可行者僅丈餘，必候大潮始進，故海寇不敢睥睨也。

蓮塘河，縣東六十里。源出恩平界白馬山，一名琨水，曲折流經縣東北百里那龍村曰那龍水，過蓮塘驛曰蓮塘河，又經縣北六十里合門山，山夾蓮塘水，對峙如門也，南流六七十里，至縣南十五里尖山渡合於漠陽江。志云：縣東北那吉峒有那吉水，九十里至籬竹逕，有籬竹逕水，皆流入琨水。

麻濛水，縣西三十里。出羅琴山，流經縣西南四十里豐頭港入海。又丹陽水，在縣西八十里。源出梅峒山，東流十里經大墟渡，復東南流，匯於豐頭港。又有丹城水，在縣西百二十里，亦出梅峒山，東流六十里匯於豐頭港，並入於海。○儒峒水，在縣西百六十里。源出望夫山，南流九十里由北額港入海。志云：北額港與電白縣接界。

沙河，縣西北六十里，源出烏石山，居民資以灌溉；又輪水，自陽春縣流入界，二十里名黄沙涌：皆入於漠陽江。邑志：輪水出石坑諸山，與陽春接境。又石河，在縣西三十里。源出羅琴山，流二十里入黄江。○龍潭，在縣西五十里郎官山之東，下流入海。又縣西百里有白石港，一名石門港，在郎官山下，通大海。志云：縣東南六十里有三鴉港，在海濱。源出紫蘿山，西流七十里入海。其相近者有大澳，東接新寧縣界。又縣西百五十里有那池澳，在雙魚所南。

海陵鎮，縣西南七十里海陵山西北。有巡司，明初置。○永安營，在縣東南八十里，地名黄竹逕；又馬牯逕營，在縣東九十里；俱嘉靖七年設，防新寧白水山賊。又麻思營，在縣西百十里。弘治十二年設，防陽春樂安等山賊，正德中改名印岡營。志云：縣西五十里有高嶺營，近退前嶺，嘉靖三十九年設。又有長亭等營十有六，三鄧等逕十，俱有兵哨守。○蓮塘堡，在縣西六十里，防陽春、恩平六山浪賊路。又有鐵爐頭寨，在縣南三里。

北津砦，在縣南北津山上。舊有望海亭，萬曆四年奏置北津水砦，十四年城之，以防海寇。海防考：「海陵山西南戙船澳舊爲禦倭要地，水師巡哨皆期會於此。嘉靖二十七年以後防禦漸弛，海寇往往突犯，後遂以北津水砦爲重地。所分汛地東至芒洲上下川，與廣海寨會哨；西至吴川限門，與白鴿寨會哨。既又以戙船澳、豐頭澳爲中哨，新寧縣寨門海爲左哨，電白縣蓮頭澳爲右哨。萬曆二十八年以後復畫界爲守：以海朗寨官兵分守汛海，東自廣海砦界娘澳起，西至雙魚界馬髆石止；雙魚寨官兵分守汛海，東自海朗界馬髆石起，西至連頭寨界北額港止；而北津寨官兵每至汛期則協同出哨戙船澳，蓋府境海防惟陽江爲最切也。」

博臘砦，在縣境。宋志：「縣有海口、海陵、博臘、遂訓四砦，蓋皆濱海戍守處也。」又有梅口場，宋時採鉛於此。○雙恩場，在海朗所西南，産鹽。宋、元時設管勾官於此，明洪武二十年改設鹽課司。

西平驛。在縣治東。洪武初置，萬曆中改曰平豆驛。又蓮塘驛，在縣東北六十里，近合門山。亦洪武初置。嘉靖三十三年築城於此，周一里有奇。又太平驛，在縣西百十里。宋置大墟站，在今驛西十里，洪武初改置太平驛，十二年移建於此。嘉靖四十五年築城環之，周一里有奇。○那烏山砦，在縣東那烏山上，傜寨也。志云：縣境傜寨凡一十有三。

恩平縣，府南三百二十里。東至廣州府新會縣百十里，西南至陽江縣百三十里，西北至新興縣百八十里。漢高凉縣地，三國吴置海安縣，屬高興郡，晉因之，宋改屬東官郡。齊末置齊興郡，改縣曰齊安。隋平陳郡廢，縣屬高州，開皇十八年改曰海安縣。唐武德五年復曰齊安縣，仍屬高州，貞觀二十三年改屬恩州，至德二載改曰恩平縣，大順二年移恩州治焉。五代因之。宋開寶五年移州治陽江，省縣爲恩平堡，屬陽江縣。元因之。明成化十四年割陽江及新興、新會三縣地復置今縣。城周不及二里。編户二十二里。

恩平故城，志云：在縣東北二十里。今爲恩平舖，俗呼木綿舖，相傳縣本治此。一名清海軍城，唐至德中於恩平郡置清海軍也。後遷今治。城邑攷：「今縣城本恩平堡，成化二年築磚城，置恩平堡巡司於此。尋升爲縣，即故址增築。正德、嘉靖以後屢經修治。」

信安廢縣，縣東北百里，與廣州新會縣接界，即廢義寧縣也。志云在新興縣東南八十里，蓋境亦相接。通志：「縣北百里有古新安郡，即晉哀帝太和中所置郡。」恐悮。

龍𪓟山，縣西二十里。亦名大人山，又名𪓟山。高三百餘丈，周七八十里。中有龍潭，俗名聖水。東有穴，清泉瀉出，名曰水礤。旁有紫霞洞，林木蓊蔚，石壁奇絶。又縣南十里有鳳凰山，爲縣之前案。又石神山，在縣北二里。一名鰲山，擁縣治後。○石圍口山，在縣西北二十里，卓立江口，巉巖峭絶。又西北十里爲温泉山，山形峭絶，下有温泉。

藍坑山，縣東南三十里，巖壑深杳，材木叢生，舊爲盜藪；又東南十里爲石逕山，昔時十三村盜藪也；成化以來皆爲樂土。又金雞山，在縣東南六十里。一名金雞頭山。山脈綿延，接新寧縣之下川山。○白馬山，在縣南二十里。高三百餘丈，延綿二十餘里，聳立如馬。又金婆山，在縣南三十里，岡隴連綿，南達㵾雷海。海中有覆船山，行舟者惡其名，今曰金臺岡。志云：縣東北六十里有羅漢山，接新興、新會二縣界。

鼓角樓山，縣西北七十里。巖巒層疊，下有流泉。其後爲鴻嘴山，綿延險峻，亘數十里，舊爲賊壘。嘉靖三十五年督臣談愷討傜賊，克黎源、沙峒二砦，賊走雙石嶺，官軍扳崖而上，克塘茶，進拔良塘、十三村，諸賊皆乞降，即山旁諸傜寨也。又有茶山，在縣西北八十里。昔時林木美盛，爲民利。又西北十里爲雲立山，又十里爲君子山，皆高險，羣傜聚居，接新興縣界。○天露山，在縣北八十里。俗呼鐵爐山，北接新興縣境。相近有雲洞山，亦曰雲岫山，舊有雲岫營，亦接新興縣界。嘉靖三十五年征良塘巢，即此山也。又獨鶴山，在縣北百里。一峰聳拔，綿延三十里，亦名獨鶴尖。山脈東連曹幕諸山，西北連老香諸山，亦與新興縣分界。又縣東北百里有白獵山，險峻，有傜寨，嘉靖三十一年僉事杜璁破傜賊於此。獵，一作「臘」。

㵾雷海，縣南八十里。海勢㵾曲，潮聲如雷，多蟹鱟魚鹽之利，蛋户居之。其南通大洋。

南門河，縣南一里。志云：縣境諸水其大者曰滌頭水，在縣西二十里。源出龍鼉山，流經縣西十五里之相公潭，爲羣流匯合之處，又東爲南門河。又有横槎水，在縣東南十里。源出藍坑山，西北流會南門河，遶縣南迤東達於新會縣之蜆岡而入於海。亦謂之恩平江。

恩平鎮，在城東。有巡司，洪武二年置於恩平故城。成化二年移於恩平堡。尋置縣，移置於縣東南之城村，萬曆二年又移城東。又有恩平馬驛，宋置於縣東三里，今名古站村。成化中徙置於城北，後又數徙。萬曆初移於城南，八年改爲守備司。

塘宅堡，縣東北百里。嘉靖十三年設。三十六年議以堡當新會、新寧、新興、恩平各縣適中之地，四面崇山峭壁，舊爲盜賊淵藪，乃增建城垣於縣治西南，移廣、肇、高、韶參將駐於此。萬曆二年改築開平屯，廢堡入焉。又馬岡營，在縣東北八十里。嘉靖十三年設。○獵逕營，在縣東北百二十里。嘉靖十四年設。又樓逕營，在縣北九十里。嘉靖二十五年設，防鴻嘴山諸山賊。今爲豐建屯。邑志：樓逕東至倉步，通水洞賊巢；北至九嶺，通老熊石賊巢；九嶺至陳坑，接新興界飛鼠窟，通黄三坑賊巢；東北至獨鶴驛，由驛西通西坑、圓嶺賊路；又西爲新興大河界，東通立逕、鵞娥嶺、新興相思圍賊路，最爲要害。又祠堂營，在縣北五十里。嘉靖十一年設，防化眼潭諸山賊。

大夾腦營，縣西南三十里。嘉靖十一年設。志云：縣北二十里有蓮塘頭營，縣東三十里有烏茭塘營，截籬子逕要路，俱嘉靖三十三年設。又白蒙逕營，在縣東南四十里，嘉靖中設。今爲白蒙屯。邑志：逕東通白麻逕、懷寧營，南通灣雷逕，至海西南通陽江那龍村，北通那虔、上洞諸傜路。又有鎮安屯，嘉靖二十九年設，在縣東南六十里。

○鴻嘴山營，在縣西北百里。嘉靖十九年設。又有長沙營，在縣東百二十里，入新會縣界。

籬子巡，縣東南二十里，東通十三村達蜆岡。又塞喉巡，在縣東北七十里，又十里爲羊巡，又十里爲火燈巡，俱接新會縣界。○十二巡在縣西南，又西南爲白石巡，皆通陽江、陽春，盜賊出没之處。又瓦巷巡在縣西五十五里，又有雙穴巡在縣西北四十里，又五里爲清油巡，又西北十五里爲老鴉灘，皆當陽春、新興盜賊出没之道。志云：縣北六十里有黄竹巡。又北十里爲鎮戍屯，舊名擒頸，爲控守要地。又倉步，在縣東北百十里，通新會、新寧諸賊砦。今爲開平屯。又縣境有石井等營一十有九，皆有兵戍守。

武定屯。縣東南六十里。本新寧縣界苔村賊巢，隆慶五年立屯，萬曆二年建城。又永安屯，在縣東南四十里，十三村石巡賊巢也；又永鎮屯，在縣東南五十里，十三村横山賊巢也；俱隆慶五年改立屯。其地入新會縣界，與縣北翠靖諸屯，縣南白蒙諸屯共爲二十屯。○大人山寨，在縣西三十里，傜寨也。志云：縣境傜山凡七。

附見

肇慶衛。在府治東。明洪武初設守禦千户所，十二年調守新興，十五年復故，二十二年改置是衛。

守鎮四會千户所，在縣治西。洪武二十三年調肇慶後千户所駐守，仍隸肇慶衛。嘉靖三十八年增置廣寧縣，因改置廣寧守鎮千户所，直隸都司。又新興守鎮千户所，在縣治西。本元時故址，明洪武二年降爲百户所。十二年移肇慶千户所戍之。十二年升百户爲千户，而肇慶所復故。所直隸都司。又陽春守禦千户所，在縣治東。亦元故址，洪武三十一年調神電衛後千户所駐守於此，仍隸神電衛。又陽江守禦千户所，在縣治東鼉山上。洪武元年廢南恩州，改州治爲千户所，直隸都司。

海朗守鎮千户所，在陽江縣東南五十里。洪武二十七年置，隸廣海衛。有城，周四里有奇。城據海朗山上，因名。下臨海，亦曰鎮海山，與雙魚所並爲海防襟要。志云：所西近北津山。崇禎二年於北津大王廟小尖津口山前置銃臺，并築小城，設兵屯戍。

雙魚守鎮千户所。在陽江縣西南百五十里。洪武二十七年置，隸神電衛。有城，周二里有奇。所東有雙魚角，臨大海，頗險，所因以名。又東五里爲筶杯石，兩石屹立大海中，中通一門，雙魚所舟航出入要道也。昔人議疊石填塞，從右側淺沙入港，以免寇船衝突。又東爲馬鞍、糞箕等山，皆屹立海中。志云：所旁有石門南尾山，崇禎二年置銃臺，并築小城，設兵戍守。

德慶州，府西二百十里。西至廣西梧州府百九十里，南至羅定州百五十里，東北至廣寧縣一百六十里。

秦南海郡地，漢屬蒼梧郡，後漢因之。晉永和七年置晉康郡，宋、齊因之。隋平陳廢郡，屬端州，大業初屬信安郡。唐武德四年置康州，并置都督府於此。九年州廢。貞觀元年復置南康州，十一年又廢。十二年還置康州，天寶初曰晉康郡，乾元初復故。宋開寶五年州廢，仍屬端州。尋復置康州，亦曰晉康郡。紹興初升爲德慶府，以高宗潛邸也。十四年又置永慶軍節度。元爲德慶路，明洪武初改爲府，九年降爲州，以州治端溪縣省入。編户六十二里。領縣三。今因之。

州據嶺西之上游，扼廣右之門户，邕、桂、賀三江州實綰其口，山川雄固，誠鎖鑰要地也。

端溪廢縣，今州治。漢置縣，屬蒼梧郡。晉屬晉康郡，宋爲郡治。齊郡治威城縣，梁還治端溪。隋屬端州，唐爲康州治，後皆因之。明初廢。城邑攷：「州舊無城，宋皇祐六年始築子城，元至正間重修。明洪武初以舊城狹隘，改立城址，甃以磚石。景泰以後屢經修築。有門五，隆慶五年塞東北一門。城周六里有奇。」

元溪廢縣，州東五十里。本端溪縣地，晉析置元溪縣，屬蒼梧郡，永和中爲晉康郡治。宋屬晉康郡，齊、梁因之。隋廢。沈約志：「元溪相近有龍鄉縣，晉末置，宋初爲晉康郡治，元嘉二十年移郡治端溪，以龍鄉縣并入。又有威城廢縣，蕭齊置，爲晉康郡治，後亦廢入端溪。」

悦城廢縣，州東八十里。晉末置樂城縣，屬晉康郡，又兼置悦城、文招二縣。齊、梁因之。隋屬端州，開皇十二年以悦城、文招二縣并入樂城。唐武德五年改屬康州，尋又改爲悦城縣。宋開寶五年省縣爲悦城鎮，自州入府之通道也。又賓江廢縣，在縣東南。亦晉末置，宋屬晉康郡，梁、陳時廢。

香山，州北二里。高二百餘丈，周四十餘里，爲州之主山。昔多香木，一名利人山。下有漱玉泉。又霍山，在州東北五里。高百餘丈，周三十里。峰巒秀鬱，有草如藿香，因名。其相接者爲青雲岡，高百五十丈，周二十餘里，亦名卧人岡。○茗山，在州東十五里。高百餘丈，周二十里。産茶。又東五里爲樵雲山，高二百餘丈，周三十餘里。山高而秀，形勢盤蔚。下有瓊響泉。又文筆山，在縣東二十五里。高二百餘丈，周四十餘里，以形似名。通志：「州東北五十里有楂山，高百五十丈，周二十餘里，形聳而秀。」

端山，州東五十里。高三百三十丈，周三十里。山形端正，因名。又東十里爲西源山，高六百丈，周三十里。一峰高出雲表，頂有池四時不竭，下流分爲東西二溪，合流入江，即思夫水也。州東八十五里又有勞山，高百餘丈，周三十里。形勢峻傑，登者憚勞，因名。○高良山，在州北七十里。高百餘丈，周五十里。山下田高土肥，土產鐵笏木。又焦石山，在州東北百里。高三百餘丈，周五十里，蒼翠盤鬱。相接者爲雙鶴嶺。嶺高六百餘丈，周八十里，當往來通道，崎嶇險峻，登陟甚艱。

峽山，州西二十里。高百丈，周九十里。南北岸對峙甚隘，江水中流，春夏多雨則水竣急，舟不能行。又錦石山，在州西五十里。上有石柱直插霄漢，相傳南越迎陸賈時嘗以錦覆石。萬曆四年征羅旁賊，嘗駐師於此。

佛子嶺，在州西北二十里。嶺勢嵯峨，路通封川縣。又杉嶺，在州西十五里。高百餘丈，周百餘里，路通蒼梧，產杉木。又州西四十里有藜嶺，一名禮嶺，高二百丈，周三百里，高峻，產籬竹。又寶嶺，在縣東北八十里。高三百餘丈，周三十里。兩山壁立，中通一徑如竇。○三洲巖，在州東七十里。一名玉乳巖，巖後有穴可登山頂。志云：山取蓬萊第三洲之義爲名，最幽勝，東西往來者皆通出巖下。

大江，州南一里，即西江也。州人亦謂之南江，一名晉康水，又名錦水。自梧州府東流經封川縣境，出峽山，經州南，又東入高要縣界。詳大川西江。

端溪，州東十里。源出州東北七十里之龍潭，曲折流經端山下，又西流入於西江。州東北二十里又有麻墟水，自封川縣流入境，一名馬墟水，亦流合端溪水入江。又夫號水，在州東五十里，出西源山；其東十里爲思夫水，亦出西源山；並流入江。○靈陵水，在州東九十里。自廣寧縣界流入境，凡百餘里，南入江，可通舟楫。州志云：靈陵水一名程溪浦，出州東七十里龍巖，下有龍母温媪墓，亦曰温水，亦曰靈溪云。又州東四十里有書堂水，源出㑩山，南流五十里入江。以宋石處道讀書於此而名。

陸溪，州西五十里。源出佛子嶺，東流三十里入江。水口舊有陸賈廟，因名。又州西七十里有武賴水，西南三十里有榕塘水，俱出封川縣界，南流入江。○羅旁水，在州西四十五里。源出廢都城縣，南流七十里入江。水口有石，其紋如羅，因名。

悦城鎮，州東百里悦城水口。有悦城鄉巡司，洪武四年建。嘉靖二年以㑩患築城，周一里有奇。高要新村驛與巡司並列其中。○壽康水驛，舊在城西，萬曆二十八年改置於城東。

西灣營，州西十里，近大江。正德五年設。又州西三里有教場營，嘉靖三十六年設。州東五十里有水碓營。○平村營，在州西八十里，近大江，地名上峒，其相近爲大塘營；又蘇地營，在州西九十里，地名萬峒；俱嘉靖十八年設。志云：州西八十里又有羅旁營，近羅旁水口，正德五年設。

沿頭埠，州西八十五里。又緑水埠，在州西六十里；冷水埠，在州西三十里；野芋埠，在州西五十里；俱近大江北岸。○大、小㵎埠，在州東三十五里。龍目埠，在州東四十里，相近爲竦頭埠。又東五里爲下埇、思麻二埠。又蓬遠埠，在州東五十五里；媳婦頂埠，在州東六十里；大塘埠，在州東六十五里；降水埠，在州東七十五里；又東五里曰蓮湖埠；俱正德五年置，近大江北岸，設兵戍守。圖説：「江北岸又有三洲、倫埇、大樹、田心等二十餘營，俱設兵，防西山諸傜賊。其在江南岸者今俱屬羅定州。」

白沙山寨。在縣東北，〔八〕傜砦也。舊志：州境諸山傜寨凡百五十有奇，後割江南岸屬羅定州，其在州境者以數十計云。

封川縣，州西百二十里。南至羅定州西寧縣七十里，西至廣西梧州府八十里。漢蒼梧郡廣信縣地，梁析置梁信縣，爲梁信郡治，兼置成州治焉。隋平陳郡廢，改州曰封州。開皇十八年又改縣曰封川縣，大業初改置蒼梧郡於此。唐武德四年復置封州，天寶初曰臨封郡，乾元初復故。宋仍曰封州，亦曰臨封郡。紹興七年省州，以縣屬德慶府，十年復舊。元至元十六年立封州路，尋降爲州。明初州省，縣改今屬。城周二里有奇。編户十四里。

廢封州，即今縣。志云：梁置成州，在今縣北六里。隋移置封州於封川口，後皆因之。唐乾符三年廣州牙將劉謙爲封州刺史，遂爲南漢之始。城邑考：「縣城明初築，塹山爲之。正統十四年以黄蕭養作亂，因故址修築。天順二年展築外城，環栅植刺竹，又磚甃城北面，并濬濠環之。成化五年以後屢經修築。」

封興廢縣，在縣東北。晉末置，屬蒼梧郡，宋、齊因之。梁屬梁信郡。隋屬封州，大業初廢入封川縣。

東山，縣東一里。形如屏障，亦名掛榜山。其對峙者曰紗帽嶺。東四里曰先鋒嶺，高拔諸山。又天馬山，在縣東南三里，拱抱縣治。西江匯其下，多白沙，亦名白沙嶺。又二里爲緑衣嶺，與紗帽、先鋒、白沙諸嶺相連。稍北爲羅客山。又登高山，在縣治北。其北三里爲牛頭嶺，有峽水經其中。志云：縣南二里有會龍山，層峰疊秀，縣之案山也。○封門山，在縣東北二十里。峰巒秀蔚，兩崖如門。又東北五里爲相思山，羣峰聯屬。下有相思大逕，長六七里。兩山夾峭，一水中流，極其清冽。相近又有石門嶺。志云：縣東南五十里有濯錦山，一名錦石山，與德慶州接界。

雞籠山，縣西三十里。其脈廣遠，左接廣西界，右襟西寧縣。又西山，在縣西南十里，隔江，峰巒峭拔。○豐壽山，在縣東北五十里。寰宇記：「山高一百三十餘丈，周五十里。」一名霹靂山，相傳山有巨石，雷震其一。上有石池，泉湧其中。其西北有羅克逕。又太子山，在州東北六十里，尖峰插漢。又東北十里爲甲子山。其相接者曰麒麟山。志云：麒麟山在縣北八十里，高三百丈，周百五十里，秀出天表，形若麒麟，縣之鎮山也。

白馬山，縣東北百里。與麒麟山對峙，周五十里，石坂甚長，飛泉如練。正德中僮巢其上，參議周用等剿平之，改名白鶴山，相近有老鴉逕，深山大箐，天日罕覩。又縣北百三十里有流連山，重巒疊巘，蹊徑深杳，有林泉巖石之勝。或作「連山」，誤。其相近有螺髻巖，石門暗狹，中忽明敞，容數百人，有一夫當逕，萬夫莫前之險。

續嶺，縣北二十里，斷而復續，宛委綿亘七十餘里。又猿嶺，在縣北三十里。高三十餘丈，周四十里，平岡漫坡，或起或伏。上多林木，猿狖所居，有猿嶺逕。○雲巖，在縣北九十里。中容三百人，居民嘗避寇於此。泉自石出，澄泓不竭。石床磴道，殆若天造。其南爲荔枝巖，極幽勝。又縣北七十里有鑼鼓岡，周四十里。今設巡司。

西江，在縣城南。自廣西梧州府流七十里，至縣西十里之靈洲合賀水，環城西十餘里，經城東入德慶州界。形勝志「封州扼三江之口」，謂西江、賀江、東安江也。靈洲當賀江之口，廣一里，長五里，江流環匝，上多蘆葦，春夏泛溢，洲常不没，因曰靈洲。

賀江，縣西十里。一名封溪，亦曰封江。自廣西賀縣流入開建縣界，又南流入境，匯西北諸川至靈洲入於西江。五代唐天成三年，楚大舉水軍圍封州，南漢主劉龑遣將蘇章救之。章至賀江，沉鐵絙於水，兩岸作巨輪挽絙，築長堤隱之，而以輕舟逆戰，誘楚人入堤中，挽輪舉絙，楚艦不能進退，大敗，遂解封州之圍。

東安江，縣西北二十里。源出蒼梧縣界，俗名小江，流合賀江入於西江。又扶靈水，在縣北百里，匯流連諸山水入於賀江。又有廣信水，源出老鴉逕，流入扶靈水。○谷墟水，在縣東十三里。源出麒麟山，下流入西江。舊志以爲豐溪，源出豐壽山，悮。又顯山河，在縣東百里，匯東北境諸溪澗水入谷墟水。又縣東南十里有蟠龍水，源出蒼梧縣界留竹山，流入境注於西江。其水宛轉如龍之蟠，弘治七年鄉民堤其下流爲塘。

文德鎮，舊在縣北大洲口。洪武初置文德巡司，七年徙置縣西賀江口，嘉靖二十四年又移置於縣北銅鼓岡。○麟山驛，在縣西二里。舊在城西，洪武六年移置於堰塘埇口，十二年遷於今治。

羅峒營，在縣西，相近有菊花營，俱正德中設，嘉靖三十八年廢。通志：「縣境舊多營堡，嘉靖二十四年剿平麒麟、白馬二山賊，自是漸撤。」○迪田營，在縣西北，前臨賀江。其相近有西河營，舊爲廣西傜賊出入噤喉，防禦甚切。又靖安營，在城東北。隆慶五年設。又縣北有南龍、鑼鼓等營，去縣皆百餘里。萬曆三年設。

三丫逕，縣北二十里續嶺下。相近又有埇彪逕。又相思大逕，在相思山下。又縣北四十里有存塘逕，長二十餘里，林木陰翳。○烏添逕，在縣東北七十里，長二三里，崇岡疊巘，起伏蟠曲。其相近者爲欖逕，喬木森密，猿猴聚居。又縣東北有都蓬等逕，舊皆有兵戍守。

石硯山砦。在縣北，傜寨也。正德中封川之石硯、大和、雞峒山傜，糾合開建大玉、小玉、大臺、賀縣峒金、上峒、下峒等巢，封川歸仁、文德二鄉，大滑腦、洪秋、南吉、大賀、黑石、麒麟、白馬、蓮花等巢諸傜皆叛，山徑多岐，窮險莫測，嘉靖八年官軍討石硯山傜，平之。

開建縣，州西北三百十里。北至廣西賀縣百八十里，東北至廣西懷集縣百里。漢蒼梧郡封陽縣地，宋元嘉中析置開建縣，屬臨賀郡，尋又置宋建郡治焉。大明元年郡廢，仍屬臨賀郡。齊因之。梁置南静郡，隋平陳郡廢，縣屬連州，大業初屬熙平郡。唐屬封州。宋開寶五年省入封川縣，明年復置，仍屬封州。明初改今屬。城邑考：「縣故無城，洪武中始築土垣。天順三年因故址減三之二，植柵疏濠爲備。八年創築磚城，成化初始告成。嘉靖以後屢經修築。城周一里有奇。」編户四里。

謝沐廢縣，在縣北。漢置謝沐縣，屬蒼梧郡，後漢因之。三國吴改屬臨賀郡，晉以後因之。隋省。

忠讜山，縣東北五十里。高二百餘丈，周八十里，爲縣境之望。又縣西北五十里有圓珠山，高百五十丈，周二十餘里，圓竦如珠。○似龍山，在縣東十五里。高二十丈，周四十餘里，蜿蜒如龍。又東五里爲昭埇山，路通懷集縣。有石名鼠石，旁三穴，皆容數十人。又五里爲野埇山。有水石巖，峰巒森立，水環其下，巖穴幽折，莫窮其勝。又大水山，在縣東三十里。其下有澗，源深流廣。其相接者爲羊梯山，山爲牛羊徑道，有石磴若梯然。

大玉山，縣西三十五里。高百三十丈，周三十餘里，青碧如玉。其旁爲小玉山，高八十餘丈，周五里，形勢突兀。○黎水山，在縣東南二十里。高三十餘丈，周三十餘里。兩山對峙，黎水中流。其相近者爲狼嶺，周七十里。形勢險惡，上多豺狼，有徑通封川縣。

開江，在縣城西。其上源即賀江也，自賀縣南流二百里，經縣境，合羣川而南注，流百里入封川縣界爲封江。嘉靖十四年大水，縣城爲圮。隆慶五年開江漲溢，復圮城西，蓋西面迫臨開江也。又有大玉、小玉及黎水，俱流入開江，狼嶺水則西流合黎水而注於江。志云：縣北五十里有白鶴灘，北去賀縣百四十里，爲分界處，即開江所經也。

金縷水，縣東十五里。其上源合似龍、昭埇、野埇諸山水，流經金縷村，因名。水聲清響，亦謂之龍吟水，至縣東南流入開江。○龍潭水，在縣北二十里。源出懷集縣深山中，流經縣北六十里萬石嶺，又南流經縣北三十里潭霜山，東北羣川皆流合焉，西流入於開江。又粱村水，源出懷集縣之粱村，西南流入縣境，至萬石嶺合於潭霜水。志云：縣東北三十里有金塘水，出金塘村諸山；又東北有忠讜水，出忠讜山；盧村水，出縣東北七十里近界山；縣西北又有蓮塘水，出圓珠山；縣東三十里又有金裝水，出大水山；羊梯水亦流合焉，並匯潭霜水入於開江。

水母塘，縣北五里，廣十餘畝。源出縣北十里之雁山，南流入塘。天順三年守備王芳等疏城濠，因濬源鑿塘以豬水，又自塘鑿渠以灌城濠，水常不竭。

古令鎮，縣北五十里。其地有古令山、黄沙嶺，洪武初置巡司於此。萬曆六年傜賊作亂，徙置於縣東北之褥村。十四年勦平黄沙等山賊，復還舊處。

獨住營，縣北三十里。嘉靖十四年設，防賀縣深埇、塞山、企堌、磨刀、田源諸山賊。又萬保營，在縣北四十里。嘉靖二十三年設，防賀縣深埇、懷集牛欄、羊橋、銅鐘、鼓城諸山賊。縣北六十里又有會珠營，嘉靖二十六年設，防懷集金鵝、松栢、南水、上帥、下帥諸山賊。相近又有潭霜營，嘉靖二十三年設。志云：縣北六十里有總旗營，隆慶五年設。東北六十里有東營，正德五年設。今廢。又大灣營，在縣北七十里；相近者曰白蓮營，地名柯木逕，傍白蓮峒山，因名；俱萬曆十三年設。白蓮北十里曰鎗杆烽堠，亦是年所設。

九源山寨。在縣東，傜寨也。志云：縣境傜山凡三十有七。

附見

德慶守鎮千户所。在州治東。洪武九年建。

羅定州，東至肇慶府三百里，西南至高州府二百里，北至肇慶府德慶州百五十里，西至廣西岑溪縣西九十里，自州治至布政司五百三十里，至京師七千七百里。

秦南海郡地，漢屬蒼梧郡，後漢因之。晉仍屬蒼梧郡，後屬晉康郡，宋、齊因之。梁置平原郡，兼置瀧州。隋平陳郡廢，大業初改瀧州爲永熙郡。唐武德四年復置瀧州，天寶初曰開陽郡，乾元初復故。宋開寶五年廢州，屬康州，後屬德慶府。元屬德慶路，明初屬德慶州，萬曆四年改置羅定州。編户二十五里。領縣二。今因之。

州襟帶千里，江山聯絡，蠻傜盤據，恃爲險奥，蓋撫綏重地，門庭巨防也。

瀧水廢縣，今州治。漢端溪縣地，梁置平原縣，爲平原郡治。隋平陳郡廢，縣屬瀧州，開皇十八年改爲瀧水縣。唐因之，仍屬瀧州。寰宇記云：「舊治在今縣南百里，唐初移置於此。宋州廢，縣屬德慶府。」元因之。明初亦曰瀧水縣，萬曆初傜亂，督臣凌雲翼討平之，改置今州。城邑考：「州舊無城，正統十三年始築土城，景泰四年甃以磚石，成化屢經營治。周不及四里。」

晉康廢縣，州北八十里。宋元嘉中置安遂縣，屬晉康郡。齊因之。梁置建州及廣熙郡治此。隋平陳廢郡，大業初并廢州，屬永熙郡。唐武德四年置南建州治焉，貞觀八年改南建州曰藥州。十八年州廢，以縣屬康州。至德二載改曰晉康縣，宋開寶五年廢。

開陽廢縣，在州南。梁置縣，爲開陽郡治。隋郡廢，縣屬瀧州，大業初并入瀧水縣。唐武德四年復置，屬瀧州。宋廢。又羅陽廢縣，在縣西南。亦梁置縣，爲羅陽郡治。隋郡廢，縣屬瀧州，開皇十八年改曰正義縣，大業初廢。唐復置，屬瀧州，貞觀中省。

鎮南廢縣，在州北。梁置安南縣，屬廣熙郡。隋屬建州，大業初廢入永熙縣。唐武德五年復析瀧水置安南縣，屬南建州，尋屬藥州。貞觀十八年州廢，屬瀧州，至德二載改曰鎮南縣。宋廢。又永業廢縣，在州東北。梁置永業郡，尋改爲縣。隋平陳縣廢，開皇十六年復置，屬建州，大業初屬永熙郡。唐屬南建州，尋屬藥州，貞觀十八年廢。

龍腦山，州北十五里。山勢盤旋，若迴龍然。又雙龍山，在州南二十里。高百丈，周五十里，兩岡對峙，狀如雙龍。上有三石如笏。下有雙龍泉，湧出不竭。又南二十里有文筆峰，一名尖岡。有巨石號防虞石，崔嵬險固，容數百人。居民遇警常登石避之，亦一保障也。○徑山，在州南六十里。羣峰森立，横截州南。

水紋山，州東南百十里。高七十丈，周四十餘里。山下有泉，沸湧而出。或謂之羅旁山。弘治中御史萬祥言「肇慶山峒賊巢有羅旁山、大潭坑二處」，蓋瀧水本屬肇慶也。相近者又有雙輪山，其高倍之。又雲霽山，在州南百二十里。高二百丈，周百里，聳拔爲諸山最，雲霧常蒙其頂。○上烏山，在州東南百五十里。高百餘丈，周五十里。有烏水出焉，其流峻急，東入瀧水。

瀧水，在州城西南。源出傜境大小二山，流逕州西新容村，有灘高二丈，峭削如壁，水流其下，又有巨石横截中流，至爲險阻，鄉人以竹筏裝載，從高放下，稍不戒則衝激漂没，下灘勢稍平，流亦漫，至州治西宛轉而南東北，流百六十里入於西江。

雲霽水，州南百里。〔九〕源出雲霽山，委曲西流，有抱水流合焉，又西北入於瀧水。○雲浮水，在州東南。源出東安縣界雲浮山，下流入州境注於瀧水。

晉康鎮，在州北，即晉康廢縣也。洪武十六年置晉康巡司，屬德慶州，萬曆四年改今屬。志云：州西有李陂、古城二關，舊皆爲戍守處。○開陽鄉巡司，在州南，即廢開陽縣也。洪武中置巡司。

水西營，州西二里，又州東二里有水東營，俱嘉靖十三年設，以在瀧水旁而名。志云：州西十里舊有西營，民營也。又西有大莆營，嘉靖十七年設。又州東十里舊有東營，亦民營也。又東爲茅尖營，與大莆營同時設。○鐵場營在州東南百里，又東南十五里有惠雞營，俱嘉靖二十三年設。又雲青營，在州東南百十里。嘉靖二十二年設。又東南十里有龍角營，接陽春、陽江二縣界，嘉靖二十五年設。志云：州南百里舊有帽岡民營，西南百二十里有竇州民營，皆僉鄉兵戍守。

雲際峒，在州西，舊爲蠻峒地。又有盤遼峒。唐開元十六年瀧州叛僚陳行範兵敗，逃於雲際、盤遼二峒，宦者楊師勗追擒之。今州西有雲致傜山，或曰即雲際之悮也。

雲羅山寨。在州東，傜砦也。又州西北有逍遥山砦。天順初逍遥山傜賊作亂，官軍討之，東由陽春，西出岑溪，復分道自雞骨嶺羅旁水口水陸並進，擣其巢穴，賊遂平。志云：州境傜山凡百有餘處。

東安縣，州東八十里。東北至肇慶府百三十里，東南至肇慶府新興縣百二十里。本瀧水縣之東山、西鄉及德慶州之晉康鄉，高要縣之楊柳、思勞等都，新興縣之芙蓉都，萬曆五年割置今縣。編户一十五里。

永順廢縣，縣東五十里。唐武德四年析新興縣置，屬新州。宋開寶五年省。舊志：其地南去新興縣六十里是也。○建水廢縣，在縣西。隋置永熙縣，屬瀧州。唐武德五年改曰永寧縣，天寶初又改曰建水，仍屬瀧州。宋廢。

書山，縣東三十里。高千仞，周五十餘里。相近者又有聖山，高千仞，周八十里。崇岡疊巘，嵬然矗天，中有流泉，傜居其上。○荀遥山，在縣東北。山高廣，大灣水出焉。又鐵嶺山，在縣東六十里。有石壁峭峙，色黑如鐵。又東三十里有厓牢山，舊志云在新興縣西北三十里，蓋舊與鐵嶺山俱屬新興縣。

雲浮山，縣東南百里。高五十丈，周四十里，危峰突起，峰頂常有白雲。相傳陳霸先曾居此上。有林泉巖石之勝。舊志「山在陽春縣北百里」，蓋本屬陽春也。○甘山，在縣北五十里。高七百餘丈，周百餘里。上有龍頭潭，懸流如瀑布。舊志：甘山在德慶州東南百二十里。又青旗山，在縣北。林木青葱，人不敢伐，對岸即德慶州之靈陵水口。

九星巖，縣北五十里。九峰尖秀如玉笋。下有巖穴如堂，中有幽徑。又有石泉水，引流可以溉田。舊志：巖在德慶州東百十里。○古蓬洞，在縣西北百六十里。志云：洞在德慶州東南十五里，傜人所居。在州界者凡五十四山，此其一也。昔時屢爲民害，洪武中勦平之，然未盡帖服。永樂中向化來歸，始入版圖。亦曰古蓬山。

西江，在縣北。自德慶州東流經縣界，又東入高要縣境。縣西又有瀧水，自州境流經縣界，入於西江。

逢衍水，在縣北。源出甘山，下流入於西江。又大灣水，在縣東北。出荀逕山，流經肇慶府西南三十里之大灣村入於西江。○晉康水，在縣西北。源出州界，經晉康廢縣，因名。一名南江。東流逕古蓬洞，又北入於西江。通志：「南江源出瀧水縣大水山，經縣北，兩岸山巒對峙，竹木濛翳，傜賊盤踞，行者必以兵衞焉。」

建水鎮，在縣西，即建水廢縣也。洪武中置巡司，本屬瀧水縣，萬曆中改今屬。○東山營在縣東四十里，其北十里有料峒營，相近者又有曲龍營，俱嘉靖二十一年設。又有長逕塘營，嘉靖二十九年設。長嶺營，嘉靖二十八年設。志云：東山營南去新興縣八十里，料峒等營俱南去新興縣九十里，舊屬新興，萬曆五年改今屬。

南江營，在縣西北瀧水小江口，近大江。嘉靖十二年設。志云：營在德慶州江南岸十五里，防守最切。萬曆中改今屬。又大埇營，在縣西北。正德五年設。志云：營北去德慶州七十里。又南三十里曰思和營，在瀧水大江西岸。嘉靖二十六年設。又茅坡營，在大埇營西南二十里。嘉靖三十年設。又大石嶺營在思和營南十里，又南四十里曰山栢營，俱正德五年設。又白馬營在山栢營南三十里，又南四十里曰新安堡，又南三十里曰何木逕營，又三十里曰步雲營，又二十里曰查峒營，其相近者曰木源營，俱正德五年設。舊屬德慶州，萬曆五年改今屬。

送鬼嶺營。在縣西瀧水小江東岸，又南三十里有塘底營，又二十里曰三嶺營，俱嘉靖二十三年設，屬德慶州。萬曆五年改今屬。志云：送鬼嶺營在德慶州南一百七十里。又有麻塘埠，在德慶州東三十里。正德五年設。今亦屬東安縣。

西寧縣，州西百二十里。西北至廣西梧州府百十里。本瀧水縣之西山大峒地及德慶州之都城鄉，萬曆五年割置今縣。編户一十里。

都城廢縣，縣西六十里。晉置，屬晉康郡，宋、齊因之。隋省。唐復置都城縣，屬康州。宋開寶五年省。今爲都城鎮，洪武十年置巡司戍守。

天黄山，縣東二十里，舊屬瀧水縣。志云：瀧水縣西界傜山凡六十五，此其一也。永樂中叛傜歸化，後復據險爲亂。萬曆四年督臣凌雲翼破其巢而殪之，境内以寧。○大力山，在縣東北百里。高六百丈，周迴二百里。上多産竹木、赤籐、南漆。山勢雄偉，爲西境之望。舊志：山在德慶州西南二十五里，州之鎮山也。

計都山，在縣東北百餘里。高百六十丈，周五十里，形勢奇崛，西有龍潭。通志：「計都山在德慶州東十五里。」似悮。○雞骨嶺，舊志云：在大力山東十五里，東北去德慶州十里，高二百餘丈。産雞骨香。

瀧水，縣東南四十里。源出傜界，縣境羣川悉匯於此，又東流入州境。

大力埠。縣東北百餘里，大力山之水入江處也。舊志：在德慶州西七十里大江南岸。正德五年設，萬曆五年改今屬。

附見

守禦瀧水千户所。在州城内。萬曆四年增設，直隸都司。○守禦南鄉千户所，在州東。又有守禦富林千户所，在東安縣界。又州西有守禦函江千户所，州西北有守禦封門千户所，俱近西寧縣境，萬曆五年增置。

校勘記

〔一〕東西數千里　「東」，底本原作「連」，今據職本、鄒本及史記卷一一三南越傳改。

〔二〕益王昰　「昰」，底本原作「昱」，今據鄒本改。

〔三〕與增城縣接界　「城」，底本原作「江」，據本書同卷「增城縣」改。

〔四〕俱接順德縣界　「順德」，底本原作「德順」，今據職本乙正。

〔五〕春水洊至　「春」，水經溱水注作「時」。

〔六〕岡溪廢縣至屬湘州　「岡溪」、「桂陽」，劉宋志卷三七作「岡溪」、「封陽」。又「四縣」，今中華書局標點本宋書已據成孺宋書州郡志校勘記改作「三縣」，是。

〔七〕錦山水　「錦」，底本原作「經」，今據職本改。

〔八〕在縣東北　「縣」，當作「州」，在德慶州之東北也。

〔九〕州南百里　「百」，底本原作「北」，今據職本、鄒本改。

讀史方輿紀要卷一百二

廣東三

韶州府，東北至南雄府二百九十里，東至江西龍南縣三百七十里，南至廣州府界七百二十里，西至廣州府連州四百里，北至湖廣郴州四百里，自府治至布政司見上，至京師七千三十五里。

禹貢揚州南境，戰國屬楚，秦屬南海郡，漢初屬南越，元鼎以後屬桂陽郡，後漢因之。三國吴甘露元年分桂陽南部都尉置始興郡，治曲江縣。寰宇記云：「後漢置始興都尉。」悞。晉因之。宋泰豫初改曰廣興郡。齊復爲始興郡，梁、陳因之。隋平陳郡廢，屬廣州，尋屬番州，大業初屬南海郡。唐武德四年置番州於此，尋曰南衡州。貞觀初改曰韶州，天寶初曰始興郡，乾元初復爲韶州。五代時屬於南漢。宋仍爲韶州。亦曰始興郡。元曰韶州路，明改曰韶州府。領縣六。今因之。

府脣齒江、湘，咽喉交、廣，據五嶺之口，當百粤之衝，且地大物繁，江山秀麗，誠嶺南之雄郡也。晉末徐道覆以始興之衆踰嶺而北，幾覆建康。陳霸先當蕭梁之季，倡義始興，卒平侯景。唐皇甫湜曰：「嶺南屬州，韶爲最大，蠻越有事，提兵踰嶺，韶爲必争之險也。」

宋初潘美伐南漢，拔連州，而東進拔韶州。韶，漢之北門也，於是漢人大懼。美進拔英州，長驅至廣州而漢亡。蒙古南略，遣降人吕師夔敗宋師於南雄，進取韶州，而廣東悉爲殘破。明初命將取廣東，陸仲亨自大庾而南入韶州，擣英德以西如破竹然。韶之所係，顧不重哉？

曲江縣，附郭。漢置縣，屬桂陽郡，吴爲始興郡治，隋屬廣州，唐、宋以來皆爲韶州治。今編户三十六里。

始興郡城，在府城南官灘下十里。晉盧循寇番禺，以徐道覆保始興，因徙郡城而北，當嶺門以自固。劉裕討之，遣沈田子築城伏兵於此，後遂爲郡治。亦名沈將軍壘。志云：漢城在湞水東蓮花嶺下。隋城在武水西，地勢卑濕，五代時南漢移治於中洲，在武水之東，湞水之西。白龍二年始築州城，宋皇祐以後屢加增修。明洪武三年因故址修築，永樂初城圮。十五年復修治，天順、成化以後時加營繕。有門五，城周九里有奇。

臨瀧廢縣，在府西。唐武德四年置，屬番州，尋屬韶州，貞觀八年廢。又西南有良化廢縣，亦武德四年置，貞觀八年廢。○永通廢監，在府城内。宋皇祐中，詔韶州錢監爲永通監。先是慶曆八年以天興場歲采銅置監，至和二年以韶州岑水場銅發，令漕司益鑄錢。宋志：「曲江縣有永通錢監、靈源等三銀場，巾子銀場是也。」〔一〕

蓮花山，府南五里，與郡治相對。宋開寶三年潘美伐南漢，南漢主劉鋹使其將李承渥列象爲陣，拒美於蓮花峰下，美大敗之，遂進拔韶州。又筆峰山，在府北一里。一名帽子峰，松竹蓊蔚，團圞如帽，左湞右武，悉聚目前，志以爲郡之鎮山也。其北二里曰皇岡山，高峻端整，儼如屏障。陽有虞泉，以虞舜名也。又北六里曰越王山，一名武臨原，俗呼白虎山。下有皇潭，西流二里入武水。○芙蓉山，在府西五里。山形簇起，狀如芙蓉。山半有石室，頂有玉泉井。志云：府東五里有靈鷲山，舊名虎市山，山多虎，晉義熙中改今名。又玉山，在府東北五里。湘州記：「其山草木滋茂，泉石澄潤，曾有得玉璞於此者，因名。」又東北里許有靈石，高三十丈，廣圓五百丈，湞水經其下。

桂原山，府西北四十里。亦曰桂山。宋李渤記略云：「山之盤礴方廣幾千百里，峻極崇高幾五千仞，青峰碧嶂，雲霞所棲，爲郡之望。上有温泉三穴，其下桂水出焉。」志云：山周數百里，多産菌桂。又西北七十里有林源山。山有石室，林水出焉，南流六十里入於武水。○韶石山，在府北四十里。迤邐而東有三十六石，古名曲紅岡。舊圖經：「漢初置縣，本名曲紅。」或云古江字皆作「紅」也。郡國志：「韶州斜斗勞水間有韶石二，狀如雙闕對峙，相去不一里，高百仞，廣圓五里。相傳虞舜南遊登此石，奏韶樂，因名。」今呼左闕、右闕。又有寶蓋、奏樂、駱駝三峰，其鳳閣左右毬門，大小香爐等石，即三十六石也。雙闕尤爲挺拔，惟太平石稍低平，屹立猶二十餘仞，樵人牧子，尚怯攀援也。

錢石山，府東北六十里。山形四方如臺，巨石三面壁立，上有碎石如錢。又大峒山，在府東北八十五里。宋余靖記略云：「自州治水行七十里得月華山，捨舟道樵徑又十五里，乃至大峒。其山磅礴聳峭，秀倚天際，絶頂之上，千里在目，澗聲泠泠，清入毛骨，真可遺世而絶俗也。」○石頭山，在府北十三里。上有巨石特起，俗名雞冠石。石上有洞深邃，一名貂蟬嶺。又浮岳山，在府東北二十里。其山躡一處則百餘步皆動，若在水中。後没於五渡水。

南華山，府南六十里。峰巒環抱，如蓮花然。曹溪水出其東南。又虎榜山，在府南四十里，西面臨江。有石高十餘丈，闊五十餘丈，中有小洞，容二百許人。府南十五里又有寶石山，一名伏虎山。湞溪之水出焉，南流二十里入於曹溪。○書堂巖，在府東南二十里。巖洞豁然，泉清而潔，爲張九齡讀書處。又城西南十二里有紫薇洞，中若大厦，容百餘人。其東大湧泉出焉。宋舍人朱翌謫居時遊此，因名。

湞水，在府城東。源出大庾嶺，經南雄府而南，至府東南武水流合焉，二水相合謂之相江。其水抱城迴曲，故曰曲江。又流經城東，亦曰東江也。西南流經英德縣，謂之始興江。志云：府東北有利水，湞水之沱流也，一名斜斗勞水，經韶石山南流，經靈石下注於東江。餘詳大川北江。

武水，在城西。源出湖廣臨武縣西山，流經宜章縣南入郡境，又流經樂昌縣西，東南流經城西，又東南合湞水爲北江。郡志：府城三面有濠，西臨武水無濠是也。古名虎溪，唐諱虎，改今名。巖崖峻阻，湍瀧危急，亦名瀧水。又桂水，在府西北四十里。源出桂源山，東南流合於武水。志云：府北有盧水，南流合武水，至爲湍險。亦名新瀧水，相傳漢太守周昕所開。

修仁水，府東北二十里。源出浮岳山，水經注謂之邸水，下流爲五渡水，注於湞水。又靈水，在府東七十里。志云：源出始興縣界清化嶺，西流九十里入湞水，俗呼零溪。又府東九十里有黎溪，出始興縣界東坑嶺，西流百五十里入湞水。岸多棠梨，因名。亦曰利水。○雙下水，在府西五十里。有兩澗合流，因名。南流五十里入於湞水。又牓礬水，在府西南三十里。宋初置場採銅，謂水能浸生鐵成銅。又出生熟牓礬，役民採之，歲以充貢。明成化初督臣韓雍奏革。

曹溪，府東南三十里。源出南華山之狗耳嶺，西流三十五里入湞水。又宣溪，在府南八十里。源出螺坑，南流入於湞水。○目嶺水，在府東北百里。水中有石穴如人眼瞳子，黑白分明。下流五十里入湞水。

平圃鎮，府北九十里，有巡司；又府南百里有濛瀼巡司；俱洪武十六年設。○上道營，在府東北。又烏石營，在平圃巡司東三里。濛瀼營，在濛瀼驛西五里。又有白土營，在府南五十里。志云：府境又有中堂、蘇渡、亂石、魚梁、磨刀、白芒、蓑衣、黄茅、高橋、小坑、連環、土嶺、官村等十三營。

雞冠寨，府北十里。又北二十里有老龍砦。又北二十里有古羊砦。西北三里又有上窯寨。○白沙堡，在府南。志云：曲江縣境又有總舖、古羊、白芒、黄金等堡，向俱設官兵戍守，以防沿江盜賊。又有幽溪、列溪、葵溪、西山等傜山凡四。

芙蓉驛。在府治東。又新館驛，在府治北。平圃驛，在平圃巡司東。濛瀼驛，在濛瀼巡司東。輿程記：「自南雄府黄塘驛而南百里至平堡驛，又百里而至芙蓉驛，又百里爲濛瀼驛，又百里爲英德縣之清溪驛。」○湞水館，在府城南，宋州守狄咸建。又有迎山館，在府城東南通津門外曲江亭西偏，爲過客憩息之所，亦宋時建。志云：曲江亭，臨江艤舟處也。又東浮橋，在城東門外，横江，長七十丈。又西門外有西浮橋，用舟六十有二。

英德縣，府西南二百二十里。西南至廣州府清遠縣二百七十里，東南至惠州府長寧縣百六十里。漢置湞陽縣，屬桂陽郡，後漢因之。三國吴屬始興郡，晉因之。宋泰始三年改湞爲貞，齊仍爲湞陽縣，梁、陳因之。隋平陳縣屬廣州，開皇十六年省入曲江縣。唐武德五年改置貞陽縣，屬洭州。貞觀初州廢，仍曰湞陽縣，屬廣州。五代梁貞明中南漢置英州治焉。宋因之。宣和二年曰貞陽郡，慶元初以寧宗潛邸升爲英德府。元至元十五年改爲英德路，尋降爲州。大德五年復升爲路，至大初又降爲州，以湞陽縣省入。明初降州爲縣，又改今屬。城周三里。編户九里。

湞陽廢縣，即今縣治。漢置，隋廢。唐復置，元省。城邑考：「古縣城在縣北一里大慶山上。今城宋慶元中所築，後毁。明天順五年重修，七年復築外城。成化三年增脩。正德初内外兩城門皆甃以石，嘉靖以後屢經脩築。」

含洭廢縣，縣西七十五里。漢縣，屬桂陽郡，後漢因之。三國吴改屬始興郡，晉、宋、齊因之。梁置衡州及陽山郡。隋平陳郡廢，改州曰洭州。開皇二十年州廢，縣屬廣州。唐武德四年復置洭州，貞觀初州廢，縣屬廣州。南漢因之。宋開寶四年改隸連州，六年隸英州，又改含洭曰含光縣。元屬英德州，尋省縣入州。明初於故址置含光巡司。正德初修築故城，恃爲保障。嘉靖以後亦屢修築。

南山，縣南二里，以當縣治之南而名。其陰爲鳴絃峰，相傳舜南巡時嘗彈琴於此。峰下爲涵暉谷，谷有晞陽島、飛霞嶺、凌烟嶂、夢弼巖及桃花、棲雲、潛靈三洞。山之陽有蓮花峰，攢簇高聳，如蓮花然。○金紫山，在縣北十里。石山聳拔，岡脈南出，爲縣北一里之大慶山，俗名龍山。其右則綿亘數十峰，自西北徂於南山。鳴絃峰壁立江滸。

湞山，縣北四十里。縣之主山也，相傳尉陀築萬人城於此。今湞水經其南。又北二十里有龍頭影山，山勢雄峙。其下石壁玲瓏，臨清溪水，即湞水也。○英山，在縣東二十五里，州以此名。

皐石山，縣西南十五里。一名圍山，在湞水西。崖壁千仞，猿猴莫上。又西南二十二里曰太尉山，一名香爐峽。漢鄧彪嘗至嶺南，召還爲太尉，因名。輿地志：「皐石、太尉二山之間，是爲湞陽峽。兩崖傑秀，壁立虧天。昔嘗鑿石架閣，令兩崖相接，以拒徐道覆。由此南出，至清遠峽。宋嘉祐四年轉運使榮諲開峽，至洸口作棧道七十餘間，以便行旅。其下磯石横截，水勢湍急，名牯牛石，又名抄子灘。」一統志：「牯牛石在縣南十九里湞陽峽中。」湞水爲峽山所束，兩石相抄，故名抄子灘。其下巨石横截，即牯牛石，爲行舟之害。諺云「過得牯牛、抄子灘，寄書歸去報平安」，言其險也。○堯山，在縣西四十里。四面瀑布懸流，傾瀉萬丈。王韶之始興記：「堯山下有平陵，陵上有古大堂基十餘處，謂曰堯故亭，父老相傳堯南巡時登此。」

觀州嶺，縣東北五里。盤礴蜿蜒，登之可望一境。又有湞石，在縣東北二十八里。一名賭婦石，東枕湞水。又彈子磯，在縣北六十里。一名輪石山，高數十丈，壁立江滸。崖半有竇，高廣數尺。

麻寨岡，縣西十三里。唐末黄巢犯境，有虞夫人者率兄弟及鄉人拒巢於此，賊爲之却。又蛾眉岡，在縣西南五十里。志云：在舊含洭縣南。高三百餘丈，東西望如蛾眉。其西十五里有石蓮岡，以形似名。又碧落洞，在縣南十七里。石室深邃，旁有小洞號雲華洞，南漢主晟嘗假宿於此。志云：洞南二里又有通天巖，横岡峻嶺，奇勝萬端。

湞水，縣西十五里。自曲江縣南流，經縣北湞山下，西南流出湞陽峽，又西南入廣州府清遠縣界，縣境羣川皆流會焉。○洭水，在縣西南四十里。一名湟水，自廣州府連州境東南流入縣界，經廢含洭縣，又南流入廣州府清遠縣界而會於湞水。

瀧頭水，縣南十里。源出翁源縣翁山，經象岡流至此，亦謂之翁源水，與瀧水合。瀧水即武水之别名，湞水合於武水，故兼有瀧水之稱。其地險隘，宋潘美伐南漢，由韶州進克英、雄二州，次瀧頭，劉鋹遣使請和，美疑有伏兵，乃挾鋹使速渡諸險是也。○隆水，在縣東六十里。源出縣東百四十里之羊嶺，東南入翁源水。又沱水，出縣東南九十七里茗茶山，北流合翁源水。又縣有風水，出縣北二百里重嶺下，南流入於湞水。

清溪，縣北六十里。岑水自翁源縣流入界，經龍頭影山與曲江水合，洑流三灣，環山而豬，澄澈可鑒，故曰清溪。清溪驛以此名。○滑溪，在縣西一里。源出縣西旗山，南流合湞水。又桃溪，在縣西四十里，源出崇山，溪上多桃，因名；又西有桂溪，源出舊含洭縣之五山，旁多桂樹，因名；又有鳳溪，流合焉，俱注於羅溪。羅溪即洭水之别名也。

洭浦關，在縣西南。唐志湞陽縣有洭浦故關。又清溪鎮，在縣北百里。有巡司，洪武二年設。有將軍寨、箭筒逕等處，防三板灘諸賊巢。清溪驛亦置於此。又象岡巡司，在縣東百里。洭口巡司，在縣西南五十里，扼大小羅山、陳、黎二峒之吭。又縣西有浛洸巡司，即舊含光縣也，扼五山逕、大小楓林之衝，皆爲要害。○湞陽驛，在縣西南四十里。輿程記：「自清溪驛南行百里至湞陽驛，又一百二十里而至廣州清遠縣之横石驛。」

跌牛石營。在縣西二十里。志云：縣境舊有金皂口、虎尾逕、魚梁埠、燕石、麻埠、丹竹逕六處戍兵，嘉靖三十四年議以跌牛石爲適中地，因置營於此，增設官兵，倚爲重地。○虎尾逕營，在縣北五十里。清遠西山傜寇出没，道每經此。舊有戍兵，後并於跌牛石營，仍調兵駐守。又縣境有大廟、黎峒、殺雞坑、流寨、鹿子磯、波羅坑、黄寨、大塘、沙口埠、三板灘、望夫崗、石尾、大平等十餘營，又有欖坑隘，俱撥兵戍守。志云：縣境江道，上達韶陽，則有高橋、觀音坑諸營彈壓上游；下通廣海，則有洸口、大小樟、殺雞、蚊虫諸營控制湞峽。其傜山則有杉木角、黄茶山。

里。

樂昌縣，府西北八十里。西至連州陽山縣百八十里，西北至湖廣宜章縣界百五十里。漢曲江縣地，梁置梁化縣，屬始興郡。隋平陳縣屬廣州，開皇十八年改曰樂昌縣。唐武德四年縣屬番州，尋屬韶州。今城周二里有奇。編户十五里。

樂昌廢城，縣西南二里。志云：秦時任囂所築，置戍兵於此，後廢。隋爲樂昌縣治，後又移今治。城邑考：「今縣城洪武二年築，成化三年復修城濬濠。弘治九年因舊城增拓，并甃以磚石。嘉靖二年以後屢經修治。」

平石廢縣，在縣南。梁置平石縣，屬始興郡。隋開皇十二年省入梁化縣。志云：縣南五里有任囂城，昔秦、楚之際南海都尉任囂因中國鼎沸，築此城以圖進取云。

昌山，縣東三里。有二石山相連，上小，下大，如昌字。舊産磬石及紫竹，可爲樂器。縣以此山名。又桂堂山，在縣北三里。宋、元兵亂民倚爲險，亦名寨山。北崖有谷産菌桂。邑志：縣東十里有五將軍山，五峰竦立如甲冑之士。○周山，在縣北十五里。一名白石嶺，亦曰寶山，爲北達郴州之道。又北五十里曰九峰山，下有巡司。

泠君山，縣東北三十五里。泠，亦作「靈」。高數十仞，周迴數百里。山嶺有池廣十里，深五尺。其西有龍山，亦幽勝。○監豪山，在縣西六十里。舊志：山廣圓五百里，接曲江縣界，崖嶺峻阻。其上交柯雲蔚，霾天晦景，謂之瀧中，以瀧水所經也。瀧水懸湍迴注，崩浪震山，有新瀧、腰瀧、垂瀧之名，曰三瀧水，皆周府君昕所鑿，甚險峻。亦名韓瀧，以唐韓愈嘗過此也。元邑人張思智任本縣尹，始鑿新瀧東西路。嘉靖二十年署邑推官鄭文錫復鑿之，今爲坦道。圖經云：「縣西北九十里又有蔚嶺，聯絡三瀧，高入雲漢，有徑通郴、桂。上有泉甘洌，俗名六祖泉。」

泐溪巖，縣西北三里。巖有石室，深三丈，廣五丈餘，道書以爲七十二福地之一。其北五里泐溪水出焉，南流入武水。

武水，在縣西。自湖廣宜章縣流入境，又東南流入監豪山中謂之三瀧水，亦曰新瀧。圖説：「武水環繞縣西，飛湍急溜。有星瀧、垂瀧、崩瀧、腰瀧、金瀧、白茫瀧，謂之六瀧。」又東南下祈門灘，峻急如瞿塘，經縣南入曲江縣界。志云：縣西百四十里有白石溪水，源出西北衡口嶺，東南流二百里入武水。

泠溪水，縣東北三十里。水經注：「泠水東出泠君山，山羣峰之孤秀也。晉太元十八年崩千丈，於是懸澗瀑掛，傾流注壑，頹波所入，灌於瀧水。」今泠溪南流四十里入於武水是也。○縈溪水，在縣南三十里。源出乳源縣北境，東流四十里入於武水。又滄湖，在縣東南七里，周圍三十五里，東通瀧水。

高勝鎮，縣東三十里。有巡司，今廢。又縣北六十里有九峰巡司，其地四山壁立，稱爲險隘；縣西北百二十里有羅家渡巡司，在長漣山峽中，有塘口、楊氊二隘，稱天險，惟臨封、梅花峒傜宜防；縣西北百六十里又有黄圃巡司，在山谷間，接近楚省，有白石隘、擔鹽凹隘及更鼓坪隘，爲防守處；俱洪武中置。

黄土嶺隘。在縣東三十里，路通仁化縣。又縣東北三十里有龍山口隘，北三十里有銅鑼坪隘，西北百里有象牙山隘，百五十里有塘口隘，路出宜章縣界。縣南五十里又有九牛嶺隘，又縣東南五十里有企岡嶺隘，俱通乳源縣，向皆設兵戍守。志云：縣境象牙山、老虎洞等處舊爲賊巢，正德中討平之。又縣東南有梳裝臺，接曲江縣界；又有獅子砦，防九陽僮寇；皆縣之巨防也。

仁化縣，府東北八十里。東北至江西南安府二百四十里，東至南雄府百八十里，北至湖廣桂陽縣界百五十里。本曲江縣地，唐垂拱四年析置仁化縣，屬廣州，天寶中改屬始興郡。南漢仍屬韶州。宋開寶五年省入樂昌縣，咸平三年復置。今城周一里有奇。編户五里。

仁化舊城，縣北百三十里。志云：尉陀自王南越，築城於此。唐垂拱中置縣於仁化鄉之走馬坪，在古城南二十里。宋咸平中改置縣於光澤鄉，即今治也。成化四年始築土城，尋復增修，甃以磚石。

廉石山，縣北二十里。縣之主山也。相傳黄巢過此投鎗竿於石罅中，至今不朽。又駱駝山，在縣東一里，下臨深潭，環遶縣治。○凉繖山，在縣南十五里。山形圓聳。志云：縣南十里有書臺巖，壁立千仞，巖竇隱見，無路可攀。又南五里即凉繖山也。山南七里曰錦石巖，石壁斑斕，望之如錦。分上中下三巖，宛若堂殿。其逕灣環，直上千餘級，夾道杉松，高凌霄漢，幽勝並於武夷。巖前有錦江，分流爲錦石溪。

青雲峰，縣北五十里，高聳凌雲，一水縈迴，四山環拱。又北十里曰康溪嶺，康溪水出焉，西流五十里合於湞水。○吴竹嶺，在縣西北三十里。吴溪水出焉，下流亦入湞水。又七里逕，在縣西七十里。逕長七里，通樂昌縣。

會湞水，在縣治南。源出廉石山，流經錦石巖爲錦江水，又西南流會於湞水。○扶溪水，在縣東北百里。志云：源出南安珠子山，經左瀧嶺，東南流百八十里合湞水。今縣東北五十里有紫嶺，扶溪經其下。一云縣東三十里有潼陽溪，即扶溪下流也。經縣南六十里有潼夾石，二石並峙，潼水經其中，又西南合於湞水。

恩溪，縣北百里。志云：源出湖廣郴州界，入縣境注於湞水。又有合溪，在縣北五十里。源出康溪東平嶺，北流與湞水合。

扶溪鎮，在縣東北五十里紫嶺下。有巡司，接江西南安府界，洪武七年設。又恩村巡司，在縣北八十里，地名城口，接湖廣郴州界。○高岡堡，在縣東北十里。又平安營，在縣東北五十里。盤石營，在縣東五十里。其相近者又有厚塘營。縣北七十里又有水西營。志云：縣東南五十里有繁華堡。

風門凹隘。在縣東北。又赤石逕隘，在縣西四十里。七里逕隘，在縣西六十里。長江隘，在縣北七十里。城口隘，在縣北百三十里。志云：縣境又有界牌、洞口、百步、水頭等營，皆有官兵戍守。

乳源縣，府西百里。東南至英德縣百五十里，西北至連州陽山縣二百里。本曲江、樂昌二縣地，宋乾道二年析置今縣。

今城周一里有奇。編户四里。

乳源故城，縣東十里，地名虞塘。宋乾道二年以韶州諸縣水道不通，因置縣於依化鄉花村頭津口。明年築土城，其後屢爲賊毁。明洪武初遷於洲頭津，修築土城，即今治也。天順六年改甃以石，濬濠環之。成化十七年以後屢經修築。

雙峰山，縣西二里，有兩峰對峙。又縣治北一里有鐘乳嶺，一名豐岡嶺，形如卧象，縣之主山也。山腰有巖穴，穴中有水南流，産鍾乳充貢。成化初督臣韓雍奏革。○文秀山，在縣南五里，有三峰尖聳。

雲門山，縣東北十里。盤礴高峻，常興雲霧。又風門山，在縣西十五里。兩山夾立，中通一路，風從中出。又縣西百三十里有石城山，高三十餘丈，峙立如城，盤迴如龍，一名石龍山。

臘嶺，縣西七里。高四百餘仞，周三十里，脈接風門山。郴州騎田嶺爲五嶺之一，此其支也。夏天寒如臘月，因名。一名支嶺。○闕春嶺，在縣西二百二十里，路通宜章，即古入京之道。

洲頭水，在縣城南。源出雙峰山，東北流入曲江縣境注於湞水。又小溪水，在縣西。源出臘嶺，南流經文秀山，復北流至縣前入洲頭水。又紫瀧水，出縣東三十里三峰石，亦流合洲頭水。

武陽鎮，縣西二百七十里。有巡司，司前有武陽渡。○風門關，在縣西風門山下。又有小梅關，在縣西三十里。志云：縣北百八十里有白花營，東十五里有天德寨。

分水凹隘。縣南百二十里。又高車嶺隘，在縣西北百七十里。舊志：縣北有平頭隘，又有黃金峒隘，皆路出宜章。又西北有月坪、杉木角隘，路通陽山縣。圖說：「縣境有高車、坪址、青石、深莊等十四隘，中間若黃公嶺、沿沙隘與跳石、高車俱傜民錯雜，其西山牛婆洞與湖廣宜章及陽山縣接壤，舊皆賊巢也。」

翁源縣，府東南九十里。東南至惠州府河源縣二百五十里，東北至江西龍南縣三百里，北至南雄府始興縣百三十里。漢桂陽郡湞陽縣地，梁置翁源縣，尋又置清遠郡治焉。隋平陳郡廢，縣屬廣州。唐武德五年置涯州治此，貞觀初州廢，縣屬韶州。宋因之。元大德五年改屬英德州，明初仍屬韶州。今城周二里有奇。編户二里。

翁源故城，志云：縣治至明初凡六徙：一在今縣東北六十里安陽里之羅江，一在今縣北五十里之下窖，一在曲江縣南百里之濛瀼巡司，一在今縣西北四十里岑水之東，一在今縣東南四十里之細草岡，洪武初建縣於長安鄉，即今治也。城邑考：「縣城元末嘗築土城，天順六年改築磚城，成化二年以後屢經修繕。」

建福廢縣，縣東五十里。宋宣和三年析曲江、翁源二縣地置建福縣，屬韶州，建炎初省。

寶山，縣北二十五里。山産銅礬。高千仞，周百餘里。巔有巨石。下有池，環繞左右。東巖出泉，深不可測，岑水蓋源於此。又北三十里爲九曲嶺，盤旋凡九。旁有躭石泉，高山絶頂，巨石倚空，飛泉瀉落，爲絶勝處。唐時有僧躭玩不舍，泉因以名。

靈池山，縣東百二十里。亦曰翁山，壁立千仞。巔有石池，池中有泉八，曰湧泉、温泉、香泉、甘泉、震泉、龍泉、乳泉、玉泉，乃翁溪之源。所云八泉，匯而爲池者也。相傳有老人隱此，故山溪俱以翁名。又東十里曰利山，一名甲子山。又東五十里曰鐵山，山出鐵，接惠州府河源縣界。志云：縣東南八十里又有紙山，産竹，可造紙。

狗耳嶺，縣西北九十里。兩峰並立，狀如狗耳，曹溪水出焉。即南華山之支嶺也，與曲江縣接界。又海巖，在縣西十三里，深邃紆曲，容數百人。志云：宋天聖間邑人梅鼎臣者讀書於此，因名。○白石巖，在縣東南七十里。石室高敞，可容千人，秉炬窮入，深逾數里。有泉下滴，味極香冽。

羊逕，縣北七十五里。兩崖對峙，岑水中流，石逕二十餘里，險峭曲折，不亞羊腸。舊志：嶺南每深山窮谷，中通一路，即謂之逕。縣境萬山環合，兩壁屹峙，以逕名者甚衆，羊逕其最著者。縣東三十里又有猿騰逕，亦深險。又東十里曰書堂石，在羅江瀧水中，高九十丈，周圍五里，唐邑人邵謁讀書於此，因名。羅江瀧水，即翁溪水也。嶺南水石相激處多謂之瀧。

翁溪，在縣東。源出靈池山，西南流二百四十里，至英德縣合於湞水，所謂瀧頭水也。○岑水，在縣北。源出羊逕。

一名銅水，可浸鐵爲銅。水極腥惡，兩旁石色皆赭，不生魚鼈禾稼之屬。與曲江縣牏礬水同源而異流，入英德縣界會於清溪水。

桂丫山鎮，縣東百二十里。有巡司，洪武初設。又縣東百四十里有黄峒巡司，舊爲賊巢，弘治十四年設。後改入興寧縣，萬曆中革。○三華鎮，在縣北三十里三華山下。有城，嘉靖中築，控制諸隘爲保障。又有大功橋，路通曲江。又麻砂寨，在縣東南五十里，又東南有李坑、黄茅畬二隘，通惠州府河源、和平二縣界。

南北嶺隘。縣東百八十里。又縣東百二十里有冬桃嶺隘，百五十里有銀場逕隘。又有桂丫山、冬瓜嶺、佛子凹等隘，皆在縣東百三十里，相近又有甲子磜、道姑巖等隘，俱與惠州府河源縣、南雄府始興縣、江西龍南縣接界。○梅花隘，在縣東南百二十里，亦接河源縣境。又縣東北百九十里有畫眉隘，亦接龍南縣境。又九曲隘，在縣北三十里，路出曲江及英德縣。志云：縣東李村有人頭逕、花瓶逕，路通惠州府長寧縣。又縣北九十里有開場里鐵場。其地有天子嶺，亦險峻。

附見

韶州守禦千户所。在府治東南，即元萬户府舊址也。明初爲韶州衛，洪武初改爲所，屬清遠衛。

南雄府，東至江西信豐縣界二百四十里，東南至江西龍南縣界三百里，西南至韶州府二百九十里，西北至湖廣郴州三百五十里，北至江西南安府百二十里，自府治至布政司一千九十里，至京師六千七百四十五里。

禹貢揚州南境，戰國屬楚。秦屬南海郡，漢兼屬桂陽郡，後漢因之。三國吴屬始興郡，宋屬廣興郡，齊復屬始興郡，梁屬安遠郡。隋屬廣州，唐屬韶州。五代初南漢置雄州，宋開寶四年曰南雄州。以河北有雄州也。宣和二年又賜郡名曰寶昌。元曰南雄路，明初改爲南雄府。領縣二。今因之。

府當庾嶺要口，爲南北噤喉。秦王翦降百越，謫戍五萬人守五嶺。漢武平南越，遣楊僕出豫章下湞水，即此地矣。南漢置雄州，爲北面重鎮。宋末叛將呂師夔以元軍度嶺，敗宋軍於南雄，遂取韶州。舊記云：州以雄名者，蓋控帶羣蠻，襟會百越，嶺南氣息，仰此一州也。

保昌縣，附郭。晉始興縣地，屬始興郡。隋屬廣州。唐屬韶州。光宅初始置湞昌縣，仍屬韶州。南漢置雄州治此。宋以仁宗嫌名改爲保昌。今編户四十四里。

湞昌廢縣，在府治東。唐縣治此，宋曰保昌。城邑考：「郡有古城，僅環府治，宋皇祐四年始開拓之。元至正十七年因故址重修。明洪武初增繕土郭，名曰斗城。尋以舊城淺隘，於東門外增築土墉，名曰顧城。成化四年甃以磚石，七年又於城北築土城，沿河俱設木柵。十四年斗城爲西河所決，復營治之。弘治十一年流賊穴入土城，明年復修築。正德三年并甃以磚石，九年城始就。其南面濱江，仍周以木柵，謂之新城。三城共有門七，周六里有奇。」

大庾廢縣，在府北。本始興縣地。志云：三國吳嘗置斜階縣，屬始興郡。似悮。一云蕭齊置正階縣，梁并入始興也。隋志：「梁置安遠郡，屬東衡州。隋平陳改郡置大庾縣，屬廣州。開皇十六年廢大庾入始興縣。」新唐書「始興縣東北有安遠鎮兵，開元中置」，蓋在大庾嶺上。

大庾嶺，府北六十里。一名東嶠，以在五嶺最東也。漢初爲南越之北塞，武帝討南越時，有將軍庾姓者築城於此，因名大庾嶺。由豫章趨嶺南，此爲噤喉之道。唐開元四年詔張九齡開新道於此，自是益爲坦途。大庾而東南四十里又有小庾嶺，閒道所經也。詳見江西重險。

州案山，府南二里。狀如馬背，一名金馬山。又三峰山，在府西十里，三峰並峙。○巾山，在府北三十里。郡治主山也，端正如巾。凌江水遶其南。巾山之東爲威鳳岡，高聳軒舉，形如翥鳳。

天峰山，府東北八十里。山形陡峻，高插霄漢，有泉出焉。兵亂時鄉民多避難於此。其東十餘里曰洪厓山，高數仞，周圍五十里。志云：府東北百二十里有油山，高數十仞。其勢突兀，旁有一小穴出油，人取以爲利。又東三十里曰馮大山，形勢高聳。山頂寬平，可容千人。○青嶂山，在府東南四十里。翠阜屹立，松檜陰翳，瀑布潺湲，稱爲奇勝。

楊歷巖，府西北二十里。山巔方廣百餘丈，前後皆奇峰怪石，飛泉瀉空。相傳漢樓船將軍楊僕曾經此，因名。又仙女巖，在府東北百里。一名闞象山。松檜蔚翳，泉石潺湲，如仙女之秀麗，因名。

湞水，在府城西。一名保水。源出大庾嶺，東南流復折而西南，至城西與凌水合，又繞城而南出，入始興縣界。縈迴城邑，如腰帶然。詳見大川北江。

凌江水，在城西北。源出府西北百餘里百丈山，南流遶巾山西麓而南出，至城西合於湞水。宋天禧中保昌令凌皓鑿渠堰水灌田，因名。又昌水，在府北三十里。源出江西信豐縣界，西流入境，合於湞水。志云：縣舊名湞昌，以湞水、昌水合流也。又有長圃水，在府東北四十里。亦出大庾嶺，流合湞水。一名長浦水。○鏈水，在府西北四十里。源出凌江，流合湞水。又修仁水，在府南三十里，亦流合於湞水。

五雲瀧，府西北四十里。羣峰險峻，泉水潺湲，飛流曲折，高下成潭，深不可測。相近又有九牛瀧水，自山巔飛注深潭，響應遠近。○葉陂，在府北。明初守臣葉景龍開以灌田，因名。

梅關，在大庾嶺上。兩崖壁立，道出其中，最爲高險。或以爲即秦之横浦關也。舊志：府東北四十里有秦關。南康記「大庾嶺横浦有秦時關，後爲懷化驛」，蓋横浦關秦所置也。唐、宋以來謂之梅關，明成化中好事者更爲嶺南第一關。今亦詳見江西重險大庾嶺。○鹽關，在府城南。明天順二年撫臣葉盛奏置以榷鹽税，成化以後屢經修葺。志云：府南有太平橋，跨湞江上，橋之南即鹽關也。

小梅關，在府東北四十里小梅嶺上。山徑荒僻，有路通三洲、五渡、龍南、信豐等處，賊每由此竄竊逞來。舊有土城，恃爲限蔽。嘉靖三十四年賊從此突入，尋復由此逸去。三十六年改砌磚城，東西二十餘丈，與新城相爲形援。萬曆以後屢經修築。又中站遞運所，在梅嶺東，去府城七十里，與江西南安府接界。嘉靖三十六年盗賊出没於此，劫掠商賈，因與南安府共築城垣，設兵戍守。其城阻溪負嶺，周不及一里。

平田鎮，府東南百里。有巡司，洪武二年置。又百順巡司，在府北百里，洪武十年置。志云：府北又有洪梅巡司，洪武十六年置於梅關下，後遷火逕村，與中站相近。○平田凹隘，在府北。又有紅梅、新茶園二隘，極險峻。府東有南畝、楊婆嶺等隘。西有百順側、舊百步等隘。志云：舊百步隘山最深僻。又有舊茶園隘，則南雄通道也。楊婆嶺隘臨九渡水，爲兵衝之地。府東南又有冬瓜隘，其地有犁壁山，近龍南賊巢。又東有上瀧頭隘，亦賊境要口也。縣境又有不勞石及白石岡等隘，向俱設兵哨守。

葉田口，在縣東南。志云：平田司相近有葉田等六口子；又有林溪、石閑、塘源等三口子及紅地村口子，與百順司相近；北坑村及趙坑口子與紅梅司相近。又修仁堡在府南，又有古塘、塘角、界灘等堡，俱江防巡哨處也。

凌江驛。在府城南。志云：宋置寄梅驛，取江淹「庾嶺折梅逢驛使」之語。明改曰凌江驛。又黄塘驛，在府南。宋置沙水驛，在沙水鎮，明改置今驛。輿程記：「自紅梅關六十里至凌江驛，下水九十里至黄塘驛，又百里至韶州府境之平浦驛。」

始興縣，府西南百十里。西南至韶州府曲江縣百十里。漢豫章郡南埜縣地，三國吴置始興縣，屬始興郡。晉、宋因之。梁末置安遠郡，兼置東衡州。隋平陳郡廢，改置廣州總管府於此。開皇末廣州移治南海，縣仍屬焉。唐屬韶州，南漢因之，宋開寶五年改屬南雄州。今城周不及二里。編户七里。

始興故城，在縣東北。三國吴置縣治此，晉以後因之。梁承聖中置東衡州，授歐陽頠爲刺史。時衡州治含洭，故以此爲東衡州也。陳大建初廣州刺史歐陽紇叛，攻衡州，即此。隋改置廣州，尋移治南海，并移縣於今治。城邑考：「縣舊無城，明天順中始築土垣，成化十一年甃以磚石，十八年以後相繼增修。」

丹鳳山，縣北五里。其峰如戟，爲縣主山。相傳梁天監中有鳳集此。又九鳳山，在縣西二十里。一名天柱峰，奇峭秀拔，高插霄漢。相傳梁天監中有九鳳來集。○機山，在縣南十里。一名玲瓏巖，平地石峰屹立。有二石室，高大如屋，竅户相通。志云：山有下三巖、上三巖，皆絶勝。

謝公山，縣南三十里。峰巒聳拔，獨高諸阜。昔有謝姓者隱此，因名。又白牛山，在縣東南三十里。其勢昂聳，與謝公山對峙。又桂山，在縣北百里。林谷深邃，桂樹森立，張九齡故宅在焉。○塔嶺，在縣西十里。巍然聳峙，上有浮圖。

湞水，縣西十里。自保昌縣流入境，又西南流入韶州府界。亦謂之始興江，縣境羣川悉匯入焉。○躍溪水，在縣東四十里。源出江西龍南縣界，流入境；又有杜安水，在縣東北三十八里，源出江西信豐縣，流入境；俱西流會於湞水。

斜階水，縣南百三十里。源出曲江縣東南界丹桂嶺，北流至縣西與湞水合。又肥水，在縣西南十五里。源出曲江縣雲溪嶺，東北流會於斜階水。○清化水，在縣南百二十里。源出翁源縣界，東北流至縣東合於朔水。志云：朔水出江西龍南縣界，流經縣東四十餘里，又南合清化水。月朔則漲，至晦則減，因名。亦西注於湞水。

墨江水，縣西十五里。志云：源出翁源縣界，水色如墨；又有官石村水，亦出翁源縣界；下流皆入於湞水。又涼水，在縣東南三十里。自江西信豐縣界竹嶺分流，經白牛山下合清化水。舊志云：涼水流合斜階水。恐悮。

黄塘鎮。在縣東北五十里。有巡司，洪武二年設。志云：舊置於東北四十里瓔珞鋪，尋移於黄田鋪，即今司也。又清化逕巡司，在縣南百里。洪武十五年置。○黄田隘，在縣東北。志云：縣東南有河溪、桂山丫二隘，縣東有花腰石、沙田二隘，西南有楊子坑隘，西北有上臺隘。又有涼口隘，當河溪、桂山丫、花腰三隘之會；〔二〕猪子峽隘，當沙田一路之衝；而河溪爲東南險要，沙溪爲東北險要，楊子坑爲西南要會，防禦最切。又有界灘、斜潭、江口、水口諸哨堡，則江防所係也。

附見

南雄守禦千户所。在府治西。洪武初建，隸清遠衛。

校勘記

〔一〕巾子銀場　宋志卷九〇曲江縣下作「中子銅場」。上文已云有靈源等三銀場，此不當再云銀場。本書誤「銅」爲「銀」，又誤「中」爲「巾」也。

〔二〕當河溪桂山丫花腰之會　「桂山丫」，底本原作「桂丫山」，今據職本乙正。